U0742067

金景芳全集

第五册

上海古籍出版社

孔 子 新 傳

（此書爲金景芳與呂紹綱、呂文郁合著，湖南出版社 1991 年初版，長春出版社 2005 年修訂版，茲據修訂本整理。）

目　録

導讀　金老與《孔子新傳》

2005 年秋,長春出版社找上門來要給《孔子新傳》出再版。書是金老、呂文郁和我三人合寫、1991 年 12 月由湖南出版社印行的。金老今已作古,呂文郁和我欣然答應。責任編輯建議應當有個"導讀"放在書前,使讀者對全書先有個大體的了解,讀起來不至於走彎路。我們考慮再三,"導讀"確該有,但是不新寫,就拿當年我爲紀念金老 90 壽辰寫的一篇文章作"導讀"最合適。那篇文章把《孔子新傳》一書須説明白的諸多問題,都一一説明白了。

寫這書時金老對有關孔子的一些問題是怎麼想、怎麼看的,文章都細緻講了。金老的觀點我以爲很正確、很合適,而且超前。這書就是現在寫,也不會寫成別的樣。那篇文章發表在《孔子研究》1991 年第 3 期上,原題叫《金景芳先生與孔子研究》,現在改做《孔子新傳》的導讀,題目改叫《導讀　金老與〈孔子新傳〉》,内容不變。

呂紹綱識於 2005 年 11 月中旬

今年(1991)6 月 9 日是金景芳先生 90 歲生日,今年又是他從事教育工作 70 年,《孔子研究》邀我寫一篇文章,以資紀念。我高興地接受了這一任務。寫些什麼呢? 我想,金先生一輩子都在研究孔子,對孔子這個人物特有興趣,而且老來彌篤;文章又要發表在《孔子研究》上,於是想出了這個題目。

金先生帶領呂文郁副教授和我新近寫成一部《孔子新傳》,大約 28 萬字,12 章,已脱稿交由湖南出版社刊行。我就由這部《孔子新傳》說開去。

　　這部書爲什麼叫"新傳"？金先生當時對我說，孔子的經歷問題從司馬遷到現在，人們已經講得够多了，我們就從簡，重點放在孔子的學說和它的流傳上。還有一層意義金先生沒有說，那就是金先生的有些觀點是別人此前不曾講過的，拿出來必令人感到新。

　　書分 12 章，實際是 8 個單元，即：如何評價孔子，孔子的生平與事業，孔子思想有兩個核心，孔子的天道觀與人性論，孔子的教育思想，孔子的政治、經濟、軍事思想，孔子這一份珍貴的遺產——"六經"，孔學流傳述評。

　　如何評價孔子是孔子研究中的一個大問題，無論談孔子的哪一方面，最終都要落到這個問題上。金景芳先生對這個問題想了許多年，他發現一個規律，凡是治世都尊孔，凡是亂世都反孔。道理在於孔子的學說對維護社會安寧秩序有利，對破壞社會的舊秩序不利。當革命動亂時期，社會需要破，不破壞舊秩序，不能建立新秩序，而孔子學說是破的障礙，人們當然要反孔，至少要冷落他。當社會面臨建設，要建立新秩序的時候，再破不止，舊的新的將同歸於盡，不會有好的結果，而立是重要的，這時候孔子的學說必然受到重視。以往的歷史恰恰又是一治一亂發展過來的。《孟子·滕文公下》說："天下之生久矣，一治一亂。"孟子已經看出社會的發展總是采取治亂交替的形式。孟子的見解符合以往的客觀的情況。這樣說來，孔子的命運時好時壞，時而受尊，時而挨批，本是正常的事，不足奇怪。這就叫辯證法。孔子本人的思想就有這個辯證法。不過孔子不叫辯證法，孔子叫"無可無不可"，叫"時"。《論語·微子》記孔子說："我則異於是，無可無不可。"意思是一切依時而定。

　　孔子及其思想是客觀存在，是什麼就是什麼，不可能再變。然而孔子思想的價值卻是隨着時代變化的。金先生舉本世紀人們對孔子評價的變化爲例論證這個問題。中國自"五四"運動至中華人民共和國成立是革命時期,當時的任務是推倒帝國主義、封建主義、官僚資本主義三座大山,是破壞舊秩序,批孔反孔是必要的、正確的。建國以後,特別在今天,中國正在進行社會主義建設,對待孔子的態度不能不有所變化。此一時彼一時,不可用今日的情況回過頭去派"五四"時代批孔反孔的不是。

孔子思想是中國傳統思想文化的主幹,總體上說要繼承。繼承本身包含着批判。"五四"時代對孔子的態度批判是主要的,也不曾否認繼承。今日對孔子的態度繼承是主要的,也不可不要批判。孔子思想中那超時代性的,至今仍具有真理性的精華,我們要繼承。至於那些已失去真理性的糟粕,批判是不可避免的。

關於孔子思想的核心問題,學術界一直有爭議,有人說是仁,有人說是禮,有人說是仁義。金先生說孔子思想的核心有兩個,一個是"仁義",一個是"時"。仁義是他的人生哲學,時是他的世界觀。兩個核心,屬於世界觀的時當然是根本的。但是如果說孔子思想的核心就是時,沒有別的,那又不全面。仁義學說分明是孔子思想的重點,離開仁義則孔子就不成其爲孔子了。

孔子思想有兩個核心的觀點,金先生已有專文發表,①講得十分清楚,無須重複,這裏我祇談兩點。第一,孔子講仁也講義,仁義相連不可分。仁的實質是人,是愛有差等。金先生認爲仁義連用不是孟子的專利品,孔子實際上早已仁義連用。《莊子》攻擊孔子,言仁必連及義。《莊子》33篇中有17篇仁義連用。《天運》:"孔子見老聃而語仁義。"《天道》:"孔子曰:'要在仁義。'"《讓王》:"今丘抱仁義之道。"《漁父》:孔子"身行仁義"。莊子是孔子思想的反對派,若孔子本來不是仁義連言,莊子何必强加諸孔子。在《論語》中不見仁義二字連言,但《説卦傳》有"立人之道曰仁與義"就是典型的一句。《周易》之傳文是孔子作的,思想屬於孔子。《論語》總是

---

① 《論孔子思想的兩個核心》,《歷史研究》1990年第5期。

把"出則事公卿"與"入則事父兄","遠之事君"與"邇之事父","君君臣臣"與"父父子子"並列而言,其實就是仁義連用。《論語·里仁》:"子曰:'唯仁者能好人,能惡人。'""能惡人"就是義。孔子言仁時,内裏已經有義在了。這是仁義連用的問題。孔子的仁概念之含義問題,金先生常常同我談起。給我印象最深的是,他說韓愈"博愛之謂仁",張載"民吾同胞,物吾與也",朱熹"仁是心之德,愛之理",都不是孔子立言的本意。孔子講的仁,可以理解爲愛,但是愛有差等,不是博愛,不是對什麽人都施以同樣的愛,而且不但能愛人,還要能惡人。仁所要求的衹是人類自身的愛,人對物的愛或動物之間的愛,都不可稱之爲仁。張載的"民吾同胞",泯滅了愛的差等;"物吾與也",否定了人類與物之間的界限。人對動物可以言愛而不可以言仁。《莊子·天運》記莊子說:"虎狼,仁也。"這話不對。虎狼有愛子之本能,不能推及於同類,故不可謂仁。仁衹在人類中存在。所以金先生對《中庸》所記孔子的那段話最重視,說那是關於仁義的最好注釋。那段話是:"仁者人也,親親爲大。義者宜也,尊賢爲大。親親之殺,尊賢之等,禮所生也。"尊賢即尊尊。仁義來自於親親即人的血緣關係和尊尊即政治關係,而不是朱熹說的什麽"心之德,愛之理"和"心之制,事之宜"。

　　關於孔子思想的兩個核心問題,我要說的第二點是"時"在孔子思想中的重要地位。近些年來,金先生多次同我講起孔子的時。以爲孔子思想中最根本、最重要的東西就是時,就是變化,用今語表達就是辯證法,也就是要求人們看問題做事情要依時爲轉移。客觀世界是變的,人處理問題的對策也要相應地變。掌握變化的分寸,不使過或不及,就是中。所以時裏包括中,時也稱時中。中,不是不偏不倚、取兩端之中。中,實際上是說看問題做事情選出最合時宜的最佳方案。孔子有時也把時中稱做中庸。《孟子·盡心上》:"子莫執中,執中爲近之。執中無權,猶執一也。所惡執一者,爲其賊道也,舉一而廢百也。"執中要有權。孟子說的是子莫的執中。孔子的中也要有權，當屬無疑。執中有權的時即時中、中庸。金先生說，爲什麼《中庸》記孔子說"天下國家可均也，爵祿可辭也，白刃可蹈也。中庸不可能也"？爲什麼說"中庸其至矣乎，民鮮能久矣"？因爲中庸最難能。要人明確幹一件什麼事情或者不幹一件什麼事情，例如去死，去放棄地位，祇要想幹便可以幹成；而要人在一切時候，對待一切問題，都能因時制宜，做到分寸恰當，最合尺度，卻遠不是想辦就可以辦到的。孔子時中的思想，孟子理解最爲深刻，可惜後世人完全忽略了。

　　言及孔子的時、時中、中庸，金先生最近特別注意唐宋人說的道統問題。韓愈《原道》："堯以是傳之舜，舜以是傳之禹，禹以是傳之湯，湯以是傳之文、武、周公，文、武、周公傳之孔子。"韓愈說孔子的道統傳自堯舜，不是孔子首創，但道統是什麼，韓愈未明言。宋人提出所謂十六字，朱熹在《中庸章句序》中說："道統之傳有自來矣，其見於經，則'允執厥中'者，堯之所以授舜也。'人心惟危，道心惟微，惟精惟一，允執厥中'者，舜之所以授禹也。"這十六字心傳原出僞古文《尚書》之《大禹謨》，不足憑信，但"允執其中"一語則見於《論語・堯曰》，其文曰："堯曰：咨爾舜，天之曆數在爾躬，允執其中。四海困窮，天禄永終。"《中庸》也說："舜好問而好察邇言，隱惡而揚善，執其兩端，用其中於民，其斯以爲舜乎！"《論語》與《中庸》都言及"允執其中"的問題，堯舜禹相傳的必是這個。金先生說"允執其中"、"執其兩端用其中"，實堪注意。爲什麼堯向舜交權，舜向禹交權，都什麼也不說，祇强調地交代這句話？必是這句話最重要，最有普遍意義。做到這一條，其餘具體的要求不須說。"曆數"是什麼？金先生說，古訓皆未得要領，應以《堯典》"乃命羲和，欽若昊天，曆象日月星辰，敬授人時"爲正解。天是有春夏秋冬四時的自然之天，曆象是觀測計算日月在經星二十八宿背景上的運行時間。據此制定曆法，頒行天下遵循使用，就是"敬授人時"。人指上層人士，不是普通庶民百姓。庶民百姓稱民不稱人。古代頒行曆法是件大事,是天子(先前是部落聯盟酋長)才有的權力。天子每年頒朔給諸侯。這叫朔政制度。天子的權力以朔政爲標誌。故後世夷狄來服叫奉正朔。朔政起於"曆象日月星辰"即"曆數",故"曆數"便成爲天子權力的另一種稱謂。《論語》何晏注:"曆數謂列次也。"朱熹《論語集注》:"曆數,帝王相繼之次第,猶歲時節氣之先後也。"何、朱二説並誤。

"允執其中"與"執其兩端,用其中於民"意義相同。"允執其中",須先執其兩端。沒有兩端就談不到中。中是兩端的中。兩端是什麽? 鄭玄以兩端爲"過與不及",朱熹以兩端"謂衆論不同之極致。蓋凡物皆有兩端,如小大厚薄之類"。金先生説鄭、朱二人説是。"兩端"用今語説就是矛盾。執中不是不偏不倚,正取中間,即折中主義、中間道路。程子説"不偏之謂中",是不對的。不偏不倚,在兩端的正中間,是執一,不是執中。執一是確定的、不變的,簡單易能。執中是不確定的、多變的,幾乎不可能。執中要像權(秤錘)那樣依着輕重擺動不居,卻又不像權那樣容易把握。心中像有一杆秤一樣,恰當準確地反映事物的變化,當然是極難的。這就是孔子説"中庸不可能也"和堯舜禹傳代時什麽都不説,祇説"允執其中"這句話的緣故。一個人倘能做到"允執其中",便任何問題都能解決,都能應對。唐宋人所説道統若指此而言,那末道統説是可信的。韓愈説道統至於孟子之後不傳,也是對的。孟子的確深刻理解並把握了孔子的時中概念,孟子之後的人則大多不甚得要領,宋以後尤甚。

這是金先生的孔子思想兩個中心説,已寫進《孔子新傳》。

孔子哲學是唯心論還是唯物論這個問題很麻煩,不易解決,許多人實際上把這個問題避開了。金先生則很明朗,一點不含糊地説孔子哲學是唯物論的。這裏有兩點是重要的。第一,金先生研究《周易》多年,越來越相信《易傳》係孔子所作,《易傳》的思想既是《周易》的,也是孔子的。因此,金先生主張研究孔子除《論語》外,還要根據《周易》一書。《論語·陽貨》記孔子説:"天何言哉? 四時行焉,百物生焉,天何言哉!"人們都承認這幾句話是唯物論的,這個天是自然之天,不是主宰之天,但是《論語》裏能説明問題的話祇有這麽一段,等於孤證,所以人們又都不肯明言孔子思想是唯物論的。金先生將《論語》同《周易》聯繫起來看,情況就大不一樣了。《繫辭傳》:"易有太極,是生兩儀,兩儀生四象,四象生八卦。"太極是物質性實體,太極之前還有什麽,它不説了,這顯然是唯物論。至於《易傳》的其他言論,如《序卦傳》:"有天地然後萬物生焉。"乾卦辭:"乾,元亨利貞。"坤卦辭:"坤,元亨利牝馬之貞。"乾《彖傳》:"大哉乾元,萬物資始,乃統天。"坤《彖傳》:"至哉坤元,萬物資生,乃順承天。"《繫辭傳》:"法象莫大乎天地,變通莫大乎四時。"等等,無不與《論語》"四時行焉,百物生焉"的觀點如出一轍。第二,孔子在鬼神問題上模棱兩可,不説有鬼神也不説没有鬼神,讓人看不透他是無神論者還是有神論者。孔子説"祭如在,祭神如神在"(《論語·八佾》),"未能事人,焉能事鬼","未知生,焉知死"(《先進》)。這些話不否定鬼神也不肯定鬼神。許多人認爲不否認鬼神就是相信有鬼神。金先生認爲不肯定鬼神就是不相信有鬼神。當時的社會條件不允許孔子公開否定鬼神,不肯定也不否定,是最明智的辦法。金先生舉出《荀子·天論》的一段話揭開了儒家鬼神觀的秘密。荀子説:"日月食而救之,天旱而雩,卜筮然後決大事,非以爲得求也,以文之也。故君子以爲文,而百姓以爲神。以爲文則吉,以爲神則凶。"信鬼神全是表面文章,不信鬼神才是實質。

孔學自孔學,儒學自儒學,儒學不等於孔學。後世著名的漢學、宋學都是儒學,不是孔學,儒學漸漸發展的過程,恰是孔學漸漸衰落的過程。這是金景芳先生的又一重要觀點。金先生主張劃分清楚孔學與儒學的界限,不要用後世的儒學冒充孔學。儒學,新儒學,現代新儒學,都可以研究,但要説清楚,它們就是它們,它們不是孔學。它們多是打着孔子的旗號搞自己的東西。例如人性論問題,孔子説"性相近也,習相遠也"(《論語·陽貨》),是正確的。性是人的自然屬性,大家都一樣,所以叫性。近,説明人與人有共性,也有差異性,即個性。所以説相近而不説相同。習是後天習染,是人的社會屬性。人在社會屬性上差別是大的,所以説相遠。社會屬性人與人差別大,所以孔子不稱性而稱習。孟子言人性善,荀子言人性惡,都把後天的習當做先天的性,不是孔子立意所在。董仲舒説:"性者天質之樸也。善者王教之化也。無其質則王教不能化,無其王教則質樸不能善。"(《春秋繁露·實性》)董氏把性與善、自然屬性與社會屬性分開看,是正確的。至宋代,理學家們把理概念加入人性中,是唯心論的人性論,距孔子更遠。朱熹《論語集注》釋"性相近"引程子曰:"此言氣質之性,非言性之本也。若言其本,則性即是理,理無不善,孟子之言性善是也,何相近之有哉!"宋人爲了將理納入人性,在氣質之性即自然屬性外提出所謂本然之性,本然之性就是理。金先生説,宋人的理相當於《老子》"道生一"的"道",是事實上不存在的東西。他們把孟子説的性善看做性之本,比孟子悖離孔子的"性相近"觀點尤甚。

金景芳先生認爲漢儒的學問已嚴重地離開孔學。他以鄭玄釋《周易》爲例説明問題。鄭玄注《周易》,硬將五行説加入,説什麽"天一生水於北,地二生火於南,天三生木於東,地四生金於西,天五生土於中。陽無耦,陰無配,未得相成。地六成水於北,與天一并。天七成火於南,與地二并。地八成木於東,與天三并。天九成金於西,與地四并。地十成土於中,與天五并。"純屬無知妄作,爲後世僞造河圖、洛書的妄人和江湖術士張目,影響很不好。鄭玄是漢代傑出的注釋家,精通"三禮",擅長名物訓詁,然而一涉及《易傳》,涉及孔子思想,便相當蹩腳。鄭玄尚且如此,餘如京房、荀爽、虞翻之流,則不須提。

宋人中名氣最大的是朱熹,宋學可以他作代表。他對孔學研究不深。《周易》這部書,孔子説它"開物成務,冒天下之道,如斯而已者也"(《繫辭傳上》),以爲是講思想的書。荀子、莊子、董仲舒、司馬遷,乃至王弼、程頤,許多學者,都承認孔子的説法。而朱熹作《周易本義》,以爲《周易》本是卜筮之書,後人以思想之書説解它,是不對的。《周易》當然是卜筮之書,此不待朱熹言。孔子明明説《周易》是講思想的,卜筮之中包含着哲學,朱熹竟不理解,一味從卜筮的角度説《周易》,足見其識見低淺。

朱熹之外,金先生特别提及周敦頤的《太極圖説》和程顥的《識仁篇》、《定性書》。指出宋人的這些論著,表面上講孔子,其實是講他們自己的東西。《太極圖説》開篇説:"無極而太極,太極動而生陽,動極而靜,靜而生陰,靜極復動,一動一靜,互爲其根,分陰分陽,兩儀立焉。"孔子説"易有太極,是生兩儀",以太極這物質性實體爲世界本原,周氏在太極之先加上無極,與《老子》在"一生二"之前加上一個"道生一"一樣,陷入唯心論。周氏的無極與老氏的道並無二致。

《太極圖説》又説:"陽變陰合而生水火木金土,五氣順布,四時行焉。"《易傳》衹講陰陽寒暑,四時往來,不講五行。五行之説最早見於《尚書·洪範》。《周易》書中沒有一點五行的影子。把五行説拉入《周易》,完全違背孔子原意。

程顥的《識仁篇》開篇説:"學者須先識仁,仁者渾然與物同體。"意謂仁者與天地萬物爲一體。金先生多次講到這個問題,説與天地萬物一體的思想絕對不是孔子的。孔子強調的是"仁者人也"。仁是講人的,人以外的一切生物非生物,皆與仁無涉。《孟子》説:"君子之於物也,愛之而弗仁;於民也,仁之而弗親。親親而仁民,仁民而愛物。"《吕氏春秋》説:"仁也者,仁乎其類者也。"最得孔子仁概念的真諦。孔子最重視人在天地之間的崇高地位,注意劃開人與動物的界限,説"鳥獸不可與同群"(《論語·微子》),"立人之道曰仁與義"(《説卦傳》),哪裏有"仁者渾然與物同體"的意思!

《孟子·盡心上》説:"孟子曰:萬物皆備於我矣。反身而誠,樂莫大焉。强恕而行,求仁莫近焉。"《識仁篇》以"蓋良知良能,元不喪失"釋"萬物皆備於我",以爲"萬物皆備於我"即人人皆具佛性。金先生則以爲孟子講"萬物皆備於我",恰恰體現孔子"己所不欲,勿施於人","己欲立而立人,己欲達而達人"的行仁方法。此"萬物"之物宜訓作人。"萬物皆備於我",不過是説,他人的欲與不欲,我全知道,全理解,我能做到"反身而誠",就是仁。《識仁篇》顯然歪曲了孟子,違背了孔子。

《定性書》説:"夫天地之常以其心普萬物而無心,聖人之常以其情順萬物而無情。"又:"君子之學,莫若廓然而大公,物來而順應。"天地無心,聖人無情,一切皆出自然。與《老子》之"天地不仁,以萬物爲芻狗"同義。廓然大公,物來順應,更不是孔子一貫力行的積極學習、奮鬥進取的精神,倒是極像《莊子·應帝王》"至人之用心若鏡,不將不迎,應而不藏,故能勝物而不傷"的觀點,與《老子》"無爲而無不爲"的思想亦無不同。

金先生特別注意到宋學未能承繼孔子學説這個事實,告誡切勿錯把宋學作孔學。孔學中的唯物論、辯證法、仁義禮這些具有超時代意義的精華,今日仍有價值,建設社會主義精神文明不能不加以吸取。宋學中的理、心、性、命諸説,與孔學迥異,説它們是新儒學可,説它們是孔學則大不可。宋人的東西,清人已有過批判,尖鋭地指出過它們的弱點和謬誤,今日尤其有必要認識它們。金先生主張首先把歷代强加到孔子身上的東西一一剝淨,還孔子學説的真面目,然後把它介紹給當代社會。

金先生研究孔子除《論語》外,特重"六經",以爲研究孔子而與"六經"隔斷,則孔夫子便成爲空夫子。"六經"是孔子竭畢生之力學習先代歷史文化,經過選擇整理並加入自己的見解而著成的,是孔子留給我們的一份珍貴的文化遺産。據《史記·儒林列傳》:"孔子閔王路廢而邪道興,於是論次《詩》《書》,修起《禮》《樂》。"什麽是

"論次"？"論"是去取，"次"是編排。"修起"則是由於禮壞樂崩，孔子努力搜討，把它們修復起來。"論次"與"修起"，内裏都含有孔子的用心。孔子編《詩》和編《書》，都經過精心挑選，頗動一番腦筋。例如《詩》十五國風的次第，"《尚書》獨載堯以來"，皆不是任意安排，都是有深刻意義的。《春秋》是孔子據魯史而作，《孟子》與《史記》已有定論，可無疑義。孔子對《周易》做的是詮釋工作。這後兩部書與孔子關係至深。《莊子》説"《春秋》以道名分"，董仲舒説"《春秋》以道義"，證明《春秋》是反映孔子之政治思想的書。《史記・司馬相如列傳》説"《易》本隱以之顯"，《莊子》説"《易》以道陰陽"，證明《易》是講哲學的書，反映孔子的宇宙觀和方法論。

以上扼要地説了金先生關於孔子研究的幾點見解。這些見解能否取得國内外學術界的認同，我現在不得而知，但我本人是心悦而誠服的。我堅信這些見解符合孔子的實際，符合中國歷史的實際，它們一定會爲大多數人所接受。我把這些話獻給金先生 90 歲生日，也獻給《孔子新傳》的熱心讀者。

（原刊《孔子研究》1991 年第 3 期）

序

這本書的名字叫《孔子新傳》。它是由我創議,由我設計,由我和呂紹綱、呂文郁三人共同完成的。其中《論孔子思想的兩個核心》、《孔子的天道觀與人性論》、《孔子的這一份珍貴的遺產——六經》是我寫的,《孔學流傳述評》、《孔子的教育思想》、《孔子的政治、經濟、軍事思想》是呂紹綱寫的,其餘是呂文郁寫的。

本書之所以稱"新傳",新在哪裏呢? 新在本書不是把孔子的生活經歷放在主要地位,而是把孔子的學術思想放在主要地位。在評述學術思想時,力戒不深不透。遇到重大問題,決不迴避,一定閱讀大量資料,經過深入仔細的研究,求得肯定確切的答案。不贊成模棱兩可,閃爍其詞,或泛泛徵引一些似是而非的論點撐持門面。

在中國,自秦亡以降,二千餘年的封建社會,一般都尊孔子爲聖人,這是事實。當今海外各國,特別是韓國、日本、新加坡,依舊尊崇孔子,這也是事實。孔子在歷史上,曾經遭受過無數次冷遇、奚落,以至於長時期挨批,這也不能説不是事實。爲什麼會這樣呢? 有人曾因此而困惑。本書開篇即設《如何評價孔子》這樣一個題目,就是爲説明這個問題。

我們認爲《孟子·滕文公下》所云"天下之生久矣,一治一亂"是對的。人類社會的歷史,就是通過一治一亂或者説量變質變交替進行向前發展的。應該看到,中國自孔子成名時起,一般説,凡是治世都尊孔,凡是亂世都反孔。其道理在於孔子的學説對維護社會安寧秩序有利,對破壞社會安寧秩序不利。而社會當革命時期重在破,不破除舊秩序,不能建立新秩序。社會當建設時期,也就是建立新秩序的時期重在立,不能再破了,再破,舊的新的將同歸於盡,不會有好的結果。由此可見,該破的時候要破,該立的時候要立,這就叫做辯證法。持形而上學觀點的人是不懂得這個道理的。中國自"五四"至中華人民共和國成立是革命時期。革命時期批孔是正確的。因爲它有利於推倒帝國主義、封建主義、官僚資本主義三座大山。今日不同了,今日中國正在進行社會主義建設,對孔子這樣一個有重大影響的歷史人物,就不能不重新加以評價了。

毛澤東同志説過:"從孔夫子到孫中山,我們應當給以總結,承繼這一份珍貴的遺産。"看來我們今日就行動起來,努力做承繼孔子這一份珍貴的遺産的工作是不會有過錯的。不過,毛澤東同志曾提到"總結"、"珍貴"等字樣,説明在孔子思想中還有精華與糟粕之分,全盤繼承是不能允許的。

那末,應該用什麼標準來區分精華與糟粕呢? 我有一個不成熟的看法,認爲有真理性的是精華,沒有真理性祇有時代性的是糟粕。具有真理性的應當繼承,沒有真理性祇有時代性的應當批判。亦即自今日看來,凡是具有奴隸性的、封建性的都要批判。

根據我們的看法,認爲在孔子學術思想中,精華是大量的,當然不能説沒有糟粕。

在談繼承孔子的珍貴遺産的時候,有一個問題,想提出來談一談,這就是孔學與儒學問題。今人習稱孔學爲儒學,往往把孔學與儒學並爲一談。我覺得這種做法不恰當。因爲今人所謂儒學,實際上包括漢儒之學和宋儒之學。據我看來,漢儒、宋儒雖然打的都是孔子的旗號,實際上他們所傳承的多半是孔子學説中的糟粕,至於精華部分,他們並沒有傳承,反而肆意加以歪曲和篡改。因此,今日應把真正孔子之學正名爲孔學,以與漢儒之學、宋儒之學相區別。

　　那末,什麼是真正的孔子之學呢? 我認爲主要是"六經"和《論語》。七十後學的記述及《孟子》、《荀子》二書的一部分,也應包括在內。在上述著述中,最能反映孔子思想的,首推《易傳》,其次是《春秋》,再次則是《論語》。其餘諸書亦時有精語,不宜忽視。

　　什麼是孔學中具有真理性的精華呢? 因限於篇幅,不能在這裏詳談。在這裏祇簡要地談談孔子的宇宙觀和人生觀問題。我認爲孔子的宇宙觀和人生觀是正確的,是具有真理性的。作爲孔子的宇宙觀和人生觀當然貫穿在他一生的言論和實踐之中,但是,集中表現則在《易傳》與《論語》二書。

　　談《易傳》不能不先談《易經》,因爲《易傳》是解說《易經》的。《易經》是什麼書呢? 簡來都說是卜筮之書。這種說法不能說不對,但不够全面。正確地說,它是具有卜筮的形式與哲學的內容的一個矛盾統一體。殷周之際,周人之所以制作這樣一種書,目的何在呢? 目的在於使統治人民的手段達到完善而有效。因爲在當時的歷史條件下,人民的認識水平普遍低下,他們祇聽命於宗教迷信,不能直接用哲學思想進行說教。當時的統治者乃采取另一種辦法,即利用卜筮的形式而賦以哲學的內容,間接地進行說教。《易·繫辭傳上》說:"其孰能與於此哉,古之聰明叡知神武而不殺者夫!"正是說明這個問題。這個秘密,經過多少年沒有人發現。祇有孔子,如"世人皆醉我獨醒",他第一次發現了這個秘密。《史記·孔子世家》說:"孔子晚而喜《易》,……讀《易》韋編三絕。"這就是孔子發現秘密時,喜不自勝,於是慘淡經營,而寫成《易傳》的真實情況。《易·繫辭傳上》說:"子曰:'夫《易》何爲而作也? 夫《易》開物成務,冒天下之道,如斯而已者也。"這正是孔子明確地在說:《易經》是哲學著作,不是別的什麼東西。古人說"唯英雄能識英雄"。因此我認爲,《易經》的哲學思想,既是《易經》作者的,也是孔子的。

　　《易·繫辭傳下》說:"《易》之爲書,廣大悉備。有天道焉,有人道焉,有地道焉,兼三才而兩之,故六。六者非它也,三才之道也。"
《説卦傳》説:"昔者,聖人之作《易》也,將以順性命之理。是以立天
之道曰陰與陽,立地之道曰柔與剛,立人之道曰仁與義。兼三才而
兩之,故《易》六畫而成卦。"上述兩段話説的是什麼問題呢? 是説
《易經》的全部内容是講天地人三才之道的。《易經》六十四卦的每
一卦都是兼三才而兩之。即每一卦都是六畫。這六畫由下往上
數,初二兩畫爲地道,三四兩畫爲人道,五上兩畫爲天道。即每一
卦都代表天地人三才之道。而天之道是陰與陽,地之道是柔與剛,
人之道是仁與義。什麼是道呢? 從文字學的意義來説,道是人用
腳踩出來的。例如説:"桃李無言,下自成蹊",蹊就是道。用哲學
的語言説,道就是規律。"天之道"、"地之道"或"天地之道"是自然
規律,"人之道"則是社會規律。

　　在《易傳》裏,《乾文言》説:"與天地合其德","先天而天弗違",
這裏的"天地"與"天"是一個意思,都指的是大自然。所不同的是,
"天地"是全稱,而"天"是簡稱。《繫辭傳上》説"天之道",《繫辭傳
下》説"天地之道",《説卦傳》説"天之道"、又説"地之道",也是一個
意思,都指的是自然規律。所不同的是"天地之道"是合在一起説,
説了"天之道"又説"地之道"是分開來説。單稱"天之道"實是"天
地之道"的簡稱。

　　《説卦傳》所説的"陰與陽"、"柔與剛"、"仁與義",其實不是別
的,就是辯證法的對立的統一。結合《易經》全部内容來看,可以斷
言,《易經》作者已認識到對立的統一規律是宇宙的根本規律。

　　爲什麼《説卦傳》説"立天之道曰陰與陽",而《繫辭傳下》説
"乾,陽物也。坤,陰物也"呢? 這是説單把天作爲一個整體來看,
天是由陰與陽構成的。把天地共同作爲一個整體來看,則天是陽
物,地是陰物。應當指出,上邊所説的天或天地是指"天之道"的天
或"天地之道"的天地,而不單純是指大自然的天或天地。

　　例如《説卦傳》説"乾爲天",就不能理解爲祇是蒼蒼者,而應理

解爲決定它發展變化的那個天。據我看，這就是日，一般稱爲太陽。《禮記·郊特牲》説："郊之祭也，迎長日之至也，大報天而主日也。"是其證明。《易經》開篇兩卦是乾坤，乾象天，坤象地。乾卦卦辭説："元亨利貞"。"元亨利貞"象天的發展變化。天的發展變化，具體説就是春夏秋冬四時。《繫辭傳下》説："寒往則暑來，暑往則寒來，寒暑相推而歲成焉。"《繫辭傳上》説的"變通莫大乎四時"也是説明這個問題。天的變化爲春夏秋冬，正是太陽在起作用。坤卦卦辭説："元亨，利牝馬之貞。""元亨利貞"象地的發展變化。但多了"牝馬之"三字。這"牝馬之"是什麼意思呢？我認爲"牝馬之"當依《黑韃事略》説："其牡馬留十分壯好者，作移剌馬種。外餘者多扇了，所以無不強壯也。移剌者，公馬也，不曾扇，專管騍馬群，不入扇馬隊。扇馬騍馬各自爲群隊也。又其騍馬群，每移剌馬一匹管騍馬五六十匹。騍馬出群，移剌馬必咬踢之，使歸。他群移剌馬逾越而來，此群移剌馬必咬踢之。"依此作解，即坤與乾的發展變化雖是共同的，所謂"陰陽合德"。然而坤對乾當如騍馬對移剌馬，要"後"，不要先，要"順"，不要逆。乾《彖傳》説："大哉乾元，萬物資始，乃統天。"坤《彖傳》説："至哉《坤》元，萬物資生，乃順承天。"就説明這個問題。從生活實際來看，《詩·豳風·七月》説"春日載陽"就是乾元的"萬物資始"。《禮記·月令》説"草木萌動"就是坤元的"萬物資生"。一個是"統天"，一個是"順承天"，可以看得清清楚楚。《序卦傳》説："有天地，然後萬物生焉。"説的就是這個問題。《繫辭傳上》説："乾坤，其《易》之緼邪？"《繫辭傳下》説："乾坤，其《易》之門邪？"説的也是這個問題。其他如《繫辭傳上》説："在天成象，在地成形，變化見矣。是故剛柔相摩，八卦相盪。鼓之以雷霆，潤之以風雨。日月運行，一寒一暑。乾道成男，坤道成女。"《筮法》説："乾之策二百一十有六。坤之策百四十有四。凡三百有六十，當期之日。"等等，説的都是這個問題。所有上述這些，説的都是什麼問題呢？我敢肯定地説，它們説的都是自然，自然規律。從《易經》作者和闡釋《易經》的孔子對自然的看法來説,則反映他們的宇宙觀。

我認爲《易經》作者和闡釋《易經》的孔子的宇宙觀是正確的。因爲他們把自然的發生發展看做是有規律的,看做是按照唯物的、辯證的規律發生發展的。其所以是唯物的,是因爲天地生萬物是由於天地自身的變化,而"資始",而"資生",没有上帝鬼神存在的餘地;其所以是辯證的,是由於他們把對立的統一規律看做是宇宙的根本規律。當然,如質量互變規律、否定之否定規律,《易經》也有反映。因限於篇幅,就不在這裏詳談了。下面談談立人之道曰仁與義問題。

我認爲《易》之爲書雖然是講天地人三才之道,但這天地人三才之道並不是平列的,而是以天地之道爲主體,其目的或落脚點則是人之道。例如《繫辭傳上》説:"八卦定吉凶,吉凶生大業。"乾《大象》説:"天行健,君子以自强不息。"《乾文言》説:"夫大人者,與天地合其德,與日月合其明,與四時合其序,與鬼神合其吉凶。"就是證明。"吉凶"、"大業"、"大人"、"君子",無疑都是人之道的問題。但有一點,需要説明,這就是《易》與孔子的思想與老聃、莊周不同。也就是説它並不是消極的傚法自然。例如泰《大象》説:"天地交,泰。後以裁成天地之道,輔相天地之宜,以左右民。""裁成"是裁成其有餘,"輔相"是輔相其不足。這也同説"贊天地之化育"、"與天地參"一樣,在某種程度上説有改造自然的意義,值得重視。

那末,"仁與義"應當怎麽理解? 我認爲仁與義的確切含義,最好依據以下兩段文字作解,《繫辭傳下》:"天地之大德曰生,聖人之大寶曰位。何以守位? 曰仁。何以聚人? 曰財。理財正辭,禁民爲非,曰義。"《中庸》:"故爲政在人,取人以身,修身以道,修道以仁。仁者人也,親親爲大;義者宜也,尊賢爲大。"

《繫辭傳下》説:"天地之大德曰生。"這是把自然的功能概括爲一個"生"字。我看這種概括是對的。不生則人類及其他生物都將

滅絶了。"聖人之大寶曰位"。這個"位"是指君位,亦即文明社會
的最高政治地位,有君德而没有君位,祇能空言,不能見之於行事,
故稱君位爲"大寶"。"何以守位?曰仁"。這個"仁",應釋爲行仁
政的仁。可見君位之所以被稱爲"大寶",在於能行仁政,能"博施
於民而能濟衆",而不是使"播其惡於衆"。不行仁政,位是保不住
的。"何以聚人?曰財",是説行仁政並不是一句空話,必須使人民
得到實惠。即首先要讓人民有飯吃,有衣裳穿。這樣,就非財不
可。"理財正辭,禁民爲非,曰義"。這是説義的内容主要包括三
點。一是"理財",即做好經濟工作。經濟工作做不好,財從哪裏
來?二是"正辭","辭"指發號施令。孔子説:"政者正也。子帥以
正,孰敢不正?"所以,辭需要正。"禁民爲非",則是禮與法上事,所
謂"禮禁未然之前,法施已然之後"。上述這些,總的説,就是"仁與
義"的内容。所以稱爲人之道,説明人類社會的存在與發展它是不
可缺少的。

　　《中庸》説:"修身以道。"這個"道"顯然是"人之道",也就是社
會規律。"仁者人也",仁、人二字音同,古又通用,從文字學來説,
這樣解釋,無疑是對的。但是古時如《逸周書·本典》説:"與民利
者,仁也"。《墨子·經説下》説:"仁,仁愛也。"有釋仁爲人的。釋
仁爲人,應自孔子始。這一點應看成是孔子的特識。釋仁爲人,表
明孔子是從全體人類的高度看問題的。孔子的特識是什麽?即他
認爲仁這個概念祇適用於人類。因此,《吕氏春秋·愛類》説"仁也
者,仁乎其類者也"是對的,《莊子·天運》説"虎狼,仁也"是不對
的。

　　"親親爲大",是説仁雖適用於全人類,但實行起來,應自親親
始。什麽是親親呢?親親是血親之間的愛。這種愛,最初應始於
母子間的愛。稍進則有父子間的愛。人類在群婚時代,知母不知
有父,談不到父子間的愛。《禮記·昏義》説:"男女有别而後夫婦
有義,夫婦有義而後父子有親。"説明父子間的愛是自男女有别,即

自實行個體婚制時開始的。出現了"父子有親"之後,才有《禮記·喪服小記》所説"親親以三爲五,以五爲九,上殺、下殺、旁殺而親畢矣"的禮制。由是而推廣,則有如《孟子·梁惠王上》所説"老吾老,以及人之老;幼吾幼,以及人之幼",以及《盡心上》所説"君子之於物也,愛之而弗仁;於民也,仁之而弗親。親親而仁民,仁民而愛物"。

"義者宜也",是講完仁,又講義。這是因爲仁與義二者之間有密切關係。《禮記·郊特牲》説:"父子親然後義生。"同書《禮運》説:"仁者,義之本也。"是其證。不過,《郊特牲》説"父子親然後義生",不如《昏義》説"男女有別而後夫婦有義"更接近事實。恩格斯説:"在歷史上出現的最初的階級對立,是同個體婚制下的夫妻間的對抗的發展同時發生的,而最初的階級壓迫是同男性對女性的奴役同時發生的。"①恩格斯所説的"階級對立",大體上説,相當於中國所説的義。

"義者宜也","宜"是合適。所謂合適,實際上就是主觀與客觀一致。例如,因材施教就是宜,圓鑿方枘就是不宜。

"尊賢爲大"是説在"義"中,"尊賢"頭等重要。"尊賢"與"親親"不同。"親親"是血緣關係,"尊賢"是政治關係。人類自進入文明社會以來,這兩種關係是始終存在的。"尊賢爲大"是説在一個有組織的社會中,最重要的,應使賢者在上位,不應使不賢的在上位。如果反其道而行,使不賢的在上位,賢者在下位,就是不義,社會就不會安寧,人民將遭受災難。仁與義二者是對立的,又互相滲透。例如《漢書·藝文志》説:"仁之與義,敬之與和,相反而皆相成也。"就是從對立的一面説的。《論語·里仁》説:"子曰:'惟仁者能好人,能惡人。'"其實"能惡人"就是義,説明仁裹包含有義。《禮記·喪服四制》説:"門内之治恩揜義,門外之治義斷恩。""恩揜義"

————————
①　《馬克思恩格斯全集》第 21 卷,第 78 頁。

就説明原來恩中有義,"義斷恩"就説明原來義中有恩。一個社會人與人之間既能相親相愛,又能"思不出其位",各自遵照自己的本分行事,自然能長治久安。《易·説卦傳》説"立人之道曰仁與義",可見孔子思想以仁義爲核心之一,確實是具有真理性的,不可等閑視之。

説孔子的宇宙觀是唯物的、辯證的,在《易傳》外,亦有可言者,兹略述如下:

一、《論語·陽貨》説:"子曰:'天何言哉! 四時行焉,百物生焉,天何言哉!'"這是説百物之生,端由於四時之行。四時之行即《易傳》所説的"寒往則暑來,暑往則寒來,寒暑相推,而歲成焉"。亦即由太陽的正射斜射。它是天體的自身變化,而不是有别的什麽東西在主宰它,命令它。它與《序卦傳》説"有天地然後萬物生焉"的觀點是一致的,很明顯是唯物的。

二、《孟子·萬章下》曾經把孔子跟伯夷、伊尹、柳下惠幾個歷史人物作過對比。他説:"伯夷,聖之清者也;伊尹,聖之任者也;柳下惠,聖之和者也;孔子,聖之時者也。"並舉"孔子之去齊,接淅而行。去魯,曰:'遲遲吾行也,去父母國之道也。'可以速而速,可以久而久,可以處而處,可以仕而仕,孔子也。"《論語·微子》説:"逸民:伯夷、叔齊、虞仲、夷逸、朱張、柳下惠、少連。子曰:'不降其志,不辱其身,伯夷、叔齊與!'謂'柳下惠、少連,降志辱身矣,言中倫,行中慮,其斯而已矣'。謂'虞仲、夷逸,隱居放言,身中清,廢中權。我則異於是,無可無不可'。"以上兩種説法完全一致。這説明孔子的思想是辯證的,不是形而上學的。

什麽叫"無可無不可"? 它是説可與不可不是固定不變的。它們在一定條件下可以互相轉化。例如,冬祈寒,衣裘可,衣葛不可。夏溽暑,就變成衣葛可,衣裘不可。對於孔子來説,齊是異國,去齊速可,遲不可。魯是父母之國,去魯就變成遲可,速不可。可與不可不是固定不變的,這正是辯證的思想的表現。

　　綜上所述,可以肯定孔子的世界觀與人生觀是正確的,應該説基本上是唯物的、辯證的。今日欲弘揚中國傳統思想文化,繼承孔子這一份珍貴的遺産,無疑是有利的,并且是容易的。

　　現在可以回過頭來談談儒學問題。

　　今人所謂儒學,據了解,主要是指漢儒之學和宋儒之學。

　　漢儒之學以鄭玄爲代表。鄭玄釋"三禮"確實好得很,釋《易》則簡直是信口亂道,流毒很深。

　　鄭玄釋《易》"大衍之數五十,其用四十有九"説:"天地之數五十有五,以五行氣通,凡五行減五,大衍又減一,故四十九也。天一生水於北,地二生火於南,天三生木於東,地四生金於西,天五生土於中。陽無耦,陰無配,未得相成。地六成水於北,與天一并。天七成火於南,與地二并。地八成木於東,與天三并。天九成金於西,與地四并。地十成土於中,與天五并。"這種解釋純屬不知妄作,違離傳文原意遠甚。"大衍之數五十",實際就是"天地之數五十有五"傳鈔誤脱"有五"二字,哪裏有"凡五行減五,大衍又減一"的事情呢? 減五又減一説明什麽問題呢?《繫辭傳上》説:"天一地二,天三地四,天五地六,天七地八,天九地十。"筮法之所以有取於由一至十這十個數字,實際是由於古人認爲"數滿於十"。《左傳·莊公十六年》説:"曰:'不可使共叔無後於鄭。'使以十月入,曰:良月也,就盈數焉。"杜預於"盈數"注説:"數滿於十。"同書《僖公四年》説:"十年尚猶有臭。"孔穎達疏説:"十是數之小成。"又《閔公元年》説:"萬,盈數也。"孔穎達疏説:"數至十則小盈,至萬則大盈。"這個"盈數"到底是什麽意思呢? 可引前蘇聯學者柯斯文《原始文化史綱》的話來説明,他説:"在許多落後部落的語言中,'二'這個數目僅僅意味着一件整個東西的兩半。"又説:"這些部落從事計數時,往往祇能到三爲止。"又説:"安達曼人和其他一些落後的部落能够計數到十,十以上的數目就一概稱之爲'多'或'很多'。"證明我國古人計數知識也有到十爲止的一個階段。這個階段仍殘存在後人的意識中,所以稱十爲盈數。稱萬爲盈數,説明萬也標誌古人計數知識發展的一個重要階段。大衍之數之所以以十爲起點,顯然是視十爲盈數,把十看做是一個小天地。至於"天一地二,天三地四"的天地與陰陽、奇偶一樣,祇表明是對立的統一,與"在天成象,在地成形"的天地完全不是一回事。鄭玄完全不瞭解這回事,反把五行五方牽扯進去,爲後世僞造河圖、洛書的妄人和江湖術士大開方便之門,影響極壞。唐人李鼎祚《周易集解》稱"刊輔嗣之野文,補康成之逸象",什麽是"康成之逸象"?説穿了不過如王弼所説"定馬於乾,案文責卦"罷了。殊不知《説卦傳》説"乾,健也;坤,順也⋯⋯"是説八卦的性質。"乾爲馬,坤爲牛⋯⋯"是説八卦的取象。説性質用"也"字表明是不變的,説取象用"爲"字表明是可變的。但後世之宗鄭者竟置王弼的批評於不顧,繼續堅持"定馬於乾,案文責卦",並美其名曰"象數學",公然與正確思想相抗衡。

宋儒之學以朱熹爲代表。朱熹著有《周易本義》一書。名爲"本義",是認爲《易》本是卜筮之書,後人以思想之書解説它,是不對的。其實,《周易》爲卜筮之書,是盡人皆知的事實,並不是朱熹的創見。孔子作《易傳》之可貴,端在他於這種卜筮之書中,發見了哲學的内容,他在《繫辭傳上》中明確地説過:"夫《易》何爲而作也?夫《易》,開物成務,冒天下之道,如斯而已者也。"自荀子、莊子、董仲舒、司馬遷以至王弼、程頤以來,無數學者,無不承認孔子的説法,以爲《易》是講思想的書。而朱熹獨持異議,硬説它是卜筮之書,除了見其庸陋,又有什麽新意可言呢?

不僅如此,我們還可以把宋儒中享有大名的周敦頤《太極圖説》和程顥的《識仁篇》、《定性書》翻開,看看到底是什麽貨色。

《太極圖説》開篇説:"無極而太極,太極動而生陽,動極而静,静而生陰,静極復動,一動一静,互爲其根,分陰分陽,兩儀立焉。"這個"無極而太極"顯然是在太極的頭上又加上一個東西,與老子"道生一"的觀點相同,不過把老子的道改稱爲無極罷了。但老子說"一生二",這一點與《繫辭傳上》"易有太極,是生兩儀"及"其用四十有九。分而爲二以象兩"的觀點還是一致的。而《太極圖說》說的一些東西,簡直是一生一,怎能說是"分陰分陽,兩儀立焉"呢?如果說這也是規律,在客觀上有什麼根據呢?

《太極圖說》又說:"陽變陰合而生水火木金土,五氣順布,四時行焉。"《說卦傳》說:"立天之道曰陰與陽。""四時行"就是《繫辭傳上》所說"寒往則暑來,暑往則寒來,寒暑相推,而歲成焉",亦即太陽之正射斜射,哪有什麼水火木金土呢? 五行之說在六經中最早見於《尚書·洪範》,《周易》不言五行。勉強地說,它祇屬於"立地之道曰柔與剛"的範圍,與陰陽、四時有什麼干涉呢?

《太極圖說》又說:"無極之真,二五之精,妙合而凝,乾道成男,坤道成女。"《繫辭傳上》說:"乾道成男,坤道成女",其前提是天地變化,剛柔相摩、八卦相盪。亦即由於天地或乾坤內部的矛盾性。其表現在乾坤兩卦則是所謂"大哉乾元,萬物資始……至哉坤元,萬物資生"。《繫辭傳下》說:"乾,陽物也。坤,陰物也。陰陽合德而剛柔有體,以體天地之撰,以通神明之德。"也是說明這個問題。哪有什麼"無極之真,二五之精,妙合而凝"呢?《易·說卦傳》明白說"立人之道曰仁與義",而《太極圖說》說"聖人定之以中正仁義而主靜,立人極焉",這不是明白無誤地篡改孔子的觀點嗎?

《識仁篇》開篇說:"學者須先識仁。仁者渾然與物同體。"這個"仁者渾然與物同體"與《語錄》說"仁者以天地萬物爲一體"是一個意思,不過後者說得更具體些。孔子明白說:"仁者人也。"孟子更具體說:"君子之於物也,愛之而弗仁;於民也,仁之而弗親。親親而仁民,仁民而愛物。"《呂氏春秋·愛類》說:"仁也者,仁乎其類者也。"是仁這個概念祇適用於人類,已非常明顯,而《識仁篇》硬說"仁者與天地萬物爲一體",怎能承認它是承傳孔子的思想呢?

《識仁篇》又提到"孟子言萬物皆備於我",下文以"蓋良知良能,元不喪失"釋之,直是把"萬物皆備於我"理解爲人人"皆具佛性”。實際上孟子這句話是在講“强恕而行,求仁莫近焉”時談的。原文是“萬物皆備於我矣,反身而誠,樂莫大焉。强恕而行,求仁莫近焉”。這句話的中心思想是說求仁,而求仁的最切近的方法是行恕。怎樣行恕呢?“萬物皆備於我矣,反身而誠,樂莫大焉”。這是因爲恕的正確含義是說“己欲立而立人,己欲達而達人”,“己所不欲,勿施於人”。別人的欲與不欲我怎麽知道呢?因爲“萬物皆備於我”。就是說我欲食,知道人亦欲食;我欲安,知道人亦欲安。反之,我不欲凍餒,亦知道人不欲凍餒,我不欲苦難,亦知道人不欲苦難。如果對待別人像對待自己一樣,這就叫做“反身而誠”。“樂莫大焉”是說能這樣做是最大的快樂。怎能割裂全文,單單把“萬物皆備於我矣”這句話挑選出來,理解爲“良知良能,元無喪失”呢?這不是曲解了孟子的本意嗎?

《定性書》說:“夫天地之常以其心普萬物而無心,聖人之常以其情順萬物而無情。”這同老子說“天地不仁,以萬物爲芻狗”有什麽不同?在這句話下面緊接着又說:“故君子之學,莫若廓然而大公,物來而順應。”這句話我看就是《莊子·應帝王》“至人之用心若鏡,不將不迎,應而不藏,故能勝物而不傷”的翻版。總之,宋儒之學不能說是承傳孔子的思想。

寫到這裏,我想起兩個唐人的詩句,就用它作爲本文的結語吧!其一是“主司頭腦太冬烘,錯認顏標作魯公”。我敬告有志於弘揚中國傳統思想文化的同志們,不要錯認儒學作孔學。其二是“斫卻月中桂,清光應更多”。我認爲如果把儒學從孔學中劃分出來,將會使孔學的光輝更加燦爛。

　　　　　　　　　　金景芳序於吉林大學寓所,時年八十有九

第一章　如何評價孔子

　　孔子是世界文明史上最偉大的文化巨人之一。他的思想和學說對中華民族乃至全人類有極其深遠的影響。從孔子生活的春秋晚期直到近現代，兩千五百年來風雲變幻，治亂頻仍，孔子及其學說也歷盡滄桑。由於社會政治條件不同，人們對孔子及其學說的毀譽褒貶也極不相同。一般說來，當國家統一、社會安定的時候，孔子及其學說往往備受推崇和贊揚，而當國家分裂、社會動盪，或面臨重大變革的時候，孔子及其學說則往往受到猛烈的抨擊和詆毀。這就是孔子及其學說的歷史命運。孟子曾經說過："天下之生久矣，一治一亂。"（《孟子·滕文公下》）孟子詳列上古史實，認爲自堯迄戰國，已經發生了多次治與亂。從戰國再到近現代，中國又發生了許多次治與亂。歷史的發展已經證明，孟子所說的"一治一亂"是符合歷史發展的辯證法的。實際上所謂"治"就是歷史發展的量變過程。所謂"亂"就是歷史發展的質變過程。一治一亂，則是歷史發展由量變到質變的過程。這正是歷史發展的客觀規律。不同的歷史時代需要不同的思想和理論，如冬衣裘、夏衣葛一樣。所以適用於治世的思想理論到了亂世就不再適用了。韓非說："夫古今異俗，新故異備，如欲以寬緩之政治急世之民，猶無轡策而御駻馬，此不知之患也。"（《韓非子·五蠹》）這種說法是對的。所以孔子及其學說在不同的歷史時代有不同的遭遇，這並不奇怪。應當說，自孔子學說產生以來，中國的一部治亂史也就是一部尊孔和反孔相互交替的歷史。

　　春秋戰國時期是商周以來中國歷史上第一次長期分裂的時

期,也是社會發生劇烈動盪和深刻變革的時期。孔子恰恰出生於春秋晚期。由於孔子博聞强識,門徒衆多,又是儒家學派的開山始祖,在當時的社會上確實有廣泛的影響,享有很高的聲譽。如《列子·力命》篇説:"仲尼之望,不出諸侯之下。"但是,孔子的學説,特別是孔子的政治主張卻不受當時統治者歡迎。孔子自己宣稱:"苟有用我者,朞月而已,三年有成。"(《史記·孔子世家》)可是他"干七十餘君無所遇"(《漢書·儒林傳》)。所到之處,常常受到冷遇和奚落,"伐樹於宋,削迹於衞,窮於商周,困於陳蔡,受屈於季氏,見辱於陽虎,戚戚然以至於死。"(《列子·楊朱》)他的境况的確够悲慘的了。和孔子同時代的齊國政治家晏嬰,是最受孔子敬重的人物之一。他曾給晏嬰以很高的評價。他説:"晏平仲善與人交,久而敬之。"(《論語·公冶長》)《史記·仲尼弟子列傳》説:"孔子之所嚴事:於周則老子,於衞蘧伯玉,於齊晏平仲……"可是晏嬰對孔子的學説卻極不贊同,認爲"其道也不可以示世,其教也不可以導民"(《晏子春秋·外篇》)。《史記·孔子世家》載:齊景公"將欲以尼谿田封孔子。晏嬰進曰:'夫儒者滑稽而不可軌法,倨傲自順,不可以爲下;崇喪遂哀,破産厚葬,不可以爲俗;遊説乞貸,不可以爲國。自大賢之息,周室既衰,禮樂缺有間。今孔子盛容飾,繁登降之禮,趨詳之節,累世不能殫其學,當年不能究其禮。君欲用之以移齊俗,非所以先細民也。"結果齊景公對孔子"厚其禮而留其封,敬見而不問其道,仲尼乃行"(《晏子春秋·外篇》)。晏嬰作爲一個政治家批評孔子的學説遠離現實,不合時宜,因而不予采納,是很明智的。《孔子世家》還有一段記載:

　　(楚)昭王將以書社地七百里封孔子。楚令尹子西曰:"王之使使諸侯有如子貢者乎?"曰:"無有。""王之輔相有如顔回者乎?"曰:"無有。""王之將率有如子路者乎?"曰:"無有。""王之官尹有如宰予者乎?"曰:"無有。""且楚之祖封於周,號爲子男五十里。今孔丘述三、五之

法,明周、召之業。王若用之,則楚安得世世堂堂方數千
里乎?"……昭王乃止。

可見,楚國的政治家子西也認爲孔子學説對楚國不利。

不僅各國的當政者不接受孔子的主張,春秋戰國時代儒家以
外的各家學派對孔子的學説也都持批判的態度。《史記・老子韓
非列傳》説:"孔子適周,將問禮於老子。老子曰:'子所言者,其人
與骨皆已朽矣,獨其言在耳。'"對孔子的學説表示輕蔑,並告誡他
説:"去子之驕氣與多欲,態色與淫志,是皆無益於子之身。"老子還
對孔子提倡的仁、義、禮、知等倫理道德進行猛烈的抨擊,認爲仁、
義、禮、知等等都是道德淪喪的結果。老子説:"失道而後德,失德
而後仁,失仁而後義,失義而後禮。夫禮者,忠信之薄而亂之首
也。"(《老子》第一章)揚雄説老子"搥提仁義,絶滅禮學"(《法言・
問道》),是有根據的,稍後於孔子的墨翟借晏嬰之口批評孔子説:
"夫儒,浩居而自順者也,不可以教下;好樂而淫人,不可使親治;立
命而怠事,不可以守職;崇喪循哀,不可使慈民;機服勉容,不可使
導衆。"(《墨子・非儒》)又説:"儒之道足以喪天下者四政焉。"(《墨
子・公孟》)莊子對孔子及儒家學派的攻擊尤爲激烈。其云:"及至
聖人,蹩躠爲仁,踶跂爲義,而天下始疑矣;澶漫爲樂,摘僻爲禮,而
天下始分矣……毀道德以爲仁義,聖人之過也。"(《莊子・馬蹄》)
莊子把儒者稱爲"獨弦哀歌以賣名聲於天下者"(《莊子・天地》),
認爲"聖人不死,大盜不止","殫殘天下之聖法,而始可與議論",
"攘棄仁義,而天下之德始玄同矣"(《莊子・胠篋》)。至於詆訾儒
者以《詩》、《禮》發冢,以舐痔得車,指斥孔子"亂人之性","偈偈乎
揭仁義,若擊鼓而求亡子焉"(《莊子・天道》),言辭尤爲刻薄。莊
子之非孔反儒,可謂不遺餘力矣!

戰國時期的法家代表人物商鞅和韓非也都極力反對孔子的學
説。商鞅認爲仁義"不足以治天下"(《商君書・畫策》),《詩》、《書》
"無益於治"(《商君書・農戰》),把《禮》、《樂》、《詩》、《書》、仁義等

稱之爲“六虱”(《商君書·靳令》)。韓非認爲“儒以文亂法”,是危
害社會的“五蠹”之一,認爲儒家“稱先王之道以籍仁義”,“疑當世
之法而貳人主之心,其言古者爲設詐,稱借於外力以成其私,而遺
社稷之利”(《韓非子·五蠹》)。把孔子和儒家的這種主張稱爲“亡
國之言”(《韓非子·難言》)。

　　以上稱引,僅爲春秋戰國諸子百家反孔攻儒言論中較爲昭著
者。不難看出,不僅當時的各國統治者對孔子學説持否定態度,儒
家學派以外的其他各家學派也都激烈地反對孔子學説。而當時反
孔的主要理由就是孔子學説不符合時代的需要。故漢代的司馬談
總括六家要旨時説:“儒者博而寡要,勞而少功,是以其事難盡從。”
(《史記·太史公自序》)這個批評是很中肯的。

　　秦始皇并吞六國,結束了長達五個多世紀戰亂紛爭的局面,中
國在政治上又實現了“天下一統”。這一政局變化本來爲儒家理想
的實現創造了有利條件。但秦國由弱到強,最後統一華夏,主要依
靠的是商鞅、韓非等人爲代表的法家路綫。在劇烈動盪和深刻變
革的時代,法家路綫對於富國強兵確實是行之有效的。可是統一
之後,局勢發生了重大的變化。秦始皇沒有及時地調整統治策略,
在社會急需穩定,人民亟盼安寧之時,秦始皇仍然依靠酷刑嚴罰等
暴力手段來統治人民,甚至采用焚書坑儒等極端暴行來禁絕百家
學説,終於導致徹底垮臺。漢人賈誼指出秦王朝二世而亡的原因
是“仁義不施而攻守之勢異也”(《過秦論》)。賈誼進一步指出:“并
兼者高詐力,安定者貴順權,此言取與守不同術也。秦離戰國而王
天下,其道不易,其政不改,是其所以取之守之者無異也。”(《過秦
論》)賈誼正確地總結了秦王朝滅亡的歷史教訓,這給後代的統治
者們以極大的啓發。

　　漢高祖劉邦在建立和鞏固西漢政權的過程中,對孔子和儒家
學説的認識產生了重大轉變。在楚漢相爭時,劉邦非常討厭儒生。
他常説:“爲天下安用腐儒!”(《史記·黥布列傳》)《史記·酈生陸

賈列傳》載：“騎士曰：‘沛公不好儒，諸客冠儒冠來者，沛公輒解其冠，溲溺其中。與人言，常大罵。’”《史記·劉敬叔孫通列傳》說：“叔孫通儒服，漢王憎之；乃變其服，服短衣，楚制，漢王喜。”同書《酈生陸賈列傳》又載：“初，沛公引兵過陳留，酈生踵軍門上謁……使者入通，沛公方洗，問使者曰：‘何如人也？’使者對曰：‘狀貌類大儒，衣儒衣，冠側注。’沛公曰：‘爲我謝之，言我方以天下爲事，未暇見儒人也。’使者出謝曰：‘沛公敬謝先生，方以天下爲事，未暇見儒人也。’酈生瞋目案劍叱使者曰：‘走！復入言沛公，吾高陽酒徒也，非儒人也！’使者懼而失謁，跪拾謁，還走，復入報曰：‘客，天下壯士也，叱臣，臣恐，至失謁，曰‘走！復入言，而公高陽酒徒也！’沛公遽雪足杖矛曰：‘延客入！’”太史公這段精彩的記述生動地反映了劉邦打天下時對儒生的憎惡。後來劉邦登基做了皇帝，陸賈在劉邦面前時時稱說《詩》、《書》，“高帝罵之曰：‘迺公居馬上而得之，安事《詩》《書》！’陸生曰：‘居馬上得之，寧可以馬上治之乎？且湯武逆取而以順守之，文武並用，長久之術也……向使秦已并天下，行仁義，法先聖，陛下安得而有之？’高帝不懌而有慚色。迺謂陸生曰：‘試爲我著秦所以失天下，吾所以得之者何，及古成敗之國。’”（《史記·酈生陸賈列傳》）還有一事對劉邦觸動很大。《史記·劉敬叔孫通列傳》載：“漢五年，已并天下，諸侯共尊漢王爲皇帝於定陶……群臣飲酒爭功，醉或妄呼，拔劍擊柱，高帝患之。叔孫通知上益厭之也，說上曰：‘夫儒者難與進取，可與守成。臣願徵魯諸生，與臣弟子共起朝儀。’”後來高帝在長樂宮按照叔孫通判定的朝儀朝見群臣，“自諸侯王以下莫不振恐肅敬”，“御史執法舉不如儀者輒引去，竟朝置酒，無敢讙譁失禮者。於是高帝曰：‘吾乃今日知爲皇帝之貴也。’”

　　劉邦在打天下時對儒生深惡痛絕，而當了皇帝之後卻逐漸嘗到了儒家禮儀給自己帶來的甜頭，感到孔子和儒家學說對於維護君主尊嚴、穩定統治秩序是大有裨益的。於是這位出身於地痞無賴，常以儒冠溲溺、大罵"安事腐儒"的皇帝，在路出山東時，竟然特地到孔廟"以太牢祠焉"(《史記·孔子世家》)。劉邦對孔子和儒家的態度發生的重大轉變恰好反映了這樣一個重要事實：社會政治條件變化了，人們對孔子及其學説的態度也必然發生變化。漢儒叔孫通所説的"儒者難與進取，可與守成"，恰當地道出了儒學的本質特徵。在變革或動亂的年代裏，孔子學説由於"迂遠而闊於事情"，當然不受歡迎。一旦天下已定，急需安穩秩序之時，孔子的學説便有了用武之地。《新唐書·儒學傳序》云：

　　　嘗論之，武爲救世砭劑，文其膏粱歟！亂已定，必以文治之。否者，是病損而進砭劑，其傷多矣！然則武得之，武治之，不免霸且盜，聖人反是而王。故曰武創業，文守成，百世不易之道也。若乃舉天下一之於仁義，莫若儒！

　　史學家們的這種認識是對中國歷代封建王朝成敗興衰歷史經驗的概括和總結，在一定程度上反映了歷史發展的某些規律性。

　　漢高祖劉邦對孔子的儒學的態度雖然發生了轉變，但對於儒學在維護皇權和封建秩序方面的重要作用仍然認識不足。儒學從諸子百家中的普通一家上升到一家獨尊的地位，在漢初經歷了尖銳複雜的鬥爭過程。西漢最初的六七十年，即高、惠、文、景時期，在意識形態領域里居主導地位的是黃老學説。《史記·儒林列傳》説："孝惠、呂后時，公卿皆武力有功之臣。孝文時頗徵用，然孝文帝本好刑名之言。及至孝景，不任儒者，而竇太后又好黃老之術，故諸博士具官待問，未有進者。"儒生們在那時祇是"具官待問"，實際上不受重用。惠帝時的相國曹參，文帝時的丞相陳平，都是治黃老之術者。景帝初，竇太后執掌實權。《史記·外戚世家》説："竇太后好黃帝老子言，帝及太子、諸竇不得不讀《黃帝》《老子》，尊其術。"儒生轅固與治黃老之學的黃生在景帝面前爭論湯武是受命，還是篡弑，雙方爭執不下，最後景帝出來和稀泥，説："食肉毋食馬肝，未爲不知味，言學者毋言湯武受命，不爲愚。"就這樣不了了之。這是儒生與黄老學派在漢初的一次正面交鋒。後來，因轅固生在竇太后面前説"黄老之學爲'家人言耳'"，竇太后大怒，罰他入圈中去刺野猪，險些被野猪吃掉。漢武帝即位之初，儒生御史大夫趙綰、郎中令王臧請立明堂，以朝諸侯，申公亦參與其事，因竇太后"不説儒術"，極力反對，結果申公被罷黜，趙綰、王臧皆被逼自殺。因儒生與黄老學派的衝突而導致人頭落地，可見當時思想領域裏的鬥爭是何等激烈。此後不久，"竇太后崩，武安侯田蚡爲丞相，絀黄老刑名百家之言，延文學儒者數百人，而公孫弘以《春秋》白衣爲天子三公，封以平津侯，天下之學士靡然鄉風矣。"(《史記・儒林列傳》)至此，黄老之學始告敗北，而儒學之士在朝廷之上占了上風。

　　漢代真正從理論上爲儒家學説奠定獨尊地位的是經學大師董仲舒。《漢書・董仲舒傳》説："仲舒遭漢承秦滅學之後，六經離析，下帷發憤，潜心大業，令後學者有所統一，爲群儒首。"董仲舒"始推陰陽，爲儒者宗"，他把陰陽家的學説與孔子學説相糅合，對儒學進行了加工改造。孔子本來是一位無神論者，他"不語怪、力、亂、神"，主張"敬鬼神而遠之"，實質上是不相信有鬼神。孔子學説與宗教本來是格格不入的，可是董仲舒卻把荒誕不經的讖緯迷信塞進孔子學説，編織了一套君權神授、天人感應等神學説教。經過董仲舒改造的儒學已經與孔子所創立的儒學大異旨趣，但卻更加適應了漢代統治者的政治需要。董仲舒向漢武帝提出了著名的"天人三策"，"推明孔氏，抑黜百家，立學校之官，州郡舉茂材孝廉，皆自仲舒發之。"(《漢書・董仲舒傳》)他在"天人三策"中説：

　　　　《春秋》大一統者，天地之常經，古今之通誼也。今師異道，人異論，百家殊方，指意不同，是以亡以持一統。法制數變，下不知所守。臣愚以爲諸不在六藝之科、孔子之術者，皆絶其道，勿使並進。邪辟之説滅息，然後統紀可一,而法度可明,民知所從矣。

董仲舒從維護皇權和政治上大一統局面的高度,論述了"獨尊儒術"的必要性和重大意義,爲封建帝王實行專制統治找到了新的理論根據。漢武帝采納了董仲舒的建議,在全國"卓然罷黜百家,表章六經"(《漢書·武帝紀》)。桓譚説:"漢武帝材質高妙,有崇先廣統之規……興起六藝,廣進儒術,自開闢以來,唯漢家爲最盛焉。"①從此,經過董仲舒等人加工改造過的儒家學説在中國歷史上第一次被正式宣佈爲官方學説。儒家的典籍被尊稱爲經,研究、解釋儒家經典的學問被稱爲"經學"。"自此以來,則公卿大夫士吏斌斌多文學之士矣。"(《史記·儒林列傳》)而讀書人自此皆以治儒業、通經術爲步入仕途之津梁。東漢史學家班固説:"自孝武興學,公孫弘以儒相,其後蔡義、韋賢、玄成、匡衡、張禹、翟方進、孔光、平當、馬宮及當子晏咸以儒宗居宰相位,服儒衣冠,傳先王語。"(《漢書·匡張孔馬傳贊》)《舊唐書·儒學傳序》説:"漢家宰相,無不精通一經,朝廷若有疑事,皆引經決定,由是人識禮教,理致升平。"這與西漢初期居卿相之位者皆治黄老之術的情景形成鮮明的對照。

漢代的經學在其發展過程中,内部也形成不同的流派,各流派之間經常相互爭論、辯難,這對經學更好地爲政治服務是有妨礙的。爲了統一經術,西漢宣帝曾於甘露三年(前 51)在石渠閣主持召開了經師儒生會議,討論五經同異。東漢時章帝也曾親自出馬,於建初四年(79)在白虎觀召開討論經術的大會。《後漢書·章帝紀》載:"帝親稱制臨決,如孝宣甘露石渠故事。"這兩次會議之後,分別産生了《石渠閣議奏》和《白虎議奏》那樣的欽定文獻,成爲研治經學者必須遵循的準繩,但經學内部的鬥爭並未因此而消除。

東漢尊孔崇儒甚至超過西漢。東漢時代的皇帝爲了抬高孔子

---

① 《新論·通識》,見《全漢文》卷十四。

的身價,提高經學的地位,往往親自參與對孔子的祭祀,親自登壇講經。《後漢書·光武帝紀》載:"建武五年冬十月,還幸魯,使大司空祠孔子。"建武十四年四月,光武帝劉秀封孔子後裔孔志爲褒成侯。漢明帝"永平十五年,幸孔子宅,祠仲尼及七十二弟子,親御講堂,命皇太子諸王説經"(《後漢書·明帝紀》)。《後漢書·樊宏陰識傳》引樊準上疏云:

> 光武皇帝受命中興,群雄崩擾,旌旗亂野,東西誅戰,不遑啓處,然猶投戈講藝,息馬論道。至孝明皇帝……垂情古典,游意經藝,每饗射禮畢,正坐自講,諸儒並聽,四方欣欣。雖闕里之化,矍相之事,誠不足言。

《後漢書·儒林傳》也説:漢明帝講經之時,"諸儒執經問難於前,冠蓋縉紳之人,圜橋門而觀聽者蓋億萬計。"真是盛況空前。漢明帝之子漢章帝尊孔崇儒不亞於其父。除前述召集白虎觀會議討論經術外,還於元和二年親到闕里,"以太牢祠孔子及七十二弟子,作六代之樂,大會孔氏男子二十以上者六十三人,命儒者講論。"(《後漢書·儒林傳》)《後漢書·安帝紀》云:"延光三年……戊戌,祀孔子及七十二弟子於闕里,自魯相、令、丞、尉及孔氏親屬、婦女、諸生悉會,賜褒成侯以下帛各有差。"

　　從上述大量記載中,不難看出,漢代的統治者對孔子和儒學是何等尊崇,儒學在漢代所處的地位是何等重要!

　　馬克思指出:

> 理論在一個國家的實現程度,決定於理論滿足這個國家的需要的程度。①

　　漢代的儒學取得了獨尊的地位,被宣佈爲官方理論,絕不能歸結爲某些統治者個人的好惡。從一定意義上講,孔子和儒學在漢

---

① 《馬克思恩格斯全集》第1卷,第462頁。

代被尊崇,乃是歷史的必然。因爲在大一統的封建王朝裏,統治者
們需要孔子和儒學,而孔子及其學說又恰好適應了統治者的政治
需要。至於統治者根據自己的需要對孔子進行重新打扮,對孔子
的學説進行了加工改造,那是題中應有之義,也可以説是歷史的必
然。儘管如此,孔子及其學説在漢代仍發揮了某些積極的作用,諸
如:强化中華民族的大一統觀念,穩定社會秩序,從而促進生產力
的發展,弘揚中國傳統文化的某些積極成果,這些都是應當給予充
分肯定的。

　　東漢滅亡之後,自秦漢以來形成的大一統局面結束了,中國繼
春秋戰國之後進入了第二次長期分裂動盪的時代。從魏蜀吳三國
鼎立到隋文帝統一中國,在長達三個半世紀的時間裏,除西晉曾一
度實現短暫的統一局面外,中國經歷了歷史上最混亂紛擾的年代。
這種政治局勢的變化使西漢時代被奉爲官方學説的儒學失去了正
統地位。《北史·儒林傳》云:

　　　　自永嘉之後,宇內分崩,禮樂文章,掃地將盡……自
　　正朔不一,將三百年,師訓紛綸,無所取正。

《南史·儒林傳》也説:

　　　　洎魏正始以後,更尚玄虛,公卿士庶,罕通經業。時
　　荀顗、摯虞之徒,雖議創制,未有能易俗移風者也。自是
　　中原橫潰,衣冠道盡。逮江左草創,日不暇給,以迄宋、
　　齊,國學時或開置,而功課未博,建之不能十年,蓋取文具
　　而已。是時鄉里莫或開館,公卿罕通經術,朝廷大儒,獨
　　學而弗肯養衆,後生孤陋,擁經而無所講習,大道之鬱也
　　久矣乎!

魚豢《典略》一書也記載了當時的情景:

　　　　從初平之元,至建安之末,天下分崩,人懷苟且,綱紀

　　既衰，儒道尤甚……正始中，有詔議圜丘，普延學士，是時
　　郎官及司徒領吏二萬餘人，雖復分佈，見在京師者，尚且
　　萬人。而應書與議者，略無幾人。又是時朝堂公卿以下
　　四百餘人，其能操筆者，未有十人，多皆相從飽食而退。
　　嗟夫！學業沈隕，乃至於此！①

大批的官吏不學無術，甚至目不識丁，這與儒學的衰落密切相關。
自從九品中正制的選官制度實行以來，精通儒術已經不再是升官
晉爵的門徑。儒家經典從此對一般士人失去了吸引力。《隋書・
儒林傳序》説：

　　　古之學者，禄在其中，今之學者，困於貧賤，明達之
　　人，志識之士，安肯滯於所習，以求貧賤者哉？此所以儒
　　罕通人，學多鄙俗者也。

　　儒學衰落之後，代之而起的是魏晉玄學。玄學是老莊之學與
儒學合流的産物。自東漢以來，荒唐的讖緯之學和繁瑣的章句之
學越來越遭到人們的唾棄。更何況，那些荒淫無恥的統治者滿口
仁義道德，而在暗中卻幹盡了卑鄙下流的勾當，以自己的實際行動
去敗壞名教的聲譽。因此，統治者們越是賣力地鼓吹名教，士人對
名教就愈加討厭。一旦儒學失去了官方的庇護，這種逆反心理立
刻就表現爲對名教的公開反叛。可以説，魏晉玄學家們對儒家道
德規範的衝擊和批判正是“獨尊儒術”這種專制主義文化政策造成
的逆反效應。

　　爲魏晉玄學開一代風氣之先的是何晏與王弼。他們服膺老
莊，崇尚玄虛，終日裏高談闊論，不問時事。清談之風，遂大行於
世。《顏氏家訓・勉學》篇説：

---

　①　《典略・儒宗傳序》，《全三國文》卷四十三。

何晏、王弼,祖述玄宗①,遞相夸尚,景附草靡,皆以
農、黃之化,在乎己身,周、孔之業,棄之度外。

此種風氣,影響甚大,士大夫之流,群起傚尤,遂成時尚。《晉書·
儒林傳序》云:

有晉始自中朝,迄於江左,莫不崇飾華競,祖述玄虚,
擯闕里之典經,習正始之餘論,指禮法爲流俗,目縱誕以
清高,遂使憲章弛廢,名教頹毀。

玄學家們對待儒學的態度並不完全一致。何晏、王弼等人雖
然祖述老莊,但並不公開反對孔子和儒學。何晏與王弼兩人都曾
下功夫注釋過儒家經典。何晏作《論語集解》,陸德明稱該書"集孔
安國、包咸、周氏、馬融、鄭玄、陳群、王肅、周生烈之説,並下己意。"
(《經典釋文》卷一)王弼著《論語釋疑》(已佚)、《周易注》、《周易略
例》等。他們都用老莊思想來解釋儒學、改造儒學,從而使儒家思
想玄學化。南朝皇侃作《論語義疏》,清人皮錫瑞謂是書"多以老莊
之旨,發爲騈儷之文,與漢人説經相去懸絕"②。這個評價是恰當
的。在玄學家的頭腦中,居主導地位的是老莊思想而不是孔子思
想。有人説何晏、王弼等人"援道入儒",實際上他們是"援儒入
道"。

嵇康、阮籍一類玄學家對待孔子和儒學的態度與何晏、王弼等
人大不一樣。他們公開指斥周孔,反抗名教。嵇康"言論放蕩,非
毀典謨"(《晉書·嵇康傳》),他"以六經爲蕪穢,以仁義爲臭腐"
(《難自然好學論》),甚至公開表示"輕賤唐虞而笑大禹"(《卜疑》),
"非湯、武而薄周、孔"(《與山巨源絕交書》),主張"越名教而任自
然"(《釋私論》)。阮籍激烈地抨擊儒家禮教所强調的等級名分,他

---

① 李周翰《文選注》云:"玄宗,道也。"
② 《經學歷史》第六章:《經學分立時代》。

是魏晉時代"無君論"的代表人物之一。他認爲："君立而虐興,臣設而賊生,坐制禮法,束縛下民。"(《大人先生傳》)這樣的言論在皇權穩定,儒學獨尊的漢代是無人敢説的。阮籍還"不崇禮典","見禮俗之士,以白眼對之"(《晉書・阮籍傳》)。他把儒家的禮法看做是"殘賊亂危死亡之術",把那些"誦周孔之遺訓,嘆唐虞之道德"的"士君子"罵做褲襠裏的虱子(《大人先生傳》)。正因爲如此,"禮法之士疾之若仇"(《晉書・阮籍傳》),把阮籍、嵇康等人都指爲"名教罪人"。

在魏晉南北朝那樣動盪戰亂的時代,儒學固然失去了規範社會、安定秩序的作用,而玄學家們崇尚的老莊之學也同樣無補於世,甚至祇能加深當時的社會危機。北朝人顏之推在《顏氏家訓》一書中曾列舉了很多著名的玄學家最終招至禍患,或爲世人所譏的可悲下場。他説:

> 平叔(何晏)以黨曹爽見誅,觸死權之綱也;輔嗣(王弼)以多笑人被疾,陷好勝之窘也;山巨源(山濤)以蓄積取譏,背多藏厚亡之文也;夏侯玄以才望被戮,無支離擁腫之鑒也;荀奉倩(荀粲)喪妻,神傷而卒,非鼓擊之情也;王夷甫(王衍)悼子,悲不自勝,異東門之達也;嵇叔夜(嵇康)排俗取禍,豈和光同塵之流也;郭子玄(郭象)以傾動專勢,寧後身外己之風也;阮嗣宗(阮籍)沈酒荒迷,乖畏途相誡之譬也;謝幼輿(謝鯤)贓賄黜削,違棄其餘魚之旨也。彼諸人者,並其領袖,玄宗所歸。其餘桎梏塵滓之中,顛撲名利之下者,豈可備言乎!直取其清談雅論,剖玄析微,賓主往復,娛心悦耳,非濟世成俗之要也(《顏氏家訓・勉學》)。

顏之推對玄學家們的批評是比較公允的。

黃老學派與老莊學派是道家學派的兩個不同分支。如果説漢初的黃老之學對於穩定局勢、鞏固政權發揮了一定的積極作用的話,那麼魏晉時代的玄學在政治上卻没有發揮任何積極作用。這一點就連當時的一些清談家都有所認識。

玄學家王衍在西晉時曾任中書令、尚書令、司徒、司空、太尉等要職。是當時清談家們的重要領袖人物。《晉書·王戎傳》稱:"衍既有盛才美貌,明悟若神,常自比子貢。兼聲名藉甚,傾動當世,妙善玄言,唯談老莊爲事……朝野翕然,謂之'一世龍門'矣。"就是這樣一位頗有影響的清談家,後被石勒俘虜。臨終前,他對自己因玄談而誤國的往事進行了深刻的反思。《王戎傳》有這樣一段記載:

> 衍將死,顧而言曰:"嗚呼! 吾曹雖不如古人,向若不祖尚浮虛,戮力以匡天下,猶可不至今日!"

與王衍同時代的另一位玄學家、西晉著名將領和文學家劉琨,後來被段匹磾所俘。在身陷囹圄之後他對自己的一生也有所醒悟。他在給朋友盧諶的一封信中説:

> 昔在少壯,未嘗檢括,遠慕老莊之齊物,近嘉阮生之放曠,怪厚薄何從而生,哀樂何由而至。自頃輈張,困於逆亂,國破家亡,親友凋殘。負杖行吟,則百憂俱至,塊然獨坐,則哀憤兩集……但分析之日,不能不悵恨耳。然後知聃、周之爲虛誕,嗣宗之爲妄作也。[1]

王衍和劉琨這兩位身居要衝的玄學家,以自己的切身感受對玄學進行了深刻的反思。他們都以悲涼沉痛的心情道出了自己對迷戀玄學的悔恨。事實上也是臨終之際在内心裏由玄學向儒學回歸的一種表示。

魏晉南北朝時代儒學的頹勢雖然已無可挽回,但並不意味着儒學已經銷聲匿迹。此時的儒學雖然已經不能再居於獨尊的地位

---

[1] 《答盧諶書》,《全晉文》卷一〇八。

了，但當時的許多統治者在政治上仍然是推崇儒學、尊重孔子的。
如魏文帝曹丕説：

> 尊貴儒學，王教之本也。自頃儒官或非其人，將何以
> 宣明聖道？其高選博士，才任侍中常侍者，申敕郡國，貢
> 士以經學爲先（《三國志・魏志・文帝紀》）。

黄初二年，曹丕下詔，稱孔子"可謂命世之大聖，億載之師表者也"，
并親封孔子後裔孔羨爲宗聖侯，還"使諸儒撰集經傳，隨類相從，凡
千餘篇，號曰《皇覽》"（《三國志・魏志・文帝紀》）。這些都表明魏
文帝對孔子和儒學的尊崇。又如十六國時期，漢的劉淵、劉聰、前
趙的劉曜、後趙的石勒、石虎、前秦的符堅、後秦的姚興，北魏道武
帝拓跋珪、獻文帝拓跋弘，北周武帝宇文邕等人，都是漢化程度較
高的少數民族統治者，他們在稱雄一方時，都非常重用儒生，並在
自己的統治區域内提倡儒學，在道教與佛教極盛之時，仍然努力恢
復儒學的正統地位，力圖用儒學來穩定局勢，鞏固政權，促進北方
少數民族的漢化進程，足見儒學在北方還有很大的影響。南朝的
梁武帝也曾賣力地表彰儒學。《南史・儒林傳》説：

> （武帝）天監四年，乃詔開五館，建立國學，總以五經
> 教授，置五經博士各一個……各主一館，館有數百生，給
> 其餼稟，其射策通明經者，即除爲吏，於是懷經負笈者雲
> 會矣……武帝親屈輿駕，釋奠於先師先聖，申之以讌語，
> 勞之以束帛，濟濟焉，洋洋焉，大道之行也如是。

梁武帝精通經術，他曾多次爲臣下及諸生講授儒家經典，並撰有
《周易講疏》、《毛詩、春秋問答》、《尚書大義》、《中庸講疏》、《孔子正
言》、《孝經講疏》等經學著述。梁武帝晚年雖然佞佛過甚，但他在
位四十餘年，曾爲復興儒學進行過長期的努力則是客觀事實。

隋王朝的建立結束了三國以來長期分裂、動亂和南北對峙的
局面，中國再一次恢復了政治上的大一統，這在客觀上爲儒學正統

地位的恢復創造了有利條件。但是由於魏晉以來道教的迅猛發展和佛教的廣泛傳播，在思想文化領域裏已經形成了儒、道、釋三足鼎立的格局。在這種情況下要想使儒學恢復漢代那種一家獨尊的地位已經不可能了。隋文帝踐祚之始，頗用心於儒業。《隋書·儒林傳》説：

> 高祖（隋文帝）膺期纂歷，平一寰宇，頓天綱以掩之，賁旌帛以禮之，設好爵以縻之，於是四海九州强學待問之士靡不畢集焉。天子乃整萬乘，率百僚，遵問道之儀，觀釋奠之禮。博士罄懸河之辯，侍中竭重席之奥，考正亡逸，研核異同，積滯群疑，渙然冰釋。於是超擢奇儁，厚賞諸儒，京邑達乎四方，皆啓黌校，齊、魯、趙、魏，學者尤多，負笈追師，不遠千里，講誦之聲，道路不絶。中州儒雅之盛，自漢魏以來，一時而已。

隋文帝晚年，“不悦儒術，專尚刑名”，學校漸廢，儒業之隆，不似開皇之初。隋煬帝繼位，儒學稍有恢復，然隋煬帝“空有建學之名，而無弘道之實，其風漸墜，以至滅亡，方領矩步之徒，亦多轉死溝壑”（《隋書·儒林傳》）。

隋朝祚短，僅二世而亡。儒學雖然稍有恢復，但未能大發展。隋朝涌現出一位著名的學者，被推爲儒家宗師，他就是王通。他聚徒講學，著書立説，聲望甚高。雖然時代決定他在當時不可能有大的作爲，但他卻爲唐代培養了一批精通儒術的人才。據傳唐初重臣如李靖、魏徵、杜如晦、房玄齡等皆出自王通之門。

李唐王朝取代了隋煬帝的統治之後，高祖李淵對儒學頗爲重視。他大興國子學和郡學，並於國子學内立周公和孔子廟各一所，四時祭祀。李世民即位前就鋭意經籍，於秦王府内設文學館，招攬杜如晦等一批儒生，號稱十八學士，這些人實際上就是爲他出謀劃策的智囊團。《舊唐書·儒學列傳》説：

　　(太宗)及即位,又於正殿之左置弘文學館,精選天下文儒之士虞世南、褚亮、姚思廉等,各以本官兼署學士,令更日宿直。聽朝之暇,引入内殿,講論經義,商略政事,或至夜分乃罷。又召勳賢三品已上子孫,爲弘文館學生。貞觀二年,停以周公爲先聖,始立孔子廟堂於國學,以宣父爲先聖,顏子爲先師。大徵天下儒士,以爲學官。數幸國學,令祭酒博士講論,畢,賜以束帛。學生能通一經以上,咸得屬吏……是時四方儒士,多抱負典籍,雲會京師。俄而高麗及百濟、新羅、高昌、吐蕃等諸國酋長,亦遣子弟請入於國學之内。鼓篋而升講筵者八千餘人,濟濟洋洋焉,儒學之盛,古昔未之有也。

　　自魏晉以來,經學逐漸形成南北兩大學術流派。這是漢代的經學今古文之争消弭之後經學内部的又一次分裂。《隋書·儒林傳》説:"大抵南人約簡,得其英華,北人深蕪,窮其枝葉。"這是對南北兩派不同學風的高度概括。隋文帝時開科取士,考生們論述經義或據南學,或據北學,竟使主考官和博士們無法判定是非高低。這種經學内部的流派之争影響儒學更好地爲統一的中央王朝服務。因此,唐太宗登基之後,先命顏師古等考定五經文字,又使孔穎達等撰定《五經正義》,從而使經學的南北之分得到統一。此後科舉考試一律以《五經正義》爲準繩。唐太宗采取的這些措施對唐代及後世的儒學發展都有重要影響。唐太宗始終把儒學當做治國安邦的根本。他説:

　　　　古來帝王以仁義爲治者,國祚延長,任法御人者,雖救弊於一時,敗亡亦促(《貞觀政要·仁義》)。

又説:

　　　　是以爲國之道,必須撫之以仁義,示之以威信,因人之心,去其苛刻,不作異端,自然安寧(《貞觀政要·仁義》)。

唐太宗在貞觀之初曾對臣下説：

> 朕今所好者，惟在堯舜之道，周、孔之教，以爲如鳥有
> 翼，如魚依水，失之必死，不可暫無耳(《貞觀政要·慎所
> 好》)。

在中國歷代封建王朝中，唐代的文化政策是最爲寬鬆的。唐
太宗雖然推崇儒學，禮尊孔子，但他並没有像漢武帝那樣實行嚴酷
的文化專制主義。他崇儒，但卻不搞"獨尊儒術"，也没有用强硬的
行政手段去禁絶儒家以外的其他學術或宗教流派。唐代的社會政
治條件和文化氛圍與漢代相比要寬鬆得多。但唐代的統治者們對
待三教的態度並不一致。他們或尊儒，或崇道，或信佛。唐高祖李
淵曾宣稱皇族李氏是道教始祖老子李耳的"聖裔"，因而在尊儒的
同時對道教格外青睞，唐初官方曾正式宣佈道教居三教之首。武
則天時"興佛抑道"，佛教曾一度占上風。唐中宗復位後"興道抑
佛"，唐玄宗繼續崇道，結果道教再度居優勢。此後肅宗和代宗都
信奉佛教，而武宗時又激烈反佛。縱觀唐代的歷朝統治者，無論崇
道還是信佛，在政治上都不排斥儒學，而且在處理軍國大事時，基
本上都是遵循儒家理論的。唐玄宗是唐代皇帝中崇尚道教最甚的
一個。他自封爲"開元天寶聖文神武應道皇帝"，他把道教徒們僞
託的道教始祖老子封爲"大聖祖高上大道金闕玄元天皇大帝"(見
《新唐書·玄宗紀》)，並把《道德經》舉於儒家五經之上①。然而輔
佐他開創"開元天寶盛世"的名臣姚崇、宋璟、魏知古等人卻都是深
孚衆望的儒生。唐代其他皇帝的宰輔之臣大多數也都是明經或者
進士出身。《新唐書·選舉志》云：

---

① 　唐玄宗曾説："老子述玄經五千言，用校時弊，豈六經之所擬！"見《混元聖紀》
卷八。

> 唐興,世崇儒學,雖其時君賢愚好惡不同,而樂善求
> 賢之意未始稍怠,故自京師外至州縣,有司常選之士,以
> 時而舉。

對於統治者來說,無論是尊儒,還是崇道,亦或信佛,歸根結蒂是爲了政治的需要,個人的好惡或宗教虔誠並不起決定性作用。儒學可以維護封建王權,可以穩定社會秩序,統治者們對此都深信不疑。但是當統治者們發現道教或佛教的存在對他們的統治並不構成威脅,甚至還可以利用這些宗教,讓宗教與儒學一起來爲政治服務時,他們也就不去"抑道"或"排佛"了,甚至樂得去維持三教并存的局面,並千方百計地調合三教之間的矛盾了。這在客觀上爲三教合流創造了有利條件。

從梁太祖朱溫稱帝到趙匡胤滅掉北周,史稱五代十國。這是繼春秋戰國、魏晉南北朝以後中國歷史上又一次短暫的分裂、戰亂時代。在五十餘年間,政權五易,先後稱帝者計八姓十四君,統治者像走馬燈一樣換個不停。在這樣的動亂時代,儒學理所當然地又要受到冷遇。遍翻新舊兩部《五代史》,均無《儒林傳》,儒學受冷落的程度即此可見一斑。五代十國實際上是唐代藩鎮割據局面的繼續和發展。那些稱王稱帝者基本上都是行武出身的軍閥。在那些亂世英雄的眼裏,什麼綱常禮儀,倫理道德,他們全然不顧。祇要能夠奪取權利,苟安於一時,什麼罪惡勾當他們都幹得出來,因此,當時反叛篡弒事件頻繁發生是毫不足怪的。這些亂世英雄當然不會對儒學有什麼興趣。

宋太祖趙匡胤也是武夫出身,他通過發動兵變奪取了皇位,建立了北宋政權。他爲了結束五代十國的紛亂局面,穩定自己的統治,連年用兵於四方,無暇顧及儒學。他至死尚未完成統一的使命。此後直至南宋滅亡,中國一直未能實現完全的統一。但是趙宋王朝的建立畢竟爲儒學的復興創造了條件。

太宗趙光義登基後采取了一些恢復儒學的措施。首先他啓用

了一大批文臣執政，又進一步完善了科舉取士的制度，宣佈免除孔府的一切稅收，並加封孔子第四十四代孫孔宜爲文宣公，以示對孔子和儒學的尊重。宋真宗繼位後，任命孔宜之子孔延世爲曲阜縣令，並襲封文宣公。大中祥符元年，宋真宗親自到曲阜孔廟舉行祭祀大典，並追封孔子爲"玄聖文宣王"，同時厚賞孔氏家族。真宗親自撰寫了《文宣王贊》，又撰《崇儒術論》，把尊孔崇儒推向了高潮。他在《崇儒術論》中說：

> 儒術污隆，其應實大，國家崇替，何莫由斯！

宋真宗在推崇儒學的同時，也大力提倡道教和佛教。他認爲"釋道二門，有補世教"，並說："三教之設，其旨一也。"他撰寫了《崇儒術論》，又撰《崇釋論》。他還命令宰相王欽若主持續修《道藏》，使《道藏》增至四千三百多卷。與此同時，又在全國各地大修道觀。可見，宋真宗是把儒、道、釋三教都當做維護封建統治的工具來提倡的。此時，三教合流的趨勢已經無可逆轉。一些學者、士大夫也都適應這種三教合一的潮流，博通儒、道、釋。有人標榜"内修菩薩行，外爲君子儒"，還有人主張"以佛修心，以道養身，以儒治國"。在這樣的社會政治背景下，綜合三教，創立一種新的思想體系的條件完全成熟了。宋代的理學（或稱道學）就是在這樣的背景下產生的。

以周、張、程、朱爲代表的宋代理學家們或援道入儒，或援佛入儒，他們吸收了道教或佛教的某些思想營養，對儒學進行了細緻的加工改造，從而使儒學更加系統化、哲理化。這是繼漢代董仲舒之後，對儒學進行的第二次重大改造。這種經過宋儒改造的儒學被稱做新儒學。這種新儒學就其精神實質來說，比董仲舒的漢代儒學更加遠離了孔子創立的原始儒學。董仲舒的儒學是適應漢代統治者的政治需要而產生的，程朱理學則是適應中國封建社會後期統治者的政治需要而創立的。經過宋代理學家們的加工改造，儒學在中國又恢復了一家獨尊的正統地位。宋代以後的歷代封建統治者都把理學當做護身法寶，當做專制統治的思想武器。就連蒙古和滿清等少數民族入主中原之後，他們的統治者也都把理學奉爲圭臬，用來對廣大漢族民衆實行最嚴酷的思想統治。元代的胡瑜說："我朝崇儒重道之意，度越前古。"（《元史・祭祀志》）這並非夸張之辭。清朝康熙皇帝稱程朱理學"集大成而繼千百年絕傳之學，開愚蒙而立億萬世一定之歸"。這反映了滿清統治者對理學的推崇。

打着孔學旗號的程朱理學在中國居於統治地位的時間長達七百年之久。直到辛亥革命之後，理學的統治才從根本上開始動搖。

辛亥革命雖然推翻了封建帝制，但並未從思想上對封建主義進行徹底清算。竊國大盜袁世凱就是公開打着尊孔的旗號來反對民主共和、復辟封建帝制的。1912年9月，袁世凱發佈《崇孔倫常文》。同年10月，陳煥章等人在袁的支持下於上海成立了孔教會。1913年6月，袁又發佈《尊孔祀孔令》；8月，陳煥章、嚴復等人上書請願，要求袁世凱定孔教爲國教。11月，袁發佈《尊孔告令》。1914年9月，袁號令全國各地舉行大規模祭孔典禮。袁世凱死後，張勛繼續打着尊孔的旗號進行復辟活動，終於在1917年7月把廢帝溥儀推上了臺，導演了一幕尊孔復辟的鬧劇。因此，"五四"運動作爲一場反帝反封建的新文化運動，首先把矛頭指向了孔子和封建禮教，那是必然的。反孔是爲了反封建、反復辟，要想反復辟、反封建，在當時就必須反孔。可見，"五四"的反孔鬥爭是時代的需要，是反帝反封建政治鬥爭的需要。正是在這樣的歷史背景下，那些激進的啟蒙思想家才對孔子及其學說發起了猛烈的進攻，甚至提出了"打倒孔家店"的響亮口號。對孔學和封建禮教的批判很快形成高潮。這場聲勢浩大、規模空前的批孔鬥爭在當時的知識界和廣大民衆中引起巨大反響，對於解放人們的思想、喚醒廣大民衆、使人們認清封建禮教的反動本質，促進新文化運動向縱深發展,發揮了巨大的作用。

不可否認,"五四"時代的批孔運動存在着簡單化的傾向。由於人們對封建禮教長期毒害的深切痛恨和對當時的尊孔復辟派的極大義憤,一些啓蒙思想家對孔子及其學説的批判帶有偏激的情緒,對孔子和儒學未能進行客觀的、歷史的分析,因而缺乏科學性,這是難以避免的。

應當指出的是,"五四"時期那些激進的民主主義者對孔子的態度並不完全一致。對孔子徹底否定、主張堅決打倒的衹是吳虞、胡適和錢玄同等少數人。而李大釗、易白沙、魯迅等人雖然也猛烈批孔,但對孔子本人仍能一分爲二,給予較公正的評價。李大釗在1917年發表的《自然的倫理觀與孔子》一文中説:

> 孔子於其生存時代之社會,確足爲其社會之中樞,確足爲其時代之聖哲,其説亦確足以代表其社會、其時代之道德。使孔子而生於今日,或更創一新學説以適應今之社會,亦未可知……
>
> 余謂孔子爲歷代帝王專制之護符,聞者駭然……歷代君主,莫不尊之祀之,奉爲先師,崇爲至聖。而孔子云者,非復個人之名稱,而爲保護君主政治之偶象矣……故余之掊擊孔子,非掊擊孔子之本身,乃掊擊孔子爲歷代君主所雕塑之偶象權威也;非掊擊孔子,乃掊擊專制政治之靈魂也。[1]

李大釗批判孔子的態度和方法都是正確的,因而其結論也能經得起時間的考驗。

正如中國歷代封建王朝的統治者極力尊孔是政治的需要一樣,"五四"時代的批孔也是當時政治的需要。在那種特定的歷史

---

[1] 《甲寅》月刊1917年2月4日,見《李大釗選集》,第79~80頁。

條件下,一些人批孔的言論過於偏激、對孔子否定得太多,肯定得太少,那是正常的,可以理解的。"五四"狂飆過後,當年批孔的一些先鋒人物也曾對自己的批孔言論作過反思,對孔子進行了重新評價。陳獨秀後來在獄中寫了《孔子與中國》一文。他在這篇文章中説:

> 孔子影響至深且大,每一封建王朝,都把孔子當做神聖供奉,信奉孔子是假,維護統治是真。農民起義之時,孔子就一時倒楣,新的王朝得勝,即刻又把孔子擡得天高。五四運動之時,我們提出"打倒孔家店",就是這個道理。但在學術上,孔孟言論,有值得研究之處,如民貴君輕之説,有教無類之説,值得探討。

胡適在1934年寫了《説儒》一文,也對孔子進行了重新評價。他在《自傳》中説:

> 有許多人認爲我是反孔非儒的。在許多方面,我對那經過長期發展的儒教的批判是很嚴厲的。但是就全體來説,我在我的一切著述上,對孔子和早期的仲尼之徒如孟子,都是相當尊崇的。我對12世紀新儒學(理學)的開山宗師朱熹也是十分崇敬的。

不難看出,陳獨秀和胡適在"五四"之後對孔子和儒學的評價是比較客觀、比較公允的,事實上也是對他們自己在"五四"時期那些批孔言論的修正。

"文化大革命"後期,"四人幫"出於篡黨奪權的罪惡目的,也掀起了一場批孔運動。"四人幫"及其御用文人借古諷今,大搞影射史學,他們全然不顧最起碼的歷史常識,顛倒黑白,對孔子及其學説進行攻擊和謾罵。由於他們的政治野心路人皆知,因此,隨着"四人幫"的徹底覆滅,他們的批孔叫囂也就煙消雲散了。

孔子作爲中國二千五百多年前的偉大學者、思想家和教育家,對中國乃至全人類產生過深遠、巨大的影響，這是舉世公認的。可是在政治上卻成了中國歷史上爭議最大的人物之一。孔子及其學說的歷史命運往往決定於社會條件和政治需求。每當社會面臨重大變革時，孔子及其學說總是首當其衝，被列爲批判和打倒的對象。一旦變革結束，社會又恢復平靜時，孔子便又被奉爲聖人，成爲人們崇拜的偶像，他的學說自然也就恢復了往日的尊嚴。孔子及其學說兩千多年來的歷史命運就是如此：不斷地被批判、否定，又不斷地被尊崇、肯定。今天，是我們運用歷史唯物主義實事求是地、科學地評價孔子的時候了！我們應當剝去歷代封建統治者強加在孔子身上的層層僞裝，揭露歷代經師對孔學的加工改造，恢復孔子及其學說的本來面目。同時，批判地繼承孔子學說的精華，用這筆寶貴的文化遺產來爲今天的兩個文明建設服務。

第二章 孔子的生平與事業(上)

一、青少年時代

孔子的祖先原是宋國公族。

宋緡公之長子名曰弗父何,爲孔子第十世祖。緡公死後,其弟煬公即位。緡公次子鮒祀弑煬公而以國授弗父何,弗父何不肯,鮒祀乃自立,是爲宋厲公,故《左傳》昭公七年云"弗父何以有宋而授厲公"。弗父何之孫曰正考父,是宋國很有聲望的卿大夫,連續輔佐戴公、武公及宣公,立有大功。正考父之子曰孔父嘉,爲宋國大司馬,因與世卿華氏有隙,被華氏殺死,其子木金父受逼於華氏,逃至魯國安身①。木金父之孫任魯國臧孫氏采地防邑之宰,故稱防叔,是爲孔子之曾祖。防叔之孫曰叔梁紇,即孔子生身之父。

叔梁紇是一位武士,出任魯國陬邑之宰,故又稱陬叔紇或陬梁紇。叔梁紇身體强健,作戰勇猛,曾於魯襄公十年(前 563)和魯襄公十七年(前 556)先後兩次榮立戰功,因此名聞諸侯。

叔梁紇晚年娶顏氏女爲妻。顏氏名徵在,即孔子之母。《史記·孔子世家》說:"紇與顏氏女野合而生孔子。"古人認爲叔梁紇與顏徵在結婚時已年近古稀,而顏氏正值少年,且未經媒妁而自由結合,是不合禮儀的,故稱"野合"。魯襄公二十二年,即公元前

---

① 此據胡仔《孔子編年》之說。《孔子家語》則云直至防叔時孔氏始逃至魯國。

551年,夏曆八月二十七日,孔子出生①。

《史記·孔子世家》説:"禱於尼丘而得孔子","生而首上圩頂,故因名曰丘云,字仲尼。"按照司馬遷的説法,孔子名丘,有兩方面原因:一是因爲孔子之母在尼丘祈禱而生孔子,二是因爲孔子剛生下時頭頂"圩頂"。司馬貞《史記索隱》云"圩頂言頂上窳(窪)也",即"中低而四傍高也"。古人之"字"往往與名有聯繫,孔子排行老二②,又生於尼丘,故字曰仲尼。

孔子出生不久,其父叔梁紇不幸死去③。孔子之母顔氏帶年幼的孔子離開陬邑,回到曲阜。顔氏對孔子教育很嚴。她年輕守寡,《史記·孔子世家》説:"孔子爲兒嬉戲,常陳俎豆,設禮容。"孔子後來成爲偉大的教育家、思想家,是與顔氏對孔子的辛勤培育分不開的。

孔子稍大,迫於生計,不得不參加各種勞動,挑起生活的重擔。孔子自己曾説過:"吾少也賤,故多能鄙事。"(《論語·子罕》)所謂"賤",就是指地位低下,家境貧寒;所謂"鄙事",就是指那些粗笨、繁重的勞動。

大約在孔子十六七歲時,孔母顔氏去世了。

孔子之母去世不久,發生了一件對孔子刺激很大的事。

魯昭公七年,即公元前535年,魯國的執政之卿季武子舉辦了一次招待士的宴會。士在春秋晚期是個重要的社會階層。這個階層中既包括大批貴族下層人物,也包括那些受過一定程度教育、有某些專長、從廣大庶民中選拔出來的優秀人才。季武子設宴請士,一方面是爲了討好士階層,尋求他們的支持,藉以鞏固自己的政治地位,另一方面也是爲了從這些士中物色需要的人才。孔子之父

---

① 因推算方法不同,或云孔子生於夏曆八月二十八日。

② 《論語》中的《公冶長》、《先進》兩篇都提到孔子"以其兄之子"妻南容,知孔子確有一兄。

③ 《史記·孔子世家》:"丘生而叔梁紇死。"

叔梁紇是"以勇力聞於諸侯"的武士,曾任陬邑大夫,又立過戰功,在宗法制度下孔子的出身應是士。孔子少年時代受母親家教,自己又刻苦好學,熟悉各種禮儀,也算是有專長的人才。因此孔子聽説季氏設宴饗士,便欣然前往。可是剛走到季氏門口,卻被季氏的家臣陽虎攔住。陽虎對孔子説:"季氏饗士,非敢饗子也。"(《史記・孔子世家》)就這樣把孔子拒之門外。陽虎這樣做顯然是有意羞辱涉世未深的孔子。不過這件事卻使孔子認識到:父親的身世並不能給自己增添榮耀,今後的路程要靠自己去闖。

母親去世之後,孔子所面臨的問題首先是如何謀生。他渴求知識,酷愛學習,但現實生活逼迫他必須找到一種能够掙錢糊口的職業。孔子曾爲人當"委吏",即倉庫管理人員。不久又爲人做"乘田",即替人放牧、管理牛羊。《孟子・萬章下》記載:"孔子嘗爲委吏矣,曰:'會計當而已矣。'嘗爲乘田矣,曰:'牛羊茁壯長而已矣。'""委吏"和"乘田"都是孔子所説的"鄙事"。

孔子十九歲那一年,娶宋國丌官氏女子爲妻。第二年,丌官氏生下一子。據説此子降生後,魯昭公曾派人送來一條鯉魚,以示祝賀,孔子很高興,因而孔子給兒子取名爲鯉,字伯魚。

隨着年齡的增長,孔子更加勤奮好學。他白天爲人管理倉庫、或放牧牛羊,晚上回到家裏刻苦讀書。

西周和春秋時代,貴族子弟在學校裏接受正規教育,必修的六門課程是禮、樂、射、御、書、數,總稱"六藝"。孔子雖然没有在學校裏接受正規教育,但由於他刻苦自學,較早地掌握了上述六門課程。

"禮"包括典章、制度和禮儀,是人們的社會行爲規範,是"六藝"中最重要的内容。孔子少年時代就開始習禮。長大後又非常注意觀察、學習各種禮儀活動。當時曲阜城内經常舉行鄉射禮、鄉飲酒禮,還有各類祭祀活動以及喪葬、嫁娶活動,孔子經常參加或圍觀,對各種禮儀逐漸精通,以後又對古代的典章、制度進行了研究、探討。孔子很重視在各種實踐活動中學習。曲阜城内有一座祭祀魯國始祖周公旦的大廟,稱爲太廟。太廟中保存着大批魯國歷史人物的資料,堪稱魯國的歷史博物館。魯國的許多重要典禮都在這裏舉行。因此太廟是學習禮儀和歷史文化知識的重要所在。孔子每次來到太廟,都虛心向別人請教。有的人見孔子什麽都問,就在背地裏議論説:"孰謂鄹人之子知禮乎? 入太廟,每事問。"孔子聽到了這樣的議論,就説:"是禮也。"(《論語·八佾》)意思是説:不懂的就問,這正是禮啊!

孔子對音樂也很感興趣。他曾向師襄等有名的樂師學習彈琴、擊磬、欣賞樂曲。崔東壁《洙泗考信録》説,孔子在少年時代就已開始學彈琴。《史記·孔子世家》有這樣一段記載:

> 孔子學鼓琴師襄子,十日不進。師襄子曰:"可以益矣。"孔子曰:"丘已習其曲矣,未得其數也。"有間,曰:"已習其數,可以益矣。"孔子曰:"丘未得其志也。"有間,曰:"已習其志,可以益矣。"孔子曰:"丘未得其爲人也。"有間,曰:"有所穆然深思焉,有所怡然高望而遠志焉。"曰:"丘得其爲人:黯然而黑,幾然而長,眼如望羊,如王四國,非文王其誰能爲此也!"師襄子避席再拜曰:"師蓋云《文王操》也。"

這段記載可能有夸大其辭之處。但孔子學琴於師襄,又見於《韓詩外傳》五、《淮南子·主術篇》等書,其事大體可信。這個故事一方面反映孔子好學深思,勇於探討,精益求精的學習態度,另一方面也表明孔子當時已經具備了很高的音樂鑒賞水平,否則就不可能領會樂曲中塑造的音樂形象,並依據音樂形象推斷出樂曲的作者。《論語》一書中記載了不少孔子學習音樂的體會以及對音樂重要意義的認識。《史記·孔子世家》説:"孔子適齊……與齊太師語樂,聞《韶》音,學之,三月不知肉味,齊人稱之。"這表明孔子對音樂的迷戀已經達到了如醉如痴的程度。這與孔子青少年時代酷愛音樂，並刻苦學習音樂有密切關係。

射、御是當時受教育者必修的軍事體育科目。射就是射箭，御就是駕車。春秋以前官吏文武不分，每個受教育者既要學文，也要習武。各諸侯國的執政之卿既是最高的軍事統帥，又是最重要的宰輔之臣。他們往往出將入相，戰時率軍出征，平時處理政務。一般的中下層官吏平時主要從事文職工作，戰時則"執干戈以衛社稷"。所以當時的官府之學一方面要教授各種文化知識，同時對射、御等軍事體育科目也很重視。孔子之父叔梁紇是個力舉千鈞的勇士。孔子少年時代經常參加體力勞動，身體強壯。他身高周尺九尺六寸。每周尺的長度約爲 19.91 釐米，所以孔子身高約爲 191 釐米。這樣的身體條件對於學習射、御等科目是非常有利的。孔子成年之後，有人議論說："大哉孔子！博學而無所成名。"意思是說，孔子學識雖淵博，可惜没有樹立名聲的專長。孔子聽說後，對弟子們說："吾何執？執御乎？執射乎？吾執御矣！"(《論語・子罕》)這表明孔子射箭、駕車的技術都很精湛。《禮記・射義》記載："孔子射於矍相之圃，蓋觀者如堵墻。"如果孔子射箭技術不高明，絕不會吸引衆多圍觀者。

孔子年齡稍長，已不滿足於一般貴族子弟所學習的禮、樂、射、御、書、數等課程了。孔子懷着强烈的求知願望，更加廣泛地涉獵《詩》《書》《易》和其他各種歷史文化典籍了。他如饑似渴地搜求、閱讀他能得到的各種書籍。有不懂之處，或者遇到疑難問題，就虛心地向別人請教。孔子還經常到各地去訪問、考察。爲了研究夏、商兩代的歷史文化，他曾先後到杞國和宋國去實地考察。因爲杞國是夏代後裔的封地，宋國是商代後裔的封地。後來孔子曾說："夏禮吾能言之，杞不足徵也；殷禮吾能言之，宋不足徵也，文獻不足故也。足則吾能徵之矣。"(《論語・八佾》)

魯昭公十七年，即公元前 525 年，孔子年二十七。這年秋天，郯國的國君到魯國來訪問。郯國是少皞後裔的封地。故地在山東省郯城縣,距魯國曲阜不遠。魯昭公爲郯君舉行歡迎宴會,席間魯大夫叔孫昭子問郯君:"少皞氏鳥名官,何故也?"郯君回答説:

> 吾祖也,我知之。昔者黄帝氏以雲紀,故爲雲師而雲名;炎帝氏以火紀,故爲火師而火名;共工氏以水紀,故爲水師而水名;太皞氏以龍紀,故爲龍師而龍名。我高祖少皞摯之立也,鳳鳥適至,故紀於鳥,爲鳥師而鳥名;鳳鳥氏,曆正也;玄鳥氏,司分者也;伯趙氏,司至者也;青鳥氏,司啓者也;丹鳥氏,司閉者也;祝鳩氏,司徒也;鴡鳩氏,司馬也;鳲鳩氏,司空也;爽鳩氏,司寇也;鶻鳩氏,司事也。五鳩,鳩民者也。五雉爲五工正,利器用、正度量,夷民者也。九扈爲九農正,扈民無淫者也。自顓頊以來,不能紀遠,乃紀於近,爲民師而命以民事,則不能故也(《左傳·昭公十七年》)。

郯君熟悉古代典章制度,他回答叔孫昭子時講述的歷史故事,反映了氏族公社時代的圖騰崇拜。所謂"以雲紀"、"以火紀"、"以水紀"、"以龍紀"、"紀於鳥"等等,實際上就是不同的氏族分别以雲、火、水、龍、鳥等爲圖騰。有關圖騰崇拜時代的歷史傳説在春秋晚期很多人都感到陌生了。孔子聽説郯君知識淵博,便前去拜見,虛心向郯君學習。既而他深有感觸地對人説:"吾聞之,'天子失官,學在四夷',猶信。"(《左傳·昭公十七年》)

京師雒邑是王室東遷之後周王朝的都城。春秋時代雖然王室衰微,但雒邑仍是中國最重要的政治、經濟和文化中心。那裏有王室搜羅、保存的大量珍貴歷史文物和文化典籍,聚集着一批學識淵博、聲望很高的大學者。這正是求學心切的孔子日夜嚮往的地方。後來,孔子終於實現了到京師雒邑學習考察的夙願。有關孔子適周之事,《史記》中的《孔子世家》、《老子韓非列傳》、《十二諸侯年表》各篇以及《韓詩外傳》八、《説苑・敬慎》、《莊子・天道》等均有記載。但孔子適周的年代已無可確考①。從各種記載推斷,孔子適周很可能不止一次。孔子曾參觀了雒邑城内外的文物古迹,並有幸閲覽了王室檔案館收存的珍貴典籍,從而使孔子大開眼界。當時周王朝有一位大夫叫萇弘,是著名的音樂理論家和博物學家。孔子曾向萇弘請教,還與萇弘一起討論了古代的歌舞和音樂理論。萇弘對孔子虚心好學的精神和卓越的見識大爲賛賞,從而使孔子這位布衣出身的魯國青年學者在京師雒邑成爲小有名氣的人物。

　　孔子在雒邑還會見了當時最偉大的思想家老子。老子是周王室的守藏史,他學問淵博,思想深邃,大約比孔子年長三十歳,是孔子最景仰的人物之一。孔子能够閲覽王室收藏的珍貴典籍,主要是依靠老子提供的方便。孔子與老子長談之後,對老子極爲欽佩。同時對這位偉大的思想家也感到有些神秘莫測。孔子見到老子之後曾對人説:

　　　　鳥,吾知其能飛;魚,吾知其能游;獸,吾知其能走。
　　走者可以爲網,游者可以爲綸,飛者可以爲繒。至於龍,
　　吾不能知其乘風雲而上天。吾今日見老子,其猶龍邪!
　　(《史記・老子韓非列傳》)

　　孔子到京師求學,尤其是會見萇弘和老子,是孔子一生中的重大事件。這一事件對孔子後來的事業、思想和聲望有重大的影響。所以司馬遷説:"孔子自周反於魯,弟子稍益進焉。"(《史記・孔子世家》)

_____

　　① 《孔子世家》云適周在昭公二十年,孔子年三十;《莊子・天道》云孔子年五十一南見老聃,應在定公九年;《水經注》云孔子適周時年十七,應在昭公七年。《史記索隱》云孔子適周歳在昭公二十四年,孔子時年三十四歳。然以上四説皆有可疑者,故一些學者懷疑孔子適周非信史。詳見錢穆《先秦諸子繫年考辨》卷一。孔子適周大約在三十歳前後。否定孔子適周亦無確據。

　　孔子出身貧寒，沒有資格進貴族學校接受教育，他完全依靠刻苦自學而成爲知識淵博的學者。孔子學無常師。他虛懷若谷，不恥下問。《史記·仲尼弟子列傳》有這樣一段記載：

　　　　陳子禽問子貢曰："仲尼焉學？"子貢曰："文武之道未墜於地，在人，賢者識其大者，不賢者識其小者，莫不有文武之道。夫子焉不學？而亦何常師之有！"

　　爲了求學，年輕的孔子足迹遍佈於魯、周、衛、杞、宋諸國。他不僅向師襄、齊太師、郯子、萇弘、老聃等人學習，也向太廟管理人員等社會底層人物學習，因而才能成爲"博於詩書，察於禮樂，詳於萬物"(《墨子·公孟》)的學者。

　　孔子能够成爲知識淵博的學者、偉大的思想家和教育家，與孔子及其先世生活成長的社會歷史環境有密切關係。

　　孔子祖先爲宋人。宋國是殷商後裔的封地，那裏有殷商古老的文化傳統。自西周以來，宋國的文化對各諸侯國有深遠的影響。宋國直至春秋晚期，仍保存着許多殷商的典章制度，故《左傳·襄公十年》晉國大夫荀偃、士匄説："諸侯宋、魯，於是觀禮。"正因爲宋國有着悠久的文化傳統，在百家爭鳴時代，宋國成爲重要的文化中心，產生了墨翟、莊周、惠施等一大批學者和思想家。孔子的祖先長期生活於宋國，當然受宋國文化熏陶很深。

　　春秋時代的魯國也是最重要的文化中心。這與魯國的文化淵源有密切關係。魯國是大汶口文化和龍山文化的重要發祥地。魯國都城曲阜曾是傳説中東夷族首領少皞的故都。少皞之族素以發達的農業和手工業著稱。商代中期，商王朝曾以曲阜爲都城。周武王滅殷之後，封西周開國元勛周公之子於魯。《左傳·定公四年》説：

　　　　昔武王克商，成王定之，選建明德，以蕃屏周。故周公相王室以尹天下，於周爲睦。分魯公以大路、大旂，夏后氏之璜，封父之繁弱，殷民六族：條氏、徐氏、蕭氏、索氏、長勺氏、尾勺氏。使帥其宗氏，輯其分族，以法則周公。用即命於周，是使之職事於魯，以昭周公之明德。分之土田、陪敦、祝、宗、卜、史，備物、典策，官司、彝器，因商奄之民，命以伯禽而封於少皞之虛。

《左傳》中的這段記載詳細地敍述了魯國初封時的殊榮。伯禽赴封時，得到了周王的特別賞賜，他不僅把大批珍貴的器物、典籍帶到魯國，而且帶去了一批有良好文化教養的官吏，同時還把原先爲殷商王室服務、精通手工製造業的"殷民六族"也帶到曲阜，再加上那裏原有的文化素質較高的"商奄之民"，這一切都爲魯國文化的繁榮創造了極爲有利的條件。此後，魯國的文化傳統一直受到各國的景仰。魯襄公二十九年，即公元前544年，吳國的著名學者和政治家季札到魯國訪問，特地請求觀看魯國的歌舞和音樂，他一邊欣賞，一邊贊嘆不已，對魯國的文化表示了極大的興趣（《左傳・襄公二十九年》）。魯昭公二年春季，晉國執政之卿韓宣子到魯國訪問，在魯太史氏陪同下翻閱了魯國公室保存的《易・象》及《魯春秋》，大發感慨地說："周禮盡在魯矣！吾乃今知周公之德與周之所以王也！"（《左傳・昭公二年》）由此不難看出，韓宣子對魯國文化是何等嚮往。

孔子對中國古代文化，特別是西周以來的禮樂文化懷有深厚的感情。他"信而好古"，自少年時代起就發憤學習，孜孜不倦地研究古代文化，再加上宋、魯悠久文化傳統的熏陶和哺育，孔子終於成長爲中國古代最偉大的文化巨人。他"祖述堯舜，憲章文武"，爲繼承和弘揚中國傳統文化建立了豐功偉績。

孔子生活的春秋晚期，正是中國社會發生劇烈動盪、面臨重大變革的時代。中國的奴隸社會已由西周的鼎盛時期走嚮沒落。與奴隸社會相適應的各種典章制度日趨崩潰。井田制是中國奴隸社會的經濟基礎。春秋後期，私有土地日益增多，土地的自由交換也出現了，這意味着以土地公有爲前提的井田制開始瓦解。晉國"隸農"的出現（見《國語·晉語》）、"作爰田"和"作州兵"制度的實施（見《左傳·僖公十五年》），魯國"作丘甲"、"用田賦"的出現①，鄭國的"爲田洫"及鄭子産"作丘賦"②等等，都是春秋後期井田制度日漸瓦解的標誌。

　　分封制是周代最重要的政治制度。隨着政治權力的逐級下移，分封權也在不斷下移。西周時代主要是天子分封諸侯，春秋前期主要是諸侯分封卿大夫，到了春秋後期，則主要是卿大夫分封陪臣。分封制的最大弊病就是造成尾大不掉的結局。天子分封的結果是諸侯稱霸，諸侯分封的結果是大夫專權，大夫分封的結果是陪臣執國命。分封制的各種弊端充分暴露之後，統治者們不得不改變統治方略，於是郡縣制産生了，分封制被逐漸取代。

　　宗法制度本來是周代統治者利用血緣關係爲政治服務的一種宗族制度。在君權衰落的情況下，宗族之權卻迅速膨脹，從而使天子、諸侯的君權受到嚴重的威脅。春秋後期，晉國的"六卿"，鄭國的"七穆"，齊國的陳氏、崔氏、魯國的"三桓"等等，都是宗族勢力侵凌君權的例證。這表明宗法制度已經不能再爲天子、諸侯的君權服務，反而成爲君權的對立物，這就注定宗法制必然走嚮没落。

　　井田制、分封制、宗法制等重要制度發生的深刻變化，預示着中國奴隸社會的最終解體。中國社會從經濟基礎到上層建築都面臨重大、深刻的變革。舊時安定和諧的社會秩序被劇烈動盪的局面所取代。"賤妨貴，少陵長，遠間親，新間舊，小加大，淫破義"③等無視舊禮法的現象日益嚴重。諸侯國之間的以強凌弱，以衆暴寡，憑藉武力互相蠶食、吞并。戰爭日益頻繁、激烈。春秋二百餘

---

　　①　分別見《春秋·成公元年》、《春秋·襄公十二年》。
　　②　見《左傳·襄公十年》、《左傳·襄公十三年》及《左傳·昭公四年》。
　　③　《左傳·隱公三年》，衛大夫石碏稱之爲"六逆"。

年間,僅見於記載的軍事行動可略舉如下:"侵六十,伐二百又三,戰二十三,圍四十四,入二十七,遷十,滅國五十。"①西周初年,承認周王爲"天下共主"的諸侯國總數共有一千多個②,到春秋後期,大小諸侯國僅剩下幾十個,其餘的全部被吞并。

春秋晚期,魯國因卿大夫專權,公室的土地、軍賦全部被"三桓"瓜分,國君已經沒有任何實權,成爲聽任"三桓"擺佈的傀儡。魯國當時又處於大國的包圍之中。東有齊國,西北有晉國,西南有楚國,這三個國家實力都很強大,對魯國構成極大威脅。當時的魯國內有世卿專權,外有強敵脅迫,可謂內外交困。

面對這樣的現實,年輕的孔子感到茫然。他一心想尋找機會施展自己的才能,爲改變魯國的落後面貌和危險處境貢獻力量。但是,孔子嚮往文、武、周公時代,他把西周時代的禮樂文化當做社會制度完美的典範。而現實社會中那種"君不君,臣不臣,父不父,子不子"(《論語·顏淵》)的現象使孔子感到痛心疾首。他希望能通過自己的努力去改變"禮壞樂崩"的局面,使社會恢復舊時的安寧秩序。孔子一生都在爲實現自己的政治理想而奔走呼號。可是他的執着追求與劇烈變革的社會現實之間存在着尖銳的衝突。這種尖銳的衝突注定孔子的一生必定要歷盡坎坷。青年時代的孔子就已經樹立了遠大的理想,又具有傑出的才能。然而歷史已經決定孔子不能成爲偉大的政治家,他祇能在文化教育方面施展自己的才能。這對孔子來說,既是他的不幸,也是他的有幸。

---

①　粹芬閣藏本《春秋三傳》卷首提要。

②　關於周初諸侯國數目,文獻記載不一。《呂氏春秋·觀世》篇說:"周初所封四百餘,服國八百餘",計一千二三百個。《史記·陳杞世家》說:"周武王時,侯伯尚千餘人。"《禮記·王制》、《尚書大傳》並云周初侯"千七百七十三國",《漢書》中《賈山傳》、《阜陵王延傳》又云周初封爵"千有八百"。大體上說,周初有一千多個諸侯國是比較可信的。

二、從"而立"到"知天命"

孔子自謂："吾十有五而志於學，三十而立，四十而不惑，五十而知天命，六十而耳順，七十而從心所欲，不逾矩。"孔子依照年齡的自然增長，把自己的一生劃分爲幾個階段，每個階段都標誌自己在學業和道德修養方面進入一個新的境界。從"而立"之年到"知天命"之年，是孔子在人生道路上從逐漸成熟到對人生、社會和自然界有了深刻認識的時期，也是孔子在事業上從起步到取得成就的時期。

三十歲的孔子風華正茂，他滿懷濟世經邦之志，積極地尋找着施展抱負的機會，渴望爲國家建立功業。孔子幼年喪父，少年喪母，從小就飽經困苦生活的磨煉。但他矢志不渝，長期堅持刻苦自礪。到了三十歲，孔子已經爲自己一生的事業奠定了堅實的基礎。這時的孔子在學識和道德等方面已經初露頭角，贏得了人們的尊重，特別是引起了上層社會的注意，這更加堅定了孔子在政治上一展宏圖的雄心壯志。可是現實社會卻一次又一次地使他的政治理想化爲泡影。這位年輕的學者對世事的艱難和人生旅途的坎坷依然缺乏足夠的思想準備。

進入"而立"之年以後，孔子的主要志嚮仍在於政治。他尋找各種機會，希望步入仕途。他這樣做的目的並不是爲了貪圖富貴，也不是爲了光宗耀祖，而是爲了實現他的政治理想。因爲孔子清楚地認識到，要想對國家的政治生活發生影響，要想改變國家的政治局面，那就必須占據一定的職位，掌握一定的權力。一介平民，無論有多麼宏偉的志嚮，多麼美妙的政治藍圖，都不可能在政治上有什麼作爲。孔子渴望參與國家政治，就是想把自己的政治主張付諸實施。孔子曾滿懷信心地說："苟有用我者，期月而已可也，三年有成。"（《論語·子路》）這話既反映了孔子急於從政的心理，也表明了孔子在政治上的雄心。但是，在世卿世禄制度依然盛行的魯國，大權完全操縱在"三桓"和其他世卿手中。這些大貴族怎麼會輕易地讓出身低微的孔子染指魯國的政權呢？

當孔子在政治上感到報國無門時，歷史卻意外地爲他選擇了另一條成功之路：興辦私人教育。

孔子勤奮好學，知識淵博，又有良好的道德修養，從而贏得了人們的尊重。一些没有資格入官學接受教育，而又渴望學習知識的社會下層青年，都慕名投奔到孔子門下，拜孔子爲師。孔子自己也因出身貧寒，未能接受正規教育，他的自學經歷使他深深地同情和理解這些貧苦青年的求學願望，於是孔子毅然辦起了私學，開始向這些貧苦子弟傳授知識。

由於孔子興辦的私學主要是面嚮社會底層，前來學習的人不用繳納學費，祇要嚮孔子交一束乾肉做見面禮，孔子就承認他爲弟子。孔子説過："自行束脩以上，吾未嘗無誨焉。"(《論語・述而》)甚至有些品行不够端正，做過壞事的人前來拜他爲師，孔子也不拒絶。經過孔子的教導，這些人都改邪歸正。孔子的學生顏涿聚曾經是"梁父之大盗"(《吕氏春秋・尊師》)。孔子的另一個學生子路入學之前似乎是個歹徒。《史記・仲尼弟子列傳》説："子路性鄙，好勇力，志伉直，冠雄鷄，佩豭豚，陵暴孔子，孔子設禮稍誘子路，子路後儒服委質，因門人請爲弟子。"經孔子教育培養，顏涿聚後來到衛國和齊國做官，當了齊國大夫，子路成爲孔子的知心朋友。

孔子的私學越辦越興旺。作爲老師，孔子"好學不厭，誨人不倦"(《論語・述而》)而又"循循然善誘人"(《論語・子罕》)，前來拜師受業的弟子越來越多，孔子的私學名聲也越來越大，其影響遠遠超出魯國，其他一些國家的青年也都遠道投奔到孔子門下。在孔子的知名弟子中，有許多來自其他國家，如端木賜、言偃、卜商、顓孫師、公晳哀、高柴、巫馬施、梁鱣、公孫龍、壤駟赤、任不齊、奚容箴、公肩定、句井疆、廉絜、琴牢、陳亢等等皆是。

孔子因爲辦學成功，在社會上的聲望越來越高，一些上層社會的重要人物對孔子也刮目相看，甚至把他們的子弟送到孔子門下就讀。《左傳·昭公七年》有這樣一段記載：

> 孟僖子病不能相禮，乃講學之。……及其將死也，召其大夫，曰："禮，人之干也。無禮，無以立。吾聞將有達者曰孔丘，聖人之後也……臧孫紇有言曰：'聖人有明德者，若不當世，其後必有達人。'今其將在孔丘乎！我若獲没，必屬説與何忌於夫子，使事之而學禮焉，以定其位。"故孟懿子與南宮敬叔師事仲尼。

孟僖子即魯國大夫仲孫貜，是當時的魯"三桓"之一。魯昭公七年，孟僖子曾陪同昭公訪問楚國。路經鄭國時，鄭簡公親自到城門外迎接魯昭公一行。孟僖子身爲魯國之卿，又是這次出訪的主要陪同者，竟然不懂答對的禮儀。到了楚國，楚靈王郊迎魯君，孟僖子仍然不懂如何答對，在這樣莊重的外交場合大丟其醜，孟僖子深以爲恥。這使孟僖子真正懂得了禮儀的重要。孟僖子在臨終前囑咐家臣，讓他的兩個兒子孟懿子（説）和南宮敬叔（何忌）拜孔子爲師。

孟僖子死於魯昭公二十四年，當時孔子三十四歲。《左傳》爲行文方便，於昭公七年順便把孟僖子臨終前的囑托記述下來。司馬遷在《孔子世家》中説"孔子年十七孟僖子卒"，是因爲錯解了《左傳》，誤以爲孟僖子死於魯昭公七年。孟僖子的兒子南宮敬叔生於魯昭公十一年，魯昭公七年時，南宮敬叔尚未出生，怎麼可能去拜孔子爲師呢！

兩位大貴族出身的青年到孔子門下就讀，而不到官府專爲貴族開辦的學校裏學習，這件事意義重大。第一，這表明孔子辦學的影響已經遠遠超越了下層社會，私學已經取得了上層社會的承認。第二，表明孔子所創辦的私學在與官學競爭方面已占據優勢，因爲本來有條件、有資格入官學的貴族子弟自願地投奔到孔子門下，這無疑是對官學的有力挑戰。

孔子興辦私學，完全適應了時代的需要。由於王官失守，學在官府的局面在春秋晚期已開始動搖。社會的變革和動盪必然引起階級關係的劇烈分化。一些舊的世家大族漸次陵替。晉國的政治家叔向在與齊相晏嬰討論時局時說：“欒、郤、胥、原、狐、續、慶、伯降在皂隸。”（《左傳・昭公三年》）叔向所說的欒、郤等八氏原來都是晉國的權門望族，在劇烈的社會動盪中這些大貴族日趨没落，漸次降至社會最底層。與此同時，由於戰爭的頻繁和戰爭規模的擴大，僅僅依靠“國人”進行戰爭已遠遠滿足不了需要，兵源不得不擴充到“野人”。於是，國、野的界限打破了，原來的“野人”也有了“執干戈以衛社稷”的權利。這標誌着“野人”社會地位的提高。國中原來的自由民希望接受教育以進入上層社會，那些上升爲自由民的“野人”也希望學得知識，以改變世世卑賤的處境。這些平民在當時没有資格進入專爲貴族開設的學校。在此背景下，私人辦學恰好滿足了廣大平民讀書、學習的需要。在孔子之前或與孔子同時，也有少數人聚衆講學，但他們辦學的規模和影響遠不及孔子。真正使私人教育取得合法地位，得到全社會的承認，正是孔子的偉大功績。孔子興辦私人教育開一代風氣之先，在中國文化史、教育史上是應當大書特書的。

就在孔子興辦的私學蒸蒸日上之時，魯國發生了一次大内亂。這是魯國統治集團内部矛盾的總爆發。這使孔子的教育事業受到了嚴重干擾。

季孫氏是魯國執政時間最長，勢力最大的世卿。魯昭公後期，季平子執政。他專橫跋扈，不可一世，不把魯昭公放在眼裏。魯昭公早就對季孫氏感到忍無可忍，一心想尋找機會鏟除季氏。

有一次，季平子與郈昭伯在一起鬥雞。季氏爲了取勝，給雞的頭、頸裝上了鎧甲，郈氏當然也不示弱，在雞爪上安裝了鋒利的金屬刺鈎。結果季氏之雞敗陣。季平子勃然大怒，依仗自己的權勢强占了郈氏的住宅。郈氏也是魯國根深蒂固的大貴族,對季氏的霸道行徑極爲憤慨。季平子由於爲非作歹,得罪了不少魯國貴族,這些貴族都怨恨季氏。季公亥是季平子的庶叔,因季平子處理族内事務不公,也對季平子不滿。季公亥爲了尋找合適的機會,就把一張寶弓獻給了魯昭公的兒子公爲,並與公爲一起到郊外射獵,借機謀劃如何鏟除季平子。昭公的另外兩個兒子公果、公賁也參與其事。魯昭公爲慎重起見,找來與季氏矛盾較深的臧孫氏和郈昭伯等人密謀,準備把季孫氏滅掉。魯昭公二十五年(公元前 517年)九月十一日,魯昭公聯合幾家魯國貴族討伐季孫氏,攻入季氏宮門之後,季平子登臺請罪,幾次退讓,請求昭公給季氏留一條生路,昭公不肯答應。郈昭伯對季孫氏怨恨最深,一再慫恿昭公殺死季平子。恰在這時,叔孫氏與孟孫氏援助季氏的家兵趕到,擊潰了公室的軍隊,給季孫氏解了圍。魯昭公滅季孫氏未成,又不甘忍受季孫氏的欺凌,祇好逃往齊國。此後直至魯昭公死於晉國的乾侯,在長達七年的時間裏,魯國没有國君,魯國的大權仍由季孫氏操縱。

魯國發生的這場内亂,孔子似乎早已有了預感。當孔子聽説季氏"八佾舞於庭"時,就説過:"是可忍也,孰不可忍也?"(《論語·八佾》)八佾之舞是祇有天子才有權使用的,而季孫氏作爲諸侯國的大夫,竟敢在自己的庭院中用"八佾"的規模演奏舞樂,孔子感到忍無可忍。時隔不久,魯國的"三桓"在祭祀祖先時,竟然唱着《詩經·周頌》中的《雍》這篇詩來撤除祭品,這也是祇有周天子才能使用的禮節,孔子得知之後氣憤地説:"'相維辟公,天子穆穆',奚取於三家之堂?"(《論語·八佾》)對"三桓"的僭越行徑大加斥責。魯國的卿大夫如此專橫,無視禮法,發生把國君趕出境外的事,也就毫不足怪了。

面對魯國内亂之後的險惡局勢,孔子對魯國的政治感到徹底失望了。他在魯國興辦的私人教育事業雖然方興未艾,但在内亂之後卻無法繼續維持了。於是,孔子決定暫時離開混亂的魯國,到相鄰的齊國去另謀出路。

孔子來到齊國之後,首先投奔了齊國之卿高昭子,並做了高氏的家臣。孔子希望通過高昭子的推薦,能够拜見齊景公,以便在齊國施展他的才能。可是當時齊國的境況並不比魯國强多少。齊國世卿專權的問題也很突出。高氏、國氏、陳氏等都是齊國累世執掌大權的巨卿。齊景公是個平庸的君主,在政治上没有什麼作爲。他在位時多虧有賢相晏嬰支撐齊國的局面。在這種形勢下,孔子要在齊國施展才能的願望很難實現。

孔子入齊不久,齊景公聽説他博學多才,便召見了他,孔子在齊景公面前侃侃而談。齊景公向孔子詢問,怎樣才能管理好國家?孔子回答説:“君君,臣臣,父父,子子。”齊景公聽後大加讚賞。他説:“善哉! 信如君不君,臣不臣,父不父,子不子,雖有粟,吾得而食諸?”(《論語·顏淵》)

過了一段時間,齊景公再次召見孔子,又與孔子談起了如何治理國家的問題。孔子説:“政在節財。”(《史記·孔子世家》)孔子這樣回答,顯然是有針對性的。因爲齊國的達官貴族們個個窮奢極欲,而普通百姓卻日益貧困。當時齊國的壯況是:“民參其力,二人於公,而衣食其一。公聚朽蠹,而三老凍餒,國之諸市,屨賤踊貴,民人痛疾,而或燠休之。”(《左傳·昭公三年》)齊景公本身就是個極端奢侈的國君。齊景公在宫中養良馬四千匹(見《論語·季氏》)。他最珍愛的馬都由專人飼養。有一次他最喜歡的一匹馬突然死了,他差一點没把養馬人處死。齊景公在宫室、園面、服飾等方面也都奢侈無度。爲了修築“路寢之臺”,大興土木三年。爲了興建長庥離宫,又連續兩年大動土木,耗費了大量的人力物力,齊國百姓爲此怨聲載道(見《晏子春秋·内篇諫下》)。《晏子春秋·内篇諫下》記載:

景公爲西曲潢,其深滅軌,高三仞,横木龍蛇,立木鳥

獸，公衣離蔽之衣，素繡之裳，一衣而五綵具焉，帶球玉而
冠組。

書中同篇又説：

> 景公爲屨，黄金之綦，飾以銀，連以珠，良玉之絇，其
> 長尺，冰月服之以聽朝。

齊景公和他的臣下如此揮霍人民的血汗，所以孔子回答景公
問政時便有針對性地説：“政在節財。”這實際上是對齊國統治者奢
侈之風的批評。不料齊景公聽後並未生氣，反而認爲孔子説得很
有道理，還準備把尼谿之田封給孔子，留孔子在齊國做官[①]。但齊
相晏嬰不同意景公的做法。晏嬰是一位講求實際的政治家，他對
孔子倡導的“崇喪遂哀，破産厚葬”，“盛容飾，繁登降之禮、趨詳之
節”等等很不贊同，認爲這些主張會擾亂齊國的政令和風俗。景公
接待孔子的禮儀規格雖然不低，可是並不讓孔子擔任具體職務，孔
子無法施展自己的才能，他感到很失望。有一次，齊景公對孔子
説：“吾老矣，弗能用也。”這無異於對孔子下了逐客令。孔子祇好
帶領弟子們離開齊國。《孟子·萬章下》説：“孔子之去齊，接淅而
行。”是説孔子離開齊國時走得很急，米淘好了，未及下鍋，就匆匆
上路了。孔子來到齊國，本來是爲了尋求機遇，實現自己的政治理
想。但是這個願望落空了。孔子不得已又帶領弟子們回到了自己
的父母之邦。

　　孔子自齊返魯之後，魯國因昭公流亡而引起的政治危機仍未
平息。在魯昭公的歸宿問題上，魯國國内及各諸侯國之間仍在進
行着錯綜複雜的鬥爭，流亡在外的魯昭公進退兩難，嘗盡了寄人籬
下的苦頭，終於在公元前 510 年 12 月客死於晉國的乾侯。昭公死

---

　　① 　見《史記·孔子世家》。《晏子春秋·外篇》尼谿作“爾稽”，聲相近。《墨子·
非儒》與《世家》同。《淮南子·氾論》、《説苑·立節》等均作“廩丘”。

後，季孫氏盡廢昭公諸子，立昭公之弟公子宋爲國君，是爲魯定公。魯國的大權仍掌握在季孫氏手中。至此，魯國動亂似乎結束了，可是新的政治危機又在醖釀之中，魯國的政局在進一步惡化。

孔子曾經用"禮樂征伐自天子出"、"自諸侯出"、"自大夫出"和"陪臣執國命"這樣幾句話來概括春秋時代政權依次下送的過程（見《論語·季氏》）。這幾句話恰當地反映了王權衰微之後各諸侯大權旁落的普遍現象。這種現象在魯國表現得最爲突出。魯定公即位之後，魯國已經由"三桓"專權逐漸向"陪臣執國命"發展。

魯國家臣權勢惡性膨脹實際上在昭公時代就已開始。魯國的"三桓"及其他世卿大族因爲忙於互相爭奪，無暇顧及自己采邑内部的事務，這些大采邑完全由家臣和邑宰控制。他們憑藉采邑堅固的城廓和雄厚的財力以及采邑内的武裝力量，逐漸把采邑主架空。董仲舒曾説當時是"大夫專國，士專邑"（《春秋繁露·王道》），魯國的情況正是如此。邑宰們動輒以采邑爲根據地發動叛亂。從魯昭公十二年到魯定公八年，在二十多年裏，魯國就先後發生了四次家臣邑宰反叛事件。季孫氏的家臣陽虎不僅控制了專制魯國多年的季孫氏，而且操縱了魯國的大權。陽虎在魯國爲所欲爲，魯國的國君和卿大夫如同陽虎手中的玩物。一時間，偌大一個魯國，竟然被陽虎之類的小小家臣攪得烏烟瘴氣。

孔子曾經説過：

　　篤信好學，守死善道。危邦不入，亂邦不居。天下有道則見，無道則隱（《論語·泰伯》）。

這是孔子終身奉行的道德信條。孔子渴望有安定的社會秩序，以便爲國家建功立業。可是眼下的魯國卻是一片混亂，他感到報國無門。他主張"危邦不入，亂邦不居"，然而這樣的"危邦"和"亂邦"不是別處，恰恰是他的父母之邦。欲居不能，欲走不忍。他多麼想改變魯國的現實，可又不願與那些從政的"斗筲之人"同流合污。在這樣的"天下無道"之時,孔子衹好暫時隱居。

孔子是不甘於貧賤的,但他更重視信仰,更重視他自己所遵循的"道"。他説:

> 邦有道,貧且賤焉,耻也;邦無道,富且貴焉,耻也
> (《論語·泰伯》)。

他還主張"君子謀道不謀食","君子憂道不憂貧"(《論語·衛靈公》)。爲了信仰,爲了"道",暫時的貧賤是可以忍受的。孔子對他的學生顔回在極端貧困的環境中堅持刻苦學習大加讚揚,他説:

> 賢哉回也! 一簞食,一瓢飲,在陋巷,人不堪其憂,回
> 也不改其樂,賢哉回也(《論語·雍也》)!

孔子並不籠統地反對富貴。他認爲追求富貴是人們合理的、正當的欲望。但是他認爲富貴要有前提,即必須符合"道",符合仁義。他所反對的是"爲富不仁"。他説:

> 富與貴,是人之所欲也,不以其道得之,不處也;貧與
> 賤,是人之所惡也,不以其道得之,不去也。君子去仁,惡
> 乎成名? 君子無終食之間違仁,造次必於是,顛沛必於是
> (《論語·里仁》)。

孔子又説:

> 飯疏食飲水,曲肱而枕之,樂亦在其中矣;不義而富
> 且貴,於我如浮雲(《論語·述而》)。

可見,孔子在貧賤與富貴的問題上,首先强調的是道德標準。在可以富貴,而且又符合仁義時,孔子也在積極地追求富貴。在兩者發生衝突時,孔子則首先看重的是"道"和仁義,寧可貧賤,不能叛道、違仁。孔子的學生問孔子:"貧而無諂,富而無驕,何如?"孔子回答説:"可也,未若貧而樂,富而好禮者也。"(《論語·學而》)在

孔子看來,安貧樂道,貧賤不移,那才是品德高尚的表現。不擇手段地汲汲於富貴,爲了富貴而不顧廉恥,那是孔子所鄙夷的。孔子的確時時都在盼望着出仕的機會。這並非因爲孔子熱衷於功名利祿,而是因爲他有一種歷史責任感,他相信自己能夠爲拯時救世作出貢獻。因此,即使在時局險惡之時,他堅持"天下無道則隱",但内心裏仍不甘寂寞。孔子自齊歸魯之後,在十幾年的時間裏,經常爲出仕與否這一問題所困擾。他的内心經常充滿了矛盾。這一時期發生的幾件事充分反映了孔子内心矛盾的苦悶心情。

陽虎操縱魯國大權時,極力拉攏孔子,想得到孔子的支持。他幾次表示要與孔子見面,都被孔子拒絕了。孔子對陽虎其人非常討厭,這並非因爲當年陽虎曾把孔子拒之季孫氏門外,使孔子當衆受辱,而是因爲陽虎飛揚跋扈,僭越太甚。他位在陪臣,卻執掌國柄,控制朝政,孔子對陽虎疾之若仇,可是孔子又不願得罪他。孔子深知陽虎這種人什麼事都幹得出來。晉國林楚對季桓子説:"陽虎爲政,魯國服焉,違之徵死。死無益於主。"(《左傳・定公八年》)當時的情況確實如此。狡猾的陽虎爲了見到孔子,便趁孔子不在家時,派人給孔子送去一頭蒸熟的小猪。按照當時的禮節,大夫賜禮品給士,而士又不在家,未能當面接受禮品,那就應當親自到大夫家去拜謝,否則就是失禮。陽虎雖然是家臣,可是他執掌魯國的大權,地位相當於大夫。按禮節孔子應當到陽虎那裏去道謝,可是孔子實在不想見到陽虎。於是孔子想出了一個對付陽虎的好辦法:他派人打聽陽虎的行踪,專等陽虎不在時去拜謝,這樣既不失禮,又可避免與陽虎見面。可事情偏偏凑巧,在孔子從陽虎家回來的路上,孔子與陽虎走了個碰頭。孔子無處躲藏,衹好硬着頭皮上前與陽虎寒暄。陽虎盛氣凌人地對孔子説:

"來!予與爾言。"

孔子没有做聲。陽虎接着説:

"懷其室而迷其邦,可謂仁乎?"

孔子仍未做聲。陽虎繼續説：

"不可。好從事而亟失時，可謂知乎？曰：不可。日月逝矣，歲不我與。"

孔子對陽虎雖没有好印象，可是覺得這幾句話説得並不錯，於是就回答説：

"諾！吾將仕矣！"（《論語·陽貨》）

孔子與陽虎這次戲劇性的會見就這樣結束了。孔子答應準備出仕，可是在陽虎當政的情況下，孔子能做些什麼呢？他祇能堅守"有道則見，無道則隱"的信條，耐心地等待着時機。

孔子的學生子貢很瞭解此時此刻老師的矛盾心情。他何嘗不希望自己的老師能夠受到當政者的重用呢？子貢也是一位很有才能的人。他口齒伶俐，擅長外交事務，如果老師受到重用，他也可以一顯身手。子貢見孔子悶悶不樂，就有意問孔子：

有美玉於斯，韞櫝而藏諸？求善賈而沽諸？

孔子對子貢的話心領神會。他回答説：

沽之哉！沽之哉！我待賈者也（《論語·子罕》）。

孔子對陽虎説："吾將仕矣！"對子貢也表示"我待賈者也"。可是環顧魯國，孔子竟然找不到一位真正的識貨者。他不禁感到沮喪。

魯定公八年，即公元502年，季氏的家臣公山弗擾因不滿於季氏，準備在費邑發動叛亂。公山弗擾又稱公山不狃，字子泄①，當時任費邑之宰。他打着"張公室"的旗號對抗季氏。孔子開始不大瞭解公山氏的底細，認爲公山氏是可以用來對抗陽虎和季氏的力量。公山氏知道孔子急於出仕，便派人去邀請孔子。孔子接受了

---

① 公山不狃見於《左傳》定公五年、八年及十二年，但《左傳》所載公山不狃事與《論語》中的公山弗擾不完全相符，故元人陳天祥在《四書辨疑》中認爲公山弗擾與公山不狃爲兩人，僅録以備考。

邀請,準備前往費邑。子路知道了此事,很不高興,他對孔子説:

> 末之也已! 何必公山氏之之也?

意思是説,實在没有地方去,那就算了,爲什麽一定要到公山弗擾那裏去呢?

孔子解釋説:

> 夫召我者,而豈徒哉? 如有用我者,吾其爲東周乎(《論語·陽貨》)?

意思是説,公山氏並非白白地召我去,如果有人啓用我,我將把文武周公之道在東方復興起來。

孔子終於没有到公山氏那裏去。因爲事態的發展很快就暴露了公山弗擾的真實面目,原來他與陽虎是一丘之貉,幸好孔子没有貿然前往。

孔子自齊返魯之後,直到他出任中都之宰,在這十幾年中,因時局險惡,孔子在政治上欲進不能,欲罷不忍,精神經常處於苦悶之中。這個時期的孔子重操舊業,繼續招收門徒,開辦私學。他一面勤勤不倦地教誨學生,一面孜孜不厭地研究中國古代歷史文化。在教育和學術研究方面突飛猛進,取得了豐碩成果。孔子的學生比以前更多了,他的知名弟子中有很多都是在這一時期及門受教的。孔子在教學内容、教學方法上也都比前期有了重要改進,孔子向學生們講述的知識更系統、更深刻,教學方法也更加生動、活潑,因而深受歡迎。《禮記·學記》云:

> 學,然後知不足;教,然後知困。知不足,然後能自反也;知困,然後能自强也,故曰:教學相長也。[①]

---

① 《韓詩外傳》云:"故學然後知不足,教然後知不究,不足,故自愧而勉,不究,故盡師而熟,由此觀之,則教學相長也。"

這大概是孔子在自己的教學和研究實踐中體會出來的深刻道理。學習和教書這兩者的確可以互相促進。教育別人的過程也就是提高自己的過程。孔子正是在"教學相長"的過程中不斷進取，因而才能成爲一名博聞强識的學者和偉大的教育家。

三、仕魯

魯定公八年十月，控制魯國大權的陽虎與世卿季桓子之間的矛盾達到了白熱化的程度。陽虎決心除掉季桓子，進而翦滅"三桓"。十月三日這一天，陽虎密謀要在曲阜東門外的蒲圃設宴招待季桓子，以便把他殺死。這一天，陽虎派林楚駕車去接季桓子赴宴，車兩邊有全副武裝的衛士隨從，後面還有陽虎的從弟陽越跟隨。季桓子上車之後見陣勢不妙，知道其中有詐，便私下裏央求林楚幫他逃脫。林楚原來是季孫氏家臣，因陽虎專季孫氏之家，不得已而脅從陽虎。季桓子暗中告訴林楚把他送到孟孫氏那裏去避難。林楚駕車到十字路口時，故意把馬弄驚，馬車便飛速馳往孟孫氏家。當時孟孫氏大門之外正好有幾百名家奴在修築房舍，待季桓子的馬車進入孟孫氏大門之後，家奴們立即把大門關上，並把車後緊追不放的陽越亂箭射死。陽虎知道陰謀敗露，便發兵攻打孟孫氏之家。孟孫氏家宰公斂處父早有防備，率領成邑的私屬與陽虎激戰。陽虎戰敗，帶領殘兵退守讙（今山東寧陽縣西北）、陽關（今山東泰安縣東南）兩邑。魯定公九年六月，"三桓"聯合發兵攻打陽關，陽虎見寡不敵衆，便放火焚燒陽關邑門，趁"三桓"軍隊一片驚慌時衝出重圍，帶領殘兵逃到齊國。陽虎欲借齊國軍隊討伐魯國，以便東山再起，但未能得逞，便逃到了宋國。後來陽虎又逃往晉國，投奔了晉國正卿趙簡子。孔子聽説此事後，感嘆道："趙氏其世有亂乎！"（《左傳·定公九年》）

陽虎逃離魯國，魯國消除了一大禍患，政局較陽虎專制期間平穩了。魯國上下都鬆了一口氣。孔子也爲此而歡欣鼓舞。但是擺在魯國當政者面前的許多難題仍使他們感到一籌莫展。魯定公是個昏庸無能的國君。他依靠季孫氏而即君位，是個有位無權的傀儡君主。陽虎雖被趕走了，但魯國大權仍由季桓子掌握，定公依舊無權。"三桓"連續幾代把持魯國大權，這些世卿衹知道拼命擴大自己的權勢，他們不學無術，在治國安民方面百無一能，而在搜刮百姓、窮奢極欲方面卻都是行家。季桓子年紀尚輕，他在陽虎專魯時，一籌莫展，險些在陽虎手中喪生。陽虎雖然跑了，可季桓子仍驚魂未定，當然不能指望季桓子來整治魯國的亂攤子。

陽虎不過一介家臣，卻能獨攬魯國大權，這並非偶然的歷史現象。這是魯國世卿專權、公室衰微、卿大夫采邑惡性膨脹的必然結局。陽虎雖然垮臺了，可是禍根依然存在，魯國還有一批專橫強悍的家臣，他們握有實權，控制着"三桓"及其他大家族的采邑，他們都有可能步陽虎之後塵，發動政變，奪取"三桓"乃至魯國的大權。在國際上，如何處理魯國與鄰國，特別是齊、晉、楚三國的關係，以免魯國在大國相互爭奪中遭損害、被吞并，這也是季桓子等感到棘手的問題。嚴峻的現實迫使季桓子等當政者必須選拔一些確有真才實學的人參與魯國政治。孔子因興辦私人教育而贏得了人們的尊重。在魯國頗孚衆望。而孔子自己長期以來一直盼望在政治上施展才能，衹是沒有這樣的機會。陽虎逃走之後，這樣的機會終於到來了。

魯定公九年，即公元前 501 年，51 歲的孔子被任命爲魯國中都之宰。中都在今山東省汶上縣西，當時是魯國的公邑。邑宰職位並不高。但這是孔子有生以來第一次擔任公職。《史記·孔子世家》說："孔子爲中都宰，一年，四方皆則之。"看來孔子治中都政績斐然，否則不會成爲四方學習的榜樣，僅一年的任職時間，孔子的行政才能得到了證實。第二年，孔子便升任魯國的小司空。"司空"在周代銅器銘文中多寫作"司工"，是掌管土木建築工程的官職。小司空即司空的副職。孔子任小司空一職時間不長，很快又被提升爲魯國的大司寇。大司寇是掌管國家司法、刑獄和社會治安的最高長官，爵位爲大夫。孔子曾説："以吾從大夫之後，不可徒行也。"(《論語·先進》)就是因爲孔子當過魯國的大司寇，位列大夫之故。

孔子由布衣出身的學者而擢升爲魯國大夫，進入了魯國政權的核心，實現了他多年的願望。孔子滿懷喜悦，信心十足，決計施展自己的才華，爲改變魯國的現狀，實現自己的政治理想而大幹一番。

魯定公十年，齊、魯兩國的國君商定，要在齊國的夾谷(今山東省萊蕪縣)舉行一次雙邊會談。這次會談事關重大，是陽虎事變之後齊、魯兩國之間最重要的一次外交活動。齊國作爲東方大國，爲了與晉、楚兩國抗衡，急於得到中小諸侯國的支持，魯國又是齊國的近鄰，緩解齊、魯兩國的關係對齊國來説是當務之急。魯國與晉國同爲姬姓國家。自齊桓公霸業衰落之後魯國一直是晉國的盟國。齊國要與晉國抗衡，當然希望把魯國拉到自己一邊。魯國也想利用這一有利時機討還幾年前被齊國强占的土地，以此爲條件與齊國媾和。正因爲如此，齊、魯兩國都對這次雙邊會談十分重視。

魯國爲了贏得這次外交鬥爭的勝利，在會前進行了充分的準備。經反復商議，決定讓孔子陪同魯定公出國，並擔任這次外交活動的儐相。按照魯國的慣例，以往這樣鄭重的外交場合總是由卿擔任儐相的，這次破例讓孔子擔任這一重要角色，是因爲孔子自幼習禮，十幾年前又曾去過齊國，與齊景公打過交道、對齊國的情況也比較熟悉。孔子自己爲此而感到榮耀，同時也深感責任重大。爲了不出紕漏，保證魯國取得這次外交鬥爭的勝利，孔子在臨行前做了周密的部署。他對魯定公説："臣聞有文事者必有武備，有武事者必有文備。古者諸侯出疆，必具官以從。請具左右司馬。"於是魯定公讓兩位將軍率部隨行。

齊國聽説魯定公將由孔丘陪同前來會談,大夫黎彌對齊景公説:"孔丘知禮而無勇,若使萊人以兵劫魯侯,必得志焉。"(《史記·孔子世家》)齊景公聽從了黎彌的意見。這預示夾谷之會從一開始就隱藏着殺機。

齊人在夾谷會盟之地修築了壇位,從地面登上壇位設三級臺階。

魯定公按預先商定的日期來到夾谷。賓主相見後,齊國的儐相請求以齊國的地方舞樂爲兩君助興。齊景公答應了。於是一支手持各種兵器的舞隊一哄涌至壇下,氣氛立刻變得緊張。孔子見勢不妙,急切地登上臺階,一面行禮一面厲聲責問齊景公:

> 吾兩君爲好會,夷狄之樂何爲於此! 請命有司(《史記·孔子世家》)!

這時,齊國的大臣們都注視着土壇上的齊景公,齊景公自知理虧,揮手示意讓舞隊撤走。此時氣氛稍稍和緩。

這時,齊國的儐相又上來請示齊景公説:"請奏宮中之樂。"齊景公點頭允諾,於是一群庸俗不堪的侏儒小醜之類立即上前嘻戲吵鬧。孔子再次跨上臺階嚴辭質問:

> 匹夫而營惑諸侯者,罪當誅! 請命有司(《史記·孔子世家》)!

齊景公無奈,衹好下令把那群侏儒小醜殺掉。

黎彌見劫持魯侯、愚弄魯侯之計謀都未得逞,便想在雙方的盟約上作文章。

在簽署盟約之前,齊國官員未經魯國同意,在盟約上加了如下一段話:

> 齊師出境而不以甲車三百乘從我者,有如此盟!

孔子針鋒相對,也在盟約上加了如下一段話:

> 而不反我汶陽之田,吾以共命者,亦如之!

孔子又一次挫敗了齊國的陰謀,捍衛了魯國的利益。

會盟之後,齊景公準備設宴款待魯定公。孔子擔心宴會上再生意外,就對齊國大夫梁丘據說:

> 齊魯之故,吾子何不聞焉? 事既成矣,而又享之,是勤執事也。且犧象不出門,嘉樂不野合,饗而既具,是棄禮也。若其不具,用秕稗也。用秕稗,君辱,棄禮,名惡。子盍圖之! 夫享,所以昭德也。不昭,不如其已也。

齊景公見孔子所言句句在理,祇好作罷(《左傳·定公十年》)。

齊、魯兩國的夾谷之會就這樣結束了。由於孔子臨危不懼,大義凜然,面對强敵,不卑不亢,進行了有理有節的鬥爭,使魯國在這次外交鬥爭中取得了勝利。魯國君臣從夾谷凱旋不久,齊國就派遣使者到魯國來,把包括鄆、讙、龜陰在內的汶陽之田歸還魯國,以表示謝罪。魯國爲了表彰孔子的功勞,在龜陰築起一城,名曰謝城(《史記·孔子世家》正義)。

夾谷之會是孔子一生在政治活動中最爲光彩的一頁。孔子因爲在夾谷之會上爲魯國贏得了巨大的榮譽,他自身的聲望也隨之倍增。夾谷之會的成功進一步增强了孔子在政治上爲國立功的信心。孔子準備進一步施展自己的才華,在魯國興利除弊,使魯國更加强大。

夾谷之會過後不久,孔子以司寇之職而攝行相事,即代替魯國執政之卿管理魯國最高的行政事務。這是因魯定公在夾谷會盟之後對孔子更加信任,對孔子的才華也更加賞識。他想藉助於孔子來挽救魯國公室衰微、大權旁落的局面,實際上就是想利用孔子以鉗制"三桓"。季桓子當時與孔子關係比較密切,他也願意讓孔子出面去處理那些煩雜而又棘手的行政事務,以便把更多的精力用於被陽虎等人攪得一塌糊塗的家政。爲了防止其他家臣叛亂或專制家政,季桓子聘請孔子的學生子路擔任家宰。子路爲了協助季孫氏肅清陽虎餘黨,又薦舉孔子的學生子高擔任費邑之宰。陽虎事變給季孫氏的教訓太深刻了。他決心整頓家政,以防後院起火,影響季氏與公室及其他卿族之間的激烈爭奪。孔子正是在這樣一種特定的歷史條件下攝行相事,以司寇之職而代理魯國最高行政事務的。

魯定公十年秋,魯國又發生了一次陪臣叛亂事件。叔孫氏郈邑馬正侯犯殺死了郈宰公若,在郈邑發動了武裝叛亂。叔孫州仇和仲孫何忌先後兩次率軍攻郈邑,並請來齊人協助圍城,但由於郈邑城牆修得又高又堅固,城內又有充足的糧食貯備,久攻不破。後來叔孫氏拉攏郈邑工師馹赤,讓他從郈邑內部來瓦解侯犯,煽動郈人抵制侯犯叛亂,侯犯不得已而放棄郈邑,逃往齊國。

侯犯在郈邑的反叛引起魯國上下惶恐不安。如若侯犯得逞,很可能成爲陽虎第二。所以叔孫州仇嘆道:"郈非叔孫氏之憂,社稷之患也。"(《左傳·定公十年》)

孔子鑒於家臣、邑宰連續發生叛亂,極大地干擾了魯國的政治生活,他決心設法鏟除禍根。

孔子認爲:"陪臣執國命,采長數叛者,坐邑有城池之固,家有甲兵之藏故也。"[1]於是孔子向魯定公提出了一個大膽的計劃:墮三都。所謂"三都"就是指季孫氏的采邑費、叔孫氏的采邑郈和孟孫氏的采邑成。這三家都爲了加强自己的實力,在采邑內大興土木、高築城郭。可是這樣做的結果卻爲邑宰們興風作浪創造了方便條件,這是采邑主們始料不及的。邑宰們動輒以采邑爲據點對抗采邑主,使他們吃盡了苦頭。孔子主張"墮三都",就是徹底摧毀三都高大而堅固的城郭,消滅邑宰們藉以興風作浪的老巢。所以

---

[1]　何休:《公羊解詁》定公十二年引孔子語。

這一倡議很快得到了季孫氏和叔孫氏的支持。孔子的這一主張表面上看是爲"三桓"着想,實際上是爲了强公室,杜私門,也就是爲了削弱"三桓"的實力,改變"大都耦國"的局面,恢復公室早已喪失的權力。所以,"墮三都"的主張魯定公也是積極支持的。這是"墮三都"的計劃得以實施的首要條件。

魯定公十二年夏季,"墮三都"的計劃首先在叔孫氏的郈邑開始。因郈邑前不久發生了侯犯叛亂事件,叔孫氏仍心有餘悸,生怕家臣邑宰再次在郈邑鬧事。侯犯叛亂時,郈邑的居民深受其害。那裏的百姓們也希望早日拆掉高大堅固的郈邑城墙,免得再度受苦。因此,墮郈的計劃進行得非常順利,幾乎沒有遇到什麼阻力。但郈邑被墮卻打草驚蛇,盤踞在季孫氏費邑的公山弗擾等人立即提高了警惕,他們預感末日已到,如不采取措施,費邑將像郈邑那樣毀於一旦。公山弗擾與叔孫輒商議:與其坐以待斃,不如以攻爲守,主動出擊。於是費宰公山拂擾與叔孫輒帶領費邑武裝對魯國都城曲阜發動了突然襲擊。魯定公和"三桓"毫無準備。當費人攻入曲阜時,魯定公與"三桓"慌作一團,匆忙躲進季孫氏家中,登上了數丈高的季武子臺。費人攻入季氏之家,團團圍住季武子臺,並向臺上射箭,情況萬分危急。此時祇有孔子鎮靜,他命令魯國大夫申勾須、樂頎衝下季武子臺,與費人拼殺。公室軍隊也從外面包抄費人,費人亂了陣腳,被公室軍隊擊退。費人敗北,公室軍隊一直追至姑蔑,把反叛的費人徹底擊潰。公山弗擾與叔孫輒逃往齊國,費邑的城墙終於被墮毀。

郈、費兩邑被墮之後,三都祇剩下孟孫氏的成邑。孟孫氏對於"墮三都"的主張雖然並未公開反對,但從一開始就不像季孫氏和叔孫氏那樣積極支持。這是因爲成邑沒有像郈邑和費邑那樣連續發生武裝叛亂,邑宰操縱家政的情況也不像季孫氏和叔孫氏兩家那樣突出。孟孫氏雖然也擔心成邑會發生叛亂,但他畢竟沒有親自品嚐過邑宰叛亂的苦果。當時成邑之宰公斂處父對孟孫氏比較忠實。這更使孟孫氏難於下定墮毀成邑的決心。尤其墮毀費邑時，曾引起侯犯之亂，而郈、費兩邑被墮，雖然緩解了兩家與邑宰之間的矛盾，但兩家的實力也受到損失，這些都增加了孟孫氏對墮毀成邑的疑慮。孟孫氏此時感到進退兩難：當初他並未公開反對"墮三都"的主張。現在郈、費兩都已墮，如果不墮成邑，他在魯定公及叔孫、季孫兩家那裏不好交代。更何況提出並堅決實施"墮三都"主張的不是別人，恰恰是孟懿子曾親聆教誨的老師、現任魯國司寇而兼攝相事的孔子。所以，不墮成邑的話孟懿子在孔子面前難以啓齒。成邑之宰公歛處父當然更不願意墮毀自己經營多年的成邑。他向孟懿子獻策説："墮成，齊人必至於北門。且成，孟氏之保障也。無成，是無孟氏也。子僞不知，我將不墮。"（《左傳・定公十二年》，《史記・孔子世家》）孟懿子采納了公歛處父的意見，在墮成問題上實行了陽奉陰違的策略。表面上他不反對墮成，暗中卻支持公歛處父抵制墮成。季桓子與叔孫州仇在郈、費兩邑被墮之後，似乎也醒悟到"墮三都"歸根結底對"三桓"是不利的。因此他們既不與孟孫氏攀比，也不參與墮成的行動。儘管"三桓"之間也有矛盾，但在與公室和其他世卿大族的爭奪中，"三桓"的利益是一致的，因而季孫氏與叔孫氏兩家也就默許了孟孫氏對墮成的敷衍。在這種情況下，孔子祇好派公室軍隊去執行墮成的任務。公歛處父據守成邑，因成邑城墻高大堅固，公室軍隊久攻不克，祇好撤退。墮成的計劃就這樣徹底失敗了。

　　"墮三都"是孔子從政以來在魯國實行的最重大的改革措施。這一措施如果得以貫徹實行，對改變魯國公室衰微、"三桓"專權、陪臣橫行的局面將發揮重大的作用。孔子沒有料到，他的這一重大改革措施竟因自己的學生從中作梗而宣告失敗。不能説孟懿子與孔子之間缺乏師生之誼。對孟懿子來説，家族的興衰以及他個人在魯國的政治地位比師生之誼更爲重要。在兩者發生衝突時，他首先考慮的是家族利益和個人前程，這是毫不足怪的。而對孔子來説，"墮三都"的失敗也就是他政治改革的失敗，這意味着他在魯國的政治生涯即將結束。儘管孔子有濟世安邦的宏願，可是他缺少政治鬥爭的經驗。孔子在審時度勢，處理紛繁複雜的政治問題時，多少有些書生氣。孟子在這方面似乎比孔子通達。孟子曾説過："爲政不難，不得罪於巨室。巨室之所慕，一國慕之；一國之所慕，天下慕之；故沛然德教溢乎四海。"（《孟子・離婁上》）孔子爲政，在"墮三都"問題上得罪於"三桓"這樣的巨室，他以後的日子就很難過了。

　　"墮三都"失敗之後，孔子學生中有一位叫公伯寮的，偷偷地到季桓子那裏去誹謗子路。子路當時正擔任季孫氏家宰。公伯寮這樣做實際上等於拆孔子的臺。魯國大夫子服景伯把這件事告訴了孔子[①]。孔子對公伯寮很惱火。他大發感慨地説："道之將行也與，命也；道之將廢也與，命也。公伯寮其如命何！"（《論語・憲問》）結果季桓子很快就解除了子路所擔任的季氏家宰之職。季氏這樣做當然不是針對子路本人，而是針對孔子，也就是給孔子一點顏色看。孔子與季孫氏之間的融洽關係已經結束，季孫氏已經對孔子表示了不信任。孔子從政之初，"行乎季孫，三月不違"（《公羊傳・定公十年》）。這已經成爲過去。孔子與季孫氏的關係已瀕臨破裂，孔子預感到他在魯國的政治地位已岌岌可危了。

　　齊國與魯國自夾谷之會以後，關係有所緩和。齊國歸還了魯國的汶陽之田，魯國與齊國結爲盟國。此後一直沒有發生過邊境衝突。但齊國君臣在夾谷之會上受到孔子的指斥、責問，丟了臉面，因而想尋找機會報復魯國。尤其是齊國大夫黎彌，在夾谷會盟之前曾爲齊景公出謀劃策，想用武力劫持魯定公，逼迫他就範，結果弄巧成拙，反使齊國陷於被動，因而對魯國，特別是對孔子耿耿於懷。黎彌聽説孔子攝相治魯頗有成績，就想出一個主意：在齊國

————————————

①　據朱彝尊《孔子弟子考》云，孔子弟子之中也有人叫子服景伯。

挑選出十六名能歌善舞的美女①，又選出一百二十匹駿馬，全部披上色彩美麗的錦緞，派人送往魯國。這樣既可以使貪財好色的魯定公和季桓子荒於政事，又可以進一步離間孔子與魯定公、季桓子的關係。魯定公和季桓子等果然上了齊國的圈套，"往觀終日，怠於政事"（《史記·孔子世家》）。子路見到這種情景，就對孔子說："夫子可以行矣。"孔子當時還抱有一綫希望。他對子路說："魯今且郊，如致膰乎大夫，則吾猶可以止。"可是事態的發展使孔子徹底失望了。"桓子卒受齊女樂，三日不聽政；郊，又不致膰俎於大夫。"（《史記·孔子世家》）於是孔子決定離開魯國，到其他國家去尋找出路。

魯定公十三年春，在魯國從政三年之後，五十四歲的孔子帶着他的部分學生，滿懷淒楚悲憤之情，又一次離開了他的父母之邦，開始了長達十四年的顛沛流離的生涯。

魯國的樂官師己聽説孔子走了，急忙趕到魯都南郊的屯邑爲孔子送行。師己安慰孔子說："夫子則非罪。"孔子沒有做聲。過了一會兒，孔子對師己說："吾歌可夫？"於是孔子唱道：

> 彼婦之口，可以出走。
>
> 彼婦之謁，可以死敗。
>
> 蓋優哉游哉，維以卒歲！

師己回來後，季桓子問道："孔子亦何言？"師己把孔子臨別時唱的那首歌向季桓子復述了一遍。季桓子喟然嘆曰："夫子罪我以群婢故也夫！"（《史記·孔子世家》）

---

① 　《史記·孔子世家》及《家語》"十六"均作"八十"，誤。

第三章 孔子的生平與事業(下)

一、羈旅生涯

孔子師徒一行離開魯都曲阜,向衛國進發。西去衛國,這是孔子與弟子們經過認真商討而決定的。孔子二十年前曾去過齊國,與齊景公相處比較融洽。可是三年前在夾谷會盟時,孔子得罪了齊景公,也得罪了齊國,因此齊國是萬萬去不得的。衛國是魯國的近鄰,又與魯國同爲姬姓國家。魯國爲周公之後,衛國是康叔之後,周公與康叔都是周文王之子。衛國賢大夫公叔文子曾説過:"太姒之子,唯周公、康叔爲相睦也。"(《左傳·定公六年》)太姒即周文王之妃,所以魯、衛兩國是名副其實的"兄弟之邦"。孔子在衛國聲望很高。衛國賢大夫蘧伯玉在孔子仕魯時,曾委派使者到魯國去拜訪孔子。孔子問使者:"夫子何爲?""夫子"即指蘧伯玉。使者回答説:"夫子欲寡其過而未能也。"孔子早就聽説蘧伯玉是從善如流、樂於改過、自我修養甚高的人。他曾讚揚過蘧伯玉:"君子哉!蘧伯玉!邦有道則仕,邦無道則可卷而懷之。"(《論語·衛靈公》)孔子聽了衛國使者的回答,贊不絕口地説:"使乎!使乎!"(《論語·憲問》)在孔子的學生中,有不少衛國人。孔子的得意門生卜商(子夏)、端木賜(子貢)、高柴(子羔)都是衛國人,還有一些較爲知名的弟子如琴牢(子開)、句井疆(子疆)、奚容箴(子皙)、顏

庚(涿聚)①等人也都是衛國人。而顏庚又是子路的妻兄。這些人
在衛國有廣泛的社會聯繫，他們宣傳孔子，頌揚孔子，因此孔子在
衛國的影響不亞於魯國。子路也積極主張到衛國去。他覺得衛國
有不少師弟，既是師弟、又是妻兄的顏庚幾年前就已回衛國做官，
到衛國之後有可靠的落腳點。同時也可以通過蘧伯玉和顏庚的關
係，和衛靈公及衛國執政者建立聯繫，或許會得到衛國的重用。所
以子路極力主張先到衛國去。孔子分析了各方面的情況，也覺得
先去衛國最合適，就同意了子路的建議。

　　孔子師徒數十人取道西行，幾天之後就進入了衛國邊境。孔
子坐在車上，舉目四望，這裏土地肥沃，人烟稠密，孔子不禁發出了
這樣的讚嘆：“庶矣哉！”

　　爲孔子駕車的冉有此時正聚精會神地駕車，聽到孔子的讚嘆，
回過頭來問他的老師：

　　　既庶矣，又何加焉？

　　孔子聽到冉有的提問，回答説：

　　　富之！

　　冉有又問孔子：

　　　既富矣，又何加焉？

　　孔子回答説：

　　　教之！(《論語·子路》)

　　孔子是主張對民衆實施教化的。他曾説過：“舉善而教不能，
則勸。”(《論語·爲政》)又説：“善人教民七年，亦可以即戎矣。”“以
不教民戰，是謂棄之。”(《論語·子路》)還説：“不教而殺謂之虐。”

―――――――――

① 　顏庚姓顏，名庚，字涿聚。或稱仇由、燭鄒、燭趨、斫聚、啄聚。

《論語·堯曰》）但教育必須有一定的物質基礎。因而孔子主張先富後教。這與管仲所主張的"倉廩實而知禮義"是同一道理。

孔子師徒一行邊議論，邊前進，很快就到達了衛國都城帝丘。顏庚見自己的老師孔子和妹夫子路及眾多師兄弟來到衛國，很是高興，便把他們安排在自己家裏住。

衛靈公是個昏庸的國君。他在位時，衛國危機四伏。他在内政和外交方面均無所建樹。因爲孔子名聲很大，又曾任魯國大夫，衛靈公爲了贏得禮賢下士的美名，很快就召見了孔子。按照當年魯國的標準，每年給孔子六萬斗糧食作俸禄（《史記·孔子世家》）。這是對孔子表示禮敬，實際上並沒有讓孔子擔任官職。不過，孔子一行有了這六萬斗糧食的俸禄，可以暫時安頓下來。

孔子到衛國不久，衛國發生了公叔戍叛逃事件。公叔戍是衛國大夫公叔文子之子。公叔文子死後，公叔戍繼承了文子的爵位。文子是衛國有名的賢大夫，聲望很高。衛國的史鰌曾稱贊他"富而能臣"，"富而不驕"（《左傳·定公十三年》）。可是公叔戍卻既富且驕，衛靈公心裏很討厭他。公叔戍與他的同伙在一起密謀，準備除掉衛靈公夫人南子的同黨，結果被南子察覺。於是衛靈公驅逐了公叔戍及其同黨。公叔戍先逃到他的采邑蒲（今河南省長垣縣），企圖頑抗。後來逃往魯國，他的同黨趙陽逃往宋國。

孔子來到衛國後，出於對公叔文子的尊重，曾和弟子們一起采集過公叔文子的言論和事迹，與公叔戍也有過交往。公叔戍被驅逐之後，孔子與公叔戍的關係引起衛靈公的猜疑。他派了一個心腹到孔子師徒住處偷偷窺測，察看孔子師徒是否與公叔戍有勾結。於是孔子決定離開衛國，到陳國去試一試。

就在魯定公十三年年底，孔子和他的弟子們離開了他們僅呆了十個月的衛國，取道南行。這次與孔子一起南下的還有一位陳國的貴族青年公良孺。他仰慕孔子的道德和學問。想拜孔子爲師。他出身陳國世家大族，在陳國有一定勢力，這次又以五輛車隨從孔子之後。他鼓動孔子去陳國，也有意提高自己的聲望。陳國是帝舜的後裔，都城在今河南省淮陽縣，距離衛國不算遠。陳國的宛丘相傳是太皥之墟，那裏保存着不少古代的文化遺迹。對於"好古敏以求之"的孔子來説，陳國是有很大吸引力的。

孔子師徒渡過濮水，繼續南行，來到鄭國的匡邑。匡邑在濮水南岸，距衛國都城帝丘約一百餘里。匡邑本來屬於衛國，後來被鄭國侵占。公元前 504 年，魯國的陽虎率師侵鄭，奪取了匡邑，使匡人遭受了苦難，因此匡人對魯國的陽虎耿耿於懷。孔子師徒一行路過匡邑時，爲孔子駕車的顏刻用馬鞭指着城牆的一角説：他以前隨軍攻打匡邑時，就從這裏破城而入。這話被路邊的匡邑居民聽見。七年前陽虎帥魯人攻占匡邑的情景他們記憶猶新。路旁的人誤以爲坐在車上的孔子是陽虎。於是匡人把孔子一行團團圍住，抓了起來。匡人經過幾天的了解，弄清真相，才把孔子等人放行。

在匡人拘禁孔子時，孔子感到吉凶未卜，他感嘆説：

> 文王既没，文不在兹乎？天之將喪斯文也，後死者不得與於斯文也；天之未喪斯文也，匡人其如予何（《論語·子罕》）？

孔子所説的"後死者"就是指他自己。

孔子擺脱了匡人的拘禁之後，改變了原來南下去陳國的計劃，打算暫時先回到衛國都城，稍事休整後再考慮下一步行動，於是又取道北向，朝帝丘進發。

孔子一行路過蒲邑時，又遇到了麻煩。蒲邑位於匡邑東北，去匡邑僅幾十里路。衛國的公叔戌被驅逐之後，此時正在蒲邑對抗衛國公室。蒲邑是公叔氏經營多年的采邑。孔子師徒路過這裏時，被蒲邑居民扣留，他們企圖强迫孔子一行參與他們的叛亂。這時，以五乘馬車隨從孔子的陳國弟子公良孺很是氣憤。於是公良孺和子路等人與蒲人發生了一場激戰。蒲人見他們毫不示弱，就

對他們説："衹要你們不回到衛國的帝丘,我們就放了你們!"於是
雙方舉行了盟誓。離開蒲邑後,孔子告訴大家繼續向北進發,取道
帝丘,子貢不解地問孔子:

　　盟可負邪?

孔子説:

　　要盟也,神不聽(《史記·孔子世家》)。

於是,孔子一行又回到了衛都帝丘。

衛靈公聽説孔子一行又回來了,並未嗔怪他們,反而十分高
興,親自到帝丘之郊去迎接孔子。大概是因爲孔子在蒲邑的表現
解除了衛靈公對孔子師徒的懷疑。孔子見衛靈公親自郊迎,喜出
望外,決定暫時在衛國停留一段時間,等待機會,徐圖再進。

衛靈公見孔子剛剛從蒲邑歸來,就問孔子:

　　蒲可伐乎?

孔子回答説:

　　可。

衛靈公説:

　　吾大夫以爲不可。今蒲,衛之所以待晉楚也,以衛伐
之,無乃不可乎?

孔子回答説:

　　其男子有死之志,婦人有保西河之志。吾所伐者不
過四五人。

衛靈公聽後很高興,對孔子説:

　　善!

衛靈公終於没有貿然去討伐蒲邑。①

孔子這一次回到衛國,就住在蘧伯玉家中。蘧伯玉是孔子所景仰的人物。孔子在衛國居住一年來,得到蘧伯玉不少幫助。蘧伯玉對孔子也非常尊重。兩人常有來往,增進了相互間的友誼。現在蘧伯玉主動邀請孔子師徒住在自己家中,孔子當然很高興。②

有一次,衛靈公向孔子請教帥軍布陣之事。孔子認爲一國之君,應當以仁政治國,注重道德教化,不要動不動就訴諸武力。儘管孔子也曾習武,但他不願意回答衛靈公的問題。孔子推託説:

　　俎豆之事,則嘗聞之矣;軍旅之事,未之學也。③

衛靈公的夫人叫南子,有一次她派人告訴孔子説:

　　四方之君子不辱欲與寡君爲兄弟者,必見寡小君。
寡小君願見。

南子的這一邀請使孔子感到很爲難。因爲南子在衛國穢亂宮中,名聲不大好。孔子爲了避嫌,就婉言辭謝了南子的約見。可是南子還是表示願見孔子。孔子爲了不得罪南子和衛靈公,不得已而去拜見南子。南子坐在幃帳之中,孔子進門之後,向幃帳中的南子行叩拜之禮,南子在幃帳中回拜,身上佩帶的玉器發出鏗鏘悦耳的響聲。孔子回來後對弟子們説:

---

①　《史記・孔子世家》記載此事,安插於孔子第二次過蒲時,與史實有出入。《孔子世家》類似情況較多。本文引用《孔子世家》中的史料,多有匡正,但未能一一加以説明。

②　清人崔述在《洙泗考信録》中,認爲孔子返衛住於蘧伯玉家是妄説。崔氏認爲孔子返衛時蘧伯玉早已不在人世。錢穆則認爲崔説無據。認爲蘧伯玉長壽,孔子返衛住蘧伯玉家是可能的,見錢穆著《先秦諸子繫年》卷一。

③　《左傳・哀公十一年》:"孔文子之將攻大叔也,訪於仲尼,仲尼曰:'胡簋之事,則嘗學之矣,軍旅之事,未之聞也。'"其事與《論語・衛靈公》及《史記・孔子世家》所載略異。這裏所記係據《論語》及《孔子世家》。

　　　　吾向爲弗見。見之，禮答焉。

　　孔子怕弟子們有什麼誤會，所以這樣解釋。子路聽了很不高興。孔子對他發誓説：

　　　　予所否者，天厭之！天厭之！

　　意思是：我若做得不對，上天會厭棄我。[①]

　　孔子在衛國已經留居三四年了。衛國的君臣對孔子雖能以禮相待，但並無重用之意。孔子及其弟子在衛國期間，生活是有保證的，可是他並不能施展自己的才能，也無法在衛國推行他的政治主張。因爲他沒有官職，沒有權力。於是孔子再次萌發了離開衛國的念頭。他慨然嘆道：

　　　　苟有用我者，期月而已可也。三年有成（見《論語·
　　子路》及《史記·孔子世家》）。

　　看來，在衛國是不會有人重用孔子了。

　　還有一件不愉快的事情，也進一步堅定了孔子離開衛國的決心。

　　有一天，衛靈公想出去逛一逛。讓孔子陪同他一起出去。孔子高興地答應了。衛靈公與夫人南子同乘一輛馬車在前，讓太監雍渠作參乘，而把孔子安排在第二輛車上，跟在衛靈公和南子所乘馬車的後面。孔子爲此感到羞恥。他説：“吾未見好德如好色者也。”（《論語·子罕》）公開地斥責了衛靈公。

　　晉國的中行氏有一家臣，名叫佛肸，任中牟之宰。魯哀公元年，晉國執政之卿趙簡子率軍討伐范氏和中行氏，佛肸死守中牟以對抗趙簡子，趙簡子久攻不克。佛肸聽説孔子此時不得志於衛國，孔子身邊又有一大批德才兼備的弟子，便派人到衛國去邀請孔子。

---

　　① 《論語·雍也》。《史記·孔子世家》亦載此事。

孔子覺得中牟雖小，佛肸地位雖卑，如果與弟子們齊心合力，或許能在那裏幹一番事業。他準備動員弟子們到中牟去。可是子路反對。他對孔子說：

> 由聞諸夫子："其身親爲不善者，君子不入也。"今佛肸親以中牟畔，子欲往，如之何？①

孔子回答說：

> 然。有是言也。不曰堅乎，磨而不磷；不曰白乎，涅而不緇。吾豈匏瓜也哉？ 焉能繫而不食（《論語·陽貨》）？

意思是說：最堅硬的東西是磨不薄的，最白的東西是染不黑的，我難道是個匏瓜嗎？ 怎能總是挂在那裏不給人吃呢？

孔子雖然這樣說了，但終究沒有到晉國的中牟去。

晉國畢竟是泱泱大國，又是衛國的近鄰，與衛國祇有一水之隔。孔子很想到晉國去一趟。他想到晉國去投奔趙簡子。趙簡子是晉國的中軍元帥。晉國嚮來都是中軍元帥執政。孔子聽說趙簡子願意招攬各國的賢能之士，便想前去一試，或許會得到趙簡子的重用。

孔子帶領弟子們向西進發，準備從棘津渡過黃河。剛走到黃河邊，就傳來消息說，趙簡子把竇鳴犢和舜華兩人殺害了。孔子大吃一驚。他面對滔滔北去的黃河之水，感慨萬端。他嘆道：

> 美哉水，洋洋乎！ 丘之不濟此，命也夫！

嘆罷，孔子仍呆呆地望着滔滔的黃河水。

弟子們聽了孔子的慨嘆，一時感到莫名其妙。孔子早就盼望到晉國去。現在晉國就在眼前，老師怎麽突然又改變了主意，不肯

---

① 《史記·孔子世家》。《論語·陽貨》與《史記·孔子世家》所載文字略有出入。

渡河呢？一向聰明伶俐的子貢此時也感到迷惑不解。他急忙走到
孔子跟前問道：

　　敢問何謂也？

　　孔子看了看子貢，對大家解釋説：

　　　竇鳴犢、舜華①，晉國之賢大夫也。趙簡子未得志之
　　時，須此兩人而後從政；及其已得志，殺之乃從政。丘聞
　　之也，刳胎殺夭則麒麟不至郊，竭澤涸漁則蛟龍不合陰
　　陽，覆巢毀卵則鳳凰不翔。何則？君子諱傷其類也。夫
　　鳥獸之於不義也，尚知避之，而況丘乎？②

　　就這樣，孔子站在黄河岸邊，遠眺對岸的晉國，不無遺憾地長
嘆一聲，掉頭回車，又沿着來時道路返回，在衛國的陬鄉稍事休息。
孔子又想起晉國被殺的兩位賢大夫，想起去晉國的願望終於落空，
他無限惆悵，寫下了一首名叫《陬操》的詩歌，以抒發他的情懷。

　　這次返回帝丘，又住到了蘧伯玉家。

　　衛靈公對孔子去晉的舉動很不滿意。因此孔子這一次回到帝
丘，衛靈公没有出郭迎接。這是由於衛、晉兩國近來關係不大和
睦。特别是近一年來，衛國與晉國先後兩次交兵。魯哀公元年（即
公元前 494 年）四月，晉國的范氏、中行氏同黨趙稷以邯鄲對抗趙
簡子，齊國和衛國聯合出兵圍攻五鹿以救助趙稷。這一年秋季，趙
簡子率晉軍討伐范氏，齊、魯、衛、鮮虞四國又聯合出兵救助范氏，
並占領了晉國的棘蒲③。衛、晉兩國關係更加緊張，尤其衛國與趙
簡子之間發生了尖鋭的衝突。在這種情況下，孔子不辭而别，要去

　　① 《史記索隱》云：“《家語》云‘聞趙簡子殺竇犫鳴犢及舜華’，《國語》云‘鳴鐸
竇’，則竇犫字鳴犢，聲轉字異，或作‘鳴鐸’。‘慶華’當作‘舜華’，諸説皆同。”
　　② 《史記・孔子世家》。《孔子家語》文字與《史記・孔子世家》略異。
　　③ 棘蒲在今河北省趙縣。四國取棘蒲事見《左傳・哀公元年》。

晉國投奔趙簡子，衛靈公當然很不高興。不過孔子對此也不大在意。因爲他對衛靈公已不抱什麽希望了，在衛國也不想久留，遇有機會，他們師徒一行還是要另謀出路的。

魯哀公二年四月，在位四十二年的衛靈公死了。衛國公室發生了一場激烈的權力之爭。

衛靈公的太子蒯聵因爲要謀害衛靈公的夫人南子，在三年前畏罪逃往晉國。衛靈公想立他的另一個兒子公子郢爲太子。公子郢不同意。衛靈公死後，衛國立蒯聵之子輒爲國君，這就是衛出公。晉國的趙簡子因衛靈公干預晉國内政，對衛靈公不滿。他認爲如果蒯聵回衛國即位，晉衛兩國的關係就會大大改善，因爲蒯聵逃到晉國之後得到趙簡子的庇護和幫助，蒯聵也爲趙簡子立過戰功。六月十七日，趙簡子派陽虎把蒯聵送回衛國。於是，蒯聵與他的兒子衛出公爲争奪君位而展開了激戰。衛國的統治中心鬧哄哄地亂作一團。

孔子嚮來主張"危邦不入，亂邦不居"，衛國發生的這場内亂使孔子無法在這裹呆下去了，他決定到陳國去。

公元前493年秋，五十九歲的孔子離開了他客居四年之久的衛國，帶着弟子們取道東南，向陳國奔去①。

孔子一行路過曹國的都城陶丘（即今山東省定陶縣西南），稍事停留，繼續南行，來到宋國都城商丘（今河南省商丘市東南）。宋國是孔子先祖受封的國家，也是孔子夫人丌官氏的家鄉。孔子年輕時曾到宋國考察殷禮。闊別三十年了，他重新來到這裹，備感親切。孔子本想在宋國多停留一段時間，可是宋國君臣對孔子的到來無動於衷，孔子大失所望。孔子到宋國以後，聽説宋國的司馬桓魋爲了使自己死後不朽，命令工匠給他做大型石椁，花費三年的時

---

① 《史記・孔子世家》記孔子去衛適陳在定公十五年，誤，今從錢穆《先秦諸子繫年》之説，定於魯哀公二年，衛靈公死後。

間還沒有做完,因此而引起衆怒。孔子評論説:"桓魋這樣奢侈浪費,不知愛惜民力財物,這樣的人真不如死後快點爛掉更好些!"(《禮記·檀弓上》)

這話傳到桓魋那裏,他怪孔子多嘴多舌,不知好歹,就想給孔子一點顏色看。

孔子師徒住處附近有一棵大樹。孔子和他的弟子們時常在這棵樹下演習禮儀。桓魋派人把這棵大樹拔掉。孔子知道自己得罪了桓魋,不能在宋國久留了,決定離開這裏。弟子們擔心會發生意外,都勸孔子説:

> 可以速矣!

孔子卻對學生們説:

> 天生德於予,桓魋其如予何(見《論語·述而》及《史記·孔子世家》)!

説罷,孔子仍端坐不動。儘管孔子這樣説,可是弟子們仍不放心,催促孔子儘快上路。爲了防備桓魋追擊,師徒們改變了原定的南去陳國的計劃,而是改道西行。他們一伙分成幾個小組,連夜向鄭國進發。

因爲在緊急情況下逃離宋國,師徒一伙又是分頭行動的,孔子與弟子們走散了。孔子獨自一人站在鄭國都城新鄭(今河南省新鄭縣)東門附近等待與弟子們會齊。子貢等人已先到城裏,正在焦急地四處尋找他們的老師。這時有一個鄭國人見子貢在四處找人,就對子貢説:

> 東門有人,其顙類堯,其項類皋陶,其肩類子産,然自要以下,不及禹三寸,纍纍若喪家之狗。

子貢按着那位鄭國人的指點,匆匆地趕到新鄭的東城門,果然見到孔子正在那裏四處張望。子貢把剛才那位鄭國人講的一番話如實地告訴了孔子。孔子聽後開心地笑着說：

> 形狀，末也。而謂似喪家之狗，然哉！ 然哉！①

　　到鄭國原本不在計劃之內，孔子也不想在這裏久留。他們師徒在城裏會齊之後，稍稍休整幾天，便又匆匆上路了，目標仍是陳國。不過從新鄭去陳國的都城，需要向東南進發了。

　　三年之前孔子師徒想去陳國，因遇難於匡、蒲，中途返回衛國，去陳的願望未能實現。幾經周折，孔子終於在他六十歲時來到了久已嚮往的陳國。

　　陳國國君陳湣公聽說孔子遠道而來，非常高興，很快就召見孔子，並待如上賓。陳國大夫司城貞子久慕孔子大名，把孔子一行接到自己家中居住。後來陳湣公又吩咐把陳國最好的賓舍收拾出來給孔子住。經過半年多的奔波流離，孔子師徒總算又安頓下來。《孟子・萬章上》云："是時孔子當厄，主司城貞子，爲陳侯周臣。"陳侯周即陳湣公②。但孔子在陳究竟任何官職，於史無徵。很可能陳湣公待孔子以上賓之禮，但並未授以官職。

　　孔子到陳國不久，魯國發生了一場火災。大火從宮城的西部燃起，熊熊的大火越過魯哀公的宮室，把魯桓公和魯僖公的廟燒燬了。孔子在陳國聽說魯國宮內失火，就推測說："燒掉的大概是桓、僖二公之廟吧！"（見《左傳・哀公三年》）不久，從魯國傳來的確切消息證實，被燒的正是桓、僖之廟。孔子預料得如此準確，使陳湣公大爲驚訝。

　　有一次，一隻受傷的大隼落在陳國宮庭中死了。隼又名鷙鳥，是一種猛禽，飛速極快，捕食兇狠。原來這隻大鳥被箭射中。一支

---

　　①　見《史記・孔子世家》及《孔子家語》。《孔子家語》記此事略詳，云告訴子貢孔子所在的鄭人名曰姑布子卿。

　　②　趙岐《孟子章句》云"陳懷公子，爲楚所滅，無諡"，但《史記・陳杞世家》云懷公子爲湣公，名越，不名周。按時間推算，孔子所見之陳君衹能是陳湣公。

用楛木做的箭橫穿過大隼身體，箭頭是用石頭磨制的，箭杆長一尺八寸。陳湣公没見過這種箭，就派人向孔子請教①。孔子仔細地看了這支箭，回答説：

> 隼之來也遠矣！此肅慎氏之矢也。

肅慎又稱息慎、稷慎，是今天滿族人的祖先，居住在長白山、興安嶺之間，以遊牧爲生，善於狩獵，也善於製造弓、箭。

陳湣公的使者聽了孔子的話，感到很驚訝。孔子就向他解釋説：

> 昔武王克商，通道於九夷、百蠻，使各以其方賄來貢，使無忘職業。於是肅慎氏貢楛矢、石砮，其長尺有咫。先王欲昭其令德之致遠也，以係後人，使永監焉，故銘其栝曰："肅慎氏之貢矢。"以分大姬，配虞胡公而封諸陳。古者，分同姓以珍玉，展親也；分異姓以遠方之職貢，使無忘服也。故分陳以肅慎氏之貢。君若使有司求諸故府，其可得也（見《國語·魯語下》及《史記·孔子世家》）。

陳湣公派人到舊府庫中尋找，果然在一個金屬匣子裏找到了這種箭，和孔子所説一模一樣。

孔子不愧是淵博的學者和見多識廣的博物學家。他的一番講述使陳湣公佩服得五體投地，同時也使陳湣公感到自愧。他是陳國之君，對自己祖先的歷史竟茫然無知，對陳國府庫中保存的珍貴文物也一無所知，而從未到過陳國的孔子對這些卻知道得一清二楚，這使陳湣公對孔子更加敬重。

陳國處於吴、楚兩國之間。這些年吴、楚兩國經常交兵，陳國深受其害。吴、楚兩國經常以陳國爲戰場，兩國的拉鋸戰愈演愈

---

①　見《國語·魯語下》，《史記·孔子世家》。《國語·魯語下》陳湣公誤作"陳惠公"。

烈。陳國的百姓不得已而逃往他國。孔子師徒在這種情況下無法
繼續留在陳國，經商議，決定南下去楚國。

公元前489年，吳國出兵伐陳，楚國派軍隊救援陳國，楚昭王
親自出征。這一年七月，楚軍進攻陳國都城宛丘西北的大冥，楚昭
王病重，死於軍中。楚軍不得已而撤退，回國為昭王治喪。吳軍乘
機西進，兵臨宛丘城下。宛丘城內一片驚慌。孔子師徒就在這種
緊張氣氛中離開了宛丘。

孔子一行在臨戰之前倉惶逃離陳國都城，並未準備多少糧食。
從宛丘南下，沿路正是吳、楚兩軍交戰之地，這裏的百姓早已背井
離鄉，一路人烟稀少。數日之後，孔子師徒所帶的糧食已經所剩無
幾，而南下的路程仍很遙遠，大家祇好采野菜充飢。當時正值溽
暑，氣溫很高，一個個飢腸轆轆，還要儘快趕路。實在走不動了，便
停下來歇息。孔子派子路、子貢等出去想辦法。由於人地生疏，又
兵荒馬亂，哪裏也弄不到糧食。這時，大家已經四五天沒有吃過一
頓像樣的飯了，一個個面帶饑色，眼看寸步難行了。這一天子路又
出去為大家張羅吃的，回來時仍然兩手空空，他沒精打采，又滿腹
牢騷，便對孔子說：

> 由聞之，為善者天報之以福，為不善者天報之以禍。
> 今夫子累德、積義、懷美，行之日久矣，奚居之隱也？

孔子回答說：

> 由不識，吾語汝！汝以知者為必用邪？王子比干不
> 見剖心乎？汝以忠者為必用邪？關龍逢不見刑乎？汝以
> 諫者為必用邪？伍子胥不磔姑蘇東門外乎？夫遇不遇者
> 時也，賢不肖者材也，君子博學深謀不遇時者多矣。由是
> 觀之，不遇世者眾矣！何獨丘也哉？且夫芷蘭生於深林，
> 非以無人而不芳；君子之學，非為通也，為窮而不困，憂而
> 意不衰也……故君子博學深謀，修身端行，以俟其時（《荀

子·宥坐》）。

子路聽了老師的這番議論，心緒稍稍平静了。可他仍感到有許多現實社會的問題使他困惑不解。於是他又問老師：

君子亦有窮乎？

子路所說的"窮"，是指處境困窘。

孔子回答說：

君子固窮，小人窮斯濫矣。

意思是說，君子困窘裏，仍堅定不移，而小人困窘時就肆無忌憚了。

子貢在旁邊聽完孔子這些意味深長而又富有哲理的教導，精神爲之一振。孔子知道子貢有所領悟，便問道：

賜也，女以予爲多學而識之者與？

子貢回答：

然。非與？

孔子說：

非也，予一以貫之（《論語·衛靈公》）。

意思是說，我有一個最基本的觀念來貫穿所學的一切。

孔子感到幾天來弟子們的情緒都不大好。在學生們的言談話語中，孔子似乎感覺到大家發生了信仰危機。他認爲越是在艱險、危難之時，越是應當堅定大家的信念。因爲信仰危機會導致精神崩潰，那就無法渡過眼下的難關。於是孔子就繞大家提出了這樣一個問題，請弟子們思考：

《詩》云："匪兕匪虎，率彼曠野。"吾道非邪？吾何爲於此？

子路説：

> 意者吾未仁邪？人之不我信也。意者吾未知邪？人之不我行也。

孔子説：

> 有是乎！由，譬使仁者而必信，安有伯夷、叔齊？使知者而必行，安有王子比干？

子貢説：

> 夫子之道至大也，故天下莫能容夫子。夫子蓋少貶焉？

意思是説，老師您的主張未免太宏偉了，爲了使別人能够接受，不妨把標準降低些。

孔子説：

> 賜！良農能稼而不能爲穡，良工能巧而不能爲順。君子能修其道，綱而紀之，統而理之，而不能爲容。今爾不修爾道而求爲容，賜！爾志不遠矣！

此時顔回發了言：

> 夫子之道至大，故天下莫能容。雖然，夫子推而行之，不容何病？不容然後見君子！夫道之不修也，是吾醜也。夫道既已大修而不用，是有國者之醜也。不容何病？不容然後見君子！

孔子聽完了顔回的意見，禁不住大笑起來，竟然忘記了這些天來的飢餓和疲勞。他非常贊賞顔回，因爲在弟子之中，祇有顔回對他的思想和主張理解得最爲深透。他以半開玩笑的口吻對顔回説：

有是哉,顏氏之子! 使爾多財,吾爲爾宰(《史記·孔
子世家》)。

諸弟子聽了顏回的發言和老師對顏回的讚揚,大家對顏回更
加敬佩了。

經過這一番討論,大家堅定了信念,一致推舉子貢到楚國邊境
去求援。子貢不負眾望,到楚國的負函向守城楚大夫葉公沈諸梁
說明來意,沈諸梁立即派人給孔子師徒送去一車糧食。已經斷糧
七八天的孔子師徒得救了,大家歡呼雀躍,欣喜若狂。

孔子一行終於來到了楚國的負函。負函即今河南省信陽市,
原來是蔡國之城,後來被楚國侵占。蔡國遷都於下蔡(今安徽省鳳
臺縣)之後,楚國把原屬蔡國的臣民集中到負函,並委任沈諸梁治
理。因沈諸梁的采邑在葉,故稱葉公。葉公早就仰慕孔子之名,所
以子貢向他求援時,他慨然允諾。現在孔子來到這裏,葉公親自歡
迎,並設宴款待。

孔子居負函期間,常到沈諸梁的采邑葉城去。葉在今河南省
葉縣,位於負函西北,距負函大約四百里遠。沈諸梁經常往來於他
的采邑和駐防地之間,孔子也常在兩地間來往。

有一次孔子從負函來到葉,葉公問如何治理國家。孔子所到
之處,經常有人提出類似的問題。孔子對葉公說:

近者悅,遠者來。①

過了幾天,葉公沈諸梁問子路:你的老師究竟是怎樣的人? 子
路一時不知如何回答是好。孔子聽說這件事,就對子路說:

由,爾何不對曰:"其爲人也,學道不倦,誨人不厭,發
憤忘食,樂以忘憂,不知老之將至"云爾(《史記·孔子世

_____

① 《論語·子路》:"葉公問政,子曰'近者悅,遠者來。'"《史記·孔子世家》:"葉
公問政,孔子曰'政在來遠附邇。'"

家》)。

孔子對自己的描述真是恰如其分。他已年近七旬了,仍爲推行自己的主張而四處奔波。

有一次從葉返回負函,遇到兩位楚國的隱者,一位叫長沮,另一位叫桀溺,他們兩人正合伙在黃城山下耕作。黃城山下有一條河,孔子師徒來到河邊,不知渡口在哪裏,孔子就派子路去向兩位隱者打聽。長沮問子路:

彼執輿者爲誰?

子路説:

爲孔丘。

長沮問:

是魯孔丘與?

子路回答:

然。

長沮説:

是知津矣。

子路費了不少口舌,還没有搞清楚渡口究竟在哪,祇好硬着頭皮再去問桀溺。桀溺對子路説:

子爲誰?

子路回答:

爲仲由。

桀溺又問:

子,孔丘之徒與?

子路答：

　　　然。

桀溺説：

　　　滔滔者，天下皆是也，而誰以易之？且與其從辟人之
士，豈若從辟世之士哉？

一邊説着，頭也不抬地繼續耕作。

子路回到孔子身邊，把長沮、桀溺的話向孔子復述了一遍，孔
子惘然若失地説：

　　　鳥獸不可與同群。吾非斯人之徒與而誰與？天下有
道，丘不與易也（見《論語·微子》及《史記·孔子世家》）。

又有一天，師徒一伙匆匆趕路，子路落在了後頭。因岔路較
多，子路不知老師走的是哪條路，追趕好長時間仍找不見老師和衆
師弟。這時，子路遇見一位老人，用手杖挑着鋤草工具，子路便上
前打聽：

　　　子見夫子乎？

那位老人看了子路一眼，回答説：

　　　四體不勤，五穀不分，孰爲夫子？

説完，老人把手杖插在地上，便開始鋤草。

子路聽了老人的回答，感到這位老者言談很不一般，可能是一
位很有見識的人。子路拱着手，恭恭敬敬地站立在旁邊。

老人見子路很有禮貌，天色也晚了，就留子路在家裏過夜。老
人殺鷄款待子路，還把自己的兩個兒子叫來與子路見面。

第二天，子路趕上了孔子一行，把昨天的事向老師講了一遍。
孔子説：

隱者也。

孔子讓子路回去再見一見那位老人。子路回到昨晚的住處，老人已不知去向了。

子路對大家説：

> 不仕無義。長幼之節，不可廢也。君臣之義，如之何
> 其廢之？欲潔其身，而亂大倫。君子之仕也，行其義也。
> 道之不行，已知之矣（《論語・微子》）。

經過孔子的多次教導和啓發，子路的思想認識有了很大提高。這位粗魯、莽撞而又襟懷坦白、經常遭到孔子批評、訓斥而又很受孔子喜愛的弟子，對老師的思想理解得越來越深刻了。

孔子來到負函之後，還到漢水以北的一些地方去遊覽，接觸了楚國各階層的人士，對楚國的風土、人情和歷史文化有了更多的感受。

楚國有一位狂人名叫接輿。他很佩服孔子的學識，也很同情孔子的遭遇，但卻不贊成孔子的政治主張。有一次他故意從孔子身邊走過，口裏唱道：

> 鳳兮，鳳兮，何德之衰？
> 往者不可諫，來者猶可追。
> 已而，已而，今之從政者殆而（《論語・微子》）！

孔子知道，這位自稱狂人的人其實很清醒，對現實社會有很深刻的認識，狂人正是用這首歌來諷勸孔子，希望孔子能迷途知返，不要勉強去做那些徒勞無益的事。同時也是在警告孔子，如果執迷不悟，那是很危險的。

孔子聽罷這首歌，急忙下了車，想跟這位佯狂的楚人説幾句話，可這位佯狂者卻揚長而去，孔子呆呆地站在那裏，悵然良久。

有如一石擊起千重浪，此時孔子的內心再也無法保持平靜。

他望着楚狂人遠去的背影,心潮起伏。

　　孔子自魯定公十三年春離開魯國,到各國周遊,這種羈旅生活已經過了十幾年。他自己也感到厭倦了。他的政治主張沒人接受,他的理想無法實現,那又何苦抛開妻室,背井離鄉,四處流浪呢?楚狂人的那首歌孔子雖然不完全贊同,可畢竟是一種善意的忠告。因而這狂人的歌聲也進一步喚起了孔子的思鄉之情。孔子的學生有不少在魯國和衛國做官,此時也都紛紛來信,希望他們的老師早些回去。於是孔子決定帶領弟子們離開負函北上。

　　魯哀公十年,即公元前 485 年,孔子一行從負函回到了陳國。在陳國稍事停留,又繼續北上,經宋國的儀邑、衛國的蒲邑,回到了衛都帝丘。

　　八年前孔子離開帝丘時,衛國正面臨一場嚴重的政治危機。衛出公的父親、原衛國太子蒯聵在晉國支持下回到衛國,準備與他的兒子衛出公爭奪君位。蒯聵後來没有戰勝他的兒子衛出公,祇好再次出國流亡。魯哀公五年和魯哀公七年,晉國又先後兩次發兵侵衛,趙簡子仍然想讓蒯聵回衛國掌權,但都未得逞①。魯哀公十年,即孔子從陳國回到衛國前夕,衛國的公孟彄從齊國回到了衛國。公孟彄原是蒯聵的同黨,後來他脱離了蒯聵,逃亡到齊國(《春秋·哀公十年》)。公孟彄的歸來,又引起衛國人的驚恐。衛國公室内部的權力之爭雖然不像八年前那樣劍拔弩張,但父子爭權的風波仍未平息。此時的衛出公有意邀請孔子到衛國參政。孔子的弟子在衛國做官的也不少,他們當然都希望老師早日回到衛國。子路得知這些信息,非常高興。他問孔子:

　　　　衛君待子而爲政,子將奚先?

　　孔子略加思索,回答説:

———————

　　①　分別見《左傳·哀公五年》、《左傳·哀公七年》。

必也正名乎！

子路不以爲然，又問道：

有是哉，子之迂也！奚其正？

孔子説：

野哉，由也！君子於其所不知，蓋闕如也。名不正，則言不順，言不順，則事不成；事不成，則禮樂不興；禮樂不興，則刑罰不中；刑罰不中，則民無所錯手足。故君子名之必可言也，言之必可行也。君子於其言，無所苟而已矣（《論語・子路》）。

孔子的"正名"主張在衛國顯然是行不通的。衛出公父子爭權，鬧得衛國烏烟瘴氣，真是"君不君，臣不臣，父不父，子不子"。在這種情況下，要在衛國"正名"，那不是有意讓衛出公難堪嗎？所以子路説孔子"迂"，孔子也確實有些"迂"。這也難怪衛出公不肯重用他。

孔子師徒一行回到衛國後，衛出公表示歡迎。但孔子很快就發現，衛出公對孔子並無重用之意，孔子也無意在衛國久留。恰好在這時，魯國的季康子派人帶着禮物到衛國來邀請孔子回魯國（《左傳・哀公十一年》）。孔子當然很高興，他吩咐弟子盡快打點行裝，準備返回久別的父母之邦——魯國。

魯哀公十一年秋，孔子和他的弟子們結束了長達十四年的羈旅生涯，回到了時時思念的故鄉。這一年孔子已經六十八歲了。

二、寂寞的晚年

孔子回到魯國都城曲阜，受到了魯哀公和季康子等魯國卿大夫的歡迎。孔子滿懷喜悦。他爲了實現自己的政治理想，帶領弟

子們到處闖盪飄泊,在國外渡過了十四年羈旅生涯。他經歷了種
種艱難困苦的磨煉,如今垂垂老矣,仍然執着地追求他的理想。現
在回到了久別的故鄉,這裏的一草一木都使孔子備感親切。孔子
的幾位在魯國做官的弟子聽說老師快回來了,把孔子的住宅修繕
一新。孔子回來之後,他的弟子們絡繹不絕地前來拜訪他。孔子
見到自己的學生在魯國發揮了重要作用,感到十分欣慰。

　　季康子請孔子回魯國,一方面是因爲孔子德高望重,讓孔子在
國外長期漂泊,輿論對魯國的執政者不利;另一方面,季康子深知
孔門弟子中確有一批德才兼備者,這些人才如果魯國不用,其他國
家就會用,那對魯國是不利的。因此季康子才派人把孔子請回魯
國。孔子也知道,自己已年近七旬,魯國不可能對他委以重任了。
如果當政者能重用自己的那些學生,魯國還是有希望的。再說,季
氏專魯國之政已長達數代之久,連國君都不放在眼裏,怎麼會請一
位"老太爺"對自己指手畫腳呢? 所以孔子這次從衛國回來之後,
季康子尊孔子爲"國老",孔子享受的是退休大夫的待遇,實際上沒
有什麼權力。

　　孔子歸魯不久,季康子便派冉有來徵詢孔子的意見。當時冉
有是季康子的家宰,季康子對冉有非常信任。季康子想在魯國實
行按田地徵收軍賦的制度,這是繼魯國"作丘甲"之後又一次增加
賦稅。季康子想就此事求得孔子的支持,因此特地派冉有來。冉
有問他的老師對這件事看法如何,孔子說:"我不知道。"先後問了
三次,孔子都不肯發表意見。冉有便對孔子說:

　　　子爲國老,待子而行,若之何子之不言也(《左傳·哀
　　公十一年》)?

孔子仍然不肯正面回答冉有的問話。

事後,孔子把冉有叫來,背地裏對冉有說:

　　　求來! 女不聞乎? 先王制土籍田以力,而砥其遠邇;

賦里以入，而量其有無；任力以夫，而議其老幼。於是乎
有鰥、寡、孤、疾，有軍旅之出則徵之，無則已。其歲，收田
一井，出稷禾、秉芻、缶米，不是過也。先王以爲足。若子
季孫欲其法也，則有周公之籍矣；若欲犯法，則苟而賦，又
何訪焉（《國語・魯語下》）？

冉有把孔子的意見轉達季康子。季康子本來想取得孔子的支
持，藉助於孔子的威望來平息反對者的意見，不料卻遭到孔子的反
對。但季康子並未聽從孔子的勸告，於魯哀公十二年春季開始"用
田賦"。

冉有按照季康子的主張賣力地在魯國推行"用田賦"的新政
策，結果使季康子的財富大大增加，冉有成爲季孫氏橫徵暴斂的幫
兇。孔子對此非常氣憤。他對學生們説：

非吾徒也！小子鳴鼓而攻之，可也（《論語・先進》）！

孔子身爲魯國的國老，他知道，在政治上已不可能發揮重要作
用了。好在每年有固定的收入，生活上有了保障，所以孔子在回到
魯國之後，把主要的精力都用於教育和整理中國古代文化典籍方
面。

孔子是中國古代最偉大的教育家。他把自己一生主要的精力
都用於教育事業。他從三十歲左右就開始興辦私學，聚徒授藝①。
在中國歷史上，孔子是打破"學在官府"局面、興辦私人教育，把文
化知識傳播給下層民眾的首創者。孔子主張"有教無類"（《論語・
衛靈公》）。他説："自行束脩以上，吾未嘗無誨焉。"（《論語・述
而》）孔子招收的學生，絕大多數都是出身低微的貧苦人。孔子自

---

① 《史記・孔子世家》云孔子年十七始收弟子，係因誤解《左傳》昭公七年原文而
致。胡仔《孔子編年》云孔子二十二歲始收徒，亦不確。《史記》索隱云孔子收徒時三十
五歲，大體可信。

己雖然是殷王室的後裔,但家世中衰,孔子之父叔梁紇不過是個武士,而孔子幼年喪父,少年失母,從小就飽嘗貧寒之苦,因而在孔子思想中沒有門第觀念。他在議論弟子冉雍時曾説:"犁牛之子騂且角,雖欲勿用,山川其舍諸?"(《論語·雍也》)冉雍出身貧寒,他的父親是個"賤人"(《史記·仲尼弟子列傳》),但冉雍德才兼備,所以孔子認爲不能因出身貧寒就埋没人才。孔子的學生除孟懿子等屈指可數的幾個人之外,絶大多數都是貧苦出身。孔子最得意的門生顔回及其父顔路(也是孔子學生)出身貧困。顔回就學孔子之時,"一簞食,一瓢飲,在陋巷"(《論語·雍也》),艱苦備嘗。顔回死,顔路無錢爲兒子辦喪事,甚至想變賣孔子乘坐之車爲顔回下葬(《論語·先進》及《吕氏春秋·尊師》),可見貧寒之至。子張出身於"魯之鄙家"(《吕氏春秋·尊師》),曾經做過馬市之駔(經濟人)①;而子路是"卞之野人"(《荀子·大略》);就連後來"家累千金"的富賈巨商、官居魯衛兩國之相的子貢,在就學於孔子之前也很貧寒,被人稱爲"鄙人";子夏早年"衣若懸鶉"(《荀子·大略》);原憲"終身空室蓬户,褐衣疏食"②;曾參年輕時在家務農,"緼袍無表","正冠而纓絶,捉衿而肘見,納屨而踵決"(《莊子·讓王》)。公冶長曾是一名身陷囹圄的罪犯(《論語·公冶長》)。以上所論列者都是孔子學生中"身通六藝"的"賢人"。在孔門弟子中,大多數是我們不知姓名的,他們之中出身貧寒者一定更多。以前"學在官府"的時代,這些出身低下的人是没有權利接受教育的。那時受教育是貴族子弟的特權。孔子首創私人教育之後,廣大貧苦出身的社會底層人物也有了接受教育的機會,打破了貴族對文化知識的壟斷,這是有重大意義和深遠影響的創舉。孔子在社會上受到人們的廣泛尊重,最主要的原因就在於孔子開一代風氣之先,使社會

① 《尸子》:"顓孫師(子張),駔也。"
② 《史記·遊俠列傳》。《莊子·讓王》篇對原憲的貧困狀況有極爲生動的描寫。

上那些渴求知識而又無權入官學的廣大貧苦民眾獲得了接受教育的權利。

　　辦教育是孔子一生最主要的事業。他早年在魯國因興辦私學而名聞遐邇。慕名前來從師受教者與日俱增。就在孔子仕魯和周遊列國期間，也沒有停止他的教育活動。在他擔任魯國公職期間，無論他白天的公務怎樣繁忙，退朝之後仍要和弟子們討論學問。在周遊列國時，有一批學生跟隨他，無論走到哪裏，孔子總是和弟子們在一起，他們既是親密無間、患難與共的朋友，也是切磋學問、教學相長的師生。就在遇難於匡、蒲，絕糧於陳、蔡之際，孔子仍堅持給學生們講習禮樂。他走到哪裏，就把知識傳播到哪裏，因而不時有新弟子拜他爲師。

　　孔子自衛歸魯之後，結束了長期四方流浪的生活，也不必再爲衣食匱乏而奔波了。孔子又可以安心地從事教育了。孔子此時雖已年邁，仍有不少青年人到孔子門下求學。

　　經過三十多年的教學實踐，孔子積累了豐富的教學經驗，他的教育思想也更加系統。孔子主張因材施教。學生們的智力有高下，品德有優劣，學業基礎參差不齊，性格也有很大的差異。對學生們的具體情況要做到瞭如指掌，才能根據每個學生的特點有針對性地進行教育，那樣才能收到良好的效果。《論語》中記載了不少孔子對學生們的評價。如："師（子張）也過，商（子夏）也不及。"①"柴（子羔）也愚，參（子輿）也魯，師（子張）也辟，由（子路）也喭。""由（子路）也果"，"賜（子貢）也達"，"求（冉有）也藝"（《論語・雍也》）。孔子根據學生們的專長，列舉出下述四個方面的拔尖人才："德行：顏淵、閔子騫、冉伯牛、仲弓；言語：宰我，子貢；政事：冉有，季路；文學：子游，子夏。"（《論語・先進》）每個學生的天資不同，興趣、愛好也不同，接受問題的能力也存在很大差別，因而必須

---

① 《論語・先進》。魯，遲鈍；辟，偏激；喭，鹵莽。

區別不同的教育對象，有針對性地去傳授知識。正確地認識自己的教育對象，是因材施教的前提。孔子説："中人以上，可以語上也；中人以下，不可以語上也。"(《論語·雍也》)"可以語上"，就是可以向他們講授高層次的內容，而"中人以下"祇能講授低層次的內容。孔子熟知他的學生們的特點，根據不同人的不同特點，講授不同的內容，因而能夠達到預期目的。《論語·先進》篇有這樣一段記載，子路問："聞斯行諸？"子曰："有父兄在，如之何其聞斯行之？"冉有問："聞斯行諸？"子曰："聞斯行之。"公西華曰："由也問'聞斯行諸'，子曰'有父兄在'；求也問'聞斯行諸'，子曰'聞斯行之'。赤也惑，敢問。"子曰："求也退，故進之；由也兼人，故退之。"孔子的兩個學生問同樣一個問題，孔子根據兩個人的不同性格特點，作出了完全相反的回答，而這樣的回答對這兩個學生來説又都是恰如其分的，這充分體現了孔子在教育方法上的高度技巧。

　　孔子教育學生的另一個特點是善於啓發學生獨立思考。孔子曾説過："不憤不啓，不悱不發。舉一隅不以三隅反，則不復也。"(《論語·述而》)意思是説：學生們思考問題不到急切求解時不去啓發他，不到想要説卻説不出來的時候不去開導他。如果教給他一個問題，而不能解決與這個問題相類似的其他問題，那就不再繼續教他新問題了。孔子認爲應當充分調動學生自己的主動性，讓他們開動腦筋，積極思考，廣泛聯想，融會貫通，舉一反三，這樣才能學得紮實，學得主動。用生硬的灌輸法去强迫學生接受，學生們是學不到真本事的。孔子總是啓發學生去獨立思考。他以自己多年學習的經驗告訴學生："學而不思則罔，思而不學則殆。"①學與思必須互相結合，兩者缺一不可。祇學不思，則一無所獲；祇思不學，則疑惑不解。孔子還説："吾嘗終日不食，終夜不寢，以思，無益，不如學也。"(《論語·衛靈公》)這句話可以説是對"思而不學則

---

① 《論語·爲政》。罔，誣罔，上當；殆，疑惑，思慮不定。

殆"的解釋。

孔子在多年的教育實踐中,積累了極其豐富的經驗。孔子有關教育、學習方面留下許多至理名言,至今仍給我們以極大的啟發。例如:孔子主張"學而時習之"(《論語·學而》),認爲"溫故而知新,可以爲師矣"(《論語·爲政》),主張在學習上"不恥下問"(《論語·公冶長》),孔子自己"入太廟,每事問"(《論語·八佾》),甚至不恥向十幾歲的兒童請教。孔子提倡"教學相長"(《禮記·學記》)、"當仁不讓於師"(《論語·衛靈公》),認爲"三人行必有我師焉"(《論語·述而》),主張"見賢思齊焉,見不賢而內自省"(《論語·里仁》),等等,這都是孔子爲後人留下的寶貴精神財富。

太史公司馬遷說:

> 孔子以《詩》、《書》、《禮》、《樂》教,弟子蓋三千焉,身通六藝者七十有二人。如顏濁鄒之徒,頗受業者甚衆。(《史記·孔子世家》)

所謂弟子三千,是說孔子先後教過的學生,總數大約有三千人,"身通六藝者"是指孔門弟子中出類拔萃的佼佼者。"如顏濁鄒之徒",是指七十二位"身通六藝者"以外的那些學生。這些學生分別來自魯、衛、齊、秦、晉、鄭、宋、陳、吳、楚等國家(見《史記·仲尼弟子列傳》),學成之後又奔赴各國去從事政治、軍事、外交、文化教育、學術研究、商業貿易等各項活動,其中有很多人成爲著名的政治家、軍事家、外交家、教育家、學者、大商人,有的甚至成爲王侯之師[1]。孔子作爲偉大的教育家,真可謂桃李滿天下。

孔子晚年除了繼續辦學之外,還把更多的精力用於整理和傳播中國古代的文化典籍。中華民族有着悠久文化傳統。我們的祖先給後人留下了極其豐富的歷史文化典籍。但由於年代久遠,這

---

[1]　孔子學生子夏曾被魏文侯奉拜爲師。

些文化典籍在流傳過程中極易損壞。到孔子生活的春秋晚期,已經有很多古代的文化典籍破損散佚,殘缺不全了。孔子一方面出於教學的需要,一方面作爲知識淵博的學者,他感到自己有責任搶救這些珍貴的遺產,並使這些文化典籍更廣泛地傳播開來。

《詩》、《書》、《禮》、《樂》等典籍是西周以來官府之學共修之課,但這些典籍的内容,體例卻很蕪雜。經過孔子的加工、整理,變成學生們共同使用的教科書。故太史公説"孔子以《詩》、《書》、《禮》、《樂》教"。孔子對《詩》、《書》、《禮》、《樂》的加工、整理並非晚年才開始。孔子自辦學之日起就已經開始整理上述典籍。《史記·儒林列傳》説:

> 孔子閔王路廢而邪道興,於是論次《詩》、《書》,修起《禮》、《樂》。

所謂"論"就是内容的討論去取,所謂"次"就是篇目的編排調整。司馬遷還説:

> 古者《詩》三千餘篇,及至孔子,去其重,取可施於禮義,上采契、后稷,中述殷、周之盛,至幽厲之缺,始於衽席……三百五篇皆弦歌之,以求合《韶》、《武》、《雅》、《頌》之音。(《史記·孔子世家》)

又説:

> 孔子之時,周室微而《禮》、《樂》廢,《詩》、《書》缺。追迹三代之禮,序《書傳》,上紀唐虞之際,下至秦穆,編次其事。(《史記·孔子世家》)

這就是司馬遷所説的"論次《詩》、《書》"。因爲《禮》、《樂》已廢,經孔子加工、整理之後使之重新恢復,故司馬遷云孔子"修起《禮》、《樂》"。

《周易》和《春秋》是孔子晚年用力最勤的兩部典籍。《周易》是古代的卜筮之書。但這部書中蘊含着深刻的哲學思想。孔子晚年喜讀《周易》，乃至"韋編三絶"。孔子親自爲《周易》作《傳》，後人稱之爲《易傳》，其中包括《彖》上、下，《象》上、下，《繫辭》上、下，及《文言》、《説卦》、《序卦》、《雜卦》共十篇，故又稱《十翼》。《易傳》主要是闡述《周易》哲學思想的。《周易》原是一部深奧難讀之書，經孔子作《傳》，後人才得以窺見其中的奧秘。

　　《春秋》是孔子依據魯國史官所記的《魯春秋》而寫成的一部政治哲學著作。孟子説：

　　　　世衰道微，邪説暴行有作，臣弑其君者有之，子弑其父者有之。孔子懼，作《春秋》。《春秋》，天子之事也；是故孔子曰："知我者其惟《春秋》乎！罪我者其惟《春秋》乎！"（《孟子・滕文公下》）

司馬遷在《史記・太史公自序》中説：

　　　　上大夫壺遂曰："昔孔子何爲而作《春秋》哉？"太史公曰："余聞董生曰：周道衰廢，孔子爲魯司寇，諸侯害之，大夫壅之。孔子知言之不用，道之不行也，是非二百四十二年之中，以爲天下儀表，貶天子，退諸侯，討大夫，以達王事而已矣。子曰：我欲載之空言，不如見之於行事之深切著明也。夫《春秋》上明三王之道，下辨人事之紀，別嫌疑，明是非，定猶豫，善善惡惡，賢賢賤不肖，存亡國，繼絶世，補敝起廢，王道之大者也。……《春秋》辯是非，故長於治人。……撥亂世反之正，莫近於《春秋》。"

司馬遷在這裏把孔子作《春秋》的目的以及《春秋》這部書的性質、特點和作用講得很清楚。司馬遷的説法基本上是正確的。

　　孔子晚年以《詩》、《書》、《禮》、《樂》、《易》、《春秋》爲教授學生的講義，後人稱上述六種典籍爲"六經"。其中《周易》、《春秋》是最高深的理論，祇有那些高才生才能接受、領會。故司馬遷説"孔子以《詩》、《書》、《禮》、《樂》教",身通六藝者七十有二人"。

孔子的晚年,連續發生了幾件很不幸的事情,在精神上對孔子打擊很大。

在孔子從衛國回到魯國的前一年,孔子的夫人丌官氏因積勞成疾,不幸病故。丌官氏在孔子19歲那年與孔子結婚,與孔子同甘苦,共患難,飽經風霜。她生了一男一女。培養子女、料理家務等事幾乎全部落在丌官氏一人身上。孔子之兄孟皮因患足疾,無力撫育子女,又去世較早,丌官氏又承擔了照料侄女的義務。後來孔子長期羈旅在外,丌官氏的擔子更重了,精神上也常爲孔子而擔憂。生活上、精神上的雙重負擔終於把年近七旬的老夫人壓垮了,在孔子歸來之前便與孔子永訣了。

魯哀公十三年,即丌官氏夫人去世僅三年,孔子和丌官氏所生惟一的兒子孔鯉也不幸死去,年僅五十歲。這在精神上對孔子的打擊更大。古人把幼年喪父、中年喪妻、老年喪子稱爲人生三大不幸,而孔子的一生在三大不幸中遭受兩大不幸,即幼年喪父、老年喪子。夫人丌官氏之死雖不在中年,可畢竟先孔子而去。丌官氏去世之後,鰥居的孔子最重要的親人便是兒子孔鯉。現在孔鯉也離開了他,他感到悲傷而又孤獨。

説也奇怪,孔子晚年的不幸一個接着一個。就在孔鯉死後不到一年,孔子最得意的門生顏回也不幸夭折。顏回字子淵,又稱顏淵,魯國曲阜人,與孔子之母徵在同屬於顏氏大家族。他生於魯昭公二十九年,即公元前513年,比孔子小三十八歲,死時年僅三十二歲①。顏回聰明好學,道德修養很高,孔子把他列爲德行科之首,稱他爲"仁人"(《論語·雍也》及《淮南子·人間》)。在孔門弟子中,孔子對顏回的讚揚最多,評價最高,《論語》一書中讚美顏回

---

① 或云顏回死時爲41歲,不確。《史記·仲尼弟子列傳》云顏回"少孔子三十歲",亦誤。

的有二十多章。子貢也是孔子學生中最傑出的人物之一。有一次孔子問子貢：

> 女與回也孰愈？

意思是說，你和顏回兩人誰更突出些？
子貢回答說：

> 賜也何敢望回？回也聞一以知十，賜也聞一以知二。

孔子聽了子貢的話，贊許地說：

> 弗如也；吾與女弗如也。

孔子與顏回之間，情同父子，顏回也確實像對待父親一樣尊敬孔子，故孔子說："回也視予猶父也。"(《論語·先進》)顏回之死對孔子的打擊並不亞於孔鯉之死。顏回死時，孔子悲痛欲絕，放聲大哭，說道："噫！天喪予！天喪予！"(《論語·先進》)學生們都關切地對孔子說："子慟矣。"孔子說："有慟乎？非夫人之爲慟而誰爲?"(《論語·先進》)

顏回死後，孔子念念不忘，經常提他。有一次，魯哀公問孔子：

> 弟子孰爲好學？

孔子回答說：

> 有顏回者好學，不遷怒，不貳過，不幸短命死矣，今也
> 則亡，未聞好學者也。①

魯哀公十四年春季，魯國的叔孫氏在西郊大野澤狩獵。爲叔孫氏駕車的鉏商獵獲一頭怪獸，衆人不識，以爲是不祥之兆，就問孔子，孔子說："這是一頭麟。"古時人們認爲麒麟是太平之獸，代表

---

① 《論語·雍也》。《論語·先進》載季康子問孔子弟子孰好學，孔子回答與《雍也》略同。

着"聖人"。孔子見到這頭被射殺的麟,悲傷地哀嘆:"吾道窮矣!"近年來的一系列沉重打擊已經使孔子預感自己將不久於人世了,所以見到這頭麟被射死,感到格外悲痛。

　　魯哀公十五年,對孔子的又一次沉重打擊接踵而來:跟隨孔子時間最長的弟子、也是孔子最親密的朋友子路在衛國的一場內亂中被殺。

　　子路名仲由,字子路,又稱季路,魯國卞邑(今山東省泗水縣東)人,年齡比孔子小九歲。子路是孔子最早的學生之一,因其好勇鬥狠,常跟隨孔子左右,充當孔子的護衛。子路性格坦誠、直率,從不隱瞞自己的觀點,因而深受孔子喜愛。子路在魯國曾任季孫氏家宰,在衛國時曾被委任爲蒲邑大夫。他有很強的辦事能力,孔子曾把子路和冉有一同列爲"政事"方面的突出人才。孔子常常批評子路莽撞、粗魯,也經常讚揚他心胸坦白、敢於直言等優點。孔子曾說:"自吾得由,惡言不聞於耳。"(《史記·仲尼弟子列傳》)孔子與子路之間既有篤誠的師生情義,也有深厚的朋友之誼。

　　魯哀公十四年,子路受衛國執政之卿孔悝的聘請,到衛國任孔悝邑宰。第二年,即魯哀公十五年,流亡在晉國的衛太子蒯聵又潛回衛國。孔悝之母爲蒯聵之姊,稱孔姬。蒯聵與孔姬密謀,準備再一次從他的兒子衛出公手中篡奪衛國君權。蒯聵、孔姬強迫孔悝與他們訂立盟誓,一起襲擊衛出公。衛出公毫無提防,倉皇出逃到魯國。此時孔悝的家宰欒寧得知事變,立即派人通知正在孔氏采邑平陽(今河南滑縣東南)駐防的子路火速前來救難。子路趕來時,都城帝丘城門已關閉,恰好遇見剛從城內逃出的高柴。高柴也曾是孔子學生,當時任衛國大夫之職。他勸子路不要進去,以免白白送死。子路說:"吃人家的俸祿,就不應逃避人家的危難。"正好有使者從城內出來,子路乘機入城。此時孔悝正被蒯聵等人挾持到孔氏家中高臺上,情況十分危險。子路想放火焚燒孔氏之臺以救孔悝,蒯聵派石乞、壺黶兩人下孔氏之臺抵擋子路,兩人用戈擊斷子路的帽帶。子路説："君子死，冠不免。"繫緊帽帶而死①。子路的屍體被蜂擁而來的蒯聵之黨剁得稀爛。蒯聵在這場内亂中奪取了衛國的君權，被立爲衛莊公。孔子聽説子路死時的慘狀，立刻命弟子們把準備食用的肉醬扔掉（《禮記・檀弓上》）。

　　一連串的沉重打擊終於使孔子病倒了。他昏昏沉沉地躺在病榻之上，恍惚夢見自己坐在堂前的兩根大柱子之間祭奠什麼。早晨醒來，他强撑病體，兩手倒拖着拐杖挪步到門前，聲音沙啞地哼着這樣一首歌：

> 泰山其頽乎！
> 梁木其壞乎！
> 哲人其萎乎！（《禮記・檀弓上》）

　　孔子歌罷，拄杖進入卧室，對窗而坐。子貢聽見老師唱的歌，急忙跑來，見孔子目光遲滯，神情悽苦地坐在窗下。孔子對子貢説：

> 賜！爾來何遲也？夏后氏殯於東階之上，則猶在阼也；殷人殯於兩楹之間，則與賓主夾之也；周人殯於西階之上，則猶賓之也。而丘也殷人也。予疇昔之夜，夢坐奠於兩楹之間。夫明王不興而天下孰能宗予？予殆將死也。（《禮記・檀弓上》）

　　説罷，孔子滿目悽然。

　　七天之後，即公元前479年周曆四月十一日，這位偉大的英哲溘然長逝，享年73歲。

　　魯哀公聽説孔子去世了，親筆寫了這樣一段悼辭：

> 旻天不弔，不憖遺一老，俾屏余一人以在位，煢煢余

----

①　子路死於衛難，事見《左傳・哀公十五年》。

在疢。嗚呼哀哉！尼父！無自律！

子貢見了魯哀公的悼辭，很不滿意地説：

　　　君其不没於魯乎！夫子之言曰："禮失則昏，名失則
愆"，失志爲昏，失所爲愆。生不能用，死而誄之，非禮也；
稱"一人"，非名也。君兩失之。①

孔子死後，靈柩被安葬在魯國都城曲阜北部的泗水之濱。弟
子們爲孔子守喪三年，而子貢則在孔子墓旁修築草廬，足足守了六
年。後世到這裏來拜謁、憑弔這位偉大先哲的人越來越多，遂在周
圍廣植松柏，又刻石立碑，漸漸形成了一個頗具規模的孔氏陵園，
人們稱之爲孔林。

---

① 《左傳·哀公十六年》,《史記·孔子世家》與《左傳》略同。

第四章　孔子思想有兩個核心

《論語》上記載孔子怕他的學生對他的學術思想有誤解,曾一再對他的學生説,"吾道一以貫之"(《論語‧里仁》),"予一以貫之"(《論語‧衛靈公》)。看來這個"一以貫之",對於瞭解孔子的思想至爲重要。毋寧説,它是瞭解孔子思想的一把鑰匙。

那麼,什麼是"一以貫之"呢? 據我看,這個"一以貫之"是説孔子思想不像一大堆散無友紀的資料倉庫,而是有體系的。也就是説,孔子思想是以某一最高概念作爲核心而建立起來的一種體系。那麼,作爲孔子思想體系的核心是什麼? 曾子説是"忠恕"(《論語‧里仁》)。這種説法雖然不能説不對,但不够全面。因爲他祇看到社會方面,而沒有看到自然方面。或者説,他祇看到孔子的人生觀一方面,而沒有看到孔子的自然觀、認識論、方法論等方面的問題。

我們認爲,孔子的思想,如果説得全面、具體些,不妨説它有兩個核心:一個是"時";另一個是"仁義"。第一個核心是基本的,第二個核心是從屬的。第一個核心偏重在自然方面,第二個核心偏重在社會方面。孔子又特別重視"中",實際上中是從時派生出來的。孔子還特別重視"禮",實際上禮是從仁義派生出來的。

下面對上述觀點分別作較詳細的闡釋。

一、時,中

孟子曾評論過幾位享有盛名的歷史人物。他説:"伯夷,聖之

清者也；伊尹，聖之任者也；柳下惠，聖之和者也；孔子，聖之時者
也。"(《孟子·萬章下》)並舉出"孔子之去齊，接淅而行。去魯，曰：
'遲遲吾行也，去父母國之道也。'可以速而速，可以久而久，可以處
而處，可以仕而仕，孔子也"(《孟子·萬章下》)，以此作爲孔子是聖
之時的根據。這種説法對不對呢？我認爲是對的。孟子真正抓住
了孔子思想的特點。孔子在論述了"逸民：伯夷、叔齊、虞仲、夷逸、
朱張、柳下惠、少連"七人之後，也説過"我則異於是，無可無不可"
(《論語·微子》)。這個"無可無不可"應是孔子是"聖之時"的確
詁。什麽是"無可無不可"呢？我認爲這是説可與不可二者從表面
上看儘管是對立的，但在一定的條件下可以互相轉化。即"可"可
以變成"不可"，"不可"可以變成"可"。如孔子去齊，速是可；而去
魯，速就變成不可了。去齊時，遲是不可；而去魯，遲就變成可了。
亦如，冬祁寒，衣裘可，衣葛不可。反之，夏酷暑，則衣裘不可，衣葛
可。因此，孔子所説的"無可無不可"，也可以作爲孔子是"聖之時"
的證明。什麽是"聖之時"？就是説孔子能應用辯證的觀點處理問
題。因爲，自形而上學者看來，可就是可，不能變成不可。不可就
是不可，不能變成可。祇有能應用辯證的觀點處理問題的人，才知
道可與不可不是固定的，可以互相轉化。

　　可能有人不同意上述看法，以爲這是把孔子現代化。我不這
樣看。我認爲看問題要看它的實質，至於是今是古以及用什麽語
言來表達，都不是主要的。

　　應當指出，孔子應用辯證的觀點處理問題，並不限於上述兩個
事例，在《論語》中還可以找到很多例子。例如《學而》説，"子曰：賜
也，始可與言《詩》已矣，告諸往而知來者。"往與來是對立的，孔子
説"告諸往而知來"，表明孔子知道二者可以互相轉化。《爲政》説：
"子曰：'温故而知新，可以爲師矣。'""故"與"新"也是對立的，孔子
説"温故而知新"，也表明孔子知道二者可以互相轉化。餘如同一
問孝，而答孟懿子、孟武伯、子游、子夏各異(《論語·爲政》)，同一

問仁,而答顏淵、仲弓、司馬牛、樊遲等有很大不同(《論語·顏淵》)。特別是子路與冉有都問:"聞斯行諸?"而孔子的回答不但不同,甚至相反。由於公西華之問,孔子作了解釋,才明白了"求也退,故進之;由也兼人,故退之"。這正是"無可無不可"思想的具體表現。又《論語·子罕》記顏淵從孔子受業,一次"喟然嘆曰:'仰之彌高,鑽之彌堅。瞻之在前,忽焉在後'"。這個"仰之彌高,鑽之彌堅",可以理解爲是指孔子具有卓越的學識,高不可攀,和孔子具有堅實的理論,顛撲不破。但是,"瞻之在前,忽焉在後"是什麼意思呢? 前人如何晏、朱熹都釋爲"恍惚不可爲形象"。我看這是妄說,實際他們都不瞭解這兩句話的確切含義。應該說,這正是指孔子能應用辯證的觀點處理問題,而持形而上學觀點的顏淵則不能理解。顏淵是把可與不可看成是對立的。認爲可就是可,不能變成不可。不可就是不可,不能變成可。一旦看到孔子把可說成不可,把不可說成可,他就惶惑了,以爲本來是"瞻之在前",怎麼"忽焉在後"呢? 他不知道,這正是他不懂辯證法的緣故。何晏、朱熹也不懂辯證法,所以他們也不能理解這兩句話是什麼意思。《子罕》又說:"子絕四:毋意,毋必,毋固,毋我。"意、必、固、我,恰是形而上學者的特徵。"子絕四",與孔子說"我則異於是,無可無不可"的大意相同,說明孔子的見解不是固定的,能應用辯證的觀點處理問題。

當然,孔子的辯證思想是不徹底的。其不徹底最明顯地表現在歷史方面。在歷史方面,他知道"天下爲公"已爲"天下爲家"所代替(《禮記·禮運》)。他知道"唐虞禪,夏后、殷、周繼,其義一也"(《孟子·萬章上》)。他知道湯放桀,武王伐紂是革命(《易·革彖傳》)。但是,在周的社會制度也將爲新的社會制度所代替時,他卻錯誤地認爲"周監於二代,郁郁乎文哉"(《論語·八佾》),周制度是最好的,不應改變的。因此,他總是夢見周公(《論語·述而》),渴望恢復西周時的政治。正如《莊子·天運》所說的,他是"蘄行周於魯"。他不知道當時的社會也必將爲新的社會所代替。這樣,他的思想就不能説是徹底的辯證法了。不過這並不妨我們説他的思想核心是孟子所説的"時"。如用馬克思主義哲學語言來説,也可以説他具有辯證的世界觀。

又,孔子特別重視"中庸"。他嘗給"中庸"以很高的評價。説:"中庸之爲德也,其至矣乎! 民鮮久矣。"(《論語・雍也》)他的孫子子思作《中庸》,又專門闡發孔子的觀點。上文之所以説中是由時派生出來的,是因爲孔子所重視的中庸是時中,而不是如有些人所説的是折中主義。《中庸》説:"仲尼曰:'君子之中庸也,君子而時中'。"就是有力的證明。《孟子・盡心上》説:"子莫執中,執中爲近之。執中無權,猶執一也。所惡執一者,爲其賊道也,舉一而廢百也。"孟子所説的有權的中,實際上就是時中。什麼叫做權? 權的本義是秤錘。以秤量物重時,秤錘必須前後移動,才能量出準確物重。《孟子・離婁上》説:"男女授受不親,禮也。嫂溺援之以手者,權也。"這個"權"字與"執中而無權"的權字意思是一樣的,都有隨時變化,亦即時中的意思。在中國,重視中的歷史起源很早。《論語・堯曰》説:"堯曰:'咨! 爾舜,天之曆數在爾躬,允執其中。四海困窮,天禄永終。'舜亦以命禹。"《中庸》説:"舜好問而好察邇言,隱惡而揚善,執其兩端,用其中於民。"《孟子・離婁下》説:"湯執中,立賢無方。"不過,這些所謂中,到底是子莫的中,還是孔子的中,今已無考。但是孔子所重視的中是有權的中即時中,則是確定無疑的。《論語・先進》説:"子貢問:'師與商也孰賢?'子曰:'師也過,商也不及。'曰:'然則師愈與?'子曰:'過猶不及。'"由這個例子可以看出,孔子所説的中,既不是過,也不是不及,而是恰到好處。今人喜稱孔子的中庸是折中、調和,這是不正確的。折中、調和的實質是孔子所説的"鄉原",而孔子是深惡鄉原的。《論語・陽貨》説:"子曰:'鄉原,德之賊也。'"同書《子路》説:"子曰:'不得中行而與之,必也狂狷乎! 狂者進取,狷者有所不爲也。'"《孟子・盡心下》有一大段文字,對於這個問題闡釋得最爲透闢。兹徵引如下:

　　萬章問曰:"孔子在陳,曰:'盍歸乎來! 吾黨之士狂
簡,進取不忘其初。'孔子在陳,何思魯之狂士?"孟子曰:
"孔子不得中道而與之,必也狂獧乎! 狂者進取,獧者有
所不爲也。孔子豈不欲中道哉? 不可必得,故思其次
也。""敢問,何如斯可謂狂矣?"曰:"如琴張、曾皙、牧皮
者,孔子之所謂狂矣。""何以謂之狂也?"曰:"其志嘐嘐
然,曰:'古之人,古之人。'夷考其行而不掩焉者也。狂者
又不可得,欲得不屑不潔之士而與之,是獧也,是又其次
也。孔子曰:'過我門而不入我室,我不憾焉者,其惟鄉原
乎? 鄉原,德之賊也。'"曰:"何如斯可謂之鄉原矣?"曰:
"何以是嘐嘐也? 言不顧行,行不顧言,則曰古之人,古之
人,行何爲踽踽涼涼? 生斯世也,爲斯世也,善斯可矣。
閹然媚於世也者,是鄉原也。"萬子曰:"一鄉皆稱原人焉,
無所往而不爲原人。孔子以爲德之賊,何哉?"曰:"非之
無舉也,刺之無刺也,同乎流俗,合乎汙世,居之似忠信,
行之似廉潔,衆皆悅之,自以爲是,而不可與入堯舜之道,
故曰德之賊也。孔子曰:'惡似而非者:惡莠,恐其亂苗
也;惡佞,恐其亂義也;惡利口,恐其亂信也;惡鄭聲,恐其
亂樂也;惡紫,恐其亂朱也;惡鄉原,恐其亂德也。'"

　　爲什麼我說時是孔子思想的核心,並且說,這個核心是基本
的,代表孔子的自然觀呢? 這一點需要從這個思想的起源來說明。
我們認爲《中庸》說"天命之謂性,率性之謂道",又說"喜怒哀樂之
未發,謂之中;發而皆中節,謂之和。中也者,天下之大本也;和也
者,天下之達道也。致中和,天地位焉,萬物育焉",實已接觸到這
個問題。從起源來說,孔子的這個思想,實出於《易》。關於《易傳》
的作者,過去學術界曾有許多看法,爭論不休。近年來李學勤根據
長沙馬王堆漢墓出土文書,證明是孔子所作,我們同意他的看法。
現在首先需要談一個問題。這就是,《周易》是講什麼的? 孔子在

《繫辭傳下》説:"《易》之爲書,廣大悉備。有天道焉,有人道焉,有地道焉。兼三才而兩之,故六。六者非它也,三才之道也。"在《説卦傳》説:"昔者聖人之作《易》也,將以順性命之理,是以立天之道曰陰與陽,立地之道曰柔與剛,立人之道曰仁與義,兼三才而兩之,故《易》六畫而成卦。"在《繫辭傳上》説:"《易》與天地準,故能彌綸天地之道。"在《繫辭傳下》説:"天地設位,聖人成能。人謀鬼謀,百姓與能。"在《乾文言》説:"夫大人者,與天地合其德,與日月合其明,與四時合其序,與鬼神合其吉凶。先天而天弗違,後天而奉天時。"綜上所述,可以看出,《周易》一書,總的説是講天地人三才的。天地亦可單稱天。例如説"先天而天弗違",這個"天"就兼天地而言。人又可稱"大人"、"聖人"。例如説"夫大人者,與天地合其德","天地設位,聖人成能"。總而言之,"天地"或"天",都是指自然界。"人""大人"和"聖人"則是指人類社會。從"天地設位,聖人成能","天地變化,聖人傚之"以及"夫大人者,與天地合其德"等提法還可以看出,在天地人三才中,天地是基本的,人是從屬的。説得明白些,就是作《易》者在認識自然規律之後,又把這個規律應用於人類社會。

　　現在需要説明的,就是上文所説的自然規律,其具體內容是什麼? 以及作《易》者是怎麼認識這個規律的? 我們認爲要瞭解這個問題,首先要瞭解中國古代的曆法。我們所説的古代曆法並不是指龐樸所説的"火曆",而是指《尚書·堯典》內所講述的那種曆法。《易大傳》記述的筮法有"揲之以四以象四時。歸奇於扐以象閏"。"乾之策,二百一十有六。坤之策,百四十有四。凡三百有六十,當期之日。二篇之册,萬有一千五百二十,當萬物之數也"等説法,就是作《易》者的思想基礎與堯時所制定的曆法有密切關係的證明。因此,我認爲《易大傳》所説的"乾爲天"的"天",實際上就是《尚書·堯典》裏所説的"欽若昊天"的"天",也就是《論語·泰伯》所説的"唯天爲大,唯堯則之"的"天",也就是《論語·堯曰》所説的"堯曰:

'咨！爾舜，天之曆數在爾躬'"的"天"。所有上述這些"天"，毫無例外，都應理解爲曆法上所説的天。兹再作具體分析如下：首先，《堯典》所説的"欽若昊天"，實際上，指的就是下文所説的"曆象日月星辰"。而制定曆法，所有日月和經星二十八宿雖然都需要"曆象"即觀測計算，但最重要的則是日，即太陽。《堯典》有"寅賓出日"，"寅餞納日"。《禮記・郊特牲》説："郊之祭也，迎長日之至也，大報天而主日也。"《漢書・魏相傳》説："天地變化，必由陰陽，陰陽之分，以日爲紀。日冬夏至，則八風之序立，萬物之性成。"就是證明。《論語》所説的"唯天爲大，唯堯則之"應怎麼理解？孔安國説："則，法也。美堯能法天而行化。"這種説法不能説不對，但不具體。朱熹説"則猶準也，言物之高大，莫有過於天者，而獨堯之德能與之準"，就不對了。其實這個"則天"，就是指堯的若天。若天而制曆，制曆而"敬授人時"，"允釐百工"。《論語》説："天之曆數在爾躬。"應怎麼理解？何晏説："曆數謂列次也。"朱熹説："曆數，帝王相繼之次第，猶歲時氣節之先後也。"這兩種説法大意相同，都是極大的錯誤，直接爲"終始五德之運"張目，影響極壞。這個"曆數"實際上就是《尚書・洪範》"四，《五紀》。一曰歲，二曰月，三曰日，四曰星辰，五曰曆數"的曆數。"天之曆數在爾躬"，就是説舜將繼堯執政。古時有朔政制度，誰掌管朔政，誰就掌握政權。《周禮・春官・大史》説："正歲年以序事，頒之於官府及都鄙，頒告朔於邦國。"《論語・八佾》説："子貢欲去告朔之餼羊。子曰：'賜也！爾愛其羊，我愛其禮。'"二書所説的無疑就是朔政問題。這種"朔政"制度大概便是自堯時制定了新曆法以後開始建立並實行的。

　　由制曆所形成的思想，具體反映在《周易》裏，則乾像天。這個天實際上是指日，即太陽。乾卦卦辭説"元亨利貞"，是説由太陽的正射斜射而區分四時。坤像地。坤卦卦辭説："元亨，利牝馬之貞。""利牝馬之貞"是説大地不能獨立地發揮作用，必待四時寒暑之往來變遷，然後才能顯現出春生、夏長、秋收、冬藏的功能。乾卦

《彖傳》説："大哉乾元，萬物資始，乃統天。"坤卦《彖傳》説："至哉坤元，萬物資生，乃順承天。"兩卦彖傳一個説"資始"，一個説"資生"，一個説"統天"，一個説"乃順承天"，很明顯就是説明天地二者在生萬物時作用不同的問題。《繫辭傳下》説："乾，陽物也。坤，陰物也。陰陽合德，而剛柔有體，以體天地之撰，以通神明之德。"《序卦傳》説"有天地，然後萬物生焉"，也是説明這個問題。因此，《繫辭傳上》於"八卦定吉凶，吉凶生大業"下説"是故法象莫大乎天地，變通莫大乎四時"，是根據事實説話的。從哲學的觀點來看，《繫辭傳下》所説的"乾，陽物也。坤，陰物也。陰陽合德而剛柔有體"，符合辯證法的對立統一規律。所説的"是故闔户謂之坤，闢户謂之乾。一闔一闢謂之變，往來不窮謂之通"，符合辯證法的質量互變規律。而自《序卦傳》亦即《周易》六十四卦的結構來看，則辯證法的各種規律幾乎無不具備。由上文論證，可以相信它是由堯時制定的曆法得到啓示而作出的。由此可見，《周易》以天地人三才之道作爲基本内容，實際上就是認識了自然規律，同時并且認識到社會規律與自然規律基本上是一致的，從而利用卜筮的形式把所認識的自然規律應用於人類社會。《論語·爲政》説："子曰：'吾……五十而知天命。'"同書《述而》説："子曰：'加我數年，五十以學《易》，可以無大過矣。'"證明孔子學《易》之年正是知天命之年。

　　正由於孔子學《易》瞭解了自然規律，所以他作《易大傳》對於時特别感興趣。最顯著的例子，於乾卦《彖傳》説："六位時成，時乘六龍以御天。"於艮卦《彖傳》説："時止則止，時行則行，動静不失其時，其道光明。"於豐卦《彖傳》説："天地盈虚，與時消息。"特別是於豫卦《彖傳》説："豫之時義大矣哉！"於隨卦《彖傳》説："隨時之義大矣哉！"其他於頤卦《彖傳》、大過《彖傳》、遯卦《彖傳》、蹇卦《彖傳》、睽卦《彖傳》、解卦《彖傳》、姤卦《彖傳》、革卦《彖傳》、旅卦《彖傳》、坎卦《彖傳》也説過同樣的話。孔子著《易大傳》如此反復地陳説時字，證明他確實認識到時的重要性，亦即確實認識到辯證法的重要性。

　　現在可以談《中庸》了。我認爲《中庸》開篇一段話，至爲重要，可惜舊解多誤。兹按照我的理解申釋如下。我認爲"天命之謂性"與《大戴禮記・本命》所説"分於道謂之命，形於一謂之性"的思想是一致的。所説的"天"與"道"都是指自然界。不同的是"天"是從形態一方面説的，"道"是從性質一方面説的。《中庸》説"天命之謂性"，是説萬物包括人的各自性質都是自然決定的。《本命》説"分於道謂之命，形於一謂之性"，則是把命和性分開來説的。認爲單純從自然分離出來這一點來説，叫做命。而從萬物包括人從自然分離出來之後形成各自不同的性質來説，叫做性。"率性之謂道"，這個"率"字應該怎麽解釋？鄭玄、朱熹都釋"率"爲循，我認爲非是。因爲《禮記・學記》説："玉不琢，不成器；人不學，不知道。"足見人的知道是學來的。如果不學，任性而動，怎能説就是道呢？因此，我認爲"率性"之率不應釋爲循，而應釋爲"堯舜率天下以仁，而民從之"的"率"。率的意思是統率。誰來統率呢？就是上文所説的"天"。這個問題可以引用《易・繫辭傳》中談性的兩段文字來説明。《繫辭傳上》説："一陰一陽之謂道，繼之者善也，成之者性也。""一陰一陽"實際上包括對立的統一和鬥爭兩個方面，在今日稱爲自然規律，而在古人則稱爲道。"繼之"是繼承道，亦即繼承自然規律。説得具體些，就是按照自然規律辦事。"成之者性也"同《本命》所説"形於一謂之性"是一個意思。是説性雖是自然所生，但與自然不同，它又具有自己的特質。同篇又説："子曰：'易其至矣乎。夫易，聖人之所以崇德而廣業也。知崇體卑。崇傚天，卑法地。天地設位，而易行乎其中矣。成性存存，道義之門。'"這裏談"成性"是用"傚天""法地"成性。而且成性之後，還要存之又存，唯恐失之，才是道義之門。怎能説循性而行，就叫做道呢？由此可見，鄭、朱二人釋率爲循是錯誤的。《中庸》下文又提到"修道之謂教"、"戒慎乎其所不睹，恐懼乎其所不聞"等等，其實這都不是循性，而是率性的功夫。祇有平日有率性的功夫，才能達到"喜怒哀樂之未發"的中。也祇有有了"喜怒哀樂之未發"的中，才能達到"發而皆中節"的和。祇有這樣，才能說"致中和，天地位焉，萬物育焉"。爲什麽"致中和"就是"天地位焉，萬物育焉"？關於這段話，鄭玄祇解釋了"致"、"位"、"育"三個單字的意義，孔穎達則用漢人天人感應之說敷衍一番，朱熹的解釋離題更遠，誰也沒有解決問題。我認爲，"致中"是"率性"的結果，亦即《易大傳》所說的"傚天法地"的結果。祇有這樣的"致中"才可以說是"天地位焉"。也祇有"致中"是"天地位焉"，才可以說"致和"是"萬物育焉"。《易•序卦傳》說："有天地，然後萬物生焉"。不是最好的證明嗎？

　　孔穎達《中庸》疏說："案鄭《目錄》云：'名曰《中庸》者，以其記中和之爲用也。庸，用也。'"根據上述這段話，我看鄭說是對的。所以，孔子所重視的中，乃是《中庸》所說的"喜怒哀樂之未發謂之中"，即時中。

二、仁義，禮

　　我認爲仁義也是孔子思想核心之一。但與"時"比較，則"時"是基本的，而"仁義"是從屬的。這一點，從《易•說卦傳》所說"昔者聖人之作《易》也，將以順性命之理。是以立天之道曰陰與陽，立地之道曰柔與剛，立人之道曰仁與義"，可以看得很清楚。因爲人類社會與自然界來比較，不能不處於第二位。

　　有人說，孔子的思想核心是仁。這種說法不無道理。因爲《吕氏春秋•不二》說："孔子貴仁。"在《論語》裏談到仁的地方也確實很多。但在《論語》談義的地方也不少。祇是不見有仁義連用罷了。有人說，仁義是孟子的專賣品。我認爲這種說法是祇看到了表面現象，其實並非如此。我們知道莊子與孟子同時或稍前。司馬遷說莊子："作《漁父》、《盗跖》、《胠篋》以詆訾孔子之徒。"今在

《莊子》三十三篇中,可以看到有十七篇言及仁義,已超過半數。特別是《天運》説:"孔子見老聃而語仁義。"《天道》説:"孔子曰善。往見老聃,……於是繙十二經以説。老聃中其説,曰,'大謾,願聞其要。'孔子曰:'要在仁義。'"《讓王》説:"今丘抱仁義之道。"《漁父》説:"孔氏者……身行仁義。"如果衹有孟子始言仁義,爲什麽《莊子》如此攻擊孔子的仁義,而且假託孔子説"要在仁義"呢?不僅如此,在《論語》中,雖然不見有仁義連用,但孔子總是把"出則事公卿"與"入則事父兄"、"遠之事君"與"邇之事父"、"君君臣臣"與"父父子子"並列在一起。從實質上看,這不也是仁義連用嗎?所以,孔子在《説卦傳》説:"立人之道曰仁與義"。這是孔子思想在人道,亦即人生觀方面以仁義爲核心的確鑿證明,是不容懷疑的。

那麽什麽是仁義?由於孔子在《論語》裏,語及仁義多是隨方施教,没有作過正面的、確切的詮釋,所以在這個問題上,後人總是衆説紛紜。例如韓愈説:"博愛之謂仁,行而宜之之謂義。"朱熹説:仁是"心之德愛之理",義是"心之制事之宜"。其實這些説法都不是孔子立説的本意。我認爲對於作爲孔子思想核心之一的仁義的最全面最精確的詮釋,莫如《中庸》中孔子答"哀公問政"一段話:"仁者人也,親親爲大。義者宜也,尊賢爲大。親親之殺,尊賢之等,禮所生也。"這段話對於仁義包括禮三者的内容、特點以及其相互之間的關係闡釋得非常全面而精確。

首先説,"仁者人也"是什麽意思?我認爲人和仁本來是一個字,後來由於歷史發展,仁自人分化出來,但仍不能不保留原有的含義。這裏的"仁者人也"的人字,實際上具有兩層含義。一是説仁的産生,二是説仁的適用範圍,都衹限於人類。《莊子·天運》説:"商太宰蕩問仁於莊子。莊子曰:'虎狼,仁也。'曰:'何謂也?'莊子曰:'父子相親,何爲不仁?'"《莊子》説"虎狼,仁也",實際上是對孔子言仁的故意歪曲,藉以反對孔子。虎狼固然是父子相親,但是,它不能把這個相親推廣於全體獸類,而仁則不然。《論語·泰

伯》説："子曰：'君子篤於親，則民興於仁'。"即人類能把"父子相
親"的"親"推廣於全體人類。所以，《莊子》説"虎狼，仁也"，是不對
的。《論語·鄉黨》説："厩焚。子退朝，曰：'傷人乎？'不問馬。"又
《顏淵》説："子夏曰：'君子敬而無失，與人恭而有禮，四海之內皆兄
弟也。'"《吕氏春秋·愛類》説："仁於他物，不仁於人，不得爲仁。
不仁於他物，獨仁於人，猶若爲仁。仁也者，仁乎其類者也。"可見，
孔子所説的仁，其範圍祇限於人類。後世有人説"仁者以天地萬物
爲一體"，也不是孔子的觀點。

"親親爲大"則是説仁的適用範圍儘管是全人類，但"親親"最
爲重要。因爲"親親"是仁的起點，仁的原動力。不能"親親"而能
親一切人，是所謂"其所厚者薄而其所薄者厚，未之有也"。

"義者宜也"是什麼意思呢？"宜"的意思是合適，恰當。"義者
宜也"的意思是説處理事物合適、恰當就是義。所謂合適、恰當，有
没有標準？標準是有的，但不固定。要因人制宜，因事制宜，因時
制宜，因地制宜。所謂制宜，實際上是要求主觀與客觀能達到一
致。客觀上的事物是千差萬别的。在主觀上處理時，也要符合客
觀上的實際情況，而不應千篇一律。《孟子·滕文公上》説："夫物
之不齊，物之情也。或相倍蓰，或相什百，或相千萬。子比而同之，
是亂天下也。"孟子所説的"比而同之"，就是不宜，也就是不義。

"尊賢爲大"是什麼意思？要瞭解這個問題，首先要瞭解"尊
賢"與"親親"不同。"尊賢"講的是義，"親親"講的是仁。講義所重
在社會，講仁所重在家庭。當然，這並不是説在社會上就不講仁，
在家庭中就不講義。《禮記·喪服四制》説："門内之治恩揜義，門
外之治義斷恩"，實正確地説明了這個問題。"尊賢爲大"，意思是
説義的範圍所包甚廣，不以尊賢爲限，但"尊賢"是義中的頭等大
事。《禮記·仲尼燕居》説："目巧之室，則有奧、阼，席則有上下，車
則有左右，行則有隨，立則有序，古之義也。"這是義的範圍不以尊
賢爲限的證明。

"親親之殺"是説"親親"有親疏遠近等級上的差別。《禮記・喪服小記》説:"親親以三爲五,以五爲九,上殺、下殺、旁殺而親畢矣。"可以看做是"親親之殺"的注腳。鄭玄説:"己上親父,下親子,三也。以父親祖,以子親孫,五也。以祖親高祖,以孫親玄孫,九也。殺謂親益疏者,服之則輕。"鄭説是對的。

"尊賢之等",是説人的賢才有高下,表現在職位上也應有尊卑貴賤等等級上的差別。《左傳・莊公十八年》説:"王命諸侯,名位不同,禮亦異數。"《荀子・王制》説:"分均則不偏,勢齊則不一,衆齊則不使。有天有地而上下有差,明王始立而處國有制。夫兩貴之不能相事,兩賤之不能相使,是天數也。勢位齊而欲惡同,物不能澹則必爭。爭則必亂,亂則窮矣。先王惡其亂也,故制禮義以分之,使有貧、富、貴、賤之等,足以相兼臨者,是養天下之本也。"從上述兩段引文,對"尊賢之等"的實際和理論可以看得很清楚了。

"禮所生也",是説禮就是由仁的親親之殺和義的尊賢之等産生出來的。所以,禮不是別的,它是仁義的表現形式。《論語・顏淵》説:"顏淵問仁。子曰:'克己復禮爲仁。'顏淵曰:'請問其目。'子曰:'非禮勿視,非禮勿聽,非禮勿言,非禮勿動。'"《孟子・離婁上》説:"孟子曰:'仁之實,事親是也。義之實,從兄是也。禮之實,節文斯二者是也。'"都是證明。孟子所謂"斯二者"就是仁義,所謂"節文斯二者"就是説禮是仁義的表現形式。關於節文的意義,明見於《禮記・三年問》:"三年之喪何也? 曰:稱情而立文,因以飾群,別親疏、貴賤之節。"這裏所説的"三年之喪",就是禮。所説的"情",指内容。所説的"文"指斬衰之服。所説的"節",指喪期三年。總之,"節文"是形式而"情"爲内容。可見孟子所説的"禮之實,節文斯二者是也"正是説禮是仁義的表現形式。

仁義作爲一種事物,也有它的發生發展過程。而這個發生發展過程不能不受歷史條件的制約。《尚書・堯典》説:"帝曰:"契,百姓不親,五品不遜,汝作司徒,敬敷五教,在寬。"這個"五教"是什麼呢？《左傳·文公十八年》説是“父義、母慈、兄友、弟共、子孝”。《孟子·滕文公上》説是“父子有親，君臣有義，夫婦有別，長幼有敍，朋友有信”。我認爲從真實性來説，《左傳》對。因爲在堯舜時代國家還没有産生，它是以血族團體爲基礎的社會，在家庭間强調父母兄弟和子的義務是合理的。然而孟子的説法也不見得没有道理。因爲在戰國時期，人與人之間的關係已不限於家庭，加入了君臣、夫婦等等關係。故孟子的解釋也是可以理解的。孟子屢次提到“人倫”。於《孟子·滕文公上》説：“使契爲司徒，教以人倫。”同篇又説：“夏曰校，殷曰序，周曰庠，學則三代共之，皆所以明人倫也。”於《離婁上》説：“聖人，人倫之至也。”於《離婁下》説：“舜明於庶物，察於人倫。”什麼是“人倫”？古人所説的“人倫”，實際上就是人與人之間的關係。衹要有社會存在，爲了維持社會的安寧秩序，使社會能够順利地向前發展，就不能不講求如何正確處理人與人之間的關係。所以，孔子所講的仁義，不過是孔子用以處理當時人與人之間的關係的工具罷了。《論語·里仁》説：“曾子曰：‘夫子之道，忠恕而已矣。’”這個“忠恕”，也是用來處理人與人之間的關係的。《中庸》説：“忠恕違道不遠，施諸己而不願，亦勿施於人。”《大學》説：“是故君子有諸己而後求諸人，無諸己而後非諸人。所藏乎身不恕，而能喻諸人者，未之有也。”《論語·雍也》説：“夫仁者，己欲立而立人，己欲達而達人。能近取譬，可謂仁之方也已。”可見“忠恕”是孔子用以處理人與人之間的關係的。而“忠恕”的内容則是仁義。所以，曾子把孔子説的“吾道一以貫之”理解爲“夫子之道，忠恕而已矣”，並不算錯。衹是孟子所説“孔子，聖之時也”更爲深刻，更能抓住孔子思想的本質。

　　由於禮是仁義的表現形式。所以，仁義同禮來比較，仁義是抽象的，禮是具體的。我們要瞭解仁義，最好是先瞭解禮。古人稱“故《經禮》三百，《曲禮》三千”（《禮記·禮器》）。人的所有一切語言行動都有禮作爲規範，非常繁縟。然而大別之不過八種，即《禮

記・昏義》所謂："夫禮始於冠,本於昏,重於喪、祭,尊於朝、聘,和
於鄉、射,此禮之大體也。"在這八種禮當中,最重要的則是喪禮。
在喪禮當中,最能反映人與人之間的關係的,莫如喪服。《禮記・
大傳》說："服術有六:一曰親親,二曰尊尊,三曰名,四曰出入,五曰
長幼,六曰從服。"鄭玄說:"'親親'父母爲首,'尊尊'君爲首。"說明
在喪服當中所反映的基本內容是親親、尊尊,亦即仁義。又孔子作
《春秋》。司馬遷在《史記・滑稽列傳》開篇引孔子的話說:"《春秋》
以道義。"於《自序》又說:"故《春秋》者,禮義之大宗也。"可見孔子
作《春秋》是專用以反映他思想中的義的。《莊子・天下》說:"《春
秋》以道名分。""名分"就是尊尊,也就是義,與《史記》所說的並無
二致。我們看《春秋》裏記述事實所遵守的原則,如"據魯,親周,故
殷"(《史記・孔子世家》),"所見異辭,所聞異辭,所傳聞異辭"(《公
羊傳》隱公元年),"《春秋》爲尊者諱,爲親者諱,爲賢者諱"(《公羊
傳》閔公元年),"《春秋》內其國而外諸夏,內諸夏而外夷狄"(《公羊
傳》成公十五年),等等,都是"《春秋》以道義"的具體表現。

　　最後還要談一個問題,這就是孔子思想核心之一雖然是仁義,
但是在仁義當中他特別強調仁則是事實。例如《孟子・離婁上》
說:"孔子曰,'道二,仁與不仁而已矣。'"《論語》裏談仁的地方也確
實比較多。這是什麼原因呢? 我認爲這個問題需要從歷史中找答
案。孔子雖然生在春秋時期,但從他的學術思想來說,則如《中庸》
所說是"仲尼祖述堯舜,憲章文武",即有得於"軍事民主制"時期的
思想較多。因此,他強調"親親",強調仁,亦即強調血族關係,是可
以理解的。在孔子後,孟子強調義,荀子強調禮,韓非則特別言法,
這都是歷史條件決定的。恩格斯說:"一定歷史時代和一定地區內
的人們生活於其下的社會制度,受着兩種生產的制約:一方面受勞
動的發展階段的制約,另一方面受家庭的發展階段的制約。勞動
愈不發展,勞動產品的數量、從而社會的財富愈受限制,社會制度
就愈是在較大程度上受血族關係的支配。"根據恩格斯兩種生產的

理論,勞動愈發展,血族關係的支配力量愈減弱。也就是説,歷史進入文明時代以後,從總的趨勢來看,應是階級關係不斷加强,血族關係不斷削弱。所以,孔、孟、荀、韓各家思想的側重點不同,應從歷史條件的變化去找原因,而不要僅僅歸結爲個人的認識。

第五章　孔子的天道觀與人性論

《論語・公冶長》載:"子貢曰:'夫子之文章可得而聞也,夫子之言性與天道不可得而聞也。'"證明性與天道是一個很難瞭解的問題。即便是孔子生時,群弟子中以言語見稱的子貢,亦曾以"不可得而聞也"而興嘆。當然,在過去一個時期內,曾經有不少人談過這個問題。不過,當時是在批孔的影響下,談的人多抱有成見,其結論是不足據的。今天不同了。今天我們可以解放思想,實事求是,不必擔心有任何框框了。

一、孔子的天道觀

我認爲談孔子的天道觀,實際上是辨明孔子思想是唯心的,還是唯物的問題,亦即根據恩格斯所説的哲學最高問題來考察,孔子是"斷定精神對自然界説來是本原的",還是"認爲自然界是本原的"問題。爲了辨明這個問題,不能不涉及到孔子言論中曾經使用的一些天、命以及鬼神等概念。不過,需要説明,古人對於這些概念是有不同的理解的。例如《國語・楚語下》説:"顓頊受之,乃命南正重司天以屬神,命火正黎司地以屬民。"這個"天",不消説是應該理解爲神或唯心主義的。古人沿用這種理解,當然也是唯心主義的。又如《論語・泰伯》説:"唯天爲大,唯堯則之。"這個"天",顯然是指《尚書・堯典》"欽若昊天,曆象日月星辰,敬授人時"的"天"。這就不能不理解爲唯物主義的天了。又如"天道",本意是天行。例如《周易・乾卦大象》説:"天行健"。就應該理解爲唯物主義的。然而有人卻理解爲人格神，它就變成唯心主義的了。關於命的問題也一樣。星相家所説的命，當然是唯心主義的了。但是，如《孟子·盡心上》説："盡其道而死者，正命也；桎梏死者，非正命也。"《莊子·列禦寇》説："達大命者，隨；達小命者，遭。"二書所説的命，就不見得是唯心主義的。據我看，孟子所説的"正命"和《莊子》所説的"隨"，實際上是指必然性。孟子所説的"非正命"和《莊子》所説的"遭"，實際上是指偶然性。二人所説的命，都應理解爲唯物主義者所説的命。

關於孔子的天道觀是唯心的，還是唯物的呢？據我看，這一點最本質的應體現在《論語·陽貨》孔子所説的"天何言哉？四時行焉，百物生焉，天何言哉"一段話。我認爲，這段話裏所説的天，應該理解爲唯物的。因爲這個天是没有思想，不能説話，祗有行動。它的行動表現爲"四時行焉，百物生焉"。這一觀點與《周易·序卦傳》説"有天地然後萬物生焉"；乾卦卦辭説"乾，元亨利貞"；坤卦卦辭説"坤，元亨利牝馬之貞"；乾卦《彖傳》説"大哉乾元，萬物資始，乃統天"；坤卦《彖傳》説"至哉坤元，萬物資生，乃順承天"，以及《繫辭傳上》説"是故法象莫大乎天地，變通莫大乎四時"等觀點是完全一致。這個"天"，肯定説是自然的天。在這個天裏邊没有上帝鬼神存在的餘地。餘如《論語·述而》説："子曰：'我非生而知之者，好古，敏以求之者也'"。又説："子曰：'蓋有不知而作之者，我無是也。'"《爲政》説："子曰：'由！誨女知之乎！知之爲知之，不知爲不知，是知也。'"亦足證明孔子的思想是唯物的，而不是唯心的。有人執《論語·八佾》有"祭如在，祭神如神在"和《先進》有"季路問事鬼神。子曰：'未能事人，焉能事鬼？''敢問死？'曰：'未知生，焉知死'"説孔子雖然没有明白説有鬼神，實際還是相信有鬼神的。我不同意這個看法。我認爲孔子不明白説有鬼神，正表明他不相信有鬼神。在這裏有兩個問題需要搞清楚。第一，今日一般人對死者送花圈，這並不能説他是認爲死者有知，而是因爲他要表達對死者的感情。這裏邊有禮俗的問題，不能一律理解爲有神論或無神論的問題。第二，我們黨的幹部到西藏自治區，一般不向喇嘛宣傳無神論。這並不表明他們是有神論者，而是如《禮記·曲禮上》所説的，這裏有一個"禮從宜，使從俗"的問題。荀子生在戰國末期，可以在《天論》裏明白地説："日月食而救之，天旱而雩，卜筮然後決大事，非以爲得求也，以文之也。故君子以爲文，而百姓以爲神。以爲文則吉，以爲神則凶也。"而孔子生在春秋中期，就没有這樣説過。這裏有一個歷史條件問題。祇知其一、不知其二，而魯莽從事，是很難得出正確的結論的。何況《墨子·公孟》明白説："儒以天爲不明，以鬼爲不神。"我們今天怎能説孔子的天道觀是唯心的呢？

二、孔子的人性論

人性論在中國歷史中是一個爭論最大，説法最多，而不易解決的問題。

據我所知，孔子言性在《論語》中有一條，在《易大傳》中有六條。兹先談《論語》裏的一條。《論語·陽貨》説："子曰：'性相近也，習相遠也。'"據我理解，孔子所説的"性"是專指人性而言。"相近"包括兩層意思。第一，從人之性對犬之性牛之性來看，人與人爲同類，所以説"相近"。"相近"表明人有共性。第二，從人類自身來看，人與人雖屬同類，但智愚壯羸萬有不同。所以應當説"相近"，不應當説相同。這表明人又有個性。總之，二者都是指人的自然性而言。"習"則不然。"習"是指人的社會性。《春秋繁露·實性》説："性者，天質之樸也；善者，王教之化也。無其質，則王教不能化；無其王教，則質樸不能善。"董仲舒所説的"天質之樸"，指的正是人的自然性，所説的"王教之化"指的正是人的社會性。"習相遠"是説人由於受社會的影響，因而有善有惡，差別非常之大。

由此可見，人的自然性衹能説"相近"，不能用善惡來表述。善與惡
是事之兩極。用以表述"習相遠"則可，用以表述"性性近"則不可。
或者説用以表述人之社會性則可，用以表述人的自然性則不可。
所以，我認爲孔子的言性是對的，是符合實際的。相對説來，孟子
説"人性善"，荀子説"人性惡"以及説"有善有惡"、説"善惡混"等
等，五花八門，都不對。因爲他們所説的都是"習"，而不是"性"。

　　在這裏還要提到一個問題，這就是朱熹《論語集注》釋"性相
近"時，引程子曰："此言氣質之性，非言性之本也。若言其本，則性
即是理。理無不善，孟子之言性善是也。何相近之有哉？"他這種
説法對不對呢？我認爲不對。其所以不對，在於他所説的"理"，事
實上是不存在的。他所説的理，實際就是老子所説的"道"，不過換
一個名詞罷了。老子認爲"道生一"，道在天地先。這不是同程子
所説的氣質之性不是本，"若言其本，則性即是理"的觀點一致嗎？
應當指出，程子認爲孔子是"言氣質之性"是對的。其錯誤不在此，
而在於他顛倒了本末，把孟子言性善認爲是"言性之本"，而詆孔子
之説爲"何相近之有哉"。

　　關於《易大傳》言性的六條，具體説，乾卦《彖傳》説"乾道變化，
各正性命"是第一條，《乾文言》説"利貞者，性情也"是第二條，《繫
辭傳上》説"一陰一陽之謂道，繼之者善也，成之者性也"是第三條，
同篇説"天地設位，而易行乎其中矣。成性存存，道義之門"是第四
條，《説卦傳》説"窮理盡性以至於命"是第五條，同篇説"昔者聖人
之作《易》也，將以順性命之理"是第六條。這六條裏的第一和第
五、第六等三條都言性命，可以合并爲一條，第三、第四都言成性，
可以合并爲一條。因此下文將主要就合並後的兩條加以説明。

　　首先説"乾道變化，各正性命"是什麼意思呢？我認爲所謂"乾
道變化"，實際上就是天道變化，也就是太陽變化。因爲《禮記·郊
特牲》明白説："郊之祭也，迎長日之至也。大報天而主日也。"我們
祖先居住在北半球。由於一年中距離太陽有遠有近，因而形成了

春夏秋冬四時的變化。在變化當中,地球上所有一切生物都賦予生命,從而開始了發生、發展、衰老、死亡的過程。所以"各正性命"的"命"不是別的,就是"乾道變化"所賦予的生命;"性"也不是別的,就是有生命了又各自具有自己的特性。《說卦傳》所說的"窮理盡性以至於命",與"乾道變化,各正性命"基本上是一個意思。具體說,"理"是事理,"性"是人性,"命"是天命。惟能窮事理才能盡人性,能盡人性才能達到天命的地步。那末,"天命"是什麼?據我看,譯成今語,應該說是自然發展規律。"將以順性命之理"與"……窮理盡性以至於命"大意相同,爲了節省篇幅,就不準備在這裏談了。

　　"一陰一陽之謂道,繼之者善也,成之者性也"是什麼意思呢?據我看,這"一陰一陽"在《周易》六十四卦裏,就是一乾一坤,也就是一天一地,表明二者是對立的,又是統一的。它們由於內部的矛盾性而產生運動,這個運動就叫做"道"。所以這句話同乾卦《彖傳》說"乾道變化,各正性命"、《序卦傳》說"有天地,然後萬物生焉"基本上是一個意思。"繼之者善也"是說能繼承這個一陰一陽的道,就叫做善。實際這一陰一陽之道也就是"天道",也稱"天行"。譯成今語,就是自然發展規律。怎樣繼承天道呢? 據我看,應如《乾文言》所說"與天地合其德,與日月合其明,與四時合其序,與鬼神合其吉凶,先天而天弗違,後天而奉天時",而這就是善了。古人常教人"合天"、"法天",其實就是說能做到符合自然發展規律。"成之者性也"則是說天地產生萬物以後,萬物又各自形成自己的特性。《大戴禮記・本命》說:"分於道謂之命,形於一謂之性。"正可用以解釋"成之者性也"這個"性"字。它說明道與命是一個東西。不同在於前者是全體,而後者是一部分。性則不然。性是由道產生出來的這個萬物的性。談到"天地設位,而易行乎其中矣",我認爲這句話與同篇說"乾坤成列,而易立乎其中矣"是一個意思。與《序卦傳》所說的"有天地,然後萬物生焉"和上文所說的"一陰一陽之謂道”以及“乾道變化，各正性命”的意思也大體上相同。其中心思想我認爲就是孔子所説的“天何言哉？四時行焉，百物生焉，天何言哉！”。不過説法不同罷了。“成性存存”的“存存”意思是説存之又存，唯恐失之。那末，存什麼呢？我認爲所存的不是“性”，而是“成性”。就本文來説，它是“天地設位，而易行乎其中矣”。就上文來説，它是“一陰一陽之謂道”。正因爲這樣，它才是“道義之門”即道義都是從這裏出來。實際這也就是説“繼之者善也”。

　　總之，我認爲無論是《論語》或《易大傳》，它們言性，從觀點上説，都是唯物的。程子言性則與此相反，是唯心的。至於孟子、荀子言性雖然也不正確，但與程子言性相比，從錯誤的程度上看，還是有差別的。

第六章 孔子的教育思想

一、孔子是偉大的教育家

说孔子是教育家,人們容易認同,说孔子是偉大的教育家,便不見得都能接受。孔子的教育理論和教育實踐産生於奴隸社會,爲奴隸社會的政治服務,爲奴隸社會培養人才,當然有歷史的和階級的烙印。但是歷史證明它們有真理性和超時代性,他的許多關於教育、教學的理論至今仍有借鑒的意義。在封建社會官方加給孔子的衆多"桂冠"中,最恰當的是清朝康熙皇帝題寫孔廟大成殿匾額的"萬世師表"四字。"萬世師表"換成現代漢語,便是教師永恒的表率。講永恒似乎不科學,永恒的事物不存在;教師是培養人的,更具有階級性和時代性;對教師的要求必因時代而異,不可能永恒不變;今天的教師應懂馬克思主義,有社會主義覺悟,否則不算合格。但是孔子作爲一個古代的教師,他的東西有没有至今仍閃爍着真理光輝的呢?顯然有。他的因材施教的思想,啓發式的思想,有教無類的思想,仍是今日教師應該做到而往往做不到的。就這一點说,孔子的確够得上教師之永恒表率。古代的教師和教育家數不勝數,著名的也不少,如孟子、荀子、董仲舒、馬融、鄭玄、周敦頤、朱熹、王陽明等,皆弟子成群,春風桃李滿天下,然而人們祇知道他們的學問,不知他們在教育上有何建樹。孔子則特立傑出,不但是學問家,還是教育家。祇有孔子够得上教師的永恒表率,可以稱偉大的教育家。

　　孔子偉大的教育思想源於他的深刻的哲學思想。孔子首先是一個偉大的哲學家，然後才是一個偉大的教育家。孔子思想的核心是時中和仁義，這構成孔子教育思想的理論基礎。時中就是辯證法。孔子的教育思想和教育實踐處處貫穿着辯證法精神。說孔子是偉大的哲學家並非沒有爭議。黑格爾在《哲學史講演錄》第一卷談及東方哲學時說："孔子祇是一個實際的世間智者，在他那裏思辨的哲學是一點也沒有的——祇有一些善良的、老練的、道德的教訓，從裏面我們不能獲得什麼特殊的東西。"又說："根據他的原書可以斷言，爲了保持孔子的名聲，假使他的書從來不曾有過翻譯，那倒是更好的事情。"黑格爾不瞭解中國哲學，對孔子的哲學所知更少。不知道就下斷語，正是孔子"知之爲知之，不知爲不知，是知也"這句善良的、老練的、道德的教訓所反對的。黑格爾的確未能從中獲得什麼特殊的東西。黑格爾講演錄的這段話，假使從來不曾翻譯成中文，爲了在中國人心目中保持他這位西方偉大哲人的博學形象，那倒是更好的事情。

　　黑格爾在孔子問題上的確強不知以爲知了。孔子哲學的思辨性一點不比同時代的希臘哲學家們差。孔子看見了世界的變化和變化中的世界。"子在川上曰：逝者如斯夫，不舍晝夜！"一切都像這流水一樣時刻不停地逝去。這是多麼思辨的哲學語言！與孔子同時的希臘哲學家赫拉克里特說的"一個人不能兩次踏進同一條河流"那句名言，其思辨的水平未見比孔子更高。赫氏僅僅言及這條河，而孔子則由這條河看到整個世界。赫氏成爲西方辯證法的奠基人，孔子身後的命運不如他，孔子的高水平的辯證法思想在中國人這裏也未得到公允的對待和應有的重視。

二、孔子懂得學習過程的特點

　　人類的認識過程是由實踐到認識，再由認識回到實踐。實踐

是認識的惟一源泉，也是檢驗認識的惟一標準。感性認識和理性
認識是認識過程的兩個階段。對人類認識過程的這一現代認識，
兩千五百多年前的孔子根本不可能達到。個體人的認識過程總體
上説與整個人類的認識過程一致，也不能脱離實踐。但是一個人
的生命有限，與人類的歷史相比無異於一瞬，他不可能也沒有必要
經歷無數代人早已經歷過的認識過程。個人必須從前人留下的各
種符號記錄和長輩的口頭傳授以及行爲熏染中接受前人積累的認
識。如果不是這樣，拒絕傳承前人的知識，那就真正會出現《莊
子·逍遥遊》所説"朝菌不知晦朔，蟪蛄不知春秋"的那種情況。
《莊子·養生主》説："吾生也有涯，而知也無涯。"指出生命的有限
與知識的無限兩者之間的矛盾，是對的。莊子的結論是錯誤的，他
説："以有涯隨無涯，殆已。"看不到解決這一矛盾的辦法，所以陷入
不可知論的泥潭。實際上有限的個體生命能夠獲得遠遠超過他親
身實踐的知識，而一代人總要掌握前代遺留知識的全部。人類具
有這個能力，人類如果喪失這個能力或者拒絕承認這個能力，便祇
能回到自然狀態，和動物一樣。道家老莊追求的就是這個。人類
要存在下去，必須按照道家主張的相反方向做，每個人都要學習別
人、前人已得的知識。把學習活動有目的有計劃地組織起來進行，
使之具有社會的意義，那就是教育。

　　孔子懂得學習的重要性和學習過程的特點。一部《論語》學字
出現六十五次，對於人的學習問題進行多方面的反復論述。孔子
未給學字下個明確的定義，但是從他的言論中我們可以體會出來。
孔子説："學而不思則罔，思而不學則殆。"(《論語·爲政》)學和思
是兩回事，各有各的特點。一個人既要學也要思，缺少任何一項也
不可。那末學是什麼？思是什麼呢？欲知學是什麼，可先知學不
是什麼。這裏學與思對言，知學不是思。《周易·文言傳》説："君
子學以聚之，問以辨之，寬以居之，仁以行之。"《禮記·中庸》説：
"博學之，審問之，慎思之，明辨之，篤行之。"這裏學與問與行對言，

知學不是問，也不是行。學不是思，不是問，不是行，還能是什麼呢？必是學前人留下的知識，學前人的文化遺産，其實就是讀簡策，就是讀書。黃式三《論語後案》説"學謂讀書"是正確的。這在《論語》中可找到證明。《季氏》篇言及"學詩"、"學禮"，《述而》言及"學易"，都言讀書。《學而》篇"行有餘力，則以學文"，行與學文對言，學文必也是讀書。《先進》篇記子路説："有民人焉，有社稷焉，何必讀書然後爲學！"既言"何必讀書然後爲學"，就意謂當時人們都認爲讀書是學，讀書以外的事情不是學。孔子接子路説："是故惡夫佞者。"這話没正面駁子路不對，而指斥他利舌巧辯，其實正是不贊成子路的論調。

　　説學是指讀書而言，從罔與殆兩字對言也看得出來。罔是誣罔。殆，何晏釋爲精神疲殆，朱熹釋爲危殆。王念孫《讀書雜誌》、王引之《經義述聞》釋爲疑而不决。王氏父子之説爲長。衹學不思，便受欺罔。衹思不學，便解决不了自己不懂的問題。這兩句話衹有在把學理解爲讀書的時候才有意義。讀書而不動腦思考，完全信書，就會受書的欺罔。《孟子·盡心下》説"盡信書則不如無書，吾於《武成》取其二三策而已矣"，正是這個意思。反之，如果衹是自己思考，不讀書，便會有許多問題解决不了。通過讀書繼承前人的知識，通過思考批判前人的知識。學與思統一，繼承與批判統一，構成一個人的學習過程的一個重要方面。學習過程的另一個方面是實踐，亦即古人説的行。人類的認識過程主要在實踐，離開實踐就談不上認識。一個人或一代人的認識卻不可一切通過親身實踐，必須通過讀書學習掌握前人的知識。孔子説："吾嘗終日不食，終夜不寢，以思，無益，不如學也。"(《論語·衛靈公》)這是孔子關於通過書本學習前人遺留知識的經驗談。孔子還説："我非生而知之者，好古，敏以求之者也。"(《述而》)又説："知之爲知之，不知爲不知，是知也。"(《爲政》)孔子强調人皆有所不知，變不知以爲知的辦法是學。學什麼？學古，即學習古人的知識。這當然須通過書本學習。這樣的認識已經比較抽象化了。就是說,孔子對於人學習書本知識的重要意義的認識,已有一定的理論化水平。

一個人的學習過程包括親身實踐、讀前人書這兩個重要方面。除此,聞見也是不可少的。孔子說:"三人行,必有我師焉。擇其善者而從之,其不善者而改之。"(《述而》)反面正面的,我都可以借鑒。所以誰都可以做我的老師。孔子又說:"多聞,擇其善者而從之。多見而識之。知之次也。"(同上)但能分清善惡是非,使不相淆亂,所見所聞都是學習。

孔子對人的學習過程的特點認識得相當清楚,知道人非生而知之,亦不可强不知以爲知;人必須通過讀書學習,通過聞見學習。因此孔子重視教育,終生從事教育,一方面自己學而不厭,一方面誨人不倦。他一輩子孜孜不息地教書育人,受到學生們心悅誠服的擁護,其思想的基礎就在這裏。

有一個問題需要搞清楚。孔子說:"生而知之者,上也。學而知之者,次也。困而學之,又其次也。困而不學,民斯爲下矣。"(《季氏》)把人劃分爲四等,第一等是生而知,第二等是學而知,第三等是遇到困難才學習,第四等是不知學習。第一等生而知,不好理解。孔子不承認自己是生而知之的人。例如他說:"我非生而知之者,好古,敏以求之者也。"(《述而》)"若聖與仁,則吾豈敢?抑爲之不厭,誨人不倦,則可謂云爾已矣。"(同上)俞樾《群經平議》說:"聖與仁,猶言智與仁也。子貢曰:'學不厭,智也。教不倦,仁也。'蓋諸弟子之稱夫子如此。"孔子說他够不上智者和仁者,即不是生而知的人,他不過是不停地學習,不停地教人而已。古人多以爲此是孔子的謙辭,如孔安國說:"孔子謙不敢自名仁聖也。"朱熹說:"此亦夫子之謙辭也。"仔細尋繹《論語》原文,似乎不像謙辭,孔子承認了他是智者仁者,祇是强調他不是生就如此,而是終生不斷地學和教的結果。他的知是學得的。看孔子的全部言行,找不到人有生而知之者的思想。那末,"生而知之者,上也;學而知之者,次也"那兩句話怎麽理解呢？張岱年先生説孔子講"生而知之者，上也"，不過是虛懸一格而已(《中國哲學發微》第 357 頁)。以後又進一步指出所謂"生而知之者，上也"是指一個人通過自己的生活實踐獲得知識而言，"學而知之者，次也"，説的是通過學習前人和別人的東西獲得知識。這樣理解，大概符合孔子的語意。

三、"有教無類"：孔子的教育方針

《論語·衛靈公》有孔子"有教無類"一語，可視做孔子創辦私學的教育方針。這個教育方針在當時是很了不起的。在孔子以前，教育衹在天子諸侯卿大夫士的子弟中進行，絶大多數人無緣接受教育。孔子用他的教育實踐打破了這個界限。孔子是這樣做的，所以才這樣説。《論語·述而》記孔子説："自行束脩以上，吾未嘗無誨焉。"這是對"有教無類"的最好注解。孔子收弟子没有門第的限制。衹要是人，有受教育的價值，他都要。《荀子·法行》説，"南郭惠子問於子貢曰：'夫子之門何其雜也？'子貢曰：'夫子正身以俟，欲來者不距，欲去者不止。且夫良醫之門多病人，櫽栝之側多枉木，是以雜也。'"這記的是孔子實行"有教無類"的事實。《説苑·修文》説："孔子見子桑伯子，子桑伯子不衣冠而處。弟子曰：'夫子何爲見此人乎？'曰：'其質美而無文，吾欲説而文之。'"這記的是孔子實行"有教無類"的具體實例。馬融説："言人所在見教，無有種類。"皇侃説："人乃是貴賤，同宜資教，不可以其種類庶鄙而不教之也。教之則善，本無類也。"《吕氏春秋·勸學》説："故師之教也，不争輕重尊卑貧富，而争於道。其人苟可，其事無不可。"這是後世人對"有教無類"的理解，這理解是正確的。衹要有培養的可能性，不問其出身門第如何，衹管教育就是了。孔子爲人嚮來是做到才説到。他説"有教無類"，就已做到"有教無類"。他的弟子出身貧賤的不少，顔回"一簞食，一瓢飲，在陋巷"(《論語·雍也》)，

仲弓其父爲"賤人"，家"無置錐之地"（《荀子・非十二子》），子路是
"卞之野人"（《史記・仲尼弟子列傳》），原憲居魯"環堵之室，茨以
生草"，"上漏下濕，匡坐而弦歌"，曾參居衛，"縕袍無表，顏色腫噲，
手足胼胝"（《莊子・讓王》），公冶長曾"在縲絏之中"（《論語・公冶
長》），"漆雕開形殘"，似受過刑罰（《墨子・非儒》），都是來自下層
的人，而且籍貫也複雜，孔子都收教不棄。

　　孔子實行"有教無類"的方針，有堅實的哲學基礎。他不相信
有生而知之的人，人人都要通過學習獲得知識，加強修養，因此都
有必要接受教育。上文已論及於此。"性相近也，習相遠也。"（《論
語・陽貨》）這一正確的人性論觀點促使他在教育上執行"有教無
類"的方針。人的自然素質差別不大，差別是後天習染和教育造成
的。無論什麽人都可以也應該受教育。貧賤與富貴不應成爲可否
受教育的條件。智力水平與接受教育的自覺性和積極性在少數人
那裏有時表現出較大的差距。有生來痴呆魯鈍的人，也有生來聰
敏過人的人。這兩種人當然也需要塑造教育，也要通過後天的習
染和教育獲得知識，提高修養。孔子説的"唯上知與下愚不移"，祇
是説上智不能改移其上智，下愚不能改移其下愚，不是説上智是生
而知之者，不須受教育，下愚是不能知者，不必受教育。

四、因材施教：孔子的教學原則

　　孔子教學有一條明顯而重要的原則，叫做"因材施教"。"因材
施教"這句話具有理論意義，已經由具體上升到抽象，不是普通的
經驗談。但是這句話不是孔子概括出來的。孔子在教學實踐上做
到了"因材施教"，卻未能抽象爲理論。"因材施教"是北宋人程頤
第一個講的。原話是："孔子教人，各因其材，有以政事入者，有以
言語入者，有以德行入者。"（《二程集》第一册第 252 頁，中華書局
1981 年版）南宋人朱熹作《四書集注》進一步闡明孔子因材施教的

意義。《論語·先進》提到孔子教學有德行、言語、政事、文學四科，朱熹注説："孔子教人各因其材，於此可見。"《孟子·盡心上》"有成德者，有達財者"一句下朱熹注説："財與材同。此各因其所長而教之者也。成德，如孔子之於冉、閔；達材，如孔子之於由、賜。"同篇"此五者君子之所以教也"句下朱熹注説："聖賢施教，各因其材，小以成小，大以成大，無棄人也。"程朱二人把孔子因材施教這個教學原則概括得準確，闡發得清楚，基本的意思是根據每個學生的特點和特長進行培養，因人制宜，有針對性地教育。用今語説，就是不搞一刀切。

孔子因材施教的實例很多，而找不出相反的例子。《論語·先進》記孔子教學四門："德行：顏淵、閔子騫、冉伯牛、仲弓。言語：宰我，子貢。政事：冉有，季路。文學：子游，子夏。"根據學生們的特長劃分培養重點。孔子對學生的特點特長瞭解得極清楚，子貢問："師與商也孰賢？"孔子答曰："師也過，商也不及。"又答曰："過猶不及。"學生性格上的差異，孔子都知道。孔子又説："柴也愚，參也魯，師也辟，由也嗲。"學生在天賦上的不同，孔子也知道。子路問："聞斯行諸？"孔子答曰："有父兄在，如之何其聞斯行之！"冉有問："聞斯行諸？"孔子説："聞斯行之。"同樣的問題，孔子作不同的回答。公西華問孔子爲什麼前者答以回家問問父兄然後行動，而後者則告之以立即行動，孔子答曰："求也退，故進之。"冉有這個人性格懦弱，需要我給他鼓勁。"由也兼人，故退之。"子路這個人性格好勝，需要我給他泄勁（以上均見《論語·先進》）。此外如弟子問仁，孔子有針對性地給以回答。樊遲三次問仁，孔子所答絕不相同。一次答曰："仁者先難而後獲，可謂仁矣。"（《論語·雍也》）《春秋繁露·仁義發》説："孔子謂冉子曰：'治民者，先富而後教。'語樊遲曰：'治身者，先難後獲。'以此之謂治身之與治民所先後者不同焉矣。《詩》云：'飲之食之，教之誨之。'先飲食而後教誨，謂治人也。又曰：'坎坎伐輻，彼君子兮，不素餐兮。'先其事，後其食，謂治身也。"二次答曰："愛人。"《大戴禮·王言》："孔子曰:'仁者莫大於愛人,知者莫大於知賢。'"《荀子·君道篇》："子貢對夫子問曰:'知者知人,仁者愛人。'"前答就人我言,此答就仁智言。樊遲第三次問仁在《子路》篇："樊遲問仁。子曰:'居處恭,執事敬,與人忠,雖之夷狄,不可棄也。'"《楊龜山文集》說："胡德輝問:'此章與《子張》問行章語義正類,或說"問仁"乃"問行"爾,字之誤也,有諸?'答曰:'學者求仁而已,行則由是而之焉之者也。其語相似,無足疑者。'"包咸說："雖之夷狄無禮義之處,猶不可棄去而不行。"這一答側重在日用躬行處行仁,與前兩答又有不同。樊遲一人三次問仁,所答竟不同,不但因材施教,同一材中又因時施教,可見孔子的教學總是從實際出發,有針對性地進行,絕不無的放矢。

　　孔子對另外一些弟子問仁,回答都不同,仁者愛人這一點是肯定的,但是具體的要求則因人而異。答顏淵曰："克己復禮爲仁。"答仲弓曰："出門如見大賓,使民如承大祭。己所不欲,勿施於人。在邦無怨,在家無怨。"答司馬牛曰："仁者其言也訒。"(《論語·顏淵》)答子張曰："能行五者於天下,爲仁矣。""曰:恭、寬、信、敏、惠。恭則不侮,寬則得衆,信則人任焉,敏則有功,惠則足以使人。"(《論語·陽貨》)答子貢曰："夫仁者,己欲立而立人,己欲達而達人,能近取譬,可謂仁之方也已。"(《論語·雍也》)

　　弟子問孝,孔子所答亦各因人異。答孟懿子曰："無違。"答孟武伯曰："父母唯其疾之憂。"答子游曰："今之孝者足謂能養,至於犬馬,皆能有養,不敬,何以別乎!"答子夏曰："色難。"(《論語·爲政》)漢人解"色難"有兩說,包咸說："色難,謂承順父母顏色乃爲難也。"鄭玄說："和顏悅色,是爲難也。"(《詩·邶風》正義引鄭注)包說"色難"之色指父母顏色,鄭說指人子之顏色。後世人或從包或從鄭,莫衷一是。但有一點是大家所認同的,即事親惟色爲難。孔子答問孝,是依據具體對象而發的,也體現因材施教的原則。清人尹會一《讀書筆記》說："孔門教人莫重於仁孝,其答問仁問孝各有不同,皆因其材之高下與其所失而告之。故藥各中病,非如後世之教,自立宗旨以待來學,所謂不問病症而施藥者,藥雖良無益而又害之者多矣。"尹氏所言極得孔子因材施教之意。

因材施教是個很了不起的教學原則,後世搞教育的人,道理是懂得的,然而大多做不到,直至今日,能將這一原則真正貫徹教學實踐中去的教師並不多。孔子在兩千五百年前實實在在地把因材施教應用到教育實踐中去,僅僅爲這一項,我們就該承認孔子的確是"萬世師表",或者說偉大的教育家。孔子之所以能够因材而施教,絕不不問病症而亂施藥方,原因在於他有一個善於辯證思維的頭腦。孔子講究時變,他絕對把世界看做是永恒變化的,一切都在像流水般地逝去。他對待萬事萬物的態度是"無可無不可",不設一定的死框框,對學生必然也如此。學生各個不同,教育的内容和要求也不同。每個學生自身也不是一成不變的,學生在變化,對他的教育也隨着變化。孔子在哲學上是唯物論者,也是辯證法大家,這導致他的教育思想也大放異彩。

五、啓發式:孔子的另一教學原則

孔子的教學實踐很講究啓發式的方法。孔子固然没有概括出啓發式這一抽象的概念,但他實行的確實是啓發式,而且實行得極自覺,認識得極深刻,真正掌握了啓發式的精神實質。在孔子的教學實踐中與其説采取啓發式的方法,不如説他始終貫穿着啓發式的精神更符合實際。孔子從不強迫學生相信什麽或不相信什麽,從不把自己的認識强加給學生。在孔子那裏,學生品格的養成,學問的充實,是學生自己主動學習、思考的結果;教師的作用表現在啓發和誘導上;學生的自覺學習處在教師的指導之下,以教師的主導作用爲前提;啓發是教師啓發,誘導是教師誘導,與放任自流絕不相同。

　　請看看孔子自己的言論。《論語・述而》説："子曰：不憤不啓，不悱不發，舉一隅不以三隅反，則不復也。"孔子這段話已將啓發式教學的原理揭示明白。《文選・西京賦》注引《論語》曰"舉一隅而示之"，多"而示之"三字。今本無此之字，然而於義無妨礙。鄭玄注説："孔子與人言，必待其人心憤憤，口悱悱，乃後啓發爲説之。如此則識思之深也。説則舉一隅以語之，其人不思其類，則不復重教之。"清人錢坫《論語後録》説："《説文解字》無悱字，鄭康成言'口悱悱'，疑即怫字。《玉篇》云：'怫，意不舒洽也。'義近。"清人劉寶楠《論語正義》説："《方言》：'憤，盈也。'《説文》：'憤，懣也。'二訓義同。"《禮記・學記》説："時觀而弗語，存其心也。"鄭玄注説："使之悱悱憤憤，然後啓發也。"《學記》又説："力不能問，然後語之。"程樹德《論語集釋》考證説："力不能問，故口悱悱也。當心憤憤口悱悱時，已是用力於思而未得其義，乃後啓發爲説之。"程頤説："孔子教人，'不憤不啓，不悱不發'。蓋不待憤悱而發，則知之不固，待憤悱而後發，則沛然矣。學者須是深思之。思而不得，然後爲他説，便好。"(《二程集》第一册第 208 頁，中華書局 1981 年版)朱熹《四書集注》説："憤者，心求通而未得之意。悱者，口欲言而未能之貌。啓，謂開其意；發，謂達其辭。物之有四隅者，舉一可知其三。反者，還以相證之義。"

　　以上所引古人對孔子那段話的訓解，大體上得要領。孔子這段話有兩層意思。一講啓發，二講啓發要舉一反三。孔子説的啓發，關鍵是調動學生學思的主動性與積極性。學生首先自己學自己思，思到自己實在想不通道不明的程度，必然産生一種請人啓之發之的迫切願望，這時教師祗要輕輕點撥，學生便會柳暗花明，豁然開朗。既强調學生學思的主動性、積極性，也更重視教師的主導作用。孔子説的舉一反三，實質上還是强調發揮學生學思的主動性與積極性，指明教師在任何情況下都不可以自己的灌輸代替學生的心得。教師面面俱到，什麼都講，就等於一面也不到，什麼也

未講。教師在同類問題中祇講最重要的,有代表性的,其餘讓學生
自己去類推。孔子這舉一反三的思想在《易傳》裏也有反映。蒙卦
《彖傳》説:"匪我求童蒙,童蒙求我,志應也。"正是憤悱啓發,舉一
反三的意思。不是教師主動找童蒙去强行灌輸,而是童蒙主動要
求教師來點撥。學生渴望求教於教師,教師願意指導學生,師生豈
不正是"志應"的關係。

　　《論語》中不乏孔子實行啓發式教學的實例。最典型的是《八
佾》中的一段記載。其文云:子夏問曰:"'巧笑倩兮,美目盼兮,素
以爲絢兮',何謂也?"子曰:"繪事後素。"曰:"禮後乎?"子曰:"起予
者商也,始可與言《詩》已矣。"

　　"巧笑倩兮,美目盼兮"二句見《詩·衛風·碩人》,"素以爲絢
兮"一句今《詩》不見。東漢馬融説"此上二句在《衛風·碩人》之二
章,其下一句逸也"。清人翟灝《四書考異》引周子醇《樂府拾遺》
説:"孔子删詩有删一句者,'素以爲絢兮'是也。"朱熹《論語或問》
説:"此句最有意義,夫子方有取焉,而反見删,何哉?且《碩人》四
章,章皆七句,不應此章獨多此一句而見删,必别自一詩而今逸
矣。"(元胡炳文《四書通》引。通行本無)朱熹以爲《八佾》所引三句
都是逸詩,是與今本《碩人》不同的另一首詩,是可取的。

　　倩字,馬融説:"笑貌。"朱熹説:"好口輔也。"盼字,馬融説:"動
目貌。"朱熹説:"目黑白分也。"這兩句是説女子容貌生得秀美。絢
字,馬融説:"文貌。"朱熹説:"采色,畫之飾也。""繪事後素",鄭玄
注説:"繪,畫文也。凡繪畫先布衆色,然後以素分佈其間,以成其
文,喻美女雖有倩盼美質,亦須禮以成之也。"以爲繪畫先施衆色,
而後施白色。皇侃説:"如畫者先布衆彩蔭映,然後必用白色以分
間之,則畫文分明,故曰繪事後素。"與鄭玄説同。這是古注的訓
解。朱熹《四書集注》改變了古注的訓解,古注説"繪事後素"是先
畫五彩,後塗白色,朱熹顛倒過來,説:素以爲絢,"言人有此倩盼之
美質,而又加以華彩之飾,如有素地而加彩色。子夏疑其反謂以素

爲飾,故問之。"又説:繪事後素,"繪事,繪畫之事也。後素,後於素也。《考工記》曰:'繪畫之事後素功。'謂先以粉地爲質,而後施五彩。猶人有美質,然後可加文飾。"又説:"禮必以忠信爲質,猶繪事必以粉素爲先。"又引楊時語:"'甘受和,白受采,忠信之人可以學禮'。苟無其質,禮不虛行。"(此引語見《楊龜山文集》)楊氏所引語出自《禮記·禮器》。朱熹釋繪事後素不用古注,以素爲素地素質,以後素爲後於素,是正確的,與《論語》的意思相符。朱熹也有失誤,朱熹的失誤在於既破古注又引《考工記》"繪畫之事後素功",既引《考工記》又引《禮器》,將相反的兩説牽混起來。清人全祖望《經史問答》説:"問:《禮器》'甘受和,白受采',是一説,《考工》'繪畫之事後素功',又一説。古注於《論語》'繪事後素'引《考工》,不引《禮器》。其解《考工》亦引《論語》。至楊龜山解《論語》,始引《禮器》,而朱子合而引之,近人多非之,未知作何折中?'曰:'《論語》之説正與《禮器》相合。蓋《論語》之素乃素地,非素功也,謂其有質而後可文也。何以知之?即孔子藉以解《詩》而知之。夫巧笑美目,是素地也。有此而後可加粉黛簪珥衣裳之飾,是猶之繪事也,所謂絢也,故曰繪事後於素也。而因之以悟禮,則忠信其素地也,節文度數之飾,是猶之繪事也,所謂絢也。若《考工》所云,則素功非素地也,謂繪事五彩,而素功乃其中之一,蓋施粉之彩也。粉易於污,故必俟諸彩既施而加之,是之謂後。然則與《論語》絶不相蒙。夫巧笑美目,豈亦粉黛諸飾中之一乎?抑亦巧笑美目出於人工乎?且巧笑美目反出於粉黛諸飾之後乎?此其説必不可通者也。龜山知其非,故別引《禮器》以釋之。朱子既是龜山之説,而仍兼引《考工》之文,則誤矣。"全氏以爲《禮器》"甘受和,白受采,忠信之人可以學禮"之説與《論語》"繪事後素"乃一説,朱熹采取楊時(龜山)之説,釋"繪事後素"爲先白後彩,先素後文,是對的。錯在既信《禮器》説,又用《考工記》"繪畫之事後素功"之説,而此二説是相牴牾的。

克服訓解上的障礙之後,我們回到孔子實行啓發式教學的本題上來。最重要的一點,是子夏自己先學《詩》,而不是孔子先教子夏《詩》。這是孔子啓發教學的前提,沒有這一點,餘皆不須論。其次是子夏學《詩》,經過自己思考,在"素以爲絢"這一句上憤憤悱悱,想不通,道不明。再次,孔子在子夏弄不懂的關鍵之點上加以啓發點撥,一句"繪事後素"一下子點通子夏的思路。最後,子夏一點便透,立刻由"繪事後素"聯想到"禮後",一個人須有忠信之質然後可以學禮。禮好比女人的粉黛衣飾,忠信好比女人的巧笑美目。巧笑美目是天然素質,當然在先;粉黛衣飾是人工文飾,當然在後。子夏聞"繪事後素"而知"禮後",是聞一而知二,舉一而反三。

　　孔子的啓發式教學原則有其堅實的哲學基礎,他相信人在認識上的主觀能動作用,相信人能夠通過主動、自覺、積極的學習認識外部世界。假如他像《老子》那樣主張"爲學日益,爲道日損,損之又損,以至於無爲,無爲而無不爲",自然談不到啓發式的教學。學生無學,先生的啓發便無從談起。孔子對教與學這一對矛盾雖然不曾有過理論性的表述,但是從他對待教與學的具體態度中,我們可以體會到他對教與學的關係的看法是辯證的。教與學顯然是對立面的統一。而且在他看來,矛盾的主要方面依時轉移,不可一定。當學生主動學習,積極思考,以至於心憤憤不能通、口悱悱不能達的時候,矛盾的主要方面在學。一旦學生把不解的問題向教師提出,教師怎樣啓發點撥學生使之能舉一反三成爲關鍵的時候,矛盾的主要方面便轉向教的一邊。孔子是依據這樣的規律做的,祇是沒講出來。今人常常討論教與學的主要矛盾方面是教還是學,甚屬無謂。既是矛盾,其對立兩方必然相互轉化,不能限定。教師與學生相比,教師起主導作用,是就工作而言,不可與教與學這對矛盾的主要方面問題相混淆。

第七章　孔子的政治、經濟、軍事思想

　　孔子思想是個龐大的體系，當時人們能够提出的方方面面問題全在它的涵蓋之中。然而孔子思想龐而不雜，不論言及何處，都有一個核心貫穿維繫着，絕不散亂。孔子自己説"吾道一以貫之"。這一貫之道曾子以爲"忠恕而已"，不能説不對，但不全面。孔子思想的一貫之道應該説是時與仁義。時與仁義，除哲學、教育思想之外，還體現在孔子的政治、經濟、軍事思想中。

一、孔子的政治思想

　　孔子是一位明智的政治家，他的政治主張是當時歷史條件所允許的較好選擇，裏面蘊含着鮮明的仁義精神。孔子的政治思想相當豐富，這裏祇論及他的德治主張和君主主義觀點，其法律觀點也並在這裏一起講。

（一）孔子主張德治。

　　《論語·爲政》説："爲政以德，譬如北辰，居其所而衆星共之。"這是孔子主張德治的證明。《經典釋文》説："共，鄭作拱，拱手也。"朱熹《四書集注》説："北辰，北極，天之樞也。"王夫之《四書稗疏》説："辰者，次舍之名。辰非星，星非辰也。"雷學淇《經説》説："《爾雅》曰：'北極謂之北辰。'《吕覽·有始篇》：'極星與天俱游，而天極不移。'天極即北極也。"又説："北極亦非不運動，但居其所而不移耳。"又説："宋人以磨心、車轂譬北辰，非是。磨心與磨上之運轉者不屬，車轂與車輪之運轉者不屬，且磨心、車轂真不動矣，與'爲'

字、'以'字及北辰之象皆不合。古人唯以樞取譬,最爲切合。蓋樞在受樞處,與扉扇一同運轉,但居其所而不移耳。"《禮記·樂記》:"德者,得也。"《禮記·鄉飲酒義》:"德也者,得於身也。故曰古之學術道者,將以得身也。"據古人上述訓釋,孔子"爲政以德"一語意謂天子諸侯平治天下國家須自自身之道德修養做起,以德正民化民。人民會像衆星圍繞北辰運轉那樣傾向執政者。舊注往往訓解爲有如道家的無爲而治,以爲"以德"是統治者無爲於上,庶政悉理於下,猶北辰之安居不移而衆星順序之意,這是不對的。《禮記·哀公問》哀公問爲政,孔子對曰:"政者正也。君爲正,則百姓從政矣。君之所爲,百姓之所從也。君所不爲,百姓何從!"《禮記》所記孔子此言可視做《論語》"爲政以德"句的注腳。孔子要求統治者的是有爲,不是無爲。有爲的含義是正己,通過正己治民,以自己的德行教化百姓。這是孔子主張的德治。《論語·爲政》又説:"道之以政,齊之以刑,民免而無恥。道之以德,齊之以禮,有恥且格。"孔安國:"政,謂法教也。免,苟免罪也。"馬融:"齊之以刑,整齊之以刑罰也。"包咸:"德,謂道德也。"何晏:"格,正也。"郭象:"政者,立常制以正民者也。"諸家訓釋可取。關於全句的理解,《朱子語類》有言:"道之以德,是躬行其實以爲民先。如必自盡其孝,而後可以教民孝;自盡其弟,而後可以教民弟;宜其家人,而後可以教國人;宜兄宜弟,而後可以教國人。"朱熹理解"道之以德"一語,可謂深得孔子精義。"道之以德"表達孔子德治思想比"爲政以德"更切近明白。統治者自身德修在先,作爲表率,然後才有百姓之"有恥且格"。

孔子的德治,其實質是人治。孔子的人治大體上包含兩個層次的意義,一是首先解決治人者自身的德行修養問題,二是解決治於人者的問題和治人者自身德行修養問題一樣,關鍵是仁義。仁義離不開禮知。

《禮記·中庸》:"哀公問政。子曰:'文武之政,布在方策,其人存則其政舉,其人亡則其政息……故爲政在人。'""爲政在人"句,鄭注釋爲"在於得賢人也"，似乎不妥，玩索上文語意，應釋作爲政在人君自己爲是。人治與方策相對應，意謂文王武王之好政教記在方版簡策上，是死東西，欲將文王武王的好政教變成現實，要看人君是不是能行文武之政的人。文武之政無論如何好，寫在方策上，没有人去貫徹實行，是不行的。如此理解，才符合孔子點撥魯哀公的用心。孔子顯然是要魯哀公如何正己，而不是强調他如何舉賢。

　　按孔子的觀點，人君爲政的實質是正己。正己即修身。《中庸》又記孔子説："取人以身，修身以道，修道以仁。仁者人也，親親爲大；義者宜也，尊賢爲大。親親之殺，尊賢之等，禮所生也。"孔子又説："好學近乎智，力行近乎仁，知恥近乎勇。知斯三者，則知所以修身。知所以修身，則知所以治人。知所以治人，則知所以治天下國家矣。"孔子講得極清楚，人君爲政須首先修身，修身而後能治人。治人而後能治天下國家。爲政的目的是治天下國家，治天下國家的根本辦法是修身與治人。修身也罷，治人也罷，都是解決人的問題。治國平天下的問題自古就是治人與治物兩方面。兩方面既相互對立又互爲前提，二者不可或缺。應以哪一方面爲主，須依時而定，但總的説來，人的問題是最重要的，任何時候也不能忽視。孔子把人的問題放在爲政的第一位，是有道理的。修身的根本問題是仁義，禮智勇等都與仁義聯繫着才有意義。仁反映血親關係，義反映政治關係。仁以親親爲首，然後推及對天下人的愛。義以尊尊爲首，然後恰當處理好與各等人在政治上的關係。仁與義在其現實性上都有個等差的問題。仁有遠近親疏的差別，義有尊卑上下的差別。仁義一旦由口頭落實到行爲上，便出現禮的問題。非禮的仁不是仁。非禮的義不是義。禮之外還要有智有勇。

　　人君平治天下國家應由修身做起，修身的根本問題是仁義，行仁義必有禮有知有勇。由修身而治人，治人的内容亦應以仁義爲根本。《禮記·大傳》説："聖人南面而治天下，必自人道始矣。立權度量，考文章，改正朔，易服色，殊徽號，異器械，別衣服，此其所得與民變革者也。其不可得變革者則有矣，親親也，尊尊也，長長也，男女有別，此其不可得與民變革者也。”所謂“得與民變革者也”者，全是物的問題，所謂“不可得與民變革者也”者，全是人的問題。人的問題是親親、尊尊、長長、男女有別。這四者最基本的當然是男女有別。男女有別，方見夫婦之義；有夫婦之義，方生父子、君臣關係。以父子關係爲主形成血親關係，以君臣關係爲主形成政治關係。每個人都生活於這兩種關係之中。什麼皆可改掉，此兩種關係不能没有。人君修身要從解決這兩個關係問題做起，治人也一樣，要求百姓也這樣做。《大傳》這段言論符合孔子的思想。

《禮記·祭義》説：“先王之所以治天下者五，貴有德，貴貴，貴老，敬長，慈幼。此五者，先王之所以定天下也。貴有德何爲也，爲其近於道也。貴貴爲其近於君也。貴老爲其近於親也。敬長爲其近於兄也。慈幼爲其近於子也。”這裏提到治天下的五條，也是人的問題。自人君的角度看，人的問題不外乎修身與治人兩方面。修身與治人都要依據這五條。這五條要解決的問題包括道和君臣、父子、兄弟關係。君臣、父子、兄弟關係其實是血親與政治兩種關係。血親與政治兩種關係和解決好這兩種關係的道德原則就是仁義。所謂道，依《中庸》所記孔子説“修身以道，修道以仁；仁者人也，親親爲大；義者宜也，尊賢爲大”，也是指仁義而言。《祭義》這段話的意思是，人君平治天下國家，不外乎修身與治人；修身要由仁義，治人也要由仁義。自己由仁義行，也要百姓行仁義。

《祭義》記孔子説：“立愛自親始，教民睦也。立教自長始，教民順也。教以慈睦而民貴有親，教以敬長而民貴用命。孝以事親，順以聽命，錯諸天下，無所不行。”人君治民的辦法是教民。一教民睦，一教民順。民睦民順，方可聽命於上。教民睦的辦法是“立愛自親始”，即行仁愛；教民順的辦法是“立教自長始”，即行義。由此看來，孔子這段話強調的依然是如何教民以仁義。

　　總而言之,孔子主張德治,德治的根本意義在於人治。人治的根本意義在於治人,不在於治物。從統治者的角度説,治人包括修身與治民兩方面。修身是首要的。修身而後方可治民。修身與治民二者内容固然很多,而基本的是仁與義,即處理好血親與政治兩種關係問題。孔子的德治主張,説到底,是仁義學説在政治問題上的具體體現。

　　(二)孔子主張以民爲本的君主制。

　　孔子在政治制度問題上主張以民爲本的君主制,而不主張君主專制。這是因爲孔子的時代,中國祇有君主制,人們根本不知道民主與共和爲何物,不似希臘、羅馬那樣。當時的中國也没有後來那樣的君主專制主義制度。孔子談不上主張民主,也談不上主張專制。孔子没有選擇的餘地,他祇能在君主制之現實條件下思考問題。君主制是客觀的存在,不是他主張不主張的問題。我們找不到孔子批評君主制的言論。自西周以來至於孔子在世的春秋末葉,中國一直實行天子、諸侯兩級君主制政權。諸侯國的政權在天子的統攝之下,天子頒朔,諸侯奉朔。諸侯對天子稱臣,爵號由天子封給,土地人民名義上屬於天子。諸侯不得專地、專封、專殺。這些權力屬於天子,天子的權力具有一統天下的意義。但是諸侯國擁有相當大的獨立性,可以説是有限主權國家。天子與諸侯的關係不同於秦漢以後中央政權與郡縣的關係。天子是諸侯的君,諸侯是卿大夫的君,卿大夫又是諸侯的臣。由於存在嚴格而細密的等級制度,如《左傳・昭公七年》所説"天有十日,人有十等","故王臣公,公臣大夫,大夫臣士,士臣皂,皂臣輿,輿臣隸,隸臣僚,僚臣僕,僕臣臺,馬有圉,牛有牧",連奴隸也有等級。君臣關係相當寬泛,君的名義也無相對意義,除天子一人外,還有多層次的君,這些君是君同時也是臣。《左傳》桓公二年説"天子建國,諸侯立家,卿置側室,大夫有貳宗,士有隸子弟,庶人工商各有分親,皆有等衰,是以民服事其上,而下無覬覦",所指就是這種情況。秦漢以後

祇有皇帝一人稱君（漢代諸侯王是少數而短暫的例外），其餘全是
皇帝一人的臣民。先秦的君則多得很。《儀禮·喪服傳》説："君謂
有地者也。"鄭玄於"君至尊也"句下注説："天子諸侯及卿大夫有地
者皆曰君。"胡培翬《儀禮正義》引敖繼公説，君亦兼士而言，士若有
臣亦得稱君。"有地"之地謂采地，如《周禮·載師》家邑、小都、大
都及列國卿大夫食邑之類。《禮記·禮運》所云"天子有田以處其
子孫，諸侯有國以處其子孫，大夫有采以處其子孫"之田、國、采皆
指地言。雖説天子諸侯卿大夫有地者皆謂君，但作爲政權代表的
君祇有兩級，即天子、諸侯。每一級政權的君都必須祇有一個，這
是君主制的基本要求。《禮記·喪服四制》説"天無二日，土無二
王，國無二君，家無二尊"是君主制特點的典型表述。政權既是兩
級的，天子之外，有多少諸侯便有多少君，他們之間上下左右存在
着制約的關係，這使專制主義傾向受到最大限度的抑制。

　　在沒有專制主義的君主制的條件下，孔子政治思想中不見有
君主專制主義的因素。最明顯的一點，孔子重視君臣之義，但不講
忠君，不主張無條件地事奉某一個君。"天下有道則見，無道則隱。
邦有道，貧且賤焉，恥也。邦無道，富且貴焉，恥也"（《論語·泰
伯》）。"邦有道則仕，邦無道則可卷而懷之"（《衛靈公》）。"所謂大
臣者，以道事君，不可則止"（《先進》）。"事君盡禮"（《八佾》）。"事
君能致其身"（《學而》）。"事君敬其事而後其食"（《衛靈公》）。這
些話用意不外乎三項，第一，事君有條件，君無道可以走開。第二，
事君應全力以赴，恪盡職守。第三，事君要盡禮。孔子沒有一輩子
無條件事一君的忠君觀念。以爲孔子主張忠君的人常常舉"君使
臣以禮，臣事君以忠"（《八佾》）這兩句話爲證據。這兩句話不能理
解爲忠君。孔子對臣有要求，對君也有要求。與"君君，臣臣，父
父，子子"（《顏淵》）句對照看，更可知孔子對君的要求實不亞於對
臣的要求。皇侃疏説："言臣之從君如草從風，故君能使臣得禮，則
臣事君必盡忠也。君若無禮，則臣亦不忠也。"這樣説解大抵貼近

孔子的意思。孔子異時説的另一句話"以道事君,不可則止",與此君禮臣忠之説密切呼應,聯繫着看就知道皇氏之説實足可取。再者,孔子的忠字不僅用於事君,也用於其他方面。如"爲人謀而不忠乎"(《學而》),"行之以忠"(《顔淵》),"與人忠"(《子路》)等都作爲一般的道德原則使用。其含義如元人戴侗《六書故》所説:"盡己致至之謂忠。"又説:"反身而誠,然後能忠。能忠矣,然後由己推而達之家國天下,其道一也。"上對下,左對右,都須能忠,不祇是臣事君。"臣事君以忠"一句話不能證明孔子主張忠君,因而有君主專制主義思想。

孔子思想中民本主義倒是很顯然。《論語·爲政》"爲政以德,譬如北辰,居其所而衆星共之"。雖然没有孟子"得乎丘民爲天子"、"民貴君輕"的民本主義那樣不容置疑,但是爲政須受到人民的支持這一思想卻很清楚。孔子所作《易傳》之師卦《大象》"君子以容民畜衆",蠱卦《大象》"君子以振民育德",臨卦《大象》"君子以教思無窮,容保民無疆",井卦《大象》"君子以勞民勸相"等等,都十分强調君主的統治應充分考慮以解決人民的問題爲前提。孔子以及整個先秦儒家學派主張民本主義,反對專制主義;先秦君主專制主義思想發生在法家那裏,追溯其淵源,可能與道家的無爲而治有關。

孔子有君尊臣卑的思想,《易傳》中有充分的反映。如坤《文言傳》:"陰雖有美含之,以從王事,弗敢成也。地道也,妻道也,臣道也。地道無成而代有終也。"是説臣要服從君,妻要服從夫的道理,但這是君主制的思想,不是君主專制主義。西漢董仲舒提出君爲臣綱,父爲子綱,夫爲妻綱的"三綱"思想是專制主義的東西,然而不屬於孔子。

(三)孔子的法律觀。

孔子的法律思想有三點值得注意。

第一,孔子主張爲政以德,以德治國,以禮治國,大不同於法家,但是孔子不反對治國使用刑法。《論語·爲政》説:"道之以政,

齊之以刑,民免而無恥。道之以德,齊之以禮,有恥且格。"道亦作
導。治國以行政命令爲主,以刑法爲輔,孔子認爲不是好辦法,卻
也並未提出反對。證以孔子的全部言論,知孔子主張德治,刑罰也
不可没有。

第二,孔子主張"刑罰中"。孔子説:"名不正則言不順,言不順
則事不成,事不成則禮樂不興,禮樂不興則刑罰不中,刑罰不中則民
無所措手足。"(《論語·子路》)孔子不反對刑罰,在禮樂興之時,刑
罰也要得。孔子反對刑罰不中。中字的意義不能理解爲輕,也不能
理解爲不輕不重在中間。中字的意義是恰當,恰如其分。"刑罰中"
是説刑罪相當,當輕則輕,當重則重,不濫施刑罰。《易傳》中反映出
的法律思想與《論語》一致。豫《彖》:"聖人以順動,則刑罰清而民
服。"噬嗑《大象》:"先王以明罰敕法。"賁《大象》:"君子以明庶政,無
敢折獄。"解《大象》:"君子以赦過宥罪。"豐《大象》:"君子以折獄致
刑。"旅《大象》:"君子以明慎用刑,不留獄。"中孚《大象》:"君子以議
獄緩死。"這些話的意思顯然是要求刑罰不濫,處理慎重得當。

第三,孔子不反對公佈成文法。上引噬嗑《大象》"先王以明罰
敕法",即公佈法律科條的意思。"明罰",事先將犯什麼科定什麼
罪,施什麼刑罰,規定明白,曉示民衆,使有所躲避。縱使犯法,執
法者有例可循,不至於隨意定罪。"敕法",法律科條,公佈於民,告
誡於民,使有所戒懼,儘可能不犯法。"明罰敕法"等於主張制定成
文法加以公佈。

二、孔子的經濟思想

古人考慮經濟問題極少注意提高生産效能和創造更大財富,
他們總是想着如何使人民得到有限的滿足,以安於現狀,服從統
治,鞏固政權。因此古人的經濟思想必然與政治思想緊緊纏在一
起。孔子也是如此。孔子在政治上主張民本主義,故討論經濟問

題時必以得民安民爲出發點,純粹講經濟問題的言論未之見。現在扼要地分析一下孔子有關經濟的幾條言論。孔子説:

> 子貢問政。子曰"足食,足兵,民信之矣。"子貢曰:"必不得已而去,於斯三者何先?"曰:"去兵。"子貢曰:"必不得已而去,於斯二者何先?"曰:"去食。自古皆有死,民無信不立。"(《論語・顏淵》)

這段對話表明孔子非常注意如何得民心的問題,考慮治國的事情一切皆從得民與否這一點出發。孔子答子貢問政,話中主語是統治者。統治者怎樣治好國家?孔子舉出足食、足兵、民信三項,強調三者的關係是一信二食三兵。三者都重要,通常情況下是可以也必須並舉的。出現非常情況,做不到三者並舉時,食、兵皆可去,信不可無。在三者可以並舉時,信也在第一位。孔子總是從政治的角度看經濟問題。食是經濟問題,信是政治問題。食祇有在不妨礙信并且能保證信的時候才有意義。統治者考慮經濟問題一定要以得民與否爲出發點,這是孔子經濟思想的基本之點。

這段話古人訓解多分歧。孔安國注説:"死者古今常道,人皆有之,治邦不可失信。"皇侃疏説:"自古迄今,未有一國無信而國安立者,今推其二事,有死自古而有,無信國立自古而無。"據此二説,孔子的意思是,治國最要緊的有三條:糧食充足,武備充足,得信於民。做到這三條,國便可以立了。假使必須捨去一條,可捨去兵。假使必須再捨去一條,可捨去食。在任何情況下,信都不能捨去。這是話中明見之義。孔子此話在於強調治國信第一重要,沒有説食、兵不重要。這是話中應有之義。

孔子重視人民的生產與生活。上引"足食"一語即是例證。此外,《論語・學而》記孔子説:"節用而愛人,使民以時。"《堯曰》説:"因民之所利而利之。"《左傳・哀公十一年》記孔子説:"度於禮,施取其厚,事取其中,斂從其薄。"《禮記・檀弓下》記孔子説:"苛政猛於虎。"《顏淵》記孔子說:"百姓足,君孰與不足? 百姓不足,君孰與足?"《子路》記孔子答冉有問說,既庶則富之,既富則教之。孔子講這些話反映出兩個問題。他主張統治者對人民要輕取輕使,這是一。第二是讓人民富起來。由此可見,孔子對經濟是重視的。

但是孔子認爲生活資料的生產活動是小人的事情,君子是不幹的。最典型的言論是斥責樊遲請學稼,說樊遲是小人(《子路》)。還有,孔子說:"君子謀道不謀食。耕也,餒在其中矣;學也,禄在其中矣。君子憂道不憂貧。"(《衞靈公》)孔子有這樣的思想,今人不好理解,不免要譴責他。然而在他那個時代,這樣的思想是普遍的、合理的。因爲當時的社會把人劃分爲勞心與勞力兩大類,兩類人界限是分明的。勞心者是君子,勞力者是小人。《左傳·襄公九年》記知武子說:"君子勞心,小人勞力,先王之制也。"孔子反對樊遲學稼,原因即在此。孔子反對他的學生學耕稼,並不反對勞力者從事耕稼。由這裏看得出孔子辦教育的培養目標是勞心的君子,不是勞力的小人。就是說,孔子不培養勞動者。這一點應當歷史地看待,不宜用現代人的水平去過高地要求他。據《國語·晉語四》說:"公食貢,大夫食邑,士食田,庶人食力,工商食官,皂隸食職,官宰食加。"春秋時代諸侯大夫士不勞而食,庶人以下則須靠勞動求生存,這在人們的認識中是天經地義的,孔子的思想當然也不可能超越這歷史的局限。

孔子思考經濟問題離不開等級名分,等級名分就是禮。經濟問題要受禮的局限。孔子一切方面的主張無不貫穿仁義精神,而仁義與禮是表裏一體的關係,仁義與禮不可能脱節,猶如內容與形式不可能脱節一樣。孔子在經濟問題上當然也是推行仁義;推行仁義便須遵循禮的約束;遵循禮的約束,其實是接受等級名分的限制。在這個思想前提下,孔子提出一個"均"的問題。《論語·季氏》記孔子說:

"丘也聞有國有家者,不患寡而患不均,不患貧而患不安。蓋均無貧,和無寡,安無傾。"

《春秋繁露・度制篇》和《魏書・張普惠傳》引孔子曰皆作"不
患貧而患不均",看下句"均無貧",知《春秋繁露》作"不患貧而患不
均"是對的。全文當爲:"丘也聞有國有家者,不患貧而患不均,不
患寡而患不安。蓋均無貧,和無寡,安無傾。"貧與不均對言,是就
財富説的。寡與不安對言,是就人民説的。全文的意思是説諸侯
或大夫,土地財産少不怕,就怕土地財産該多的少了,該少的多了。
人民少不怕,就怕人民不安寧。土地財富多少各得其宜,也就不存
在貧的問題。人民和合相處,安寧無事,也就無所謂少的問題。人
民和合相安無事,統治便不可能傾覆。這段話的關鍵處在一個均
字。對均字的訓解,董仲舒《春秋繁露・度制篇》講得透闢,他説:
"孔子曰:'不患貧而患不均',故有所積重則有所空虛矣。大富則
驕,大貧則憂。憂則爲盜,驕則爲暴,此衆人之情也。聖人則於衆
人之情見亂之所從生,故其制人道而差上下也,使富者足以示貴而
不至於驕,貧者足以養生而不至於憂。以此爲度而調均之,是以財
不匱而上下相安,故易治也。"董氏以爲均不是均貧富,大家絶對平
均,均是貧富在貴賤等差上表現出來,該富的當富,該貧的當貧,但
不可無限拉大貧富差別,造成大貧大富。董氏之訓解深得孔子真
意,可謂的當可信。

以上扼要地説了孔子的經濟思想,講了孔子對幾個關係問題
的認識。孔子全是從宏觀的角度看問題,幾乎未曾涉及經濟問題
的任何具體方面,遠不如孟子講經濟問題講得那麽仔細。

三、孔子的軍事思想

春秋時代戰爭之多僅次於戰國,記入《春秋》的較大的戰事就
有四十次,其中《左傳》加以詳敍的有僖公二十二年宋楚泓之戰、二
十八年晉楚城濮之戰、三十三年晉秦殽之戰、文公十二年晉秦河曲

之戰、宣公十二年晉楚邲之戰、成公二年晉齊鞌之戰、十六年晉楚鄢陵之戰、定公四年吳楚柏舉之戰等八次。在這樣歷史背景下成長起來的思想家孔子，儘管自己不是軍事專家，對戰爭問題也不可能不有所思考。孔子的軍事思想水平是相當高的。

　　孔子對春秋時代的戰爭持批判態度。這集中地反映在他說的"天下有道，禮樂征伐自天子出；天下無道，禮樂征伐自諸侯出"（《季氏》）這兩句話上。按照周代的禮制，天子才有權力征伐有罪的諸侯，諸侯之間無論在什麼情況下，如果沒有天子的授意，是不允許發生戰爭的。而事實上春秋時代這條規矩已完全打破，"禮樂征伐自諸侯出"代替了"自天子出"。孔子在《春秋》一書中記載大小四十次"禮樂征伐自諸侯出"的戰爭，用意是批判這些戰爭。根據《公羊傳》莊公十年的記載和何休《公羊解詁》的訓解，《春秋》用侵、伐、戰、圍、入、滅等概念把戰爭分成不同的等次，以求對不同的戰爭罪惡給以不同的懲戒。將兵至境問罪，服刑引兵而去曰侵，不服則推兵入境攻擊曰伐。侵與伐罪行較輕。兩軍合兵血刃曰戰，以兵攻城曰圍，占領敵方國都不居而去曰入。戰、圍、入是依次較重的罪行。最嚴重的罪行是滅。滅是絕人之祀，滅人之國。它徹底地破壞了諸侯不得專地、專封、專征的舊制，不合孔子的道義原則。

　　孔子反對諸侯擅滅人國，擅滅人祀的戰爭，但孔子不是食古不化的人，滅人之國的戰爭紛紛發生怎麼辦？他退而求其次，主張既然"上無天子，下無方伯"，則天下諸侯有為無道者、有相滅亡者，"力能救之則救之可也"，"力能討之則討之可也"（語見《公羊傳》）。因此孔子贊賞繼絕存亡且九合諸侯一匡天下的齊桓公和管仲；沐浴而朝，無比鄭重地請討弒齊簡公的田成子。孔子視"禮樂征伐自諸侯出"為"天下無道"，同時力主"君君，臣臣，父父，子子"；當有人無忌憚，滅人之國，弒己之君的時候，他寧肯允許征伐自諸侯出，而維護後一條原則。這一點，孟子與他有所不同，孟子在更廣泛的意義上反對諸侯間的戰爭。

　　孔子還有另外一些言論表明他不是一般地反對戰爭的和平主義者。《左傳・成公十三年》説:"國之大事在祀與戎。"這是更爲古老的傳統觀念。孔子的戰爭觀念與它有直接的關係。孔子很重視一個國家的武備,認爲有一定的武備方可免遭滅國絶祀的厄運。《論語》中不乏這方面的言論。《顏淵》:"足食,足兵,民信之矣。"《子路》:"以不教民戰,是謂棄之。"又:"善人教民七年,亦可以即戎矣。"《史記・孔子世家》記孔子説:"有文事者,必有武備。"孔子認爲,立國,兵是重要的。古代兵農合一,平時務農,戰時打仗。教民即練兵,即戎即打仗。用未經教練的民去作戰,等於棄民。

　　孔子自己是個有相當軍事修養的人。《論語・衞靈公》記衞靈公問陣於孔子,孔子對曰:"俎豆之事則嘗聞之矣,軍旅之事未之學也。"《左傳・哀公十一年》記孔子曰:"胡簋之事則嘗學之矣,甲兵之事未之聞也。"孔子似乎未習過軍事,但是據《孔子世家》記載,孔子弟子冉有爲季氏率師與齊國作戰獲勝,季康子問他:"子之於軍旅,學之乎,性之乎?"冉有答以"學之於孔子"。冉有作爲孔子弟子出此語,不至於有虛。《論語・子罕》記孔子説:"吾何執! 執御乎? 執射乎? 吾執御矣。"當時戰爭以車戰爲主,孔子能執御駕車作戰,即是掌握了最重要的作戰技能。《論語・述而》還説:"子之所慎:齋、戰、疾。"若是不會作戰或不曾作戰的人,別人何以説他慎於戰!

　　孔子不僅慎於戰,而且勇於戰。孔子説:"知仁勇,天下之達德也。"(《中庸》)又説:"仁者必有勇,勇者不必仁。"又説:"知者不惑,仁者不憂,勇者不懼。"(《論語・衞靈公》)孔子不但慎於戰,勇於戰,而且戰以謀。《論語・述而》記子路問:"子行三軍誰與?"孔子答:"暴虎馮河,死而無悔者,吾不與也。必也,臨事而懼,好謀而成者也。"孔子是聖之時者,主張"殺身成仁",但絶不贊成白送死。《史記・魯周公世家》所記著名的夾谷之會,孔子相魯定公迫使齊景公"歸魯侵地而謝過"。這場鬥爭的勝利表明孔子的確是個有勇有謀的人。

　　孔子講智謀是以仁義爲前提的，與後來戰國時代兵家、法家追求的權謀顚覆根本不同。孔子以仁義爲根本，兵家、法家則惟利是圖。《春秋》關於宋楚泓之戰的記載最能説明孔子的這一觀念。孔子不贊成諸侯之間爲兼并土地，掠奪人民而進行戰爭，但是一旦戰爭發生，他則反對詐戰，贊許偏戰。以偷襲、設伏、權詐、暗算取勝的詐戰，孔子不取。兩方對陣，擊鼓交鋒，并且事先結日定地，堂堂正正，不欺不詐的偏戰，孔子大加贊賞。宋楚泓之戰中，宋襄公不鼓不成列，不禽二毛，不重傷，結果一敗涂地，貽爲千古笑柄，而孔子以爲他幹得對，因爲他在作戰中做到仁至義盡。春秋時代著名的秦晉殽之戰是詐戰的典型。晉國在殽函設伏截擊東征歸來的秦軍，秦軍全軍覆没，匹馬隻輪不返。這一仗晉國打得很成功，但是孔子在《春秋》中記曰"晉人及姜戎敗秦於殽"，稱晉襄公爲"晉人"而貶之。因爲晉侯不仁不義，釋殯而主戰，以權詐取勝。

　　"天下有道，禮樂征伐自天子出；天下無道，禮樂征伐自諸侯出"，是孔子戰爭觀念的基本內容。征伐出自天子，意味着合禮；征伐出自諸侯，意味着違禮。合禮違禮，其實質是仁義不仁義的問題。孔子拿仁義做標準看待戰爭，他反對出自諸侯的不仁義的戰爭，戰爭一旦開始，他又反對以詐謀取勝的詐戰。他許管仲以仁和肯定以仁義作戰的宋襄公就是證明。戰爭本是利益之爭，實力之較量，以力服人的手段，春秋時代的戰爭當然亦如此，孔子不察，對這些戰爭采取不承認主義並將作戰行爲與道德判斷牽混到一起，實在是迂闊的。

　　孔子從仁義禮出發看戰爭，一方面譴責諸侯之間絕祀滅國的不仁不義的戰爭，一方面又不一般地反對任何戰爭，但反對戰爭過程中的權詐行爲。這兩方面構成孔子軍事思想的基本內容。前一方面發展下去，就是孟子的"春秋無義戰"、"仁者無敵"的思想，後一方面在荀子的《議兵》篇裏得到發揚光大。孔、孟、荀比較，荀子的軍事思想最爲全面可取。

第八章　孔子的這一份珍貴的遺產
——六經（上）

我們研究孔子，首先應該瞭解孔子的這一份珍貴的遺產——六經。

六經是孔子竭畢生之力學習先代歷史文化，經選擇整理並加進自己的見解而著成的。

六經原名六藝。六經之名是後起的。有人説："聖人制作曰經。"有人説："經是編絲綴屬。"我們認爲都不對。章學誠《文史通義·經解上》説："六經不言經，三傳不言傳，猶人各有我，而不容我其我也。依經而有傳，對人而有我，是經傳人我之名，起於勢之不得已，而非其質本爾也。"我們認爲這個説法是對的。王逸《離騷經》注説："經，徑也。"《文心雕龍·史傳》説："傳者轉也，轉受經旨以授於後。"這是最好的證明。

六藝之名，始見於《周禮》。《周禮·地官·大司徒》説："以鄉三物教萬民而賓興之。一曰六德：知、仁、聖、義、忠、和；二曰六行：孝、友、睦、姻、任、恤；三曰六藝：禮、樂、射、御、書、數。"這個六藝在當時實際上是六種教學科目。孔子的六藝也是教學科目，不過，由於時代不同，已把禮、樂、射、御、書、數改爲詩、書、禮、樂、易、春秋了。

《史記·滑稽列傳》篇首引孔子的話説："六藝於治一也。《禮》以節人，《樂》以發和，《書》以道事，《詩》以達意，《易》以神化，《春秋》以義。"《莊子·天下》説："《詩》以道志，《書》以道事，《禮》以道

行,《樂》以道和,《易》以道陰陽,《春秋》以道名分。"看來六藝都是
爲當時的政治服務的,而每一藝又各有特點。

　　《荀子·勸學》説:"《禮》《樂》法而不説,《詩》《書》故而不切,
《春秋》約而不速。"《春秋繁露·玉杯》説:"《詩》《書》序其志,《禮》
《樂》純其美,《易》《春秋》明其知。"《史記·司馬相如列傳》説:"《春
秋》推見至隱,《易》本隱之以顯。"説明先秦和漢初一些學者認爲在
六經中,詩與書,禮與樂,易與春秋性質相近而又各有特點。有一
個問題,需要在這裏提出來談一談。這就是關於六經排列次序問
題。周予同著《經今古文學》説:"今文家的次序是:《詩》《書》《禮》
《樂》《易》《春秋》。古文家的是《易》《書》《詩》《禮》《樂》《春秋》。"并
且解釋説:"古文家的排列次序是按六經産生時代的早晚,今文家
卻是按六經內容程度的淺深。"周氏的説法當然是有根據的。不
過,我認爲這個根據有問題。因爲先秦漢初言六經的如《莊子·天
運》説:"丘治《詩》《書》《禮》《樂》《易》《春秋》六經。"《荀子·儒效》
説:"《詩》言是其志也,《書》言是其事也,《禮》言是其行也,《樂》言
是其和也,《春秋》言是其微也。"《商君書·農戰》説:"《詩》《書》
《禮》《樂》《春秋》。"《史記·儒林列傳》説:"言《詩》,於魯則申培公,
於齊則轅固生,於燕則韓太傅。言《尚書》,自濟南伏生。言《禮》,
自魯高堂生。言《易》,自淄川田生。言《春秋》,於齊、魯自胡毋生,
於趙自董仲舒。"基本上都是按照《詩》《書》《禮》《樂》《易》《春秋》的
次序排列的。從無所謂"古文家"的次序。有之自《漢書·藝文志
·六藝略》始。《漢書·藝文志》的成書是以劉歆《七略》爲藍本,則
《六藝略》六經的次序顯然是劉歆的讕言。特別是《六藝略》於《春
秋》説:"左史記言,右史記事,事爲《春秋》,言爲《尚書》,帝王靡不
同之。"尤爲謬妄。因爲《莊子·天下》明言"《書》以道事",《荀子·
儒效》明言"《書》言是其事也"。怎能説"事爲《春秋》,言爲《尚書》,
帝王靡不同之"呢? 且先秦及漢初言六經的如《荀子·勸學》:
"《詩》《書》故而不切。"《春秋繁露·玉杯》説:"《詩》《書》序其志,

《禮》《樂》純其美，《易》《春秋》明其知。"《史記・司馬相如列傳》説："《春秋》推見至隱，《易》本隱之以顯。"都是《詩》《書》對舉，《易》《春秋》對舉，哪有《春秋》與《尚書》對舉之事？孔子和董仲舒都説"《春秋》以道義"怎能説"事爲《春秋》"呢？分明是劉歆爲《左傳》爭一席地。《漢書・王莽傳》載：故左將軍公孫祿説："國師嘉信公顛倒五經，毀師法，令學士疑惑。"可能即指此事。則周氏所謂"古文家的排列次序是按六經産生時代的早晚"，實不足據。而劉知幾作《史通》竟於《六家》詆《尚書》説："堯舜二典，直序人事，《禹貢》一篇，唯言地理，《洪範》總述災祥，《顧命》都陳喪禮"，爲"爲例不純"，殊不知這個例乃是劉歆僞造爲例，而《尚書》初無此例也。

　　孔子編著六經的方法是不一樣的。他對《詩》《書》是"論次"；對《禮》《樂》是"修起"；對《春秋》是"作"；對《易》則是詮釋。《史記・儒林列傳》説："孔子閔王路廢而邪道興，於是論次《詩》《書》，修起《禮》《樂》。"是其證。什麼是"論次"呢？"論"是去取上事，"次"是編排上事。《史記・孔子世家》説："古者詩三千餘篇，及至孔子，去其重，取可施於禮義。"這就是所謂"論"。同書又説："故曰《關雎》之亂以爲《風》始，《鹿鳴》爲《小雅》始，《文王》爲《大雅》始，《清廟》爲《頌》始。"這就是所謂"次"。"修起"則是由於"禮壞樂崩"，孔子努力搜討，把它們修復起來。《禮記・雜記下》説："恤由之喪，哀公使孺悲之孔子學士喪禮，《士喪禮》於是乎書。"《論語・子罕》説："子曰：'吾自衛反魯，然後樂正'"。是其證。至於《春秋》，則無論《史記・孔子世家》或《孟子・滕文公下》都説是作，可無疑義。孔子作《易大傳》當然是詮釋《易經》的。

　　下面準備多用一些篇幅，對六經逐一作比較詳細的介紹。

一、《詩》

　　《詩經》三百有五篇詩作是孔子爲了用於教學所編選的一套詩

歌總集。內分《風》、《雅》、《頌》三部分。今日學《詩》，首先需要懂得什麼是"六義""四始""二南""正變"以及"今古文"的問題。

（一）"六義"。

"六義"這一概念見於《毛詩序》（亦稱《詩大序》）。《周禮·春官·大師》則稱"六詩"。《毛詩序》說："故《詩》有六義焉：一曰風；二曰賦；三曰比；四曰興；五曰雅；六曰頌。"《周禮·春官·大師》說："教六詩：曰風；曰賦；曰比；曰興；曰雅；曰頌。"鄭玄於"六義"下無注，於"六詩"下注說："風言聖賢治道之遺化也；賦之言鋪，直鋪陳今之政教善惡；比見今之失不敢斥言，取比類以言之；興見今之美，嫌於媚諛，取善事以喻勸之；雅，正也，言今之正者以爲後世法；頌之言誦也，容也，誦今之德廣以美之。鄭司農云：'曰比曰興，比者，比方於物也，興者，託事於物。'"孔穎達於《毛詩》疏說："風雅頌者，詩篇之異體。賦比興者，詩文之異辭耳。大小不同而得並爲六義者，賦比興是詩之所用，風雅頌是詩之成形。用彼三事，成此三事，是故同稱之義，非別有篇卷也。"下引"《鄭志》張逸問'何詩近於比賦興？'答曰：'比賦興，吳札觀《詩》，已不歌也。孔子錄《詩》，已合《風》《雅》《頌》中，難復摘別。'篇中義多興。"我們認爲孔疏說"風雅頌者，詩篇之異體。賦比興者，詩文之異辭耳"是對的。張逸見同名爲"六詩"，以爲賦比興與風雅頌一樣，都是詩篇之異體，是錯誤的。近人章炳麟、郭紹虞復理張逸之說，以爲賦比興亦是詩篇之異體，實屬大謬。不知賦比興與風雅頌雖然大小不同，古人習慣上可以並稱爲六義或六詩。例如《左傳·文公七年》說"六府、三事，謂之九功。水、火、金、木、土、穀，謂之六府；正德、利用、厚生，謂之三事。"是六府與三事大小不同，可以並稱爲九功。《國語·楚語》說"天地民及四時之務爲七事"。《尚書大傳》說"七政謂春秋冬夏天文地理人道"。"天地民"與"四時之務"大小不同，可以並稱爲七事。"春秋冬夏"與"天文地理人道"不同，可以並稱爲七政。爲什麼賦比興與風雅頌大小不同不可以稱六義或六詩呢？

關於風雅頌的名稱,《毛詩序》説:"是以一國之事係一人之本謂之風。言天下之事,形四方之風謂之雅。雅者,正也,言王政之所由廢興也。政有大小,故有小雅焉,有大雅焉。頌者美盛德之形容以其成功告於神明者也。"這種説法基本上是對的。也就是説,風詩是以國爲界。各國風詩不同,主要由於政治影響之不同。雅詩言天下之事,形四方之風,説明雅詩不是以國爲界,而是就"天子有天下"來説的。用今天的政體作比喻,則雅所反映的是中央的政治,風所反映的是地方的政治。小雅、大雅,《詩序》外,《荀子》《史記》雖亦有説,説的都不甚明瞭。頌則《詩序》稱"美盛德之形容",以《禮記・樂記》"賓牟賈侍坐於孔子"論"武"樂一節觀之,很可能是舞詩。

今人多以風爲平民文學,雅爲士大夫文學,頌爲廟堂文學。其實,《鄘風・載馳》序明言許穆夫人作,兼見《左傳・閔公二年》,怎能説是平民文學呢? 不考事實,信口亂道,不足置辯。

關於賦比興的名稱,鄭玄説"賦之言鋪"是對的。説比興則不如鄭司農明切。朱熹《詩集傳》説:"賦者,敷陳其事而直言之者也;比者,以彼物比此物也;興者,先言他物以引起所咏之詞也。"實亦兼采二鄭之説而義尤顯白。

(二)"四始"。

四始並無深義,祇是古人書用簡編,容易散亂,記住開始一篇,作爲標誌而已。《史記・孔子世家》説:"《關雎》之亂以爲《風》始;《鹿鳴》爲《小雅》始;《文王》爲《大雅》始;《清廟》爲《頌》始。"是對的。《毛詩序》祇説"是謂四始",實際上等於没有説明。《詩緯・汎歷樞》説:"《大明》在亥爲水始,《四牡》在寅爲木始,《嘉魚》在巳爲火始,《鴻雁》在申爲金始。"緯書誕妄,不可信據。

(三)"二南"。

《二南》之義現在學術界廣爲流行的,有下列三説。

　　1.《毛詩序》說:"然則《關雎》《麟趾》之化,王者之風,故繫之周公。'南'言化自北而南也。《鵲巢》《騶虞》之德,諸侯之風也,先王之所以教,故繫之召公。《周南》《召南》正始之道,王化之基。"

　　2.《韓詩》說《水經注·江水二》說:"《周書》曰:'南',國名也。南氏有二臣,力均勢敵,竟進爭權,君弗能制,南氏用分爲二南國也。按韓嬰敍《詩》云:'其地在南郡南陽之間。'"

　　3.程大昌《考古編·詩論》說:"蓋南雅頌樂名也,若今之樂曲之在某宮者也。《南》有《周》《召》,《頌》有《周》《魯》《商》,本其所從得而還以繫其國土也。"其後,惠周惕說:"《風》《雅》《頌》以音別也。"梁啓超說:"'南'是一種音樂。"章炳麟說:"'二南'爲荆楚風樂。"看來此說有很大影響。

　　崔述《讀風偶識》說:"江、漢、汝、沱,皆在岐周之東,當云自西而東,豈得自北而南乎?"崔說足破《詩序》之謬。胡承珙《毛詩後箋》說:"若僅南氏二臣之國,而冒之以周召,於義不可通矣。"是《韓詩》說也不能成立。至說"南是一種音樂"的,則是根據《詩·鼓鐘》"以雅以南",《毛傳》釋"南夷之樂曰南"立說。其實,此說也不能成立。《毛詩序》說:"《關雎》用之鄉人焉,用之邦國焉。"《論語·陽貨》說:"子謂伯魚曰:'女爲《周南》《召南》矣乎?人而不爲《周南》《召南》,其猶正墻面而立也與!'"古人最嚴夷夏之辨,孔子斷不能把南夷之樂看得如此重要。

　　那末,《二南》到底應當怎麼理解呢?我認爲"二南"之南,既不應理解爲方位詞南北之南,也不應理解爲"南夷之樂"之南,而應理解爲《國語·周語中》"鄭伯,南也"之南,這個南字古通任。鄭伯之所以稱南,由於其先武公莊公曾爲平王卿士。卿士之職最尊,略同於周初周公召公之職,故下文說:"王而卑之,是不尊貴也。"《公羊傳·隱公五年》說:"自陝而東者,周公主之;自陝而西者,召公主之。"《詩·周南》尾題爲"周南之國十一篇三十六章百五十九句"。《召南》尾題爲"召南之國十四篇四十章百七十七句"。"周南之國"

是簡語，實際就是自陝而東，周公所任之國。"召南之國"也是簡
語，實際就是自陝而西，召公所任之國。《三國志·陳思王植傳》
說："三監之釁，臣自當之，二南之輔，求必不遠。"《晉書·王導傳》
說："雖有殷之殞保衡，有周之喪二南，曷諭茲懷。"《文選》潘岳《西
征賦》說："美哉邈乎！茲土之舊也。固乃周邵之所分，二南之所
交。"《史記·太史公自序》"太史公留滯周南"。《索隱》引張晏說：
"自陝以東皆周南之地也。"得此四證，則《周南》爲周公所南之國，
其地即所謂"自陝而東，周公主之"。《召南》爲召公所南之國，其地
即所謂"自陝而西，召公主之"已毫無疑義。由此可以看出，孔子爲
什麼特別重視"二南"？是因爲"二南"之詩是作爲正風，由周召二
公所南之國選出來的。"二南"之詩與其他十三國之詩的關係是正
風與變風的關係。正變是編詩之義，不應理解爲作詩之義。

（四）"正變"

舊說"二南"爲正風。其餘十三國詩自《柏舟》至《狼跋》爲變
風。《小雅》自《鹿鳴》至《菁菁者莪》二十二篇爲"正小雅"。自《六
月》至《何草不黃》五十八篇爲"變小雅"。《大雅》自《文王》至《卷
阿》十八篇爲"正大雅"。自《民勞》至《召旻》二十三篇爲"變大雅"。
《風》與《小雅》《大雅》的正變是用什麼標準區分的呢？《毛詩序》
說："至於王道衰，禮義廢，政教失，國異政，家殊俗而變風變雅作
矣。"這種說法，考諸實際，多不相符。鄭樵《六經奧論》有《風非有
正變辨》，他說："若以美者爲正，刺者爲變，則《邶》《鄘》《衛》之詩謂
之變風可也。《緇衣》之美武公，《駟鐵》《小戎》之美襄公，亦可謂之
變乎？"又於《雅非有正變辨》說："《小雅》《節南山》之刺，《大雅》《民
勞》之刺，謂之變雅可也，《鴻雁》《庭燎》之美宣王也，《崧高》《烝民》
之美宣王，亦可謂之變乎？"鄭說駁《詩序》之說頗有理據。不過，正
變與"二南"一樣，都是相傳古義。《詩序》說不可通，固然是事實，
然並正變而非之，未免失之悍。我們認爲正變是編詩之義，不是作
詩之義。今觀《毛詩序》在《周南》於《關雎》說："后妃之德也。"於

《葛覃》説："后妃之本也。"於《卷耳》説："后妃之志也。"於《麟之趾》説："《關雎》之應也。"在《召南》於《鵲巢》説："夫人之德也。"於《采蘩》説："夫人不失職也。"於《草蟲》説："大夫妻能以禮自防也。"於《騶虞》説："《鵲巢》之應也。"顯然這是孔子編詩時，按照自己的意圖，由二南之國各選一些詩，編在一起，作爲模範教材，故名爲正風，其餘同美刺兼收，統編在一起，名爲變風，以與正風相區別。《小雅》《大雅》之正變，當亦如是。不過，今日詩之篇什似有錯亂，已不易確指了。

　　十五國風的次第，歐陽修説："《周南》《召南》《邶》《鄘》《衛》《王》《鄭》《齊》《豳》《秦》《魏》《唐》《陳》《檜》《曹》，此孔子未刪之前，周太師樂歌之次第也。《周》《召》《邶》《鄘》《衛》《王》《鄭》《齊》《魏》《唐》《秦》《陳》《檜》《曹》《豳》，此今詩次第也。《周》《召》《邶》《鄘》《衛》《檜》《鄭》《齊》《魏》《唐》《秦》《陳》《曹》《豳》《王》，此鄭氏《詩譜》次第也。"皮錫瑞認爲"三説當從鄭《譜》爲正。"意謂鄭《譜》是孔子舊第。我們基本上同意這種見解。邶、鄘、衛爲殷商故都。《漢書·地理志》説："周既克殷，分其畿内爲三國，《詩風》邶、庸、衛國是也。邶，以封紂子武庚；庸，管叔尹之；衛，蔡叔尹之，以監殷民，謂之三監。"是其證。正由於邶鄘衛爲殷商故都，故最居首。檜爲鄭並，故檜處鄭先。而鄭在春秋初是最先嶄露頭角的。魏唐實際是晉。而齊、晉、秦三國在春秋時遞爲霸主，故宜次鄭。陳曹小國，故列秦後。豳、王二詩，舊説多誤。例如鄭《譜》於《豳風》説：周公"其出入也，一德不回，純似於公劉大王之所爲，太師大述其志，主意於豳公之事，故別其詩以爲豳國變風焉。"清張履祥則説《豳風》是魯詩。鄭《譜》於《王風》説："申侯與犬戎攻宗周，殺幽王於戲。晉文侯、鄭武公迎宜咎於申而立之，是爲平王。以亂，故徙居東都王城。於是王室之尊與諸侯無異，其詩不能復雅，故貶之，謂之王國之變風。"這些説法，我們不敢苟同。我們認爲《經典釋文》釋《王風》爲"以王當國，猶《春秋》稱王人"是對的。因爲是王畿以内的詩,所以衹能稱風,不能稱雅。稱風並非貶詞,與"不能復雅"没有關係。《豳風》則是西周畿内詩。因爲西周畿内詩稱王稱周俱不可,所以稱豳。指爲魯詩,毫無根據。《史記》說孔子"論次詩書",由十五國風的次第來看,孔子編詩並不是任意安排,而是有深刻意義的。

(五)《詩序》問題

《四庫全書總目提要》於《詩類一》《詩序二卷》下說:"案《詩序》之說,紛如聚訟。"以下引各家之說,最後下結論說"今參考衆說,定序首二句爲毛萇以前經師所傳,以下續申之詞爲毛萇以下弟子所附"。這個說法比較好,可以息諸家之聚訟。

二、《書》

孔子對六經中的《書》,也像對《詩》一樣,其功勞主要在於論次。孔子所看到的先代史料雖不必如《緯書》所說有三千二百四十篇之多,估計也不會很少。孔子所編定的《書經》原來有多少篇,由於中經秦火,已不可確知。縱令是百篇,亦當是經過精心挑選的。《史記·五帝本紀》說:"學者多稱五帝,尚矣。然《尚書》獨載堯以來;而百家言黄帝,其文不雅馴,薦紳先生難言之。孔子所傳《宰予問五帝德》及《帝繫姓》,儒者或不傳。"由此可以看出,孔子序《書》,何等矜慎。乃今人並堯舜禹而疑之,竟欲"把中國古史縮短二三千年",亦不思之甚矣。據我看,全《書》内容,都是具有重大意義的文字。僅從《尚書大傳》述孔子語說:"故《堯典》可以觀美,《禹貢》可以觀事,《皋陶》可以觀治,《洪範》可以觀度,《六誓》可以觀義,《五誥》可以觀仁,《甫刑》可以觀誡,通斯七觀,《書》之大義舉矣。"即可窺見一斑。至於鄭玄《書贊》所說的"三科之條,五家之教"則顯是編次上事。

過去談《尚書》的,都喜談今古文。以爲今古文談清楚,其餘可以不談了。我不同意這種做法。我認爲今古文問題要談，但不宜談得過多。應把主要的精力放在《尚書》内容上。

(一)今古文問題

今古文問題，應該説前人已經解決。今天我們接受前人研究的成果就可以了。不要在這個問題上糾纏不休。簡單説，《今文尚書》二十九篇是真的。《古文尚書》二十五篇是僞的。但在《僞古文尚書》中，有從古籍中輯出的部分，則應認爲是真的。

(二)《堯典》

《古文尚書》的《舜典》是從《堯典》分出去的。《今文尚書》無《舜典》。《堯典》一篇主要包括"制曆""選賢""命官"三件大事。兹着重談談制曆問題。

農牧業生産季節性極强。因此，當人類進入農牧時代，"制歷明時"遂成爲一件頭等的大事。但是，最完善的曆法並不是一開始就能制定出來的，而是要經過一個長期發展的過程。從中國歷史來看，大概是先有占星術。由占星術發展爲所謂"火曆"（龐樸語），即觀察大火（心宿二）以定季節。《左傳·襄公九年》説："古之火正，或食於心，或食於味，以出内火。是故味爲鶉火，心爲大火。陶唐氏之火正閼伯居商丘，祀大火，而火紀時焉。"《國語·鄭語》説："黎爲高辛氏火正。"同書《楚語》説："命火正黎司地以屬民。"諸所謂"火正"，就是當時掌管火曆的專職官員。《大戴記·五帝德》説："高辛……曆日月而迎送之。"《國語·魯語上》説："帝嚳能序三辰以固民。"韋昭注"三辰，日月星"。證明在帝嚳時期，已意識到日月在曆法上的重要性，已籌劃改制新曆。可見《堯典》説："乃命羲和，欽若昊天，曆象日月星辰，敬授人時。"正是完成帝嚳未竟之業。大概《國語·周語中》説："夫辰角見而雨畢，天根見而水涸，本見而草木節解，駟見而隕霜，火見而清風戒寒。"應是實行占星術時所瞭解的情況。《左傳·莊公二十九年》説："火見而致用。"又《昭公四年》

説:"火出而畢賦。"又《昭公三年》説:"火中寒暑乃退。"又《哀公十二年》説:"火伏而後蟄者畢。"應是實行火曆時所瞭解的情況。實行上述兩種曆法時,即觀察星宿以定季節時,應祇知一年中有寒暑,而不知道有四時。更不知道一年中確切是多少日。堯所制定的新曆法,其特點是"曆象日月星辰",即不僅觀察星宿,而且觀察日月。其結果遂得出如《堯典》所説:"期三百有六旬有六日,以閏月定四時成歲。允釐百工,庶績咸熙。"在中國歷史上這是一件了不起的大事,對後世影響很大。舉例説:《呂氏春秋・勿躬》説:"羲和作占日,尚儀作占月"。《山海經・大荒南經》説:"羲和生十日"。同書《大荒西經》説:"常儀生月十二。"很明顯,尚儀、常儀是一人。她即後世神話的嫦娥。羲和與尚儀二人同參加帝堯時的制曆工作。羲和負責觀測太陽,尚儀負責觀測月亮。"十日"即甲乙丙丁戊己庚辛壬癸,所謂十天干。"月十二"當即子丑寅卯辰巳午未申酉戌亥,所謂十二地支,亦名十二辰。也就是説羲和、尚儀在觀測日月時創造了十日和十二辰。二人後來變成了神話中人物,足見其影響之大,又《論語・泰伯》説:"子曰:'大哉!堯之爲君也。巍巍乎!唯天爲大,唯堯則之。'"又《堯曰》説:"堯曰:咨!爾舜,天之曆數在爾躬。"不難理解,上述兩個"天"字都是"欽若昊天"的"天"。上述的"則天"與"天之曆數"也不是别的,都是指"敬授人時"和"允釐百工"而言。朱熹釋"唯天爲大,唯堯則之"爲"言物之高大莫有過於天者,而獨堯之德能與之準,故其德之廣遠亦如天之不可以言語形容也"。釋"曆數"爲"帝王相繼之次第猶歲時節氣之先後也"是錯誤的。當時把這種行之有效的辦法定爲制度,名之曰朔政。《周禮・春官・大史》説:"正歲年以序事,頒之於官府及都鄙,頒告朔於邦國。"蔡邕《蔡中郎集・明堂月令論》説:"古者朝正於天子,受月令以歸,而藏諸廟中,天子藏之於明堂,每月告朔朝廟,出而行之。"二書所説的,就是堯時所制定的朔政制度在後世實行的情況。《春秋・文公十六年》説:"公四不視朔。"《論語・八佾》説:"子貢欲

去告朔之餼羊。子曰：'賜也！爾愛其羊，我愛其禮。'"説明春秋中
期以後，朔政雖不行，而其遺迹猶有存者。《堯典》制曆，如此重要。
有志讀《書》者，自不應等閒視之。

(三)《皋陶謨》

《皋陶謨》主要談兩個問題：一個是"知人"，一個是"安民"。這
兩個問題處理的好壞，應該説是關係國家安危、事業成敗的決定性
問題。《尚書大傳》説"《皋陶謨》可以觀治"，是有道理的。

《皋陶謨》通篇記録皋陶與禹二人對話。首先，皋陶説："在知
人，在安民。"接着禹表示同意皋陶的意見。説："知人則哲，能官
人；安民則惠，黎民懷之。"以下皋陶專就官人方面談了"亦行有九
德"問題，爲一篇的主要内容。

篇内人民二字的用法同《詩·大雅·假樂》"宜民宜人"一樣，
是有階級内容的。"人"爲統治階級，"民"爲被統治階級。

"九德"爲"寬而栗，柔而立，願而恭，亂而敬，擾而毅，直而温，
簡而廉，剛而塞，强而義"。這個"九德"，應是自《堯典》"直而温，寬
而栗，剛而無虐，簡而無傲"發展而來。《洪範》："三德：一曰正直；
二曰剛克；三曰柔克。"應是九德的簡化。《立政》説："古之人迪惟
有夏，乃有室大競，吁俊，尊上帝，迪知忱恂於九德之行。"可以證明
《皋陶謨》"九德"之可信。《吕刑》説："惟敬五刑，以成三德。"亦是
説明《洪範》"三德"之非誣。

考察九德的内容，可以看出，這個九德的思想與《洪範》三德基
本上是一致的。顯而易見，"寬而栗，柔而立，願而恭"三德相當於
"柔克"；"亂而敬，擾而毅，直而温"三德相當於"正直"；"簡而廉，剛
而塞，强而義"相當於"剛克"。而在"寬而栗，柔而立"等是無過與
不及當中又可以看到中道的影子。《論語·堯曰》説："堯曰：'咨！
爾舜，天之曆數在爾躬。允執其中。四海困窮，天禄永終。'舜亦以
命禹。"足見貴中這一點在中國歷史上是源遠流長，不要以爲祇有
孔子是貴中的。

　　"日宣三德,夙夜浚明有家。日嚴祗敬六德,亮采有邦。翕受敷施,九德咸事,俊义在官,百僚師師,百工惟時。撫於五辰,庶績其凝。"這是具體地應用九德來官人的辦法。"官人"譯成今語,就是使用幹部,或稱人事工作。官人時,把九德分爲三等。一等是"有家",二等是"有邦",三等是最高層。前人釋"有家"爲卿大夫,不能説不對。不過,就當時還是部落聯盟時代來説,"有家"似應爲氏族。同樣,前人釋"有邦"爲諸侯,似不如釋爲部落好。至最高層當然不是天子,而是部落聯盟了。"日宣三德",應指"寬而栗,柔而立,願而恭"三德,"日嚴祗敬六德"在九德中,應是"寬而栗"至"直而温"六德。至於最高層,領導全局,當然需要"九德咸事"了。

　　"無教佚欲有邦,兢兢業業,一日二日萬幾,無曠庶官,天工人其代之。"這段話,應是對最高層,例如部落聯盟説的。"無教佚欲有邦"是説對下屬,例如部落,要加以約束,不讓他縱慾敗度。"兢兢業業,一日二日萬幾"則是對部落聯盟自身説的。每日應當處理的事情至爲煩劇,必須戒慎恐懼,不能粗心大意。"無曠庶官,天工人其代之"則是與"欽若昊天,敬授人時"即朔政制度聯繫起來看問題的。認爲你做的是人事,其實不是人事而是天工,是人代替天去做的。正因爲這樣,每一官職都不能缺員,必須認認真真地去做工作。

　　"天敍有典,敕我五典五惇哉! 天秩有禮,自我五禮有庸哉! 同寅協恭和衷哉! 天命有德,五服五章哉! 天討有罪,五刑五用哉! 政事懋哉! 懋哉! 天聰明,自我民聰明;天明畏,自我民明威。達於上下,敬哉有土!"典、禮、德、刑,從政治上説,這是幾件大事,而都歸之於天。表明都需要嚴肅對待,絲毫疏忽不得。這個"天",我體會也是自"則天"來,把它看做是執行朔政制度應有的事,而不應理解爲宗教迷信中的天。"五典"説是"父義、母慈、兄友、弟恭、子孝","五刑"説是"大刑用甲兵,其次用斧鉞;中刑用刀鋸,其次用鑽笮;薄刑用鞭扑",可能是對的。"五禮"、"五服"是什麽,很難確指,不如暫缺。

"天聰明,自我民聰明;天明畏,自我民明威"這個思想很寶貴。祇有堯舜禹時代才可能有這種思想。

(四)《禹貢》

《禹貢》是我國最早的談人文地理的著作,而且談得最精密最完整最系統。當然是後人追記的,不可能是夏初的作品。不過説:"禹别九州,隨山浚川,任土作貢。"是有根據的。不然,不會見於《周書·立政》説:"以陟禹之迹。"《詩·商頌·長發》説:"洪水芒芒,禹敷下土方。"《詩·小雅·信南山》説:"信彼南山,維禹甸之。"以及《國語》《左傳》《論語》《墨子》《孟子》《荀子》《屈原賦》《吕氏春秋》諸書都有禹治水的記載。特别是《齊侯鎛鐘》也有"虩虩成唐,有嚴在帝所,……咸有九州,處禹之都"的銘文。那末,今《書·禹貢》到底是誰或者是什麼時候追記的呢? 王國維《古史新證》説:"《禹貢》文字稍平易簡潔,或係後世重編。然至少亦必爲周初人所作。"錢玄同刊文《讀書雜誌》説:"《禹貢》……等篇,一定是晚周人僞造的。"郭沫若《金文叢考·金文所無考》斷定《禹貢》是春秋戰國間構成的,出於春秋時某一大師的私見。此外,顧頡剛有《〈禹貢〉作於戰國考》。陳夢家説:《禹貢》不早於戰國,我認爲《禹貢》固然不可能是夏代人所作,也不是周初人作。因爲《禹貢》與《大誥》《康誥》的文風有很大的不同。據我看,《禹貢》與《周禮》相似,很可能是周室東遷後某一大師所作。否則孔子不能收入《尚書》中。有人説:"《禹貢》所記的疆域,近於戰國末季到秦始皇時的版圖。"(見蔣善國《尚書綜述》)郭沫若《中國古代社會研究》也説:"中國古代的疆域祇在黄河的中部,就是河南、直隸、山西、陝西一部分的地方。直隸山西的北部是所謂北狄,陝西的大部分是所謂西戎,黄河的下游是所謂東夷,長江流域的中部都還是所謂蠻荆,所謂南蠻,淮河流域是所謂淮夷、徐夷。而在《禹貢》裏面所謂荆州、青州、揚州、徐州等等,居然已經畫土分貢了,這是絶對不可能的事實。"

　　郭沫若的這一段話，從表面上看，理由很充分，而實際是不能
成立的。因爲，他所説的中國古代的疆域，衹是春秋時期的疆域，
而不能説明虞夏時期的地理。春秋時期中國早已進入文明社會，
而虞夏時期還停留在原始社會末期，即所謂軍事民主制時期。例
如《左傳·哀公七年》説：“禹合諸侯於塗山，執玉帛者萬國。”曰“諸
侯”，曰“萬國”，衹是譯成後世的稱謂，而在當時衹有部落或氏族，
並無所謂“諸侯”或“萬國”的名稱。以今例古，“禹合諸侯於塗山”，
好似開聯合國大會。所謂“諸侯”、所謂“萬國”，與禹並無統屬關
係，他們各有自己的領土。他們的領土不能包括在禹的疆域之内。
但是作爲貢納，則是可以的。馬克思《摩爾根〈古代社會〉一書摘
要》説：“阿兹忒克聯盟並沒有企圖將所征服的各部落並入聯盟之
内，因爲在氏族制度之下，語言的分歧是阻止實現這一點的不可克
服的障礙：這些被征服部落仍受他們自己的酋長管理，並可遵循自
己古時的習慣。有時有一個貢物征收者留駐於他們之中。”就是證
明。至於當時的地理知識爲什麽如此詳悉，這也是古代人的特點，
不是後人所能理解的。前蘇聯學者柯斯文《原始文化史綱》有一段
話説：“原始人的生活條件逼着他要首先完全熟悉自己的鄉土、自
己的求食地區和圍遶着自己的自然界。這種原始的鄉土志，在所
有現代部落和部族中間，是很被重視的。每一個小地方、每一條小
溪、每一丘陵、每一地方的特點、任何一堵峭壁，都有一定的名稱。
原始人的知識也往往擴展到離開本部落的領土很遠的區域。原始
人能够很快地畫出可以稱之爲路綫圖的東西來，就正好證明這一
點。”又説：“著名的俄國烏蘇里區域的探險家阿爾謝涅夫曾舉出一
個顯明的例證。他寫道：‘有一些烏德赫人從撒馬嘉河來到我們的
宿營地。我向他們詢問由索蘇諾夫海角往北沿海一帶的詳情。他
們之中的一個人抄起一條細木棍，敏捷地在地上畫出草圖。當我
在他面前打開一張四十俄里方圓的地圖時，他很快地就辨清了方
向，並獨自在上面指出河、山和海角，正確地叫出它們的名稱。他

能够這樣迅速地熟習了比例尺並一下子就懂得投影是怎麽回事，這使我十分驚訝'。"①

(五)《洪範》

《洪範·九疇》即大法九章。它是周武王克殷後，不知怎麽治理國家，向殷遺臣箕子請教，箕子向周武王陳述的。據箕子說：它是自舜禹以來世代相傳的施政綱領。自今天看來，它也確實是一部最系統最完整並提到理論高度來認識的政治哲學著作。文內的開篇處的第一個"天"，我以爲是指武王自己，是說他已居天位有"陰騭下民，相協厥居"的責任。"帝"及第二個"天"是指帝舜。《爾雅·釋詁》說："林、烝、天、帝、皇、王、后、辟、公、侯，君也。"是其證。僞孔傳於第二個天下說："天與禹，洛出書。神龜負文而出，列於背有數至於九，禹遂因第之以成九類。"孔穎達疏說："《漢書·五行志》劉歆以爲伏羲繼天而王，河出圖，則而畫之，八卦是也。禹治洪水，錫洛書，法而陳之，《洪範》是也。先達共爲此說。"僞孔傳蓋陰據《漢志》，其實這都是誣妄之言，斷不可信。

(六)"九疇"

"九疇""初一曰：五行。次二曰：敬用五事。次三曰：農用八政。次四曰：協用五紀。次五曰：建用王極。次六曰：乂用三德。次七曰：明用稽疑。次八曰：念用庶徵。次九曰：嚮用五福，威用六極。"《漢書·五行志》說："凡此六十五字，皆洛書本文。"這完全是鬼話，歷史上絕對沒有這樣的事情。

"九疇"以五行冠首，以五福、六極殿末，處於中心地位的則是王極。王極通作"皇極"誤，應從《尚書大傳》作"王極"。王極表明王是主權者，是政治的中心。五行，古人亦稱"五材"。例如《左

---

① （前蘇聯）柯斯文：《原始文化史綱》，人民出版社，1955年，第158～159頁。可見我們用後世的眼光是不能理解原始人的地理知識的。

傳・襄公二十七年》説："天生五材，民並用之，廢一不可。"杜預於
五材下注説："金、木、水、火、土也。"亦稱"五部"，例如《史記・曆
書》説："起五部"。應劭注説："金、木、水、火、土也。""五行"，實際
上是説自然界是由水、火、木、金、土五種原素構成的。"五事"則是
以五行作爲模式，邏輯引申出人也有貌、言、視、聽、思五事。"八
政"是把國家事務概括爲食、貨、祀、司空、司徒、司寇、賓、師八種。
"五紀"是制曆上事，與朔政有關。所謂"天之曆數在爾躬"，至關重
要，所以其次逼近王極。"三德"則是官人上事，是人君選賢任能所
應掌握的標準。故列在王極之次。"稽疑"是人君解決疑難問題的
辦法。"庶徵"是人君考察政治效果的辦法。七、八兩疇裏邊不免
夾雜有迷信成分，無疑這是受時代的限制。"五福、六極"實際上就
是《韓非子》所説的"二柄"。二柄是刑、德，也就是賞、罰。人君掌
握賞、罰之權。他讓人幹什麼，就用賞；他不讓人幹什麼，就是罰。

上述祇是目次，以下才是正文。

正文在"五行"一疇裏，分別地談了五行的名稱、性質和作用。
沒有談五行相互間的關係。後來如《左傳・昭公三十一年》説："火
勝金"。同書《哀公九年》説："水勝火"。《墨子・經下》説："五行毋
常勝。"這説明五行學説又向前發展了。

在"五事"一疇裏，分別地談了五事的名稱，並進一步談了五事
各自在正常情況下的表現和發展。

在"八政"一疇裏，祇舉出八政的名稱。但在排列先後的次序
上可能有意義。因爲食與貨在文明社會任何時候都應處在首要地
位。至於師則"大刑用甲兵"，應該是不得已而用之，故處最末。

在"五紀"一疇裏，祇談了五紀的名稱。但次序先後也是有意
義的。

在"王極"一疇裏，談得較多。因爲它是人君怎樣掌握政權和
行使政權的中心問題。也是周武王所問的和箕子所答的中心問
題。在這裏邊人民二字的用法上區別很清楚，人是指有官職的，民

是指老百姓。

在“三德”一疇裏，首先談三德的名稱，然後談三德各自的性質及克服其過或不及的方法。曾運乾《尚書正讀》説：“‘克’，勝也。‘剛克’者，毗於剛也。‘柔克’者，毗於柔也。”是對的。“平康”是説“正直”的性質。“强弗友”是説“剛克”的性質。“燮友”是説“柔克”的性質。“沈潛”則是克服“剛克”之過，“高明”則是克服“柔克”之不及。

“惟辟作福，惟辟作威”，是説刑賞大權，人君必須親自掌握。“惟辟玉食”，是説祇有人君才能享受最高的生活待遇。如果大權旁落，一切災害就都會到來了。曾運乾説：“本文語意尊君卑臣，與三德説不類，疑皇極敷言文。”

在“稽疑”一疇裏，“汝則有大疑”，首先是“謀及乃心，謀及卿士，謀及庶人”，然後才是“謀及卜筮”。可見古人並不是僅僅聽命於卜筮。在“三人占則從二人之言”裏，不難想象古人選舉也是少數服從多數。

在“庶徵”一疇裏，所重視的，主要是“休徵”“咎徵”兩大類。“休徵”下又細分爲肅、乂、晢、謀、聖五小類。以天氣的雨、暘、燠、寒、風爲喻，則“肅，時雨若”，“乂，時暘若”，“晢，時燠若”，“謀，時寒若”，“聖，時風若”。“咎徵”下又細分爲狂、僭、豫、急、蒙五小類。以天氣的雨、暘、燠、寒、風爲喻，則“狂，恒雨若”，“僭，恒暘若”，“豫，恒燠若”，“急，恒寒若”，“蒙，恒風若”。“若”是譬況之詞。前人以順釋之，是莫大的錯誤。

“曰：王省惟歲，卿士惟月，師尹惟日。歲月日時無易。百谷用成、乂用明、俊民用章、家用平康。日月歲時既易。百谷用不成、乂用昏不明、俊民用違、家用不寧。庶民惟星。星有好風、星有好雨。日月之行，則有冬有夏。月之從星，則以風雨。”本文舊解全誤。蘇軾《東坡書傳》謂有錯簡，説此節應在“五曰曆數”之下，則是對的。

我認爲“王省惟歲，卿士惟月，師尹惟日”須用朔政制度來説明。《公羊傳・文公六年》"不告月者何？不告朔也"下，何休注説："禮，諸侯受十二月朔政於天子，藏於太祖廟，每月朔朝廟，使大夫南面奉天子命，君北面而受之。"天子每歲制定十二月朔政，應即是"王省惟歲"。諸侯每月告朔，奉行天子的命令，應即是"卿士惟月"。《左傳・桓公十七年》説："天子有日官，諸侯有日御。日官居卿以底日，禮也；日御不失日以授百官於朝。"所謂"日御不失日以授百官於朝"，應即是"師尹惟日"的事實。"歲月日時不易"，是説正確地遵照制度執行，就產生了"百谷用成"等等的結果。"日月歲時既易"是説不遵照制度執行，就不能不產生相反的結果。

　　"庶民惟星"是因爲庶民不在朔政範圍以内，所以仍按照自古沿襲下來的老辦法觀察星宿以知風雨寒暑。《詩・小雅・漸漸之石》説："月離於畢，俾滂沱矣。"《春秋緯》説"月離於箕風揚沙"是"星有好風，星有好雨"之證。"日月之行，則有冬有夏"是什麼意思？我認爲這是説在帝堯制新曆以前，實行火曆。觀察心宿二以定季節，在一年中，祗知道有春秋，不知道有冬夏。及堯制新曆，觀察日月的運行，才知道一年有四時，即不但知道有春有秋，而且知道有冬有夏。

　　在"五福、六極"一疇裏，具體地指出"五福"是一曰壽；二曰富；三曰康寧；四曰攸好德；五曰考終命。"六極"是一曰兇短折；二曰疾；三曰憂；四曰貧；五曰惡；六曰弱。

（七）"五誥"

　　"五誥"包括《大誥》、《康誥》、《酒誥》、《召誥》、《洛誥》五篇文字。總的説都是姬周取得政權後，在鞏固政權方面所采取的種種措施。根據《尚書大傳》的説法，《大誥》是"救亂"。《康誥》與《酒誥》是"建侯衛"。《召誥》是"營成周"。《洛誥》是"致政成王"。當時是武王即世，周公踐天子之位。主其事者當然是周公。可以看出，周公對有周一代歷史來説，確實是一個了不起的人物。具體説：

　　《大誥》是在管叔、蔡叔與武庚聯合起來叛周，周公決定東征的情況下，作爲動員工作所發出的文告。《康誥》説："惟命不於常。"《荀子・儒效》説："武王之誅紂也，行之日以兵忌，東面而迎太歲。至汜而汜；至懷而壞；至共頭而山墜。霍叔懼曰：'出三日而五災至，無乃不可乎？'周公曰：'刳比干而囚箕子，飛廉、惡來知政，夫又惡有不可焉！'遂選馬而進。"由此可知周公肯定不是一個有神論者。乃在《大誥》裏，對"友邦君、越尹士、庶士、御事"首先説"朕卜並吉"，然後才説："若考作室，既厎法，厥子乃弗肯堂，矧肯構？厥父菑，厥子乃弗肯播，矧肯獲？"即把宗教迷信放在第一位，而把人情事理放在第二位。特別是《大誥》全篇才六百多字，竟然用了十九個"天"字，三個"天命"，兩個"上帝命"，一個"大命"，難道周公真的是有神論者嗎？不是的。這祇是出於一種策略。因爲，當時的人們都相信這些東西，不如此，不能動員他們去跟隨周公東征。可見讀書要深入研究，不能光從表面上看問題。

　　《康誥》中的"王若曰"、"王曰"的"王"同《大誥》中的"王若曰""王曰"的"王"一樣，都是周公。有人説，"王"是成王，不對。《荀子・儒效》説："武王崩，成王幼，周公屛成王而及武王以屬天下。"《禮記・明堂位》説："武王崩，成王幼弱，周公踐天子之位，以治天下。"二書的説法相同，證明《康誥》中的"王"是周公而不是成王。因爲封康叔於衛，正是周公踐天子之位時，爲了鞏固周室政權所采取的重要措施。衛是殷商故都，又新經管叔、蔡叔和武庚在此地聯合起來進行叛亂，所以周公封康叔的文告，諄諄誥誡，計有三篇之多，足見其重要性。

　　從《康誥》一篇看來，其中心思想惟在"明德慎罰"四字。因爲殷紂之所以滅亡，主要在"暴虐百姓"。因此，康叔治衛，必須除舊佈新，反其道而行之。所謂"慎罰"，意思是説，並不是不罰，祇是要謹慎。應該罰的要罰，不應該罰的不能罰。在罰之中要體現德。《周禮・大司寇》説"刑新國用輕典"，是有道理的。

　　在《康誥》中，有兩點值得注意。一是"非汝封刑人殺人，無或刑人殺人；非汝封又曰劓刵人，無或劓刵人"。二是"惟命不於常，汝念哉！"前者是說，要自己負起責任，不能大權旁落。後者則如《大學》所説："《康誥》曰'惟命不於常'，道善則得之，不善則失之矣。"這點，顯然與唯心主義的觀點相抵觸，這就不能不使康叔經常有"戰戰兢兢，如臨深淵，如履薄冰"的感覺。

　　《酒誥》主要是告誡康叔要注意改變殷商舊俗嗜酒的風氣。當然不是一概禁絕，而是區別對待。在本篇結尾處説："古人有言曰：'人無於水監，當於民監。'今惟殷墜厥命，我其可不大監撫於時。"這一段話非常重要。在《召誥》裏，召公也曾説："我不可不監於有夏，亦不可不監於有殷。"又《詩・大雅・蕩》説："殷鑒不遠，在夏后之世。"《詩・大雅・文王》説："殷之未喪師，克配上帝。宜鑒於殷，駿命不易。"《禮記・大學》説："《詩》云：'殷之未喪師，克配上帝。儀監於殷，峻命不易'。道得衆則得國，失衆則失國。"證明我國政治家自古以來就注重總結歷史經驗教訓。而周公在這一點上做得尤爲出色。

　　《召誥》主要是記載營成周的經過。召公先至洛相宅，之後，周公又至洛終營成周的工作。營成周對於鞏固周政權關係極大。因爲豐、鎬地處西偏，殊不利於對東方新征服諸侯的統治。從《召誥》全篇來看，周公致政成王，已成定局，祇是還未舉行正式儀式罷了。通觀全文，其中最有價值的東西，應爲召公通過周公向成王的獻詞。這段言詞，值得注意的有下述四點：

　　1. 召公首先説："嗚呼！皇天上帝，改厥元子。茲大國殷之命，惟王受命，無疆惟休，亦無疆惟恤。嗚呼！曷其奈何弗敬。"大意是説周已代殷，成王將即王位，前途有兩種可能，既可能是長期尊榮，也可能是長期憂危。這樣，做事爲什麼不敬謹呢？語意側重後者，具見召公憂深慮遠。

　　2. 召公接着又説："嗚呼！有王雖小，元子哉！其丕能諴於小民，今休。"大意是説，成王雖年輕，是天子嘛！應能和於小民，使國家有祥和之氣。

3. 召公又説："我不可不監於有夏，亦不可不監於有殷。我不敢知曰，有夏服天命，惟有歷年，我不敢知曰，不其延；惟不敬厥德，乃早墜厥命。我不敢知曰，有殷受天命，惟有歷年，我不敢知曰，不其延；惟不敬厥德，乃早墜厥命。今王嗣受厥命，我亦惟兹二國命，嗣若功。"大意是把夏殷二代看做是一面鏡子，認爲天命不可恃。可恃的是敬其德，得人心。

4. 召公最後説："王乃初服。嗚呼！若生子，罔不在厥初生，自貽哲命。今天其命哲、命吉凶、命歷年。知今我初服，宅新邑，肆惟王其疾敬德。王其德之用，祈天永命。"大意是説成王開始任事，好像小孩一樣，以後的命運，都在童年時代決定。即位後一定要積極施行德政。祇有施行德政，才能長期保有王位。從《召誥》這些言論來看，今日講中國哲學史的同志大談其"西周以來爲天命神學所控制"是没有根據的。

《洛誥》的中心思想是什麽？王國維有《洛誥解》，我們認爲他説的不對。曾運乾《尚書正讀》的説法比較好。兹把篇首一段議論，迻録如下：

> 此周公在雒，使告復辟之謀及宅雒於成王。攝政七年三月乙卯以後事也。此時周公在雒，成王在周，故稱拜手稽首。"子"，子成王。"辟"，君也。"復子明辟"者，猶言歸政於爾也。

> 周公攝政，七年而反，見於周秦漢人之記載，如《逸周書》、《禮·明堂位》、《尸子》、《荀子》、《韓非子》及《尚書大傳》、《韓詩外傳》、《史記》、《説苑》等，不一而足。即依本經論，如云"其基作民明辟"，"基"者，始也，謀也。如成王夙已親政，何言始謀"作明辟"乎？又云"乃惟孺子頒，朕不暇聽"，頒者，賦事也。若成王夙已親政，何言"惟孺子

頌,朕不暇聽乎"? 又云"予小子其退,即辟於周",若本爲明辟,何至是始言即辟於周乎? 又云"亂爲四方新辟",若成王夙已即位,則當云亂爲四方舊辟矣,何言新辟乎? 以此决"復子明辟"爲周公歸政成王也。宋儒鑒新莽篡漢之禍,疑周公攝政稱王非事實,不知聖人之心,光明正大,無所於嫌。故攝政於成王幼冲之年,雖二叔流言而不懾;返政於成王既冠之日,雖成王遜讓而未許。時行則行,時止則止,故未可以私意探測也。

曾論有理有據,不可移易。

三、《禮》

禮與俗都是人類相互交往用以表達思想感情的一種形式。但嚴格説來,二者又有區別。其區別在於俗是自然形成的,而禮是有階級内容的。正因爲這樣,所以《禮記·曲禮上》有"禮從宜,使從俗"的説法。柯斯文説:"當原始人走近生疏的住地或人家等等時,總要對那住地或人家的主人致敬禮。"①其實這是俗,不是禮,它没有階級的内容。《禮記·禮運》説:"今大道既隱,天下爲家,各親其親,各子其子,貨力爲已,大人世及以爲禮,城郭溝池以爲固,禮義以爲紀。"這裏所説的是禮,有階級的内容,不是俗。

應當指出,孔子所講的禮,乃至"六經"中的禮,都有階級的内容。

《禮記·曲禮上》説:"夫唯禽獸無禮,故父子聚麀。是故聖人作爲禮以教人,使人以有禮,知自别於禽獸。"同書《郊特牲》説:"男女有别然後父子親,父子親然後義生。義生然後禮作,禮作然後萬

_____

① 《原始文化史綱》,第193頁。

物安。無别無義，禽獸之道也。"又《昏義》説："男女有别而後夫婦有義。夫婦有義而後父子有親。父子有親而後君臣有正。故曰：昏禮者，禮之本也。夫禮，始於冠，本於昏，重於喪、祭，尊於朝、聘，和於射、鄉。此禮之大體也。"從上述三段引文，可以清楚地看出，孔子所講的禮是以男女有别爲起點的，亦即以個體婚制爲起點的。這一點同恩格斯所説的"個體婚制是文明社會的細胞形態"①的論點基本上是一致的。

《禮記·禮器》説："經禮三百，曲禮三千"。《墨子·非儒》説："累壽不能盡其學，當年不能行其禮。"可見當時所謂禮，至爲繁縟。不過大體上説，可分爲八大類。這就是如《昏義》所説：一、冠禮。二、婚禮。三、喪禮。四、祭禮。五、朝禮。六、聘禮。七、射禮。包括"大射"、"鄉射"。八、鄉禮。包括"鄉飲酒"、"鄉射"。

今日談經學有"十三經"之稱。在"十三經"中有"三禮"，即《周禮》《儀禮》《小戴禮記》。其實《周禮》原名《周官》，與孔子六經中的禮無關。《儀禮》漢人名《士禮》，真正是孔子六經中的禮。《禮記》則是七十子後學所記，不能當孔子六經中的禮。

《禮記·雜記下》説："恤由之喪，哀公使孺悲之孔子，學《士喪禮》，《士喪禮》於是乎書。"證明孔子對《儀禮》確實有修起之功。

《論語·八佾》説："子曰：'夏禮吾能言之，杞不足徵也。殷禮吾能言之，宋不足徵也，文獻不足故也，足則吾能徵之矣。'"同篇又説："子曰：'周監於二代，郁郁乎文哉！吾從周。'"證明《儀禮》所記載的，都是周禮。

《儀禮》十七篇，禮的八大類基本上都有反映。

《士冠禮》爲第一篇，詳述加冠時的陳設、儀式及其所致之辭。《禮記·曲禮上》説："二十曰弱，冠。"又説："男子二十，冠而字。"《檀弓上》説："幼名、冠字、五十以伯仲、死謚，周道也。"是《冠禮》

者，爲男子二十加冠並命以字之禮。《禮記・郊特牲》説："禮之所尊，尊其義也。失其義，陳其數，祝、史之事也。故其數可陳也，其義難知也，知其義而敬守之，天子之所以治天下也。"這是説《儀禮》所講的是"數"而不是"義"。禮之所尊在義而不在數。譯成今語，就是説，禮貴在它的内容，而不在它的形式。那末，講禮之義的是什麽書呢？它就是《禮記》。例如《儀禮》有《士冠禮》，《禮記》有《冠義》，《儀禮》有《士昏禮》，《禮記》有《昏義》等等。《冠義》等等是七十子後學所作，然其基本思想應當承認是孔子的。

《禮記・冠義》説："凡人之所以爲人者，禮義也。禮義之始，在於正容體，齊顔色，順辭令。容體正、顔色齊、辭令順，而後禮義備。以正君臣，親父子，和長幼。君臣正，父子親，長幼和，而後禮義立。故冠而後服備。服備而後容體正，顔色齊，辭令順。故曰：'冠者，禮之始也。'……故冠於阼以著代也。醮於客位，三加彌尊，加有成也。已冠而字之，成人之道也。……成人之者，將責成人禮焉也。責成人禮焉者，將責爲人子、爲人弟、爲人臣、爲人少者之禮行焉。將責四者之行於人，其禮可不重與？"

《士昏禮》是第二篇。賈公彦疏引鄭玄《目錄》説："士娶妻之禮，以昏爲期，因而名焉。"本篇記"納采"、"問名"、"納吉"、"納徵"、"請期"、"親迎"六禮甚詳。《禮記・昏義》説："昏禮者，將合二姓之好，上以事宗廟，而下以繼後世也。故君子重之。是以昏禮納采、問名、納吉、納徵、請期，皆主人筵几於廟，而拜迎於門外，入揖讓而升，聽命於廟，所以敬慎、重正昏禮也。……婦至，婿揖婦以入，共牢而食，合卺而酳，所以合體、同尊卑，以親之也。敬慎重正，而後親之，禮之大體，而所以成男女之别，而立夫婦之義也。男女有别，而後夫婦有義；夫婦有義，而後父子有親；父子有親，而後君臣有正。故曰：'昏禮者，禮之本也。'"本篇自"古者，天子後立六宫、三夫人、九嬪、二十七世婦、八十一御妻，以聽天下之内治，以明章婦順，故天下内和而家理"至篇末，這一大段文字，我懷疑不是《昏義》

原文，似漢人竄入，特拈出以待識者論定。

《士相見禮》是第三篇。此古代士初相見之禮也。古人重初相見之禮，故必有介，必有摯。介者介紹，非有人介紹，不得見。摯字亦作贄，執以見人之禮物；非有物爲摯，不得見。本篇記相見之禮節甚詳。末有"凡言，非對也，妥而後傳言。與君言，言使臣；與大人言，言事君；與老者言，言使弟子；與幼者言，言孝弟於父兄；與衆言，言忠信慈祥；與居官者言，言忠信"及"凡自稱：於君士大夫，則曰下臣；宅者，在邦則曰市井之臣；在野則曰草茅之臣；庶人則曰刺草之臣；他國之人則曰外臣"。可略見古人對語言之重視。

《鄉飲酒禮》是第四篇。《禮記·鄉飲酒義》疏引鄭玄《目錄》說："名曰《鄉飲酒義》者，以其記鄉大夫飲賓於庠序之禮，尊賢養老之義也。"蓋鄉飲酒禮有四：三年大比，鄉大夫獻賢者能者於其君，將行，以賓禮待之，與之飲酒，一也；鄉大夫飲國中賢者酒，亦以賓禮待之，二也；州長會民習射而飲之酒，三也；黨正蜡祭飲酒，以敬老者，四也。鄉射之前，皆先行鄉飲酒禮，故二者皆屬鄉禮；但《鄉射禮》所記者射時之禮，故又兼屬於"射禮"。《禮記·鄉飲酒義》說："鄉飲酒之義：主人拜迎賓於庠門之外，入三揖而後至階，三讓而後升，所以致尊讓也。盥、洗、揚觶，所以致潔也。拜至、拜洗、拜受、拜送、拜既，所以致敬也。尊讓、潔、敬也者，君子之所以相接也。君子尊讓則不爭，潔、敬則不慢。不慢不爭，則遠於鬥、辨矣。不鬥、辨，則無暴亂之禍矣，斯君子所以免於人禍也。"又說："鄉飲酒之禮，六十者坐，五十者立侍以聽政役，所以明尊長也。六十者三豆，七十者四豆，八十者五豆，九十者六豆，所以明養老也。民知尊長養老，而後乃能入孝弟。民入孝弟，出尊長養老，而後成教；成教而後國可安也。君子之所謂孝者，非家至而日見之也，合諸鄉射，教之鄉飲酒之禮，而孝弟之行立矣。孔子曰：'吾觀於鄉，而知王道之易易也。'"

《鄉射禮》是第五篇。

《燕禮》是第六篇。《禮記·射義》説："古者諸侯之射也,必先行鄉燕禮。卿大夫士之射也,必先行飲酒之禮。故燕禮者,所以明君臣之義也。鄉飲酒之禮者,所以明長幼之序也。"《儀禮》列《鄉飲酒禮》於《鄉射禮》之前蓋以此。故以禮之性質言,則《鄉飲酒禮》與《燕禮》皆燕飲之禮。《鄉射禮》與《大射禮》皆射禮。以行禮之地與人言,則鄉飲酒與鄉射爲鄉禮,燕禮與大射爲邦國之禮。

《大射禮》是第七篇。《禮記·射義》説："射之爲言者繹也,或曰舍也。繹者,各繹己之志也。故心平體正,持弓矢審固,持弓矢審固則射中矣。故曰爲人父者,以爲父鵠。爲人子者,以爲子鵠。爲人君者,以爲君鵠。爲人臣者,以爲臣鵠。故射者,各射己之鵠。故天子之大射謂之射侯。射侯者,射爲諸侯也。射中則得爲諸侯。射不中則不得爲諸侯。"又説："射者,仁之道也。射求正諸己。己正而後發。發而不中,則不怨勝己者,反求諸己而已矣。孔子曰:'君子無所爭,必也射乎! 揖讓而升,下,而飲,其爭也君子。'"可見射禮不專爲求勝,其中有政治意義和教育意義。

《聘禮》是第八篇。賈疏引鄭玄《目錄》説："大問曰聘。諸侯相於,久無事,使卿相問之禮。小聘使大夫。"《禮記·聘義》説："聘禮:上公七介、侯伯五介、子男三介,所以明貴賤也。介紹而傳命,君子於其所尊弗敢質,敬之至也。三讓而後傳命,三讓而後入廟門,三揖而後至階,三讓而後升,所以致尊讓也。君使士迎於竟,大夫郊勞,君親拜迎於大門之内,而廟受,北面拜貺,拜君命之辱,所以致敬也。敬讓也者,君子之所以相接也。故諸侯相接以敬讓,則不相侵陵。卿爲上儐,大夫爲承儐,士爲紹儐。君親禮賓。賓私面、私覿。致饔餼,還圭璋、賄贈、饗食燕,所以明賓客君臣之義也。"

《公食大夫禮》是第九篇。《覲禮》是第十篇。《公食大夫禮》爲諸侯饗大夫之禮。《覲禮》爲諸侯見於天子之禮。從廣義説,都是君臣相見之禮,屬於朝禮。不過,《春秋》諸侯相見亦稱朝,則不在此朝之内。

《喪服》是第十一篇，記居喪衣服、年月、親疏、隆殺之禮。

《士喪禮》是第十二篇，記士喪父母，自始死至殯之禮。

《既夕禮》是第十三篇，爲《士喪禮》之下篇。既，已也。既夕謂葬前二日，已夕哭時，與葬間一日也。

《士虞禮》是第十四篇，記葬後之禮。虞，安也。既葬父母，迎神而反，日中祭於殯宮以安之也。

以上四篇屬於喪禮一類。《禮記》之言喪禮者，有《曾子問》《喪服小記》《雜記》（上下）、《喪大記》《奔喪》《問喪》《間傳》《三年問》《喪服四制》十篇。足見周人對喪禮之重視。

在喪禮中《喪服》一篇，最爲重要。它把人與人之間的關係，用衣服的精粗和年月的長短來表示，辨析毫芒，精密之至，確實已達到"定親疏、決嫌疑、別同異、明是非"的地步。《喪服小記》說："親親，尊尊，長長，男女之有別，人道之大者也。"《大傳》說："親親也，尊尊也，長長也，男女有別，此其不可得與民變革者也。"這種說法，可謂說出喪服，或者說古禮的精髓。然而在四者當中，尤爲親親尊尊爲重。這個親親、尊尊，不是別的，就是《中庸》所說："仁者人也，親親爲大。義者宜也，尊賢爲大。親親之殺，尊賢之等，禮所生也。"也就是說禮是形式，而仁義則是内容。

《特牲饋食禮》是第十五篇，爲諸侯之士歲時祭祖廟之禮。

《少牢饋食禮》是第十六篇，爲諸侯之卿大夫祭其祖禰於廟之禮。

《有司徹》是第十七篇，爲《少牢饋食禮》之下篇，是既祭儐尸於堂之禮。

《禮記》中談祭祀的，主要有《祭義》《祭統》《祭法》《郊特牲》四篇。其他如《禮運》《禮器》等，雖是通論，而語及祭祀的亦不在少數。

四、《樂》

孔子六藝之教當中有樂，是沒有問題的。孔子對周樂也確實有修起之功。《論語・子罕》説：“子曰‘吾自衛反魯，然後樂正，雅頌各得其所。’”《八佾》説：“子語魯太師樂，曰：‘樂其可知也。始作，翕如也；從之，純如也；皦如也；繹如也；以成。’”就是證明。但是，是原有《樂經》後來亡佚呢？還是根本上就沒有《樂經》呢？今已不可考。總之，現在不見有《樂經》。

《禮記・樂記》或言是公孫尼子所作，言樂事甚詳，當是孔子遺説之僅存者，兹摘録其幾個重要段落如下。

（一）言樂的起源及聲音樂之異。

“凡音之起，由人心生也。人心之動，物使之然也。感於物而動，故形於聲。聲相應，故生變，變成方，謂之音；比音而樂之，及干戚、羽旄，謂之樂。”

“感於物而動，故形於聲”，很明顯，這是唯物的觀點。

（二）言樂與政的關係。

“樂者音之所由生也，其本在人心之感於物也。是故其哀心感者，其聲噍以殺；其樂心感者，其聲嘽以緩；其喜心感者，其聲發以散；其怒心感者，其聲粗以厲；其敬心感者，其聲直以廉；其愛心感者，其聲和以柔。六者非性也，感於物而後動。是故先王慎所以感之者。故禮以道其志，樂以和其聲，政以一其行，刑以防其姦，禮、樂、刑、政，其極一也，所以同民心而出治道也。”

“凡音者，生人心者也。情動於中，故形於聲。聲成文，謂之音。是故治世之音安以樂，其政和；亂世之音怨以怒，其政乖；亡國之音哀以思，其民困。聲音之道與政通矣。”

“宮爲君，商爲臣，角爲民，徵爲事，羽爲物。五者不亂，則無怗懲之音矣。宮亂則荒，其君驕；商亂則陂，其官壞；角亂則憂，其民怨；徵亂則哀，其事勤；羽亂則危，其財匱。五者皆亂，迭相陵，謂之慢；如此則國之滅亡無日矣。鄭、衛之音，亂世之音也，比於慢矣。桑間、濮上之音，亡國之音也，其政散，其民流，誣上行私而不可止也。"

"凡音者，生於人心者也。樂者，通倫理者也。是故知聲而不知音者，禽獸是也。知音而不知樂者，衆庶是也。唯君子爲能知樂。是故審聲以知音，審音以知樂，審樂以知政，而治道備矣。是故不知聲者，不可與言音，不知音者，不可與言樂，知樂則幾於禮矣。禮樂皆得，謂之有德。德者，得也。"

（三）言樂與禮的關係。

"是故樂之隆，非極音也。食饗之禮，非致味也。清廟之瑟，朱弦而疏越，一倡而三嘆，有遺音者矣。大饗之禮，尚玄酒而俎腥魚，大羹不和，有遺味者矣。是故先王之制禮樂也，非以極口腹耳目之欲也，將以教民平好惡而反人道之正也。"

"人生而靜，天之性也。感於物而動，性之欲也。物至知知，然後好惡形焉。好惡無節於内，知誘於外，不能反躬，天理滅矣。夫物之感人無窮，而人之好惡無節，則是物至而人化物也。人化物也者，滅天理而窮人欲者也。於是有悖逆詐偽之心，有淫泆作亂之事。是故强者脅弱，衆者暴寡，知者詐愚，勇者苦怯，疾病不養，老幼孤獨不得其所，此大亂之道也。是故先王之制禮樂，人爲之節。衰麻哭泣所以節喪紀也，鐘鼓干戚所以和安樂也，昏姻冠笄，所以別男女也。射鄉食饗，所以正交接也。禮節民心，樂和民聲，政以行之，刑以防之，禮樂刑政四達而不悖，則王道備矣。"

"樂者爲同，禮者爲異，同則相親，異則相敬。樂勝則流，禮勝則離。合情飾貌者，禮樂之事也。禮義立，則貴賤等矣。樂文同，則上下和矣。好惡著，則賢不肖別矣。刑禁暴，爵舉賢，則政均矣。仁以愛之，義以正之，如此則民治行矣。樂由中出，禮自外作。樂由中出，故静。禮自外作，故文。大樂必易，大禮必簡。樂至則無怨，禮至則不爭。揖讓而治天下者，禮樂之謂也。”

“故鐘、鼓、管、磬，羽、籥、干、戚，樂之器也。屈伸俯仰，綴、兆、舒、疾，樂之文也。簠、簋、俎、豆，制度、文章，禮之器也。升降上下，周還、裼、襲，禮之文也。故知禮樂之情者能作，識禮樂之文者能述，作者之謂聖，述者之謂明，明聖者，述作之謂也。”

“樂者，非謂黄鐘、大吕、弦、歌、干、揚也，樂之末節也，故童者舞之。鋪筵席、陳尊俎、列籩豆，以升降爲禮者，禮之末節也，故有司掌之。樂師辨乎聲詩，故北面而弦。宗祝辨乎宗廟之禮，故後尸。商祝辨乎喪禮，故後主人。是故德成而上，藝成而下。行成而先，事成而後。是故先王有上有下，有先有後，然後可以有制於天下也。”

第九章　孔子的這一份珍貴的遺產
——六經(下)

一、《易》

今人所稱的《易經》,實際已包括《易大傳》在內。因爲《易大傳》是專門解釋《易經》的。人們爲了翻檢方便,很早以前就把二者合編在一起了。

關於《易經》問題,因限於篇幅,不能在這裏詳細地談。現在祇就最重要的三個問題談一談。

(一)《易經》問題

《易經》亦稱《周易》。《易大傳》説它作於殷周之際,比較可信。其他如説伏羲氏畫八卦,神農氏、夏禹、周文王重爲六十四卦以及周文王作卦辭、周公作爻辭等等,我看都没有確鑿的證據,可置不論。

《周易》是卜筮之書,這一點無人否認。但是説它內部藴藏着豐富的哲學思想,初時卻有很多人不同意。不過,經過爭論以後,近年來亦逐漸爲多數人所承認了。這樣,《周易》一書無異是一個具有先進的哲學内容和落後的卜筮形式的矛盾統一體。那末《周易》作者既具有先進的哲學思想,爲什麽不明白地講出來? 而還要利用落後的卜筮形式,其目的是什麼? 是不是爲了欺騙? 我們認爲,這個問題是歷史決定的。祇有認真地考察這一時期的歷史才能得到正確的解答。

卜筮屬於宗教迷信範疇。早期人類沒有宗教。宗教是在生產力和社會發展到氏族制階段才出現的。宗教之產生是由於原始人在知識之外還有一個極其寬廣的無知的領域。原始人爲了生活的需要,渴望瞭解這個領域,然而事實上又不能瞭解這個領域,於是創造了宗教。宗教的領域,正是原始人爲自己創造的一些不正確的、歪曲的、虛幻的概念湊成的。另方面,氏族社會,在知識方面有特大貢獻的人往往即推爲氏族首長。例如《周禮·考工記》的百工,多稱某氏,即是證明。又《國語·鄭語》說:"夫成天地之大功者,其子孫未嘗不章,虞、夏、商、周是也。虞幕能聽協風,以成物樂生者也。夏禹能單平水土,以品處庶類者也。商契能和合五教,以保於百姓者也。周弃能播殖百谷蔬,以衣食民人者也。"由此觀之,進入奴隸社會,奴隸主階級壟斷了物質生產資料的同時,又壟斷了精神生產資料,是可以理解的。殷周之際,中國奴隸社會有很大發展。這時,統治階級的個別人已具有先進的哲學思想,而被統治的廣大群衆仍停留在宗教迷信境地,是毫不奇怪的。我們知道,周公東征,還用"予得吉卜"來對友邦君和庶士御事做動員工作,自然不能設想,在當時的情況下,赤裸裸地大講哲學,就會得到廣大人民群衆的響應。所以《周易》作者儘管具有先進的哲學內容,而采取落後的卜筮形式,是不得已而爲之,是歷史決定的。用欺騙做解釋,是不對的。

(二)《易大傳》問題

《易大傳》是專門解說《易經》的。它的功績在於能透過現象看到本質;在於把"退藏於密"的東西,給明白無誤地揭露出來。例如《易經》六十四卦以乾坤二卦居首,既濟、未濟二卦居末,中間相鄰的兩卦不反則對,等等,不是孔子作《序卦傳》爲之說明,又在《繫辭傳》中一再說"乾坤,其《易》之縕邪","乾坤,其《易》之門邪",以及在乾卦《彖傳》中說"大哉乾元,萬物資始,乃統天",在坤卦《彖傳》中說"至哉坤元,萬物資生,乃順承天",等等,誰人能知道是什麼意思呢？實際上孔子爲《易經》作《易大傳》反復説明，幾至舌敝唇焦，而若干讀者還是長期聵聵，甚至有詆《易大傳》不是孔子作的，置《史記·孔子世家》"孔子晚而喜《易》，……讀《易》韋編三絶"於不顧，人之智愚賢不肖相去如此之遠，亦可悲矣！

(三)《易經》的内容和形式問題

《易經》的内容和形式是矛盾的。從形式上看，它是卜筮之書，而其内容卻藴藏着豐富的哲學思想。因此，我們光讀《易經》不行。光讀《易經》衹能看到它的形式一面，而看不到它的内容一面。必須兼讀《易大傳》，才能看到全面。即既看到它的形式一面，也看到它的内容一面。

兹先談《易經》的形式問題。一般人都説《周易》是卜筮之書，其實，卜與筮不同。《禮記·曲禮上》説"龜爲卜，筴爲筮。"也就是説卜是用龜，筮是用筴。筴亦作策。它是計數的工具。開始時可能用竹，因爲筮字從竹。後來改用著草。《論衡·卜筮》説："子路問孔子曰：'猪肩羊膊可以得兆，雚葦藁芼可以得數，何必以著龜？'孔子曰：'不然。蓋取其名也。夫著之爲言耆也，龜之爲言舊也，明狐疑之事當問耆舊也。'"是其證。《易經》的筮，是用著以求卦。所以單從形式上説，《易經》是由著和卦構成的。

欲知著和卦的關係需要先講筮法。在《易大傳》之《繫辭傳》中有一段文字專講筮法。筮法大體上可分爲兩部分。第一部分是建立大衍之數，第二部分是應用大衍之數求卦。

大衍之數的建立，原文是："天一，地二；天三，地四；天五，地六；天七，地八；天九，地十。天數五，地數五，五位相得而各有合。天數二十有五，地數三十。凡天地之數五十有五，此所以成變化而行鬼神也。"大衍之數是五十有五。這個五十有五的形成是由一二三四五六七八九十這十個數字開始的。把這十個數中的奇數名爲天，偶數名爲地。這就變成天數五，地數五。五位相得是一與二相得，三與四相得，五與六相得，七與八相得，九與十相得。實際上是天與地相得。也就是一陰一陽共成爲一個矛盾的統一體。各有合，就是五個天數合在一起，爲二十有五；五個地數合在一起，爲三十。凡天地之數五十有五，就是天數二十有五與地數三十加在一起，爲五十有五，形成大衍之數。此所以成變化而行鬼神也，就是說應用大衍之數可以求卦。

爲什麼大衍之數的形成是由十個數字開始呢？應當指出，古人對這個數字十，有一種異乎尋常的看法。例如《左傳・莊公十六年》說："'不可使共叔無後於鄭'。使以十月入，曰：良月也，就盈數焉。"孔穎達疏說："閔元年傳曰：'萬，盈數也'。數至十則小盈，至萬則大盈。"柯斯文說："安達曼人和其他一些落後的部落能夠計數到十，十以上的數目就一概稱之爲'多'或'很多'。"[1]證明人類數學發展史可能到十是一個階段，而古人還殘留在意識中。《易經》筮法正是利用十是盈數使其具有涵蓋一切的意義。

關於應用大衍之數以求卦，《繫辭傳》原文說："大衍之數五十有五（舊脫"有五"二字，今據上文補），其用四十有九。分而爲二以象兩。挂一以象三。揲之以四以象四時。歸奇於扐以象閏。五歲再閏，故再扐而後挂。"

大衍之數五十有五爲什麼不全用，而祇用四十有九呢？這個問題，前人有許多說法。例如鄭玄說："天地之數五十有五，以五行氣通，凡五行減五，大衍又減一，故四十九也。"姚信、董遇說："天地之數五十有五者，其六以象六畫之數，故減之而用四十九。"（《周易正義》）王弼說："演天地之數所賴者五十也。其用四十有九，則其一不用也。不用而用以之通，非數而數以之成，斯《易》之太極也。"（《周易注》）其實，這些說法都不對。應當知道，用才有象，不用就沒有象。其所以不全用，是因爲全用，則分二、挂一、揲四、歸奇之後，得不出七八九六，即得不出預期的結果。朱熹迷信所謂"河

---

① 《原始文化史綱》，第 164 頁。

圖”，竟説：“皆出於理勢之自然，而非人之知力所能損益也。”(《周易本義》)殊不知這正是人之知力的損益。

“分而爲二以象兩”。“象兩”是象兩儀，即象天地。所謂“法象莫大乎天地”。未分時則象大一，即象太極。

“挂一以象三”。“象三”是象三才。即象有天地，又有了人。這一點很值得注意。它表明《周易》是從自然講起，而其着重點則在人，即在人類社會。《繫辭傳下》説：“《易》之爲書，廣大悉備。有天道焉，有人道焉，有地道焉。兼三才而兩之，故六。六者非它也，三才之道也。”《説卦傳》説：“昔者聖人之作《易》也……將以順性命之理。是以立天之道曰陰與陽，立地之道曰柔與剛，立人之道曰仁與義，兼三才而兩之，故《易》六畫而成卦。”《繫辭傳上》説：“是以明於天之道，而察於民之故，是興神物，以前民用。”都是説明這個問題。

“揲之以四，以象四時”。在這裏還要説明一個問題。這就是筮法應是原來就有的。而象兩、象三、象四時，則可以肯定是孔子的解説，屬於《易大傳》的範圍。象四時之所以必要是因爲天地生萬物是通過四時而發揮作用。《繫辭傳上》説：“法象莫大乎天地，變通莫大乎四時。”《論語·陽貨》説：“子曰：‘天何言哉？四時行焉，百物生焉，天何言哉！’”等等，可以看出在自然界的發展變化中，四時的重要性。

“歸奇於扐以象閏，五歲再閏，故再扐而後挂。”

“閏”和“再閏”是曆法上事，應是象四時所包。

筮法原文又説：“乾之策二百一十有六，坤之策百四十有四，凡三百有六十，當期之日。二篇之策萬有一千五百二十，當萬物之數也。”

這一段説，是從著一方面來説明全《易》六十四卦結構的深刻意義。

“乾之策二百一十有六”是説六十四卦中的頭一卦乾卦六爻的

總册數。“坤之策百四十有四”是説第二卦坤卦六爻的總册數。乾坤兩卦策數總合爲三百有六十。“當期之日”是説相當於一歲的日數。這是什麽意思呢？是説乾坤二卦在六十四卦的變化發展中是一個獨立的環節。《説卦傳》説：“有天地然後萬物生焉。”《繫辭傳上》説：“乾坤，其《易》之緼邪？乾坤成列，而《易》立乎其中矣。”《繫辭傳下》説：“‘乾坤，其《易》之門邪？乾，陽物也。坤，陰物也。陰陽合德而剛柔有體，以體天地之撰，以通神明之德。”祇有與這些參看，才能看到它的確切含義。

“二篇之策萬有一千五百二十，當萬物之數也。”這是從著一方面來説明六十四卦結構的哲學意義。

原文又有“是故四營而成易，十有八變而成卦。八卦而小成，引而信之，觸類而長之，天下之能事畢矣。”

“四營”謂分二、挂一、揲四、歸奇，四度經營。“四營而成易”，一易略當一變，三變而成一爻。一卦六爻，故“十有八變而成卦”。

“八卦而小成”，此八卦説的是三畫卦。亦即《繫辭傳下》所説的“八卦成列，象在其中矣”的八卦。如《説卦傳》所説的八卦：“乾，健也。坤，順也。震，動也。巽，入也。坎，陷也。離，麗也。艮，止也。兑，悦也。乾爲馬。坤爲牛。震爲龍。巽爲雞。坎爲豕。離爲雉。艮爲狗。兑爲羊。乾爲首。坤爲腹。震爲足。巽爲股。坎爲耳。離爲目。艮爲手。兑爲口。……”“小成”是説它已形成了一個初級階段。“乾，健也”等等是説八卦的性質。“乾爲馬”等等是説八卦的取象，亦即所謂“象在其中矣”。由此可知《説卦傳》所説的“天地定位”至“然後能變化既成萬物也”一大段文字所講的是“八卦而小成”或“八卦成列”時事，而不是“引而信之”或“因而重之”以後形成六十四卦時事。

“引而信之”，韓康伯注説“信之六十四卦”是對的。“觸類而長之”，應是占變時事，亦即所謂“爻在其中矣”時事。

由此可見，《易經》是由著和卦二者構成的。其次序是由著生卦，由卦生爻。《説卦傳》説："昔者聖人之作《易》也，幽贊於神明而生蓍，参天兩地而倚數。觀變於陰陽而立卦，發揮於剛柔而生爻"。《繫辭傳上》説："是故蓍之德圓而神，卦之德方以知，六爻之義易以貢。"正説明這個問題。

下面談卦。

卦包括符號和文字兩部分。

《繫辭傳上》説："易有太極，是生兩儀，兩儀生四象，四象生八卦，八卦定吉凶，吉凶生大業。"這裏講的是《易經》作者的最基本的思想。什麼是"太極"呢？ 虞翻説："太極，太一也。"是對的。《禮記·禮運》説："是故夫禮，必本於太一，分而爲天地，轉而爲陰陽，變而爲四時，列而爲鬼神。"《説文·一部》一下説："惟初太極，道立於一，造分天地，化成萬物。"實際上就是《易經》的觀點。韓康伯説："夫有必始於無，故太極生兩儀也。太極者，無稱之稱，不可得而名。"是不對的。太一亦作大一，説明它是整體的一，絕對的一，而不是一二三四的一。"太極生兩儀"就是一分爲二。《詩·鄘風·柏舟》"實維我儀"，毛傳説："儀，匹也。"所以"兩儀"不是別的，就是一對。即一陰一陽成爲對立的統一。用符號來表示，就是—、--。"兩儀生四象"，虞翻説："四象四時也。"從下文説"法象莫大乎天地，變通莫大乎四時"和筮法有"象兩"、"象四時"來看，虞説是有根據的。宋人用符號來表示爲⚌（太陽）⚍（少陰）⚎（少陽）⚏（太陰），也是對的。"四象生八卦。"八卦即乾坤震巽坎離艮兑。用符號來表示爲☰乾 ☷坤 ☳震 ☴巽 ☵坎 ☲離 ☶艮 ☱兑。《説卦傳》説："乾健也。坤順也。震動也。巽入也。坎陷也。離麗也。艮止也。兑悦也。"這是説八卦的性質各不相同。又説："乾爲馬。坤爲牛。震爲龍。巽爲鷄。坎爲豕。離爲雉。艮爲狗。兑爲羊。乾爲首。坤爲腹。震爲足。巽爲股。坎爲耳。離爲目。艮爲手。兑爲口。"這是説八卦的取象隨時而異。"也"，表明不變；"爲"表明可變。"八卦定吉凶，吉凶生大業。"這個八卦應爲"引而信之"、"因而重之"之後的八卦。實際上説的是六十四卦,亦即《易經》的全部内容。祇有它是《易經》的全部内容,才能談得上"定吉凶"和"生大業"。

　　《繫辭傳上》説:"聖人設卦、觀象、繫辭焉而明吉凶,剛柔相推,而生變化。"這是從作《易》説起。説明《易》的構成,首先是"設卦"。這卦是"因而重之"或"引而信之"的卦,即六十四卦。其次是"觀象",即觀察卦的取象。以上二者都是符號上事。再次則是"繫辭",即加上文字説明,而其目的則是"明吉凶",使人知所趨避,用以指導人們的行動。"剛柔相推,而生變化",則是説爻。下文所謂"象者言乎象者也;爻者言乎變者也"是其證。《説卦傳》也説過"發揮於剛柔而生爻"。

　　孔子作《易大傳》是專門解説《易經》的。舊稱《易大傳》爲"十翼"。計有《象傳》上下篇,是解説《易經》上下篇的卦辭的。《象傳》上下篇,其中又分爲《大象》《小象》。《大象》是孔子簡明地談他自己對六十四卦讀後的體會。《小象》是對《易經》上下篇爻辭的解説。《繫辭傳》上下篇,帶有通論性質。此外還有《説卦傳》一篇,是專爲解説卦的。《序卦傳》一篇,是解説六十四篇排列次序的意義的。《文言》一篇。包括《乾文言》、《坤文言》是增廣解説乾坤兩卦的。《雜卦傳》一篇,雜説六十四卦的意義。因爲《易大傳》内容非常豐富,限於篇幅,不能詳談,下面着重談幾個問題。

　　1.《繫辭傳上》説:"天尊地卑,乾坤定矣。卑高以陳,貴賤位矣。動静有常,剛柔斷矣。方以類聚,物以群分,吉凶生矣。"

　　這是就《易經》開始的乾坤兩卦來通論尊卑、貴賤、動静、吉凶這幾個問題。《易經》首乾次坤。乾爲天,坤爲地,乾的卦辭爲"元亨利貞",坤的卦辭爲"元亨利牝馬之貞"。乾卦《象傳》説:"大哉乾元,萬物資始,乃統天。"坤卦《象傳》説:"至哉坤元,萬物資生,乃順承天。"這就是由自然界的天尊地卑,決定了人類社會的乾尊坤卑。卦有六爻,其位是由卑向高陳列。位高者爲貴,位卑者爲賤。爻有剛柔。剛動而柔静。在剛柔相推而生變化當中，其常動常静，是由剛柔決定的。"方"道也（採《温公易説》）。道同則類聚，物異則群分；同則相愛，異則相惡；"愛惡相攻，而吉凶生"（《繫辭傳下》）。

2.《繫辭傳上》説："是故吉凶者，失得之象也。悔吝者，憂虞之象也。變化者，進退之象也。剛柔者，晝夜之象也。六爻之動，三極之道也。"這是對《易經》所使用的幾個名詞概念的解説。實際上是承上文。但上文没有悔吝，這是因爲解説吉凶連類而及。又上文的吉凶，似祇説卦，而此處的吉凶悔吝則亦兼爻。吉凶表明失得是兩極，而悔吝爲憂虞則是中間狀態。悔可趨吉，吝則向凶。剛進柔退，進退就是變化。韓康伯注説"晝夜亦變化之道"是對的。這裏所説的"晝夜"，主要是釋"剛柔相推而生變化"，不是把"晝夜"看成是一對矛盾。"三極"，韓注釋爲"三才"是對的。

3.《繫辭傳下》説："《易》之爲書也，原始要終以爲質也；六爻相雜唯其時物也；其初難知，其上易知，本末也；初辭擬之，卒成之終；若夫雜物撰德，辨是與非，則非其中爻不備；噫！亦要存亡吉凶，則居可知矣；智者觀其彖辭則思過半矣。二與四同功而異位，其善不同，二多譽，四多懼，近也，柔之爲道不利遠者，其要无咎，其用柔中也。三與五同功而異位，三多凶，五多功，貴賤之等也，其柔危，其剛勝邪？"這是孔子讀《易》以後，根據自己的體會，對幾個重要方面和問題所作的説明。"原始要終""六爻相雜"是就全書來説的。"原始"是説乾坤，"要終"是説既濟未濟。"以爲質"是説用這種結構作爲《易經》一書的總體。"六爻相雜"，則是説每一卦。"唯其時物"是説這個"六爻相雜"裏邊，既有發展過程時的問題，也有貴賤存亡物的問題。"其初""其上"和"中爻"則是就一卦來説的。在一卦中，初爻是什麽？很難知情，上爻是什麽？就容易知道了。因爲這是本末的關係。初辭是經過擬議才寫出來的，而其上則是最終完成擬議的，所以易知。至於一卦的複雜情況，辨明是或非，則没有中爻是不完備的。有此初終及中四爻，於是此一卦的存亡吉凶居然可以知道了。但是彖辭是一卦的總説明,聰明的人,祇看到彖辭,就可以瞭解到這一卦超過一半的意義了。以上是講全書的結構和一卦六爻各自任務之不同。

"二與四同功而異位"這一段話是專就二與四、三與五這四爻來談的。由於在一卦中,二與四都是陰位,所以説同功。但二居内卦之中,四在外卦近五,貴賤不同,所以説異位。在全《易》六十四卦中,居二的多譽,即多有美辭;居四的多懼,即多有危語,這是其善不同。"四多懼"是因爲四近五,近君位故多懼。二與四都屬柔,照一般原則説,柔處遠不利。二遠五而得无咎者,因爲二處柔得中。"三與五同功而異位",是因爲三與五都是陽位,故曰同位。三賤五貴,故曰異位。在全《易》六十四卦中,"三多凶,五多功"就是因爲貴賤不同。三與五都是陽位,柔爻處陽位是危險的,剛爻處陽位較好吧!

4.《繫辭傳上》説:"子曰:'書不盡言,言不盡意。'然則聖人之意其不可見乎?子曰:'聖人立象以盡意,設卦以盡情僞,繫辭焉以盡其言,變而通之以盡利,鼓之舞之以盡神。'"這段話主要是説《易》有盡言、盡意、盡利、盡神之妙用,亦即有盡言盡意盡利盡神的特點和優點。因爲一般地説,書是表達語言的,語言(包括文字)是表達思想的。然而它有局限性,不可能把思想全部地毫無遺漏地表達出來。《易》卻不然。《易》是"立象以盡意",即利用符號以表達思想。因爲《易》的符號--、—等等,好似代數學的 a、b,它可代表同類的任何事物,所以能盡意,即能窮盡思想。《易》是"設卦以盡情僞,繫辭焉以盡其言",即利用卦這種符號來表達社會中的一切複雜情況,並用文字來説明,所以能盡言,因爲《易》的繫辭與一般的語言不同,它是卜筮的語言。如《繫辭傳下》所説:"其旨遠,其辭文,其言曲而中,其事肆而隱。""變而通之以盡利",是説《易》是按照"變而通之"這一原則結構的,亦即按照同篇所説的"闔户謂之坤,闢户謂之乾,一闔一闢謂之變,往來不窮謂之通"這一原則結構的。或者説是按照"《易》窮則變,變則通"這一原則結構的。舉乾卦爲例來説吧,乾卦六爻,初爻説"陽在下也",上爻説"盈不可久也"或"窮之災也",這不是分明反映了一個量變的過程嗎? 觀《序卦》説各卦都是以反對爲次,這一點不是正反映"變則通"或者説是反映質變嗎? 量變時是利,質變後又量變還是利,所以説:"變而通之以盡利。""鼓之舞之以盡神"是什麼意思呢?《莊子‧人間世》有"鼓筴",崔顥注説是"揲蓍",成玄英疏釋爲"布蓍",則此"鼓之舞之",當亦是揲蓍之事。"以盡神",無疑就是同篇所説的"蓍之德圓而神"的神。

5.《繫辭傳上》説:"乾坤,其《易》之緼邪? 乾坤成列,而《易》立乎其中矣。乾坤毁則無以見《易》,《易》不可見,則乾坤或幾乎息矣。"《繫辭傳下》説:"子曰:'乾坤,其《易》之門邪? 乾陽物也,坤陰物也。陰陽合德而剛柔有體,以體天地之撰,以通神明之德。"以上這兩段話以及《序卦傳》全文,都是孔子對《易經》六十四卦結構的思想所作的最精湛的説明。

"乾坤,其《易》之緼邪"是什麼意思呢? 是説《易經》的開頭兩卦已經把《易經》六十四卦的全部思想都包藏在裏邊了。這是由於《易經》六十四卦的開頭兩卦乾坤象徵一個最大的矛盾統一體,以後諸卦都是由這個矛盾統一體內部矛盾的變化發展而產生的。《序卦傳》説:"有天地然後萬物生焉。"就是説明這個問題。

"乾坤成列,而《易》立乎其中矣。"這是對上一段話的補充。這兩句話的意思實際上是一樣的。

"乾坤毁,則無以見《易》",應是指既濟卦來説的。六十四卦開始時,乾純陽,坤純陰,最不平衡。發展到既濟時,則"剛柔正而位當",已達到完全平衡。從六十四卦整個發展過程來説,這時可以説是"乾坤毁"。《雜卦傳》説:"既濟定也。"亦是指這一點來説的。"乾坤毁"則發展已至盡端。所以"無以見《易》"。

"《易》不可見,則乾坤或幾乎息矣。"應是指未濟來説的。説

"幾乎息矣"實際上是没有息,也不可能息。這一個《易》發展已經完結。下一個《易》還將繼續發展。《序卦傳》説:"物不可窮也,故受之以未濟終焉"。這句話講得够深切著明了!

"乾坤,其《易》之門邪?"這個"門"字應用《繫辭傳上》"闔户謂之坤,闢户謂之乾,一闔一闢謂之變,往來不窮謂之通"作解。是説由於乾坤是對立的統一體,所以它能變化發展而形成六十四卦的整個過程。"乾陽物也,坤陰物也",很明顯是説乾坤兩卦是一個矛盾的統一體。"陰陽合德而剛柔有體,以體天地之撰,以通神明之德",則是説六十四卦的陰陽或剛柔的變化發展,就是體現自然界及自然界的發展規律。

二、《春秋》

關於《春秋》,這裏談四個問題。

(一)《春秋》的名稱

關於《春秋》的名稱,有四種説法:(1)春作秋成説。《公羊傳》徐彦疏引《春秋説》曰:"哀公十四年春,西狩獲麟,作《春秋》,九月書成。以其書春作秋成,故云《春秋》。"(2)法陰陽之中説。《公羊傳》疏引《三統曆》説:"春爲陽中,萬物以生,秋爲陰中,萬物以成。"賈逵服虔主之。(3)錯舉四時説。杜預《春秋經傳集解序》説:"《春秋》者,魯史記之名也。記事者,以事繫日,以日繫月,以月繫時,以時繫年,所以紀遠近,別同異也。故史之所記必表年以首事,年有四時故錯舉以爲所記之名也。"(4)古恒稱説。毛奇齡《春秋毛氏傳》説:"舊謂春以善善,秋以惡惡。《春秋》者善善惡惡之書,則《毛詩》'春秋匪懈',《孝經》'春秋祭祀,以時思之',《中庸》'春秋修其祖廟',未聞有善惡於其間也,蓋古來恒稱如是矣。"毛説爲是。

這是因爲在堯制新曆以前,應如《左傳·襄公九年》所説"祀大火,而火紀時焉"。即觀察心宿二以定季節,實行"火曆"(用龐樸語)。當時應衹知道有春秋,不知道有冬夏。所以當時的人習稱一年爲一個春秋。自堯制定新曆,始知道"期三百有六旬有六日,以閏月定四時成歲"。即知道一年有四時春夏秋冬。《尚書·洪範》說"日月之行則有冬有夏",說明堯時制曆是"曆象日月星辰"而不是衹觀察星宿,所以知道一年有四時,即有冬有夏。正因爲這樣,所以《禮記·孔子閑居》說:"天有四時,春秋冬夏。"《莊子·至樂》說:"是相與爲春秋冬夏四時行也。"《尚書大傳》說:"七政者謂春秋冬夏天文地理人道,所以爲政也。"三書都稱四時爲春秋冬夏而不稱春夏秋冬,可見舊日相沿成俗,短期內不易改變。魯史記稱春秋與《毛詩》的"春秋匪懈"、《中庸》的"春秋修其祖廟"一樣,正是"古來恒稱如是"。當然《公羊傳·隱公六年》說《春秋》編年,四時具,然後爲年"。是書雖名爲春秋,而仍然按照四時記事。

(二)《春秋》一書的本質特點

從《春秋》一書的本質特點來看,它是講什麽的呢？皮錫瑞《經學通論·春秋》說:"《春秋》有大義,有微言。所謂大義者,討亂賊以戒後世是也。所謂微言者,改立法制以致太平是也。"我看這個說法不見得對。《史記·滑稽列傳》說:"孔子曰:'六藝於治一也'。《禮》以節人,《樂》以發和,《書》以道事,《詩》以達意,《易》以神化,《春秋》以義。"《孟子·離婁下》說:"王者之迹熄而詩亡,詩亡然後《春秋》作。晉之《乘》,楚之《檮杌》,魯之《春秋》,一也。其事則齊桓、晉文,其文則史。孔子曰:'其義則丘竊取之矣。'"證明《史記》說"《春秋》以義",最爲可信。

什麽是"義"呢？我們認爲這就是《中庸》所說之義,即:"仁者人也,親親爲大。義者宜也,尊賢爲大。親親之殺,尊賢之等,禮所生也。"因此《史記·自序》說:"《春秋》者禮義之大宗也。"《莊子·天下》說:"《春秋》以道名分。"也是對的。因爲"禮義"當然是義。"名分"也是義。因爲"義"講"尊賢之等"與"道名分"一樣,說到底都是崇尚等級制度。《公羊傳·哀公十四年》說:"君子曷爲爲《春秋》？撥亂世，反諸正，莫近諸《春秋》。"其實，這就是説孔子懲於春秋時天下大亂，想利用舊日的等級制度來恢復社會安寧秩序。今人一提等級制度無不持反對態度。我認爲這是把等級制度與階級制度混爲一談。其實，將來階級消滅以後，等級可能還要存在。因爲人類社會是由各種各樣的人組成的。從性別來看，有男女；從年齡來看，有老幼；從智力來看，有智愚；從體力來看，有强弱。想要不分等級，絕對平等，是不可能的。《孟子•滕文公上》説："夫物之不齊，物之情也。或相倍蓰，或相什百，或相千萬，子比而同之，是亂天下也。"所以我們應該反對階級制度，反對壓迫，反對剥削，不要一般地反對等級制度。一般地反對等級制度，必然導致平均主義。我們吃過平均主義的苦頭。平均主義肯定不是馬克思主義。

（三）所謂《春秋》以道義，在《春秋》一書裏，有哪些具體表現

兹簡要地舉出幾條顯著的例子。

1."據魯、親周、故殷"。

此條見於《史記•孔子世家》。可惜被何休作了錯誤的解釋，以致爲千載詬病。其實《公羊傳•宣公十六年》説："成周宣榭災何以書？記災也。外災不書，此何以書？新周也。"這個"新周"，應讀爲親周。古新、親可通用。而何休不解此，仍讀爲新舊的新，以致錯誤地在《公羊解詁》裏，説成"孔子以《春秋》當新王，上黜杞，下新周而故宋"。晉人王接説："何氏黜周王魯，大體乖硋，志通《公羊》，往往還爲《公羊》疾病。"是對的。然而主今文的，直至清末，還以何説爲是，可見門户之見爲害之巨。

《史記》説"故殷"就是故宋。《禮記•樂記》"宜歌商"句下鄭玄注："商，宋詩也。"宋可名商，當然亦可名殷。《公羊傳•襄公九年》説："（宋災）何以書？記災也。外災不書，此何以書？爲王者之後記災也。"《穀梁傳•莊公十一年》説："宋大水。外災不書，此何以書？王者之後也。"又《襄公九年》説："宋災。外災不志，此其志，何也？故宋也。"這説明《春秋》是魯史，自應根據魯國的史實來寫。周爲共主,有的事情,在別國發生,魯史可以不寫,在周發生,就不能不寫。因爲周與魯有特殊關係。這種寫法在《春秋》裏,名爲"親周"。《禮記·郊特牲》説:"天子存二代之後,猶尊賢也。尊賢不過二代。"根據尊賢不過二代的原則,周以杞、宋爲二王後,則魯自應上黜杞而故宋,以宋爲王者後,在《春秋》書法上,自應給予特殊表示。孔子作《春秋》首先堅持這樣一條原則,這就叫做"《春秋》以義"。

2. "所見異辭,所聞異辭,所傳聞異辭。"

這條原則分別見於《公羊傳》隱公元年、桓公四年、哀公十四年。很明顯,"所見異辭,所聞異辭,所傳聞異辭"是説所獲得的史料有的是直接的,有的是間接的,有的是再間接的。因而在寫法上不能一樣。也就是説史料是近者詳,遠者略,在寫法上也應該詳近略遠。《荀子·非相》説:"五帝之外無傳人,非無賢人也,久故也。五帝之中無傳政,非無善政也,久故也。禹、湯有傳政而不若周之察也,非無善政也,久故也。傳者久則論略,近則論詳;略則舉大,詳則舉小。"荀子的這種説法實際就是孔子作《春秋》堅持這條原則的真實意義。可是,這條原則卻被何休給搞糊塗了。他於隱公元年這條原則之下説:"所見者謂昭、定、哀,己與父時事也。所聞者謂文、宣、成、襄,王父時事也。所傳聞者謂隱、桓、莊、閔、僖,高祖、曾祖時事也。異辭者見恩有厚薄,義有深淺,時恩衰義缺,將以理人倫,序人類,因制治亂之法。故於所見之世,恩己與父之臣尤深,大夫卒有罪無罪皆日録之。'丙申季孫隱如卒'是也。於所聞之世,王父之臣恩少殺,大夫卒無罪者日録,有罪者不日,略之。'叔孫得臣卒'是也。於所傳聞之世,高祖曾祖之臣恩淺,大夫卒有罪無罪皆不日,略之也。'公子益師、無駭卒',是也。於所傳聞之世,見治起於衰亂之中,用心尚粗觕,故內其國而外諸夏,先詳內而後治外,録大略小,內小惡書,外小惡不書;大國有大夫,小國略稱人;內離會書,外離會不書,是也。於所聞之世,見治升平,內諸夏而外夷狄,書外離會,小國有大夫;'宣十一年秋晉侯會狄於攢函','襄二十三年邾婁劓我來奔’，是也。至所見之世，著治太平，夷狄進至於爵，天下遠近大小若一，用心尤深而詳，故崇仁義，譏二名，‘晉魏曼多、仲孫何忌’是也。所以三世者，禮爲父母三年，爲祖父母期，爲曾祖父母齊衰三月，立愛自親始。故《春秋》據哀録隱，上治祖禰。”《春秋》裏這幾條原則本來不是難懂的事，而何氏故意求深，不但把三世、内外兩條原則牽附一起，而且製造一個據亂、升平、太平三世。這就不能不越説越使人糊塗了。

　　3.“内其國而外諸夏，内諸夏而外夷狄。”

　　這條原則見於《公羊傳・成公十五年》。原文説：“曷爲殊會吳？外吳也。曷爲外也？《春秋》内其國而外諸夏，内諸夏而外夷狄。”這也是“以義”，即貫徹執行等級制度的表現。這個道理很容易懂。例如從吉林省對遼寧省來説，則吉林省爲内，遼寧省爲外。從中國對日本來説，則中國爲内，日本爲外，不過，何休把它同三世諸説糾纏在一起，就不容易懂了。當然，何氏説由於時代不同，這條原則也會發生變化，則是對的。

　　4.“爲尊者諱，爲親者諱，爲賢者諱。”

　　《公羊傳・閔公元年》説：“‘冬，齊仲孫來’。齊仲孫者何？公子慶父也。公子慶父則曷爲謂之齊仲孫？繫之齊也。曷爲繫之齊？外之也。曷爲外之？《春秋》爲尊者諱，爲親者諱，爲賢者諱。子女子曰：‘以《春秋》爲《春秋》，齊無仲孫，其諸吾仲孫與！’”《公羊傳・莊公四年》説：“‘紀侯大去其國’。大去者何？滅也。孰滅之？齊滅之。曷爲不言齊滅之？爲襄公諱也。《春秋》爲賢者諱。何賢乎襄公？復仇也。何仇爾？遠祖也。哀公亨乎周，紀侯譖之。以襄公之爲於此焉者，事祖禰之心盡矣。盡者何？襄公將復仇乎紀，卜之曰：‘師喪分焉’；‘寡人死之，不爲不吉也。’遠祖者幾世乎？九世矣。九世猶可以復仇乎？雖百世可也。家亦可乎？曰不可。國何以可？國君一體也。先君之耻，猶今君之耻也。今君之耻，猶先君之耻也。國君何以爲一體？國君以國爲體，諸侯世，故國君爲一體也。今紀無罪，此非怒與？曰非也。古者有明天子，則紀侯必誅，必無紀者；紀侯之不誅，至今有紀者，猶無明天子也。古者諸侯必有會聚之事。相朝聘之道，號辭必稱先君以相接。然則齊紀無説焉，不可以並立乎天下。故將去紀侯者，不得不去紀也。有明天子，則襄公將爲若行乎？曰不得也。不得則襄公曷爲爲之？上無天子，下無方伯，緣恩疾者可也。"《穀梁傳·成公元年》説："'王師敗績於貿戎。不言戰，莫之敢敵也。爲尊者諱敵不諱敗，爲親者諱敗不諱敵，尊尊親親之義也。然則孰敗之？晉也。'"又《成公九年》説："'晉欒書帥師伐鄭。'不言戰，以鄭伯也。爲尊者諱恥，爲賢者諱過，爲親者諱疾。"案《公》《穀》二傳言諱頗多問題。《春秋集傳纂例·三傳得失議》説："《公羊》《穀梁》，初亦口授，後人據其大義散配經文，故多乖謬，失其綱統。然其大指，亦是子夏所傳。"我看這個説法很對。儘管二傳散配經文，容或有誤，而孔子作《春秋》，原有這條原則是可以肯定的。又啖助説："諱者非隱其惡，蓋諱避之，避其名而遜其辭。"這種説法也是對的。

餘如"常事不書"（見《公羊傳·桓公八年》），"書其重者"（見《公羊傳·莊公十年》），原文説："戰不言伐，圍不言戰，入不言圍，滅不言入，書其重者也"。"信以傳信，疑以傳疑"（見《穀梁傳·桓公五年》），原文説："'春正月，甲戌，己丑，陳侯鮑卒'。鮑卒，何爲以二日卒之？《春秋》之義，信以傳信，疑以傳疑。陳侯以甲戌之日出，己丑之日得，不知死之日，故舉二日以包之也。'"又《莊公七年》説："夏四月辛卯昔，恒星不見。'恒星者經星也。日入至於星出謂之昔。不見者，可以見也。'夜中星隕如雨'。其隕也如雨，是夜中與？《春秋》著以傳著，疑以傳疑。中之，幾也，而曰夜中，著焉爾。何用見其中也？失變而録其時，則夜中矣。其不曰恒星之隕，何也？我知恒星之不見，而不知其隕也。我見其隕而接於地者，則是雨説也，著於上見於下，謂之雨，著於下不見於上謂之隕，豈雨説哉？"等等，亦應是《春秋》以道義之義，在這裏就不詳説了。

(四)《春秋》與"三傳"的關係

董仲舒説:"《春秋》文成數萬,其指數千。"這個説法,未免有些誇張。今知《春秋》全書僅一萬六千多字。然而説《春秋》文約義豐,是不成問題的。因此,《春秋》没有傳注是不容易讀通。今傳世有"三傳"。即《公羊傳》、《穀梁傳》和《左傳》。在漢初,《公羊傳》最先立學官,《穀梁傳》次之。《左傳》在漢哀帝時,劉歆始建議立學官,引起一場爭論。即一方面博士不肯置對,認爲"《左氏》不傳《春秋》"。另方面,劉歆認爲"左丘明好惡與聖人同,親見夫子,而《公羊》《穀梁》在七十子後,傳聞之與親見之,詳略不同"。以後各樹朋黨,爭論長期得不到解決。《史記·十二諸侯年表》篇首有一段話,可以解決這個問題。原文説:"是以孔子明王道,干七十餘君,莫能用。故西觀周室,論史記舊聞,興於魯而次《春秋》。上記隱,下至哀之獲麟。約其辭文,去其煩重,以制義法。王道備,人事浹。七十子之徒,口受其傳指,爲有所刺譏、褒諱、挹損之文辭,不可以書見也。魯君子左丘明懼弟子人人異端,各安其意,失其真,故因孔子史記,具論其語,成《左氏春秋》。"也就是説,《公羊》《穀梁》二傳所記的,主要爲"刺譏、褒諱、挹損之文辭,不可以書見也",而《左氏》所記的,主要爲"因孔子史記具論其語"。驗之各書,昭然可據。三書既不能互相代替,也不須互相攻訐。宋人葉夢得説:"《左氏》傳事不傳義,是以詳於史,而事未必實;《公》《穀》傳義不傳事,是以詳於經,而義未必當。"這個説法是對的。

第十章　孔學流傳述評(上)

　　孔子創立了儒家學派,建構了自己的思想體系。在孔子在世和孔子死去不久的那段時間裏,孔子的學説就是整個儒家學派的學説。和儒家學派幾乎同時産生的道家學派以及稍後出現的墨家學派,他們反對儒家的學説,其矛頭總是針對着孔子本人和孔子學説。這在《老子》《墨子》和《莊子》三部書中看得十分清楚。後來儒家學派發生分化,甚至出現互相攻擊的情況,但是也都各以孔子學説爲標榜。《中庸》説:"仲尼祖述堯舜,憲章文武。"《孔子世家》説:"孔子布衣,傳十餘世,學者宗之。自天子王侯,中國言'六藝'者折中於夫子,可謂至聖矣。"至東漢班固修《漢書·藝文志》,仍然强調儒家學派的思想特點是"游文於'六經'之中,留意於仁義之際,祖述堯舜,憲章文武,宗師仲尼",認爲儒家的思想得自於'六經',等同於孔子。但是這樣的説法祇適用於理論上和口頭上,如果仔細分析實際情況,那末就會發現,至晚從漢武帝采納儒者董仲舒的建議,實行"罷黜百家,獨尊儒術"的政策之時起,孔子學説就開始根據政治上的需要,五花八門地改造過了。董仲舒曾説過"諸不在六藝之科,孔子之術者,皆絶其道,勿使並進"(《漢書·董仲舒傳》)的堅決崇儒尊孔的話,然而他自己就提出了不少遠離六藝之科,孔子之術的東西,冒充孔子學説,以討統治者的歡心。以後隨着孔子地位的不斷提高以及道家的抬頭、道教的産生和佛教的進入,儒學獲得長足的發展,由漢代的今古文經學而魏晉的名教與玄學,而宋明的理學,而清代的實學,雖然起伏跌宕不定,時而高峰,時而幽谷,但是總的趨勢是前進的,佛道兩家畢竟在它的下風。然而孔子的學說,卻被扭曲、冷落、淹没了。孔子的名字光彩得很,被奉爲神聖,而孔子的思想至少自漢代以後實際上已經不傳,即使不能説"絶",也是不絶若綫,以至於今天我們要弄清楚孔子學説的真面目,查明白它的流傳綫索,竟非下番大功夫不可。

一、孔子與《詩》《書》《禮》的關係

孔子學説藴含在哪裏,哪些文獻材料可以作爲我們研究孔子學説的可靠根據,當前學術界對此有不同的看法。我們認爲,研究孔子學説的文獻材料,應首推經孔子選擇整理並加進自己的見解而形成的六經即《詩》《書》《禮》《樂》《易》《春秋》,當然也包括《論語》及七十子後學遺説。有人説,真正可以用來研究孔子學説的,祇有《論語》一書。我們不同意這種意見。這樣做的結果,正如有人説的那樣,孔夫子必將變成"空夫子"。

"六經"是歷史上遺留下來的文化遺産,不是孔子的創作。但是都經過孔子不同程度的加工,加入了孔子的思想。孔子加工後的"六經",各具有一定的性質和作用。《莊子・天下篇》説:"《詩》以道志,《書》以道事,《禮》以道行,《樂》以道和,《易》以道陰陽,《春秋》以道名分。"是説得極簡練極中肯的。

那末孔子對六經下過哪些功夫,做過什麽加工呢?《史記・儒林列傳》説:"孔子閔王道廢而邪道興,於是論次《詩》《書》,修起《禮》《樂》。"什麽是論次? 論是討論去取,次是編排篇目。孔子究竟是怎樣論次《詩》的,《史記・孔子世家》説得很具體:"古者詩三千餘篇,及至孔子去其重,取可施於禮義,上采契、后稷,中述殷周之盛至幽厲之缺,始於衽席。故曰《關雎》之亂以爲《風》始,《鹿鳴》爲《小雅》始,《文王》爲《大雅》始,《清廟》爲《頌》始。"從司馬遷的這段話看,孔子論次詩,首先做的是選定三百五篇詩的斷代起迄和編定《風》《雅》《頌》三部分,并且爲了避免簡編錯亂而明確規定了

《風》《小雅》《大雅》《頌》的首篇各是什麼。此即所謂詩的"四始"。這是讀《詩》須先知道的。然後還有"六義""二南""正變"諸問題，都蘊含着孔子的用心。

孔子對《書》的論次，《史記·五帝本紀》說："學者多稱五帝尚矣。然《尚書》獨載堯以來，而百家言黃帝，其文不雅馴，薦紳先生難言之。孔子所傳《宰予問五帝德》及《帝系姓》，儒者或不傳。"看來孔子對《書》做了兩件事，一是斷限，二是選材。堯以前的東西，證據不足，故不取。自《堯典》以下所選各篇都有重要意義。《尚書大傳》載有孔子"七觀"之說，曰"是故《堯典》可以觀美，《禹貢》可以觀事，《皋陶》可以觀治，《洪範》可以觀度，《六誓》可以觀義，《五誥》可以觀仁，《甫刑》可以觀誠"。此"七觀"之說雖不必出自孔子，然而孔子將這些篇選入《尚書》，含有他的一定的用意，則是無疑的。

對於《禮》與《樂》二經是"修起"。"修起"的意思是說，禮壞樂崩，孔子起而修之，以免淪亡漸滅。其意義視"論次"爲輕。《樂》已不傳，今可不論。《禮》，今傳世的有《周禮》《儀禮》《禮記》三種，號稱"三禮"。哪一本是孔子"修起"的《禮》呢？我們認爲是《儀禮》。《周禮》晚出，孔子似乎未曾見過。《禮記》顯然是孔子身後七十子後學遺說的輯錄，不是六經之一的《禮》。經孔子"修起"的《禮》是《儀禮》。在《禮記·雜記下》有一段話說："恤由之喪，哀公使孺悲之孔子，學士喪禮，《士喪禮》於是乎書。"證明今傳世的《儀禮》十七篇確是孔子"修起"的。

今傳世的四十九篇《禮記》是七十子後學遺說的輯錄，裏邊有不少篇大抵也是孔子所傳。古代的禮，據《禮記·禮器》，有所謂"經禮三百，曲禮三千"之說，十分複雜繁縟，不易掌握。又據《左傳·昭公五年》說："公如晉，自郊勞至於贈賄，無失禮。"而女叔齊說"是儀也，不可謂禮"，知道古代的禮包括禮之儀節和禮之意義兩方面。《儀禮》十七篇的經文講的就是古禮冠昏喪祭朝聘射鄉的儀節，而記文則略微涉及禮的内在含義。講禮的含義比較重要的是

《禮記》中的某些篇,如《冠義》《昏義》《鄉飲酒義》《射義》《燕義》《聘
義》以及《喪服四制》《大傳》《喪服小記》等篇,實際等於解説《儀禮》
之《士冠禮》《士昏禮》《鄉飲酒禮》及《喪服》各篇的傳。《禮記》的這
些篇是十分重要的。《禮記·郊特牲》説得好:"禮之所尊,尊其義
也。失其義,陳其數,祝史之事也。"知道禮的數度儀節並不難也不
重要,難於把握而且至關重要的是瞭解數度儀節後面包含着的思
想底藴。

二、孔子與《易》的關係

"六經"中與孔子關涉最大,最能直接表現孔子思想的是《易》
和《春秋》。這是兩部專談理論的書,在六經中最爲深奧難讀。
《易》即今傳世的《周易》,《周易》包括經文和傳文兩部分。傳文的
部分是漢代人稱爲《易大傳》或"十翼"的《彖傳》上下、《象傳》上下、
《繫辭傳》上下、《文言傳》、《説卦傳》、《序卦傳》、《雜卦傳》。我們現
在統稱之爲《易傳》。根據傳統的説法,它是孔子作的。

《論語·述而》説:"加我數年,五十以學《易》,可以無大過矣。"
《論語·子路》説:"子曰:'南人有言曰:人而無恒,不可以作巫醫。
善夫!''不恒其德,或承之羞'。子曰:'不占而已矣。'"這是《論語》
中孔子言及《周易》的兩段話。説明孔子對《周易》極感興趣,且有
深刻的理解。但是歷史上對它們曾有不同的理解。陸德明《經典
釋文》於"學易"下説:"如字。魯讀易爲亦,今從古。"以爲易還是
易,但是他提出魯《論語》易字爲亦的説法,引起後世人以爲孔子五
十以學易,原來是子虛烏有的議論。若易字果爲亦,則《論語》那段
話當讀爲:"加我數年,五十以學,亦可以無大過矣。"這樣就與孔子
另外的一句話發生矛盾。《論語·爲政》明明説,"吾十有五而志於
學",怎麼又説"五十以學"呢!況且"五十以學",不符合孔子一生
的實際情況。説孔子希望自己五十歲開始學習,於理難通。再者,

孔子"五十以學《易》，可以無大過矣"的思想在《繫辭傳》也有反映。《繫辭傳》說："子曰：'顏氏之子其殆庶幾乎！有不善未嘗不知，知之未嘗復行也。《易》曰：不遠復，無祇悔，元吉。'"由這段話能够看出兩個問題。第一，孔子確實有一個學《易》可以無大過的思想。第二，既然如此，《論語·述而》"可以無大過"的話確實是指學《易》而言，不是泛指一般的學習。

《史記·孔子世家》說："孔子晚而喜《易》，序《彖》《繫》《象》《說卦》《文言》。讀《易》韋編三絕。曰：假我數年，若是，我於《易》則彬彬矣。"《漢書·儒林傳》說：孔子"蓋晚而好《易》，讀之韋編三絕，而爲之傳"。《漢書·藝文志》說："孔氏爲之《彖》《象》《繫辭》《文言》《序卦》之屬十篇。"《史記》與《漢書》都說孔子晚年喜《易》，都說功夫下到"韋編三絕"的程度，不是一般的愛好，都說孔子作了《易傳》。《漢書》講得比《史記》更明白確切，材料可能就是根據《史記》。問題就在司馬遷的材料得自何處。據《史記·太史公自序》，司馬遷之父司馬談"受《易》於楊何"。傳《易》之人自楊何上溯，據《史記·仲尼弟子列傳》，"孔子傳《易》於瞿（魯人商瞿），瞿傳楚人馯臂子弘，弘傳江東人矯子庸疵，疵傳燕人周子家豎，豎傳淳于人光子乘羽，羽傳齊人田子莊何，何傳東武人王子中同，同傳菑川人楊何"。《索隱》說："自商瞿傳《易》至楊何，凡八代相傳。"是知司馬談是孔子《易》學的九傳弟子，其《易》學淵源有自，由來不虛。由他傳授給司馬遷的孔子作《易傳》之舊說，不至於有誤。

1973年長沙馬王堆漢墓出土的漢文帝初年的手抄帛書《周易》，其經文部分取名《帛書六十四卦》已在《文物》雜誌1984年第3期發表，其傳文部分尚在整理中，據有關文章透露，帛書《周易》傳文有今傳世本《周易》沒有的一些東西，其中有一部分曰《要》篇，其文曰："夫子老而好《易》，居則在席，行則在橐。有古之遺言焉，予非安其用，而樂其辭。後世之士，疑丘者或以《易》乎！〔子貢問〕：夫子亦信其筮乎？〔子曰〕：我觀其義耳，吾與史巫同途而殊

歸。"共計孔子五句話,子貢一句話。開頭的兩句是此文記録者講
的。内容都是表達孔子對《易》的態度,治《易》的方法的。

"夫子老而喜《易》,居則在席,行則在橐",此話説孔子老年喜
《易》到了居行不離的程度,是《史記》《漢書》"韋編三絶"的另一種
表述。帛書《易傳》司馬遷未必得見,二者不約而同地講出内容一
致的事,這事必定屬實。

"有古之遺言焉,予非安其用,而樂其辭"。這是孔子的話。有
古之遺言焉,是孔子强調《易》之卦爻辭中有許多古人留下的含有
思想和教訓意義的言論。《禮記・緇衣》引孔子話説:"南人有言
曰:'人而無恒,不可以爲卜筮。'古之遺言與! 龜筮猶不能知也,而
況人乎!"就是極好的證明。下邊兩句,"用"字指用《易》進行卜筮。
"安"是樂的意思。孔子説他研《易》不是用以卜筮,而是玩索《易》
的卦辭爻辭,因爲辭裏邊含有思想意義。這表明孔子視《易》爲講
思想的書,他研《易》的目的是爲了瞭解它的思想内容,不是用它卜
筮。

"後世之士,疑丘者,或以《易》乎"! 這話與《孟子・滕文公下》
所記"知我者其唯《春秋》乎! 罪我者其唯《春秋》乎"和《史記・孔
子世家》所記"後世知丘者以《春秋》,而罪丘者亦以《春秋》"的孔子
兩段言論,句式可謂雷同。他作《春秋》鞭撻弑父弑君者,後世的亂
臣賊子要罪他;而後世的士(有知識的人)要因《易》而對他疑惑不
解。爲什麽呢? 因爲孔子不是一般地讀《易》,是對《易》做了深入
的研究,而孔子是不語怪力亂神的智者,怎麽對卜筮之書如此感興
趣呢!

"夫子亦信其筮乎"? 子貢此問正是孔子擔心後人要疑他的問
題。子貢之所以敢對孔子如此發問,是因爲孔子不相信卜筮,卻又
不點破,而且也談論卜筮問題。這正是今傳世本《易傳》的特點之
一。

"我觀其德義耳",對卜筮與鬼神的問題不做正面回答,祇是從

另一個方面説，讓提問者自己體會，是孔子的一貫辦法。孔子不相信卜筮，卻不作出肯定的表示，把問題閃開，説他觀《易》的德義。德義即思想内容，也就是《易》中的天之道與民之故。這與今傳世本《易傳》的觀點是一致的。

"吾與史巫同途而殊歸"。史巫即掌卜筮的筮人。同途是説筮人用筮卦，他也用筮卦。殊歸是説雖然都用筮卦，但筮人用以卜筮，他用以研究哲理。

總而言之，帛書《周易》之《要》篇這幾句話表明：孔子對《周易》下過非凡的功夫；孔子視《周易》爲哲學書；孔子不搞卜筮，但絶不公開否定卜筮。今本《易傳》正是這樣的思想。説《易傳》是孔子作，《易傳》的思想屬於孔子，還有什麼可懷疑的呢！

我們還必須提及北宋歐陽修的《易童子問》。歐陽修不愧是大家，他對《易傳》本身作了仔細推敲，發現《易傳》有兩個毛病，使他心生疑竇。一是文字繁衍叢脞，二是内容自相乖戾。前者指《文言傳》釋乾坤兩卦過於煩瑣。《繫辭傳》論蓍、卦、爻的部分言多語雜，而"要其旨歸，止於'繫辭明吉凶'耳，可一言而足也"。後者提出兩例，一是乾《文言傳》既云元亨利貞爲乾之四德，又説"乾元者始而亨者也，利貞者性情也"，則又不是四德。二是《繫辭傳下》"河出圖，洛出書，聖人則之"和"包犧氏之王天下也"，仰觀俯察，遠取近取，"於是始作八卦"，以及《説卦傳》"昔者聖人之作《易》也，幽贊於神明而生蓍，參天兩地而倚數。觀變於陰陽而立卦"，這三段話互相乖戾不相容。歐陽修據此得出結論：《易傳》非孔子作。孔子是聖人，聖人不可能出這樣多的毛病。《易傳》乃許多人完成的雜湊。

歐陽修提出的兩個問題是中肯的，他已看出了《易傳》的蕪雜不精之處，不似出於一人之手。這一點他是對的。《易傳》的文字構成的確複雜，有的是孔子自作，有的是弟子記録，有的是采取前人舊説，也有的是後世人竄入，錯簡訛奪之處也不少，他看到的恰是這種情況。但是他的結論錯了。他没有想到先秦著書與後世不同，人們在長期輾轉鈔襲中不免加入自己的貨色。例如他舉出的"河出圖，洛出書，聖人則之"和"包犧氏之王天下也"仰觀俯察而作八卦，即實爲後世人所竄，顯然不是《易傳》原文所當有。至於說《繫辭傳》《文言傳》《説卦傳》往往一事多言，繁衍叢脞不似聖人語，即可以用《易》太艱深，不反復講不足説明和歷時既久、一文多見在所難免來解釋。

說《易傳》是孔子作，《易傳》的思想屬於孔子，與承認《易傳》文字構成的複雜性並不矛盾。除卻後世人竄入部分，其餘都反映孔子的思想。孔子《易傳》的思想從哪裏來呢？來自《周易》古經。《易傳》是對《周易》經文本來就有的内在思想的正確認識和發掘。也可以認爲，孔子的哲學思想恰好與《周易》古經一致，二者一拍即合而不可分。

《易傳》大部分是孔子所作，其中最爲突出的是《繫辭傳上》："子曰：夫《易》何爲者也，夫《易》開物成務，冒天下之道，如斯而已者也。是故聖人以通天下之志，以定天下之業，以斷天下之疑。是故蓍之德圓而神，卦之德方以知，六爻之義易以貢。聖人以此洗心退藏於密，吉凶與民同患。神以知來，知以藏往，其孰能與此哉？古之聰明睿知神武而不殺者夫！是以明於天之道而察於民之故，是興神物，以前民用。聖人以此齋戒以神明其德夫。"這段話要而不煩，寥寥數語即抓住了問題的關鍵所在。觀察之深刻，分析之精到，能爲此者，在先秦除孔子以外實無第二人。在《左傳》和《國語》中，春秋時代的大多數人視《周易》爲卜筮之書，用以占卜決大事。而《易傳》的作者卻能透過現象看本質，明確指出《周易》的性質、功用和特點是開物成務，冒天下之道，是通過蓍與卦揭示天之道與民之故，是指導天下人的思想，成就天下人的事業，解決天下人的疑難，是用卜筮的形式表達哲學的内容。這位作《易傳》的人，看透了《周易》的哲學本質，又認清了它的神道的妙用，掌握了深刻的辯證思維的方法，會是誰呢？祇能是孔子。這段文字祇是舉例，實際上

《易傳》除了采用前人舊説，弟子記録孔子言論和後世人竄入的，全是出自孔子手筆。《文言傳》的絶大部分和《繫辭傳上》自"鳴鶴在陰"至"《易》曰，負且乘，致寇至，盜之招也"以及《繫辭傳下》"《易》曰，憧憧往來，朋從爾思"至"《易》曰，莫益之，或擊之，立心勿恒，兇"兩大段專釋爻辭的文字，當是孔子講述弟子記録下來的東西。

屬於采取前人舊説的部分主要在《文言傳》、《繫辭傳》和《説卦傳》裏。《文言傳》中"元者善之長也，亨者嘉之會也，利者義之和也，貞者事之幹也"那一大段解釋乾卦辭"元亨利貞"的話，又見《左傳》襄公九年，出於魯成公之母穆姜之口，而孔子生於襄公二十二或二十一年，孔子作《易傳》更在以後。所以肯定是前言舊聞，不是孔子自己的。餘如《繫辭傳》中"天一地二，天三地四，天五地六，天七地八，天九地十"至"二篇之策乃有一千五百二十，當萬物之數"一章是講筮法的。筮法必是古已有的，不可能是孔子的發明。《説卦傳》的"乾健也，坤順也，震動也，巽入也，坎陷也，離麗也，艮止也，兑説也"至"兑三索而得女，故謂之少女"一段文字是講八卦性質及取象的，亦應是古已有之的成説，不是孔子所作。《繫辭傳》"易有太極，是生兩儀，兩儀生四象，四象生八卦"四句話亦必是孔子以前舊有的。孔子采用過來，當然反映孔子的認識。

屬於後世人竄入的部分，能够肯定下來的，如《繫辭傳上》："是故天生神物，聖人則之，天地變化，聖人效之。天垂象，見吉凶，聖人象之。河出圖，洛出書，聖人則之。"其中自"天垂象"以下後人竄入的痕迹顯然可見。《易》是通過蓍與卦見吉凶的，六十四卦三百八十四爻之辭皆本於卦象爻象而不見出自天象。這裏突然冒出"天垂象，見吉凶，聖人象之"的話來，豈不蹊蹺！所謂"天垂象，見吉凶"，是漢人喜談的星變、災異的那一套，極似後世占候家語。"河出圖，洛出書"更令人莫名其妙。據《説卦傳》，聖人作《易》是"幽贊於神明而生蓍，參天兩地而倚數，觀變於陰陽而立卦，發揮於剛柔而生爻"。《繫辭傳上》説："易有太極，是生兩儀，兩儀生四象，四象生八卦。"這是講八卦產生的邏輯過程。《繫辭傳下》説:"八卦成列,象在其中矣。因而重之,爻在其中矣。"這是説八卦重爲六十四卦的邏輯過程。這些話已經講明白了蓍、卦、爻產生的根據,卻又出來個"河圖洛書","聖人則之",兩相矛盾。自文章的角度看,前面已説過"天生神物,聖人則之",緊接又説"河出圖,洛出書,聖人則之",即無新意又繁衍累贅,與《繫辭傳》之文不類。歐陽修的《易童子問》也準確尖鋭地提出過這個問題。

後世人竄入之語又見《繫辭傳下》。"古者包犧氏之王天下也,仰則觀象於天,俯則觀法於地,觀鳥獸之文與地之宜,近取諸身,遠取諸物,於是始作八卦,以通神明之德,以類萬物之情。"自此以下,"結繩而爲網罟,以佃以漁,蓋取諸離"至"上古結繩而治,後世聖人易之以書契,百官以治,萬民以察,蓋取諸夬",這一大段文字斷非《易傳》原有之文,而"包犧氏作八卦"之説對後世影響深而且遠,有必要略作分析。第一,"包犧氏"一詞在此出現,兀實難解。孔子對待歷史非常謹慎,他論次《書經》"獨載堯以來",以《堯典》爲第一篇,堯以前事不取。司馬遷也極謹慎,他作《史記》也祇上溯到黄帝,三皇之事也不論。考先秦儒家書絶不言"包犧","包犧"祇見於《莊子》《管子》《淮南子》。第二,《易傳》涉及作《易》之人時皆泛稱"聖人",不確指爲誰。此明言"包犧氏",與全文不類。第三,仰觀俯察,遠取近取以作八卦的説法與"易有太極,是生兩儀,兩儀生四象,四象生八卦"不一致。比較起來,後者是先於孔子的長期内形成的舊説,它符合八卦產生的規律,反映《易》的世界觀和方法論,是可以信據的。第四,"以通神明之德,以類萬物之情",是六十四卦起的作用,八卦祇反映萬物的八種性質,未能反映世界的變化,它不可能"以通神明之德,以類萬物之情"。由此可見,"包犧氏作八卦"之説不足信。

《易傳》有孔子自撰、弟子記録孔子語、采取前言舊説、後世人竄入四類情況。其中大部分應是孔子自撰。除《繫辭傳》、《説卦傳》外，《序卦傳》出於孔子之手是無疑問的，《彖傳》《象傳》也是孔子所作。

　　有一個"子曰"的問題需要提到。"子曰"在《繫辭傳》和《文言傳》裏常見。《文言傳》幾乎全是弟子記孔子語，文前冠"子曰"是當然之事。《繫辭傳》裏孔子自作的部分，文前也冠"子曰"，道理很簡單，孔子之作在先，事後弟子們爲强調作者是孔子，突出它的權威性，加上了"子曰"二字。這樣的辦法後世也有，如北宋周敦頤之《通書》，乃他自作，亦爲後人每章加上"周子曰"。

三、孔子與《春秋》的關係

　　"六經"的最後一經是《春秋》，它與孔子有怎樣的關係呢？《春秋》爲孔子所作，這個問題《孟子》講得最爲明白。《滕文公下》説：

　　　　世衰道微，邪説暴行有作。臣弑其君者有之，子弑其父者有之。孔子懼，作《春秋》。《春秋》，天子之事也，是故孔子曰："知我者，其唯《春秋》乎！罪我者，其唯《春秋》乎！"

　　　　昔者禹抑洪水而天下平，周公兼夷狄，驅猛獸而百姓寧，孔子成《春秋》而亂臣賊子懼。

《離婁下》説：

　　　　王者之迹熄而詩亡，詩亡然後《春秋》作。晉之《乘》，楚之《檮杌》，魯之《春秋》，一也。其事則齊桓、晉文，其文則史。孔子曰："其義則丘竊取之矣。"

　　《孟子》的這三段話回答了三個問題。第一，《春秋》爲孔子作。第二，孔子作《春秋》有一定的政治用意。第三，《春秋》與一般史書不同，史書重事，《春秋》重義。

　　《春秋》是否孔子所作，這個問題的焦點在於《春秋》是孔子將魯史舊文鈔録一過,還是孔子以魯史舊文作材料,加入自己的政治觀點,從而形成一部新作品。《孟子》説:"孔子曰:'其義則丘竊取之矣。'"這"竊取"一詞意義重大。孔子所修的《春秋》,就内容説,依然是齊桓、晉文一類的霸業,就文體説,與不修之《春秋》一樣,是一部史書。不同之處是孔子修《春秋》時把自己的政治思想加進去了,這是不修《春秋》所没有的,純係孔子的創造。孔子給《春秋》"竊取"了一定的義,這義當然屬於孔子。這就是孔子作《春秋》的含義。如果《春秋》中並没有孔子竊取之義,祇是一部普通的魯史,和晉《乘》、楚《梼杌》一樣,則孔子自己完全不必如此看重《春秋》,説後世無論捧他罵他都必根據《春秋》這部書。

孔子作《春秋》的政治用意,《孟子》講得極深刻。"孔子懼,作《春秋》","孔子成《春秋》而亂臣賊子懼",兩個"懼"字表明孔子對周室東遷後的社會變化確是憂心忡忡。禮壞樂崩、名分淆亂的狀況,他視同洪水猛獸。他想制裁弑君弑父的亂臣賊子而又深知力不能及,乃作《春秋》,以鍼砭當時,規範後人,達於王事。亂臣賊子是歷史的產物,非一部書所能解決。但是孔子作《春秋》的用意確然如此。

關於《春秋》一書的性質,據《孟子》的説法,《春秋》是"天子之事",寫的是齊桓、晉文之類的事件,采取的是史書的文體形式,而表達的是孔子自己的"義",這"義"就是《莊子·天下篇》説"《春秋》以道名分"的"名分"和《史記·自序》説"《春秋》以道義"的"義"。《春秋》重義不重事,顯然是一部政治書。

《孟子》關於孔子作《春秋》的觀點絶非憑空杜撰,是上有淵源下有繼承的。孔子自己曾説:"我欲載之空言,不如見之於行事之深切著明也。"董仲舒説:"孔子知言之不用,道之不行也,是非二百四十二年之中,以爲天下儀表,貶天子,退諸侯,討大夫,以達王事而已矣。"(俱見《史記·自序》)《史記·孔子世家》説:"孔子在位聽訟,文辭有可與人共者,弗獨有也。至於爲《春秋》,筆則筆,削則削，子夏之徒不能贊一辭。弟子受《春秋》，孔子曰：'後世知丘者以《春秋》，而罪丘者亦以《春秋》。'"傳《春秋》的《公羊傳》亦如此説。昭公二十二年説："《春秋》之信史也，其序則齊桓、晉文，其會則主會者爲之也，其詞則丘有罪焉耳。"都認爲《春秋》是孔子作，而所謂"作"，是指孔子將不修《春秋》加入了自己的義。

　　後世也有人否定孔子作《春秋》，最早否定的是晉人杜預。杜預出於政治上的原因，用《左傳》壓《春秋》，以周公排擠孔子。他在《春秋序》中説："仲尼因魯史策書成文，考其真僞，而志其典禮，上以遵周公之遺制，下以明將來之法"，"其發凡以言例，皆經國之常制，周公之垂法，史書之舊章，仲尼從而修之，以成一經之通體。"既然説《春秋》凡例主要是周公之遺制，祇有一部分凡例屬於孔子，便等於説《春秋》非孔子作。杜預爲自己的論點找到的論據是《左傳》昭公二年韓宣子適魯見《易象》與《魯春秋》曰周禮盡在魯矣這一條。以爲用這一條即可證明孔子修《春秋》不過翻檢周公舊制，鈔録魯史舊文而稍加刊正而已。

　　古人對杜預早已作過有力的駁難。唐人陸淳在《春秋集傳釋例》一書中指出，杜預以爲《左傳》之五十凡例皆周公之舊制，實不足信。《左傳》之凡例有云"弑君稱君，君無道也。稱臣，臣之罪也"。周初未見臣弑君之事，周公何得預先定下臣弑君之書法？清人皮錫瑞在所著《經學通論》中説，倘依杜氏，孔子修《春秋》不過經承舊史，鈔録一過，並無自己的褒貶義例，"孔子何以有知我罪我，其義竊取之言？"孟子何以推尊孔子作《春秋》之功配古帝王，説得如此驚天動地？

　　關於《春秋》一書的性質問題，杜預在《春秋序》中引《孟子》語時有意將"子曰：'其義則丘竊取之矣'"一句舍棄不録，用意顯然是想把《春秋》等同於一般史書。他在《春秋經傳集解》後序中將《春秋》與《竹書紀年》相比照，力言《竹書紀年》"文意大似《春秋》經"，進而推定此乃"古者國史策書之常"，孔子爲《春秋》，一仍舊史，無甚變化。其所舉例是：竹書"稱魯隱公及邾莊公盟於姑蔑，即《春秋》所書邾儀父"。竹書"稱晉獻公會虞師伐虢滅下陽，即《春秋》所書虞師晉師滅下陽"。竹書"稱周襄王會諸侯於河陽，即《春秋》所書天王狩於河陽"。杜預忽略了《竹書紀年》記諸侯列會皆舉謚號，它不是春秋當世正史，乃戰國魏襄王時人追記之作。它的體例並非"古者國史策書之常"，它文字簡約似《春秋》，但是是它仿《春秋》，不是《春秋》仿它。

　　唐人劉知幾更不解《春秋》一書的特殊性質，所作《史通》有《惑經》、《申左》二篇，以實錄與否論"三傳"短長，以史家標準衡量《春秋》，指斥《春秋》"於內則爲國隱惡，於外則承赴而書，求其本事，大半失實"。"尋斯義之作也，蓋是周禮之故事，魯史之遺文，夫子因而修之，亦存舊制而已"。劉氏揚《左傳》而抑《春秋》，視《左傳》之義高於《春秋》。所謂"孔子成《春秋》而亂臣賊子懼"，"善人勸焉，淫人懼焉"，惟《左傳》當之無愧，《春秋》則大爲遜色。宋人王安石和近人梁啓超更武斷地貶《春秋》是"斷爛朝報"、"流水賬簿"。

　　這都因爲他們祇把《春秋》當做一部史書來看。從史書的角度看《春秋》，其價值比不上《左傳》，說它是"斷爛朝報"似無不可。殊不知《春秋》是明義的書，與一般史書不同，故不必實錄，亦不必善惡必書。它固然離不開史，但它不是史；它的特點是明義，卻不空言義。它從明義出發取捨史料，亦從明義出發，遣辭行文。

　　《春秋》因此有個微言大義的問題。"微言大義"一語出自《漢書・藝文志》采劉歆説，"昔仲尼没而微言絶，七十子喪而大義乖"和范寧《穀梁傳序》"微言隱，異端作，而大義乖"。什麼是微言大義？《史記・司馬相如列傳》説："《春秋》推見至隱。""推見"指記事，"至隱"即明義。《春秋》通過記事以明義，是有一套原則的。這原則就是微言大義，亦即《春秋》筆法。《春秋》筆法很豐富，《史記・孔子世家》説的"據魯，親周，故殷"和《公羊傳》説的"所見異辭，所聞異辭，所傳聞異辭"以及"內其國而外諸夏，內諸夏而外夷

狄”，就是《春秋》微言大義的主要部分，後來何休作《公羊解詁》，把
這三條概括爲“三科九旨”。《春秋》不過一萬六千五百字，寫二百
四十二年歷史，其表達微言大義的具體辦法有二，一是筆削，二是
用辭多變。筆就是録，削就是不録。録與不録都有含義。如《左
傳》閔公元年載晉侯滅耿，滅魏，滅霍。此滅國大事，史書不可缺
如，但《春秋》以爲此於義無補，故削而不書。僖公十六年春，同一
個月裏發生“隕石於宋五”和“六鷁退飛過宋都”兩件事。事情雖
小，《春秋》以此是異事，且發生在王者後的宋國，故筆而録之。録，
在用辭上又有一定的差別，通過用辭的變化表達思想。例如莊公
四年載：“紀侯大去其國。”本來是齊襄公出兵滅了紀國，可以書“滅
紀”，但孔子不書“滅紀”而書“紀侯大去其國”。這是爲了表彰齊襄
公報他的九世祖齊哀公因紀侯譖而爲天子所烹的仇，如《公羊傳》
所説：“大去者何？滅也。孰滅之？齊滅之。曷爲不言齊滅之？爲
襄公諱也。《春秋》爲賢者諱，何賢乎襄公？復仇也。”又如僖公二
十二年載：“冬十有一月，己巳朔，宋公及楚人戰於泓，宋師敗績。”
此爲偏戰，稱日又稱朔，《公羊傳》解釋説，宋襄公“臨大事而不忘大
禮”，打仗是你死我活的事，他竟能“不厄人”，“不鼓不成列”，孔子
是要褒獎他。

　　《易》與《春秋》是“六經”中兩部講理論的書，前者孔子讀《易》
而作《易傳》，是一部哲學著作，後者孔子因《魯春秋》而作，是一部
政治性著作。二者全是最難讀的書。孔子用“六經”（或稱“六藝”）
做教材教學生，能學懂這兩部書的衹有少數高足弟子。《史記·孔
子世家》説：“孔子以詩書禮樂教，弟子蓋三千焉，身通六藝者七十
有二人。”三千弟子都能學習詩書禮樂四經，其中能學通《易》與《春
秋》即六藝皆通的衹有七十二個人。古人言及六藝時無不《易》與
《春秋》並舉。《莊子·天下篇》説“《易》以道陰陽，《春秋》以道名
分”，《史記·自序》説“《易》以道化，《春秋》以道義”，《司馬相如列
傳》説“《春秋》推見至隱，《易》本隱之以顯”，既指出了二書的差異，

又肯定了它們的共性。差異是一講哲學一講政治,共性是二者都是講理論的書。

總而言之,"六經"與孔子有密切的關係,孔子對它們下了極大的功夫。《詩》《書》是論次,《禮》《樂》是修起,《易》是贊,《春秋》是作,都是孔子留下的珍貴遺產,也是孔子學說的主要載體,孔子的思想大量地蘊含於其中。《易》與《春秋》尤爲重要。治孔學而舍"六經"於不顧,是不可思議的。

四、孔子與《論語》的關係

《論語》當然是孔子學說的重要載體,但是絕對不是惟一的。有人研究孔子思想祇依據《論語》,甚至以《論語》爲標杆,《論語》没有的,皆不足信。這是不可取的方法。

關於《論語》與孔子的關係問題,這裏從兩方面説。第一,《論語》是孔子弟子及再傳弟子記錄孔子言論的書,是研究孔子學說的可靠依據。第二,孔子生前言論極多,流傳下來的也不少,《論語》輯錄的不過是其中的一部分。研究孔子學説,《論語》之外的孔子言論不可忽視。

先談第一方面。

《論語》這一書名最早見於《禮記·坊記》。它説:"《論語》曰:'三年無改於父之道,可謂孝矣。'"《坊記》誰作,古人説法不一。《經典釋文》於《緇衣》篇名下引劉瓛云:"公孫尼子所作也。"《緇衣》與《坊記》文體相類,故或以爲《坊記》亦當爲公孫尼子作。公孫尼子,《漢書·藝文志》自注:"七十子之弟子。"《隋書·經籍志》則曰:"似孔子弟子。"《史記·仲尼弟子列傳》無公孫尼子,是知《漢書·藝文志》公孫尼子是七十子弟子之説爲確。此爲一説。又《隋書·音樂志上》引沈約云:"《中庸》《表記》《防記》《緇衣》皆取《子思子》。"是知沈約以爲《防記》(即《坊記》)子思作。兩説誰是,姑且不論,子思和公孫尼子都是七十子之弟子是可以肯定的。那末,《坊記》無論子思和公孫尼子誰作,距離孔子身後不久當爲無疑。《坊記》既言及《論語》,《論語》之書名必是《論語》編定當時就已使用了的。王充《論衡·正説篇》説:"初,孔子孫孔安國以教魯人扶卿,官至荆州刺史,始曰《論語》。"王氏以爲至漢武帝時代始曰《論語》,恐怕不能成立,因爲《坊記》已經明明有《論語》之稱了。馬培棠《國故概要》説:"《論語》之名,雖早見於《禮記·坊記》,而兩漢時代稱謂並不一致,或單稱《論》,或單稱《語》,或別稱《傳》,或稱《記》,或詳稱《論語説》,直至漢後,《論語》之稱方告確定。"馬氏之説有一定道理,《論語》在漢時稱謂可能不一,但是説《論語》之名至漢以後方告確定,似又未的。考漢人在比較正式的場合皆稱《論語》,如《漢書·藝文志》《漢書·匡衡傳》《説文解字敍》等無不稱《論語》。

《論語》是什麼人撰定的呢?《漢書·藝文志》(本劉歆《七略》)説:"《論語》者,孔子應答弟子時人及弟子相與言而接聞於夫子之語也。當時弟子各有所記。夫子既卒,門人相與輯而論纂,故謂之《論語》。"趙岐《孟子題辭》説:"七十子之疇,會集夫子所言,以爲《論語》。"皇侃《發題》説:"門人痛微言一絶,景行莫書,於是僉陳往訓,各記舊聞,撰爲此書,成爲實録,上以尊仰聖師,下以垂軌萬代。"《經典釋文序録》説:"《論語》者,孔子應答弟子及時人所言,或弟子相與言而接聞於夫子之語也。當時弟子各有所記,夫子既終,微言已絶,恐離居已後,各生異見,而聖言永滅,故相與論撰,因輯時賢及古明王之語,合成一秩,謂之《論語》。"以上諸説大體一致,蓋皆本之於《漢書·藝文志》亦即劉歆《七略》。

另有一些人將《論語》撰輯者確指爲孔門弟子中某人或某幾人。《經典釋文·論語音義》之"名曰《論語》"條下引鄭玄説:"仲弓、子游、子夏等撰。"《經義考》卷百十一引《論語讖》説:"子夏六十四人共撰仲尼微言。"《文選·辯命論》注引《傅子》説:"昔仲尼既殁,仲弓之徒追論夫子之言,謂之《論語》。"唐人柳宗元《論語辯》

説:"曾參……少孔子四十六歲。曾子老而死。是書記曾子之死,則去孔子也遠矣。……吾意曾子弟子之爲之也。"又説:"蓋樂正子春、子思之徒與爲之爾。"(見《唐宋文舉要》)宋人程頤説:"《論語》,曾子、有子弟子論撰。所以知者,唯曾子、有子不名。"(見《程氏遺書外書卷六》)《經義考》引宋永亨説:"《論語》所記孔子與人語及門弟子並對其人問答,皆斥其名,未有稱字者,雖顏、冉高弟,亦曰回,亦曰雍。至閔子獨云子騫,終此書無指名。昔賢謂《論語》出於曾子、有子之門人,予意出於閔氏。觀所言閔子侍側之辭與冉有、子貢、子路不同則可見矣。"

以上諸家之説看來牴牾,其實各有道理,可相爲補充。然而與其確指某弟子門人所撰定,不如説是孔子弟子及其門人衆手輯録而成。吳承仕《經典釋文序録疏證》説:"要以班《志》所述爲得其實。"吳氏之説極是。"當時弟子各有所記。夫子既卒,門人相與輯而論纂"。這是最爲妥當、完滿的説法。一言以蔽之,《論語》是弟子及再傳弟子輯録的孔子語録。

再談第二方面。

今本《論語》自《學而》至《堯曰》二十篇記載的遠不是孔子言論的全部内容,甚至最早的《論語》也不僅僅祇有二十篇。把不屬於今本二十篇《論語》的孔子言論排除在孔子學説範圍之外的做法,是没有道理的。王充《論衡·正説篇》説:"《論語》者,弟子共紀孔子之言行,敕記之時甚多,數十百篇。"王氏這段話堪可注意,它透露了兩個消息。一則《論語》乃弟子共紀,七十子後學所爲,非出少數二三子之手。二則《論語》最初形成時多達百數十篇,漢代出現的二三十篇僅僅是殘剩而已。這在《孟子》書中可以找到證據。《孟子》引孔子言語蓋四十多條,見於今本《論語》的不過十數條。《荀子》所引孔子言語則未見今本《論語》。那些孟、荀徵引而不見於今本《論語》的孔子言語來自何處呢? 解釋祇能是,或者出自至漢代已經不見了的那些《論語》篇章,或者出自根本未收入《論語》

篇章的、七十子後學口耳相傳的東西。宋人陸九淵説:"夫子平生
所言,豈止如《論語》所載! 特當時弟子所載止此耳。"(《陸象山全
集》卷三十四《語録上》)此言極有見地,孔子平生言論絶不止今本
《論語》所載這麽多;但是説"當時弟子所載止此耳",似可商榷,當
時弟子所載必多於今本《論語》,二十篇實乃當時弟子所載的一部
分。

五、《論語》之外的七十子後學所記

我們講過"六經"與孔子有密切的關係,指出過"六經"是孔子
留下的珍貴遺産,是孔子學説的載體。研究孔子學説,"六經"是必
不可少的,尤其《春秋》和《周易》,舍此二書而言孔子,則孔子勢必
變得空空如也,淺淺如也。

孔子學説的載體,除"六經"這一大塊以外,還有七十子後學遺
説這另一大塊。忽略這一大塊,孔子便成爲不完整的半個。而且
要知道,孔子學説在這兩大塊中是緊緊連着的,相爲貫通的,想分
也分不開。七十子後學所記孔子遺説中,《論語》固然是重要一項,
但是如果以爲祇有《論語》,那就錯了。

七十子後學所傳所記,除《論語》之外,今存的文獻,上文言及
的《孟子》《荀子》書中包含一部分。《公羊傳》《穀梁傳》《禮記》《大
戴禮記》是尤其重要的四部書,裏邊藴含着關於孔子學説的豐富材
料。前三部書今在"十三經"中,其實在先秦和漢代本不是經,和
《大戴禮記》一樣,祇是解經的傳和記。

《禮記》和《大戴禮記》這兩部書很值得重視。它們是誰人寫定
的,古人留下一些説法,可以參考。例如《中庸》《表記》《坊記》《緇
衣》四篇,《隋書·音樂志》引沈約説,出自《子思子》,意謂子思所
作。《經典釋文》引劉瓛説,《緇衣》係公孫尼子作。鄭玄《禮記目
録》謂《中庸》"孔子之孫子思伋作之"。司馬遷《孔子世家》也説"子

思作《中庸》"。今人中不相信這些説法的,大有人在。有人力求證明《中庸》乃漢人作品,與《論語》中孔子的中庸思想根本不是一路。我以爲司馬遷和鄭玄是漢代人,如果《中庸》是漢代人的作品,騙過他們的眼睛大概不那麽容易。要推翻他們的結論,就目前説,證據還嫌不足。

這裏僅説一説《中庸》的思想與《論語》的中庸説是不是一樣的問題。這個問題的回答應當是肯定的。《論語·雍也》説:"中庸之爲德也,其至矣乎,民鮮久矣。"《論語》中孔子言及中庸的祇此一語。《先進》篇有孔子"過猶不及"一句,即是中庸思想的注腳。意謂爲人做事應掌握分寸,恰到好處,做不到足够的程度不行,做過了頭也不行。過與不及都是極端,都不可取。然而要做到既不過也無不及,實在難能。所以孔子説,中庸是最高的修養,人們已經很久做不到了。再進一步的解釋,《論語》中没有,但是《中庸》有一章全講孔子關於中庸的話。孔子説:"天下國家可均也,爵禄可辭也,白刃可蹈也,中庸不可能也。"視中庸爲最難能的修養,榮華富貴捨棄不取,蹈刃殺身,獻出生命,都是可能的,惟獨中庸無人做得到。這與《論語》所説的"中庸之爲德也,其至矣乎,民鮮久矣"難道不是一個意思嗎!況且《中庸》這一章的前頭也引了"子曰:中庸其至矣乎,民鮮能久矣"的話,更加證明《論語》中孔子關於中庸的思想與《中庸》一致。《中庸》引了孔子論中庸的一段話至關重要,然而論者往往忽略。這段話是孔子對中庸的深刻解釋。這段話是:"仲尼曰:君子中庸,小人反中庸。君子之中庸也,君子而時中。小人之中庸也,小人而無忌憚也。"這裏孔子將中庸解釋爲"時中",而它的反義是"無忌憚"。下文緊接着又講"道之不行也,我知之矣。知者過之,愚者不及也"等等,論述過與不及的問題。孔子顯然認爲中庸就是既不過又無不及,言語行爲恰當適中。避免過與不及,其實就是做到時中。時字極端重要,不容忽視。中是適中、恰當。怎樣才能適中恰當,關鍵是把握住時,時就是人所生存的客觀世界、客觀環境的變化,所以時也可以叫做時變、時中,一個人做事看問題,善於觀察時變,把握時變,駕御時變,采取適時、恰當的對應措施,這當然是極難的事情。相反,無所忌憚,不顧時變,我行我素,是誰都無須費力就辦得到的。孔子本人一生都在按中庸即時中的要求規範自己。孔子自己説“中庸不可能也”,其實他做到了。他説:“我則異於是,無可無不可。”(《論語·微子》)又説:“以道事君,不可則止。”(《論語·先進》)又説:“邦有道則仕,邦無道則可卷而懷之。”(《論語·衛靈公》)到老了時終於達到“七十而從心所欲不逾矩”的水平。時的問題,孔子在《易傳》中表現得最爲充分。《周易》六十四卦三百八十四爻的根本意義就是反映時變。孔子對此理解極深,多次論及時的問題。艮卦《象傳》“時止則止,時行則行,動靜不失其時,其道光明”這幾句話最能反映孔子(當然也是《周易》的)的關於時中亦即中庸的思想。孟子對於衆多往聖最佩服孔子,説“乃所願,則學孔子也”,因爲孔子“可以仕則仕,可以止則止,可以久則久,可以速則速”(《公孫丑上》),是“聖之時者也”,伊尹、伯夷、柳下惠,諸聖誰也比不上孔子(《萬章下》)。説到底,孟子心目中的孔子之所以偉大,是因爲孔子做到了“不可能也”的中庸,而別人做不到。

我們祇能説《中庸》反映的孔子的中庸思想與《論語》並無二致。至於《中庸》第一章講的中和概念,與中庸是兩回事。中庸是時中,不是中和。不能以爲篇名曰《中庸》,内容就全講中庸。《中庸》大部分章節不是講中庸。篇名不反映内容或不全反映内容,是先秦文獻的常見現象,不足爲奇。或以爲《中庸》對中庸的理解與《論語》不同,斷定《中庸》出於漢人之手,理由是站不住的。

那末,究竟應當怎樣看待《禮記》的作者問題呢?我以爲和《論語》的成書問題一樣,没有必要去具體落實,能够肯定它是孔子弟子及再傳弟子記録並輯録而成就足够了。《漢書·藝文志》對這個問題處理得合適。它在“《記》百三十一篇”下自注云:“七十子後學者所記也。"不考究各篇誰作,祇説是七十子後學所記,最爲妥當。簡短的一句話解決了三個問題:是記,即記録前人的東西,不是記者自己的創作;是七十子後學所記,七十子後學包括孔子思想學問的承傳弟子和弟子之門人;記的東西當然與孔子有關,或者是孔子傳授的禮説,如《冠義》《昏義》《鄉飲酒義》《射義》《燕義》《聘義》《喪服四制》《喪服小記》《大傳》等篇,是解釋《儀禮》之思想意義的,可視作《儀禮》的傳。或者是傳授孔子的思想學説,如《禮運》《大學》《中庸》《坊記》《表記》《緇衣》《哀公問》《郊特牲》等篇,是重點表達孔子思想的。

《禮記》四十九篇飽藏着孔子的思想學説,引用大量的孔子言論,其中祇有少部分見於今本《論語》。它們是研究孔子學説的無法迴避的珍貴資料。《禮運》篇關於孔子對大同社會與小康社會的概括,儘管人們對它的評價不同,有人認爲它是孔子的理想,有人認爲它是孔子對歷史的認識(我們贊成後者),卻不能不承認它是孔子的東西。《表記》篇所記孔子語,"夏道尊命,事鬼敬神而遠之","殷人尊神,率民以事神","周人尊禮尚施,事鬼敬神而遠之",高度概括地指明了夏、商、周三代意識形態的不同特點和發展綫索。這些話都能找到文獻上的根據,絕非後世人杜撰,與《論語》中表現出來的孔子對天命鬼神的態度一致,説它出於孔子之口是可信的。這三句話有深刻的邏輯關係,"殷人尊神,率民以事神",是對"夏道尊命,事鬼敬神而遠之"的否定。"周人尊禮尚施,事鬼敬神而遠之",是對"殷人尊神,率民以事神"的否定,對於"夏道尊命,事鬼敬神而遠之"來説,是否定之否定。特別是提出周人尊禮,否定了殷人的尊神,符合孔子的思想,非孔子講不出。

《禮記》中有關於個體婚制是文明社會的起點的正確思想,如《郊特牲》説:"男女有別然後父子親,父子親然後義生,義生然後禮作,禮作然後萬物安。無別無義,禽獸之道也。"《昏義》説:"男女有別而後夫婦有義,夫婦有義而後父子有親,父子有親而後君臣有正。故曰：昏禮者，禮之本也。"《中庸》説："君子之道造端乎夫婦。"同樣的思想還見於孔子的《易傳》，《序卦傳》説："有天地然後有萬物，有萬物然後有男女，有男女然後有夫婦，有夫婦然後有父子，有父子然後有君臣，有君臣然後有上下，有上下然後禮義有所錯。"家人卦《彖傳》説："家人，女正位乎内，男正位乎外。男女正，天地之大義也。家人有嚴君焉，父母之謂也。父父子子兄兄弟弟夫夫婦婦，而家道正。正家而天下定矣。"這麼多文獻反映了同一個深刻的思想，不可能是偶然的巧合，衹能做這樣的解釋：這個思想出於同一位思想家，這位思想家不能不是孔子。這也證明《禮記》是七十子後學所記，不是漢代什麼人編湊的。

《禮記》還記載了孔子的思想核心仁義。《中庸》説："子曰：仁者人也，親親爲大。義者宜也，尊賢爲大。親親之殺，尊賢之等，禮所生也。"這話顯然是説人的本質特點是仁與義，人的修養目標也是仁與義。《説卦傳》説的"立天之道曰仁與義"，與此義同。《莊子·天道》説孔子自述其思想學説"要在仁義"，"君子不仁則不成，不義則不生。仁義真人之性也"，可視做《中庸》記孔子論仁義的旁證。

《禮記》是七十子後學所記，是孔子學説的重要載體。與《禮記》同出一源，長期以來被冷落的《大戴禮記》，也是藴含着孔子學説的重要文獻。孔穎達《曲禮》疏説："鄭康成《六藝論》云，戴德傳《記》八十五篇，則《大戴禮》是也。戴聖傳《記》四十九篇，則此《禮記》是也。"錢大昕《廿二史考異》卷七於《漢書·藝文志》"《記》百三十一篇，七十子後學者所記也"條下説："按，鄭康成《六藝論》云：'戴德傳《記》八十五篇，戴聖傳《記》四十九篇。'此云百三十一篇者，合大小戴所傳而言。《小戴記》四十九篇。《曲禮》《檀弓》《雜記》以簡策重多，分爲上下，實止四十六篇，合大戴之八十五篇，正協百三十一之數。"是知《漢書·藝文志》著録的《記》百三十一篇就是《禮記》和《大戴禮記》。據《經典釋文序録》説，"鄭玄本治小戴

《禮》(《儀禮》十七篇),後以《古經》校之,取其於義長者順者,故爲鄭氏學。玄又注小戴所傳《禮記》四十九篇","大戴無傳學者"。《禮記》由於鄭玄給作了注,一直受重視,至唐代,政府把它定爲經書,是讀書人必讀的。而《大戴禮記》至唐代已亡佚大部分,現在還剩下三十九篇。三十九篇中記曾子言行的十篇。曾子是七十子之一,所傳必與孔子有關。餘如《主言》《哀公問五義》《哀公問於孔子》《衛將軍子文子》《五帝德》《勸學》《子張問入官》《千乘》《四代》《誥志》《小辨》《用兵》《少間》等篇記載很多孔子的言論。可見《大戴禮記》也是保存孔子學説的珍貴材料。

　　《六經》《論語》《禮記》《大戴禮記》都是孔子學説的儲藏庫或者説載體。"六經"是孔子親自整理、論次、修起、撰定的,其餘則是七十子後學者所記所輯。屬於七十子後學傳授孔子學説的《春秋公羊傳》和《春秋穀梁傳》,是説解《春秋》之微言大義的。尤其《公羊傳》,對《春秋》之義説解十分透徹;倘無《公》、《穀》二傳,今日我們將無法知曉《春秋》的含義是什麽,那《春秋》就真等於"斷爛朝報"和"流水賬簿"了。《公》、《穀》之外,又有《春秋左氏傳》。《左傳》重於記事,《春秋》記事極簡,衹記時間、地點、人物,事情經過、歷史情節全然不記。《左傳》則將《春秋》未記或記太簡的事情加入和加詳。《公》、《穀》以義解《春秋》,《左傳》以事解《春秋》,三者都是《春秋》的傳。《左傳》是可以獨立存在的一部史書,《公》、《穀》二傳則必須依於《春秋》,離開《春秋》便失去存在的意義。

　　《左傳》是誰作的呢? 長期以來爭論不休。《史記·十二諸侯年表》説:"魯君子左丘明懼弟子人人異端,各安其意,失其真,故因孔子史記具論其語,成《左氏春秋》。"這段記載是可信的,《左傳》這書是孔子同時的魯人左丘明所作。讀《春秋》衹知其義,不知其事,也是不行的。西漢晚期劉歆認爲《左傳》是《春秋》的傳而爲之爭立於學官,是不錯的。錯在他欲以《左傳》取代《公》、《穀》二傳,説什麽"左丘明好惡與聖人同,親見夫子,而公羊、穀梁在七十子後。傳

聞之與親見之，詳略不同"（《漢書·楚元王傳》附《劉歆傳》）。好像
《左傳》也是傳《春秋》之義的，而且它所傳之義比《公羊》、《穀梁》二
傳更詳明，更可信。又，《左傳》有凡例五十條，合稱"五十凡例"。
晉人杜預作《春秋經傳集解》，說"其發凡以言例，皆經國之常制，周
公之垂法"，爲五十凡例張目。其實《左傳》之五十凡例問題很大，
根本不是"經國之常制"，也不是"周公之垂法"。唐人陸淳《春秋啖
趙集傳纂例》："杜預云，'凡例皆周公之舊典禮經。'按，其傳例云，
'弒君稱君，君無道也。稱臣，臣之罪也'。然則周公先設弒君之義
乎！又云，'大用師曰滅，弗地曰入'，又周公先設相滅之義乎！又
云，'諸侯同盟，薨則赴以名'，又是周公令稱先君之名以告鄰國乎！
雖夷狄之人不應至此也。又云，'平地尺，爲大雪'，若以爲災沴乎！
則尺雪，豐年之徵也，若以爲常例，須書乎！不應二百四十二年唯
兩度大雪，凡此之類，不可類言。"陸氏的批評是對的。五十凡例既
非周公之垂法，亦非孔子《春秋》應有之義。

　　"三傳"中真正反映孔子《春秋》微言大義的是《公》、《穀》二傳。
《公》、《穀》二傳是七十子後學所傳授，且又明確解說《春秋》經義，
欲瞭解《春秋》中孔子的思想，非自《公》、《穀》不行。陸淳《春秋啖
趙集傳纂例》引啖助說"古之解說，皆是口傳，自漢以來，乃爲章
句"。"三傳之義，本皆口傳，後之學者，乃著竹帛，而以祖師之目題
之"。"左氏得其數國之史，以授門人，義則口傳，未形竹帛，後代學
者乃演而進之，總而合之，編次年月，以爲傳記。""《公羊》、《穀梁》，
初亦口授，後人據其大義，散配經文"，"其大指亦是子夏所傳"。啖
氏以爲《左傳》開始時也是口傳，似乎不大可能。說《公》、《穀》二傳
先是口頭傳授，以後形於竹帛，則是有根據的。《漢書·藝文志》著
錄《公羊傳》十一卷，自注云："公羊子，齊人。"顏師古注云："名高。"
楊樹達《漢書窺管》引王應麟云："戴宏序云，子夏傳與公羊高，高傳
與子平，平傳與子地，地傳與子敢，敢傳與子壽。至漢景帝時，壽乃
共弟子胡毋子都著於竹帛。"《四庫全書總目提要》說："舊題周公羊

高撰，實高所傳述，而其玄孫壽及胡毋子都録爲書。"是知《公羊傳》先是口相傳授，由子夏傳公羊高，至漢景帝時由公羊壽及胡毋子都著於竹帛而成書。總之，是七十子後學所傳。

《漢書·藝文志》著録《穀梁傳》十一篇。自注云："穀梁子，魯人。"顔師古注曰："名喜。"但是古人對穀梁子之名説多歧異。桓譚《新論》謂"穀梁赤"，王充《論衡·案書篇》謂"穀梁寘"。阮孝緒《七録》謂穀梁俶，字元始。錢大昭《漢書辨疑》以爲喜當做嘉。穀梁子的名，不是主要問題。主要問題是穀梁子的時代。楊士勛《春秋穀梁傳序疏》説："穀梁子名俶，字元始，魯人，一名赤，受經於子夏，爲經作傳，故曰《穀梁傳》。"以穀梁子爲子夏弟子，《穀梁傳》是他作的。徐彥《春秋公羊傳注疏》隱公第一下疏云："問曰：'《左氏》出自丘明，便題云《左氏》，《公羊》、《穀梁》出自卜商（子夏），何故不題曰卜氏傳乎？答曰：'《左氏傳》者，丘明親自執筆爲之，以説經意，其後學者題曰《左氏》矣。且《公羊》者，子夏口授公羊高，高五世相授至漢景帝時，公羊壽共弟子胡毋生乃著竹帛。胡毋生題親師，故曰《公羊》，不説卜氏矣。《穀梁》者亦是著竹帛者題其親師，故曰《穀梁》也。"據楊、徐二疏所説，《左傳》是左丘明親自執筆著書，《公》、《穀》二傳則是子夏所傳，但不是子夏親筆著於竹帛。《公羊傳》是口傳至漢景帝時，由公羊壽與弟子胡毋生著於竹帛，故稱公羊而不稱卜氏。《穀梁傳》，楊疏謂子夏弟子穀梁子爲經作傳，即執筆成書。徐疏則云著竹帛者是穀梁子之弟子，但是穀梁子何時人，他的將《穀梁傳》著於竹帛的弟子是誰，沒有説。《四庫全書總目》於《春秋穀梁傳注疏》條下提要説：《穀梁傳》"則當爲傳其學者所作"，"疑彥之言爲得其實，但誰著於竹帛，則不可考耳"。

《春秋》三傳，《左傳》傳自左丘明，著於左丘明，左丘明受經於孔子。但《左傳》傳《春秋》之事，不傳《春秋》之義，其"五十凡例"不知出自誰手，與孔子作《春秋》之筆法不合是顯然的。《公羊傳》《穀梁傳》傳自卜商（子夏），開始皆口相傳授，前者著竹帛於西漢，後者何人何時著於竹帛不可考,但都是七十子後學所傳授當無疑問。二者都是講《春秋》微言大義的,當中反映了孔子作《春秋》的思想用心,是研究孔子思想的不可忽視的材料。

　　總之,不能認爲祇有一部今本《論語》反映孔子思想,別無其他。今本《論語》僅僅保存了孔子言行的一小部分,七十子後學保留下來的孔子遺説還有許多,《禮記》《大戴禮記》即是。《孟子》《荀子》中也保存一些。《公羊傳》《穀梁傳》既是七十子後學所傳,也不容忽視。"六經"與孔子有密切的關係。《春秋》和《易傳》是孔子留下的講政治和哲學的理論著作,對它們采取不承認態度是錯誤的。所有這些蘊含孔子學説的文獻,如果仔細觀察分析,會發現它們是貫通的、聯繫的。把它們聯繫起來進行全面、總體的考察,是研究孔子學説的最可取的方法。孔子不祇有一部《論語》,光靠《論語》,看不透孔子。

六、孔學與儒學之不同

　　孔學與儒學是兩個概念,二者有聯繫,但是有很大的不同。它們經常被混淆被等同,我們現在有必要將它們的界限劃清。孔學是孔子的學説,儒學是儒家的學説。孔學專指孔子本人的學説以及後人真正繼承孔子學説的學問。儒學是宗師孔子,以六藝爲法的學問,與孔子當然有關,但是它歷時長久,人數衆多,思想駁雜不純,往往打着孔子的旗號,建構自己的學説。因爲他們尊崇孔子,標榜六經,所以他們被稱爲儒家,他們的學問被稱爲儒學。儒學的特點是利用孔子的概念、範疇、命題作文章,同時從"六經"中找根據,藉以發揮自己的東西。真正孔子的學説被掩蓋被扭曲了。兩千多年來,不能説孔學没流傳,卻也不能説孔學有流傳。孔子被奉爲至聖先師,供進廟裏當神崇拜,他的學問的真諦卻不絶若綫。

　　宋元以後,孔學實際上已被理學取代。尤其自元代以後,朱熹

的《四書集注》成爲必讀的"經書"。科舉考試以朱熹的注文爲立論
根據。應試做的八股文,實際上是以朱熹的注文爲據進行發揮。
相比之下,"四書"的本文並不重要,更不必説"六經"了。"五四"時
代人們激烈反對的封建禮教,表面上説是孔子,實際上是宋明理學
家們的理學。清人戴震説的"以理殺人",魯迅《狂人日記》抨擊的
吃人的禮教,所指都是以朱熹爲代表的理學思想而不是孔子學説。
"五四"新文化運動中真正有識見的思想家莫不將封建禮教和宋明
理學同孔子及孔學區別開來。魯迅在《再論雷峰塔的倒掉》一文中
對孔子的無神論持贊許態度,以爲孔子確是偉大,生在巫鬼勢力旺
盛的時代,偏不肯談鬼神,"'祭如在,祭神如神在',祇用他修《春
秋》的照例手段以兩個'如'字略寓'俏皮刻薄'之意,使人一時莫明
其妙,看不出他肚皮裹的反對來"。在《在現代中國的孔夫子》中還
説過:"孔子之道,在過去做官的人,祇用作'敲門磚'"。"孔子這
人,其實是從死了以後,也總是當着'敲門磚'的差使的。"陳獨秀於
三十年代談及孔子時説:"孔子影響至深且大。每一封建王朝都把
孔子當神聖供奉。信奉孔子是假,維護統治是真。五四運動時期
我們提出'打倒孔家店',就是這個道理。但在學術上,孔孟言論有
值得研究之處。如民貴君輕之説,如有教無類之説,都值得探討。"
(濮清泉《我所知道的陳獨秀》,載《文史資料選輯》第 71 輯)"余掊
擊孔子,非掊擊孔子之本身,乃掊擊孔子爲歷代君主雕塑之偶像之
權威也。非掊擊孔子,乃掊擊專制制度之靈魂也。"這是李大釗的
名言,是盡人皆知的。可見,最激烈地反對封建禮教的人,並不把
孔學與儒學混在一起反,在關鍵的時候總是另眼看待孔子的。

　　儒家學派是孔子創立的,孔子學説是儒家學説的基礎。但是
孔子死後没有太久,儒家學派就分裂了。據《韓非子·顯學篇》説,
儒家是分爲八派的。"有子張之儒,有子思之儒,有顔氏之儒,有孟
氏之儒,有漆雕氏之儒,有仲良氏之儒,有孫氏之儒,有樂正氏之
儒",八派中尚未包括子夏的一派。既分爲八派,就表明他們之間

已發生很大的學術差異了，縱然不宜説八派都背離了孔子，説他們支離了孔子而各執一端總是可以的。八派中對後世影響大的是子思一派和孟氏一派。思孟兩派後人視爲思孟學派。孟子是子思弟子或子思弟子之門人。這是有文獻可查的。然而韓非子把他們視做兩派，不至於毫無根據，他們可能還是有區別的。區別表現在哪裏？不外乎對孔子學説的理解和發揮是不同的。還有，八派中未及曾子。《禮記·檀弓上》："曾子疾病，樂正子春坐於床下。"這個樂正子春很可能是八派之一的樂正氏。鄭玄注説："子春，曾參弟子。"子思與曾子有無關係呢？漢人無説，唐人韓愈《送王秀才塤序》説："子思之學，蓋出曾子。"柳宗元《論語辯》説同。韓愈説曾子是子思的老師，然而他更重視孟子。他作《原道》提出儒家道統説，祇講到孟子，以爲道統由孔至孟而中絕。又在《讀荀子》一文中夸贊孟子是"醇乎醇者也"。南宋李元綱做詩道正統圖，在孔孟之間加入曾子（還有顔子）和子思。從此在人們的心目中子思孟子學派是孔學的嫡傳，便成爲定論。朱熹的《四書集注》正是在這個前提下作的。

但是，不必説朱熹《四書集注》發揮的完全是他自己的理學體系，根本改變了孔學本色，即便與孔子祇相隔三代的孟子，所云也並非像韓愈説的那樣，"醇乎醇者也"。别的不説，單説他的性善論和求放心以及養心養性説就與孔子的"性相近，習相遠"迥然不同。

這裏講的問題是孔學與儒學是不同的兩個概念。你不能説出自《子思子》的《中庸》《坊記》《表記》《緇衣》和《孟子》的思想不是對孔學的繼承，但你也得承認子思、孟子的確有自己的一套。《韓非子·顯學篇》未曾提及的子夏，在傳授孔學上倒是幹了不少實際的工作，貢獻很大，《詩》《易》《春秋》《禮》，他都傳過，而且傳得很實在（以後還將提到他）。郭沫若《十批判書》判定他是法家的先師，委實冤枉了他。至於顔氏之儒，可能是孔學的忠實信徒，可惜文獻不足徵。另外五家之儒與孔學相離更遠，是可想而知的。

　　荀子對孔子身後的儒家諸子的批評更其嚴厲尖銳，他把儒家諸子與孔子的區分劃得十分清楚，令我們極容易看出孔學與儒學、孔子與儒家的區別，不宜混同。他推崇孔子和子弓是大儒，他們"通則一天下，窮則獨立貴名，天不能死，地不能埋，桀跖之世不能汙"（《儒效篇》），也是"無置錐之地，而王公不能與之爭名"的"聖人之不得勢者"（《非十二子篇》）。較好的是有雅德的"雅儒"（《儒效篇》）。其餘則斥之爲"陋儒"（《勸學篇》）、"俗儒"（《儒效篇》）、"腐儒"（《非相篇》）、"小儒"（《儒效篇》）。子張氏之儒"禹行而舜趨"，子夏氏之儒"正其衣冠，齊其顏色，嗛然而終日不言"，子游氏之儒"無廉恥而耆飲食"，皆被目爲"賤儒"。子思、孟子"略法先王而不知其統"，"案往舊造說"，"甚辟違而無類，幽隱而無說，閉約而無解"，是荀子重點批評的對象（以上見《非十二子篇》）。荀子的這些看法，透露給我們重要的消息：早在先秦，儒家的隊伍已經情雜不一，有些人論人品和思想偏離孔子很遠。不能想象，儒家學說等於孔子學說。不過，他對子思、孟子的抨擊未免太偏頗。莫說子思、孟子與孔子有所不同，就是他荀子自己，又何嘗與孔子完全一致。應當說，孔子學說在子思、孟子、荀子那裏是被繼承了的，不曾有太大的走樣。

　　漢人對諸子百家做了概括性的分析，總結出了諸子六家或十家的基本特點。我們更能看出儒學與孔學並不一致。《史記·自序》記司馬談《論六家要指》，指出儒者的特點是"以'六藝'爲法"。意謂陰陽、墨、法、名、道諸家不法"六藝"，惟儒者以"六藝"爲法。《史記·孔子世家》又說："中國言'六藝'者折中於夫子。"是知儒家在"六藝"這一點與孔子聯繫起來。然而司馬談同時強調儒者的根本弱點是"博而寡要，勞而少功"，這就與孔子相距甚遠了。說明漢代的儒者傳授孔子的"六藝"是下了功夫的，而是否繼承了孔子的學說則很難說，至少要打折扣。

　　《漢書·藝文志》將諸子列爲十家，於各家皆有評論。儒家列

第一，以爲“於道爲最高”，極力加以推重。强調儒家的特點在於
“游文於‘六經’之中，留意於仁義之際，祖述堯舜，憲章文武，宗師
仲尼”。“六經”之外，明確指出儒家講仁義，師孔子。這是非常正
確的。更有意義的是它講出了儒家的弱點不僅僅是“博而寡要，勞
而少功”，還有對孔子學説的背離。用它的話説，儒家“惑者既失精
微，而辟（同僻）者又隨時抑揚，違離道本，苟以譁衆取寵。後進循
之，是以五經乖析，儒學浸衰，此辟儒之患”。“隨時抑揚”，抑揚的
是孔學。“儒學浸衰”，浸衰的也是孔學；“失精微”，失的是孔學的
精微；“違離道本”，違離的也是孔學的道本。東漢的班固對後世儒
家偏離孔子學説的問題比西漢的司馬談看得更明白、具體、深刻。
實際上，他已經提出了應將孔學與後世儒學區別開看的觀點。自
漢迄清，兩千年中，這個問題總的説來越來越重。人們一提及儒學
就等同於孔學，一提及儒家就等同於孔子。這樣囫圇地看，是不對
的。

第十一章　孔學流傳述評(中)

　　孔學應當包含兩個方面的内容,一方面是孔子學説亦即孔子的思想,一方面是孔子學説的載體,亦即孔子傳授的"六經"以及七十子後學記述孔子思想言行的其他多種文獻材料。這兩個方面相互聯繫,相爲表裏,不可分離。但是它們又各具特點,各具獨立性,完全可以分開來看,各别加以分析。縱觀孔學兩千多年的歷史,實際上有清晰可見的思想學説和載體兩條綫。二者的流傳都有問題,然而問題有輕重。比較起來,思想學説流傳中發生的問題嚴重,後世儒家没有不講自己所傳授的是孔子學説的(少數公開批孔的學者且不論),而真正傳授孔子思想學説不加扭曲不加改造不加偷梁換柱的僅是少數。那末是不是説後世人衹可恪守孔子的東西不得發展呢? 當然不是。思想是上層建築,它必然隨着經濟基礎的變化發展而變化發展,讓大家守着孔子的思想學説幾千年不動,既不可能也不合理。一定的時代産生着一定的思想家和屬於一定時代的思想。這是思想發展史的共性,是規律。需要指出的是,中國的思想史有其特殊性。中國兩千多年的思想發展以儒家思想爲主幹,儒家思想又以孔子思想爲主幹,孔子的思想處於獨尊的地位,被當做思想的標杆看待。明代李卓吾關於不以孔子的是非爲是非的呼喊和韓愈《原道》説的"老者曰:孔子,吾師之弟子也;佛者曰:孔子,吾師之弟子也"的現象就是證明。因此大家在創立自己的思想體系時,儒家學派無不使用孔子的名義,甚至佛老異端也想把孔子往自己那裏拉。站在歷史的角度,這本是無可厚非的。但是事實須弄清楚,孔子的東西就是孔子的東西,後世的東西就是後世的東西。莫把儒學當孔學。

　　孔學的另一方面,孔子學説的載體,即六經和七十子後學所記述的關於孔子學説的文獻材料的傳授,問題也是有的,不過情形要好得多。這些寶貴的東西歷經滄桑之後畢竟一代一代基本完好地保留了下來。

一、《詩經》的流傳

　　因《樂經》早亡,這裏祇講"五經"的流傳。按照今文經學家的"六經"次序,先説《詩經》。《詩經》是孔子"論次"的,上文已經言及。《史記·孔子世家》説得尤爲具體:"古者詩三千餘篇,及至孔子去其重,取可施於禮義,上采契、后稷,中述殷周之盛至幽厲之缺,始於衽席,故曰《關雎》之亂以爲《風》始,《鹿鳴》爲《小雅》始,《文王》爲《大雅》始,《清廟》爲《頌》始。三百五篇,孔子皆弦歌之。"又説:"孔子以《詩》《書》《禮》《樂》教,弟子蓋三千焉。"《漢書·藝文志》説:"孔子純取周詩,上采殷,下取魯,凡三百五篇。"陸德明《經典釋文序録》説:"是以孔子最先删録。既取周詩,上兼商頌,凡三百十一篇,以授子夏,子夏遂作《序》焉。"《釋文》不用《孔子世家》語,似乎不相信古詩三千之説。又不從《孔子世家》、《漢書·藝文志》三百五篇之説,故云三百十一篇。吳檢齋《經典釋文序録疏證》云:"《小雅》有《南陔》《白華》《華黍》《由庚》《崇丘》《由儀》六篇,有其義而亡其辭。鄭注云:'此六篇《鄉飲酒》《燕禮》用焉。孔子論《詩》《雅》《頌》各得其所,時俱在耳。篇題當在於此。遭戰國及秦之世而亡之。其義則與衆篇之義合編,故存。至毛公爲《故訓傳》,乃分衆篇之義各置於其篇端云。'漢儒以見在者爲據,故多言'三百五篇'。"

　　關於子夏傳詩的問題,《釋文》孔子删詩"以授子夏"之説,是有根據的。《論語·八佾》説:"子夏問曰:'巧笑倩兮,美目盼兮,素以爲絢兮'，何謂也？子曰：'繪事後素'。曰：'禮後乎'？子曰：'起予者商也，始可與言詩已矣'。"《史記・仲尼弟子列傳》引此語，是知孔子删詩以授子夏，是可能的。《漢書・藝文志》說："又有毛公之學，自謂子夏所傳。"陸璣《毛詩草木鳥獸蟲魚疏》說："孔子删詩，授卜商，商爲之《序》。"

關於詩《序》作者問題，《釋文》以爲子夏作，是大致不差的。《詩・棠棣》孔疏引《鄭志》鄭玄答張逸曰："《序》，子夏所爲，親受聖言。"《釋文》引沈重說："按鄭《詩譜》意，《大序》是子夏作，《小序》是子夏、毛公合作。卜商意有不盡，毛更足成之。"梁昭明太子編撰《文選》，第四十五卷《毛詩序一首》題名"卜子夏"。又，唐人成伯璵《毛詩指說》引昭明太子自爲說云："《大序》是子夏全制。其餘衆篇之首《序》，子夏唯裁初句，至'也'字而止，其下是大毛公自以《詩》中之意而繫其辭。"此魏晉六朝人承用鄭玄說，皆謂子夏作《序》，或引申鄭義而言《小序》由毛公足成。這大體可以信據。

范曄《後漢書・衛宏傳》提出異說云："謝曼卿善《毛詩》，乃爲其訓。宏從受學，因作《毛詩序》，善得《風》《雅》之旨。於今傳於世。"後世人略據《後漢書》衛宏作《序》之說而加以調停牽合，故《釋文》於《詩序》文下引："或云《小序》是東海衛敬仲所作。"《隋書・經籍志》云："《詩序》，子夏所創，毛公及敬仲又加潤益。"范曄之說不足憑信，鄭玄上距衛宏不過百年，如果《詩序》是衛宏所作，鄭玄不應全不知聞，而其作《詩箋》《詩譜》及答弟子問，全是明確的，並未涉及衛宏。

關於先秦子夏傳《詩》之系統問題，《釋文》說："徐整（字文操，豫章人，吳太常卿）云：'子夏授高行子，高行子授薛倉子，薛倉子授帛妙子，帛妙子授河間人大毛公。毛公爲《詩故訓傳》於家，以授趙人小毛公（一云名萇）。小毛公爲河間獻王博士，以不在漢朝，故不列於學'。一云，'子夏傳曾申（字子西，魯人，曾參之子），申傳魏人李克，克傳魯人孟仲子（鄭玄《詩譜》云：子思之弟子），孟仲子傳根牟子,根牟子傳趙人孫卿子。孫卿子傳魯人大毛公'。"

　　由子夏至毛公的傳授系統形成不同的兩説,一説出於徐整,《釋文》已明言。另一説《釋文》未指明出處。實際上出自陸璣《毛詩草木鳥獸蟲魚疏》。兩説相比較,徐説疏闊而不嚴謹,鄭玄《詩譜》説"魯人大毛公爲《詁訓傳》於其家",徐説大毛公爲河間人,不確。又,徐云自子夏至大毛公,傳四世,不如陸説自子夏至大毛公,傳六世,爲合事理。

　　《漢書·藝文志》著録《毛詩詁訓傳》三十卷,但稱毛公,不著其名。毛公是毛亨還是毛萇,鄭玄《詩譜》説:"魯人大毛公爲《詁訓傳》於其家。河間獻王得而獻之,以小毛公爲博士。"陸璣《疏》云:"毛亨作《詁訓傳》,以授趙國毛萇。時人謂亨'大毛公',萇'小毛公'。"至《後漢書·儒林傳》則説:"趙人毛萇傳《詩》。"《隋書·經籍志》亦云:"《毛詩》二十卷,河間太守毛萇傳。"《四庫全書總目提要》説:"據鄭玄《詩譜》、陸璣《毛詩草木鳥獸蟲魚疏》,則作《傳》者乃毛亨,非毛萇也。今參稽衆説,定作《傳》者爲毛亨。"近人王國維《書毛詩詁訓傳後》説:"余謂二説皆是也。蓋《故訓》者大毛公所作,而傳則小毛公所增益也。漢初詩家故與傳皆别行。"按《提要》説是,王説可備參考。

　　在漢代,傳授《詩》的除毛詩以外,還有魯詩、齊詩和韓詩。毛詩是古文經,魯、齊、韓三家詩是今文經。《詩經》經過秦火没有損失,因爲《詩》是諷誦上口的,印在人的腦子裏燒不掉,正如《漢書·藝文志》説的:"遭秦而全者,以其諷誦,不獨在竹帛故也。"所以毛、魯、齊、韓四家詩在漢初幾乎同時傳授下來。《漢書·儒林傳》説:漢興,"言《詩》,於魯則申培公,於齊則轅固生,燕則韓太傅。"《藝文志》説:"魯申公爲《詩》訓故,而轅固生、燕韓生,皆爲之傳。"《楚元王傳》説:"元王(劉邦之弟)少時嘗與魯穆生、白生、申公俱受《詩》於浮丘伯。文帝時,聞申公爲《詩》最精,以爲博士。申公始爲《詩傳》,號《魯詩》。"漢初傳《詩》的,在魯有申公,是《魯詩》。申公受

《詩》於浮丘伯。浮丘伯，據《鹽鐵論·毀學篇》說："李斯與包丘子
俱事荀卿。"（包丘子即浮丘伯）知是荀子的弟子。荀卿既傳《毛
詩》，也傳《魯詩》。

　　清人陳喬樅《魯詩遺說考敘》說："三家之學，魯最先出，其傳亦
最廣。有張、唐、褚氏之學，又有韋氏學、許氏學，皆家世傳業，守其
師法。終漢之世，三家皆立學官，而魯學爲極盛焉。魏晉改代，屢
經兵燹，學官失業，《齊詩》既亡，魯詩不過江東，其學遂以浸微。"又
說："《魯詩》授受源流，《漢書》可考。申公受《詩》於浮丘伯，伯乃荀
卿門人，則《荀子》書中《詩》說大都爲魯說所本也。孔安國，申公弟
子，太史公從孔安國問故，劉向世習《魯詩》，白虎觀會議諸儒如魯
恭、魏應，皆習《魯詩》，《爾雅》亦《魯詩》之學，石經以《魯詩》爲主，
互證參觀，固可以考見家法矣。"由陳氏之說我們知道《魯詩》在漢
代最盛，影響最大，然而它未過江東，即永嘉之後便銷聲匿迹，以至
於《隋書·經籍志》《魯詩》已不見著錄。

　　關於《齊詩》，《釋文》說："齊人轅固生（漢景帝時爲博士）作《詩
傳》，號《齊詩》，傳夏侯始昌。始昌授后蒼，蒼授翼奉及蕭望之、匡
衡。衡授師丹及伏理、滿昌。昌授張邯及皮容，皆至大官，徒衆尤
甚。後漢陳元方亦傳《齊詩》。"

　　陳喬樅《齊詩遺說考敘》說："《隋書·經籍志》云《齊詩》魏已
亡，是三家《詩》之失傳，齊爲最早。""三家立於學官，《詩》、《禮》師
傳既同出自后氏，則《儀禮》及二戴《禮記》中所引佚《詩》皆當爲《齊
詩》之文矣。鄭君本治《小戴禮》，注《禮》在箋《詩》之前，未得《毛
傳》，《禮》家師說專用《齊詩》，鄭君據以爲解，知其所述多本《齊詩》
之義。《齊詩》有翼、匡、師、伏之學。班伯少受詩於師丹，故彪、固
世傳家學，《地理志》所引並據《齊詩》之文。""至於公羊氏本齊學，
治《公羊春秋》者，其於《詩》皆稱齊，猶之穀梁氏爲魯學，治《穀梁春
秋》者，其於《詩》亦稱魯也。董仲舒通五經，治《公羊春秋》，與齊人
胡毋生同業，則習齊可知。"

　　必須提及的是，漢代《齊詩》有五際六情之説，將《詩》學引上術數之學的邪路。五際六情之説出自翼奉，事見《漢書·翼奉傳》。情謂六方之情，律謂十二律。"北方之情，好也。好行貪狼，申子主之。東方之情，怒也。怒情陰賊，亥卯主之。貪狼必待陰賊而後動，陰賊必待貪狼而後用，二陰並行，是以王者忌子卯也。《禮經》避之，《春秋》諱焉。南方之情，惡也。惡行廉貞，寅午主之。西方之情，喜也。喜行寬大，巳酉主之。二陽並行，是以王者吉午酉也。《詩》曰：'吉日庚午。'"（小雅《吉日》）"上方之情，樂也。樂行姦邪，辰未主之。下方之情，哀也。哀行公正，戌丑主之。辰未屬陰，戌丑屬陽，萬物各以其類應。"所謂五際，即卯、酉、午、戌、亥。亥爲革命，是爲一際。卯爲陰陽交際，是爲二際。午爲陽謝陰興，是爲三際。酉爲陰盛陽微，是爲四際。戌爲陰極生陽，是爲五際。卯，《天保》；酉，《祁父》；午，《采芑》；亥，《大明》；戌，《十月之交》。是爲五際。《大明》在亥，水始；《四牡》在寅，木始；《嘉魚》在巳，火始；《鴻雁》在申，金始。是爲四始。以《詩》篇值歲，候休咎之應，修消復之術。故《易》有陰陽，《詩》有五際，《春秋》有災異。實際上等於將《詩》也納入了陰陽五行的迷信道路。

　　關於韓詩，《釋文》説："燕人韓嬰（漢文帝時爲博士），推《詩》之意，作《内外傳》數萬言，號曰'韓詩'。"韓嬰以下授受系統是：淮南賁生。另有其孫韓商爲博士，接着其後人宣帝時的韓生。韓生傳授河内趙子，趙子傳授蔡誼。蔡誼傳授食子公和琅邪王吉。食子公傳授太山栗豐。王吉傳授淄川長孫順。栗豐傳授山陰張就，長孫順傳授東海發福。自魏晉以後，毛鄭《詩》時行，三家詩衰微，《韓詩》亡雖在後，治《韓詩》的人爲數不多。《韓詩》的書籍逐漸亡佚。《漢書·藝文志》著録有：《韓詩經》二十八卷、《韓故》三十六卷、《内傳》四卷、《外傳》六卷、《韓説》四十一卷。至《隋書·經籍志》祇剩《韓詩》二十二卷，薛氏章句。《唐書·藝文志》載《韓詩》卜商《序》韓嬰《注》二十二卷，又《外傳》十卷。《唐志》雖有著録，但唐代定

《五經正義》，專主《毛詩》《鄭箋》，國學課目，科舉取士，於詩獨立毛鄭。《韓詩》雖在，卻已形存實亡。宋元以後，《韓詩》之傳遂絕，僅存《外傳》十卷而已。

在《詩經》的流傳上，宋代是個重要時期。宋人思想趨於活躍，學術上疑古風興起：在"五經"的研究方面提出許多新觀點，采取一些新方法，形成了學術史上著名的與漢學相對抗的宋學。

宋代學者對《詩經》的論爭首先集中在對《毛詩序》的態度上。北宋歐陽修作《毛詩本義》，認爲《詩序》"皆毛氏之學，衛宏之所集錄也"。南宋鄭樵作《詩辨妄》，斥《詩序》乃"村野妄人所作"。王質作《詩總聞》，《毛傳》《詩序》《鄭箋》《孔疏》全不理會，解《詩》單憑自己的理解。朱熹作《詩集傳》，進一步從理論上闡述《詩序》之不足信。以爲《詩序》不可不廢，它是"後人杜撰，先後增益湊合而成"，因此主張"今但言《詩》，不必信序"。他的書廢序不用，自己爲有些詩篇作題解，書後附《詩序辨說》駁斥《詩序》。朱熹在書前序中提出"凡詩之所謂風者，多出於里巷歌謠之作，所謂男女相與詠歌，各言其情者也"的新觀點，認爲風詩全是民歌。

宋代在《詩經》研究上堅守漢學傳統的代表作是吕祖謙的《吕氏家塾讀詩記》。吕氏贊成程頤"學《詩》而不求序，猶入室而不由戶也"的觀點，說："或問《詩》如何學？曰：祇於大序中求。"又說："國史得詩必載其事，然後其義可知，今小序之首是也。其下則說《詩》者之辭也。"又曰："《詩》小序要之皆得大意，祇後之觀《詩》者亦添入。"充分肯定《詩》大序和每篇小序之首句。吕氏之說，是妥當的。今日讀《詩》亦當如是。

朱熹風詩皆里巷歌謠之說，看似新穎，實則純屬臆想之義。古代文化全部壟斷在貴族手裏，庶人無緣沾教育的邊，文字無從得識，何得有歌謠之作！《史記·自序》說："《詩》三百篇，大抵賢聖發憤之所爲作也。此人皆意有所鬱結，不得通其道也。"爲得其實。今人朱東潤作《詩三百篇探故》，對此問題作了極充分的研究，結論是:"《國風》百六十篇之詩,其中一半以上爲統治階級之詩,則可斷言。"對自朱熹以來的風詩是民歌之説給予了有力的辯駁,論據充足,實可信據。

元明學人言《詩》,一本朱熹的《詩集傳》,無可稱道者。

清代學者對《詩》的研究有很大的貢獻,有價值的著作很多,其中最重要的有清初陳啓源的《毛詩稽古編》,這在清代《詩》的研究中是開風氣之作。全書三十卷,前二十四卷依次説《詩》三百五篇,後六卷爲《總詁》,是總論性質的東西。《總論》包括《舉要》、《考異》、《正字》、《辨物》、《數典》、《附録》六部分。這書在朱熹《詩集傳》統治數百年後首次系統地提出異義,它力爭恢復漢學,説《詩》依據《爾雅》《毛傳》《鄭箋》《孔疏》《陸疏》以及《釋文》,對宋學持批評態度。

清代較晚的時候,嘉慶、道光年間以及之後,治《詩》成就最突出的有馬瑞辰、胡承珙、陳奐三家。

馬瑞辰著有《毛詩傳箋通釋》三十二卷。第一卷是通論,概述"詩入樂説"、"魯詩無傳辨"、"毛詩詁訓傳名義考"等十九個問題。以下各卷依次逐篇疏解,有新見者立專條,無則缺如。《毛傳》、《鄭箋》並釋,以古文爲主,今文亦不排斥。《毛傳》《鄭箋》《孔疏》有誤均加以糾正。馬氏的貢獻主要在訓詁方面。

胡承珙著有《毛詩後箋》三十卷,結構與《毛詩傳箋通釋》近似,小序大多數采用首句。《毛傳》《鄭箋》《孔疏》正確者肯定,錯誤者糾正,實事求是,絶不調停牽合。采用漢學的成果,也采用宋學的成果,誰對就肯定誰,誰錯就駁正誰。材料使用得十分充分,可謂旁徵博引,不株守一家言。但是,立論的起點是《毛傳》,方法也是漢學的,與宋人的東西大不相同。

陳奐著有《詩毛氏傳疏》三十卷,結構與馬、胡二氏之書不同,三百五篇依篇逐字逐句疏解,大序小序全文采用。直接疏解《毛傳》,《鄭箋》《孔疏》置之不理。其《敍》曰:"讀《詩》不讀《序》,無本之教也。讀《詩》與《序》而不讀《傳》，失守之學也。"又總結凡例曰：
"凡毛氏之學，其源出於荀子，而善承毛氏者唯鄭仲師、許叔重兩
家，《周禮注》《説文解字》多所取説，其餘先儒舊説不悉備載，亦不
復駁難。有足以申明毛氏者，《鄭箋》《孔疏》與近人説詩家亦皆取
證。"可見陳疏的特點是一切從毛，一切爲了申毛，與毛無關者不取
亦不駁。

　　馬、胡、陳三家是治《毛詩》的。清代三家詩研究也取得重要成
果，魏源的《詩古微》、王先謙的《詩三家義集疏》是有代表性的今文
詩著作。

二、《書經》的流傳

　　《書經》與《詩經》一樣，也是孔子論次的。《史記‧仲尼弟子列
傳》《索隱》與《正義》引《家語》云：漆雕開"習《尚書》，不樂仕"。是
知孔子弟子漆雕開傳《尚書》。其後的傳授情況皆不可考。秦火之
後，西漢初年傳《書經》的祇有濟南伏生一人。據《史記》《漢書》兩
《儒林傳》，伏生傳《書經》爲二十九篇，其篇目是：《堯典》一，《皋陶
謨》二，《禹貢》三，《甘誓》四，《湯誓》五，《盤庚》六，《高宗肜日》七，
《西伯戡黎》八，《微子》九，《牧誓》十，《洪範》十一，《大誥》十二，《金
縢》十三，《康誥》十四，《酒誥》十五，《梓材》十六，《召誥》十七，《洛
誥》十八，《多士》十九，《毋佚》二十，《君奭》二十一，《多方》二十二，
《立政》二十三，《顧命》二十四，《康王之誥》二十五，《費誓》二十六，
《甫刑》二十七，《文侯之命》二十八，《秦誓》二十九。此二十九篇伏
生壁藏、口授之書，漢代立於學官，後來稱之爲今文尚書。

　　《漢書‧藝文志》著録《尚書古文經》四十六卷。自注："爲五
十七篇。"顏師古注説："孔安國《書序》云：'凡五十九篇，爲四十六卷。
承詔作傳，引序各冠其篇首，定五十八篇。'鄭玄《敍贊》云：'後又亡
其一篇。'故五十七篇。"

金景芳全集

　　王先謙《漢書補注》說："四十六卷者,孔安國所得壁中古文,以考伏生二十九篇,得多十六篇,共四十五篇,加孔子序一篇,爲四十六篇,故云四十六卷也。爲五十篇者,據《尚書》孔疏云,伏生二十九篇,是計卷,若計篇則三十四。其得多十六篇者,案《舜典》一,《汩作》二,《九共》九篇三,《大禹謨》四,《弃稷》五,《五子之歌》六,《胤征》七,《湯誥》八,《咸有一德》九,《典寶》十,《伊訓》十一,《肆命》十二,《原命》十三,《武成》十四,《旅獒》十五,《冏命》十六。《九共》九篇,出八篇,又爲二十四篇。以二十四加三十四,爲五十八篇,是也。"吳檢齋《經典釋文敘錄疏證》說:"馬、鄭以前無就經作傳之例,安國承詔作傳,《史》《漢》並無其文。且孔果有《傳》,漢魏諸儒豈得置諸不論?'承詔作傳'云云,全由作僞者創意爲之。""綜核舊文,合之事實,竊謂景、武之際,魯共王壞壁發書,孔安國得之,以今文讀之,因以起其家。得多十六篇,獻之而未得立,私家相傳而已,亦無作傳之事。"吳說近是。

　　據《史記》《漢書》兩《儒林傳》,知孔安國古文《尚書》的傳授系統是:都尉朝、庸生、胡常、徐敖、王璜和涂惲、桑欽。這個系統一直連繫到東漢。據《後漢書》之《賈逵傳》《鄭興傳》《衛宏傳》《桓譚傳》《馬融傳》《鄭玄傳》,涂惲授《古文尚書》給賈徽。賈徽又從劉歆受過《左氏春秋》《周官》《毛詩》等古文經。賈逵從其父賈徽那裏承接了全部古文經學。馬融傳授《古文尚書》,上與賈徽有關,下與盧植、鄭玄有關。鄭玄《古文尚書》的老師除馬融外,還有張恭祖。劉歆傳《古文尚書》給賈徽,由賈徽而賈逵,又傳《古文尚書》給鄭興,由鄭興而鄭衆。與鄭興同時治《古文尚書》的還有衛宏、桓譚。

　　東漢末年治《古文尚書》最重要的人物是馬融和鄭玄。馬融作《古文尚書傳》十一卷,鄭玄作《古文尚書注》九卷。必須指出的一點是,馬、鄭治《古文尚書》,僅及與《今文尚書》相同的那二十九篇,而不涉及《古文尚書》特有的那十六篇。因此後來有人誤以爲馬、鄭治的是《今文尚書》。

　　馬融、鄭玄還與另一個《古文尚書》的傳本有關,那就是杜林的漆書古文本。據《後漢書・杜林傳》,西漢末年涼州刺史杜鄴的兒子杜林於戰亂中流落西州,得漆書《古文尚書》一卷。東漢建國後,杜林將他的漆書《古文尚書》傳授給鄭興、衛宏、徐巡。賈逵、馬融、鄭玄諸人皆與杜林漆書有關聯。

　　杜林漆書祇有一卷,而事實上杜林所傳《尚書》是二十九篇。但也不超出二十九篇之外。馬融、鄭玄爲《古文尚書》作的《傳》與《注》,正是如此。孔穎達《尚書正義》《堯典》題下引馬融《書序》説:"逸十六篇,絶無師説。"這就是説,馬融、鄭玄傳授的《古文尚書》祇是與今文相一致的二十九篇,古文才有的那十六篇,祇見經文而無師説章句。

　　《古文尚書》雖很興旺,卻未正式立學官。立學官的是伏生所傳的《今文尚書》。《漢書・儒林傳》及有關傳記記載了西漢《今文尚書》的傳授系統。主要有三家。一家,由伏生傳張生、夏侯都尉、夏侯始昌、夏侯勝,是爲大夏侯氏之學。夏侯勝之下有孔霸和許商。一家由夏侯建創立。夏侯建從其叔父夏侯勝和歐陽高學,撰《尚書章句》二十九卷。其再傳弟子有鄭寬中、張無故、秦恭、假倉、李尋等人。一家由伏生傳濟南張生和千乘歐陽生。歐陽生授兒寬,兒寬授歐陽生之子。歐陽氏世傳其業,至曾孫歐陽高作《尚書章句》三十一卷,爲歐陽氏學。歐陽氏一派傳授的《今文尚書》最爲興盛,是兩漢《今文尚書》學的主幹。歐陽氏家學一直傳到東漢歐陽歙,凡八代皆爲博士。另外,歐陽高還傳授林尊、平當及陳翁生,翁生傳殷崇及龔勝,平當傳朱普及鮑宣。東漢歐陽歙以下傳授《今文尚書》的有曹曾、曹祉以及陳弇、牟長、桓榮等人。

　　伏生所傳《今文尚書》三家後來的命運極爲不好。西晉末年發生"永嘉之亂",中原文化典籍再次遭遇浩劫。據《隋書・經籍志》載:"及永嘉之亂,歐陽、大小夏侯《尚書》並亡。""至東晉,豫章内史梅賾始得安國之傳,奏之。時又缺《舜典》一篇。齊建武中,吳姚方興於大桁市得其書，奏上，比馬、鄭所注多二十八字。於是始列國學。"《經典釋文敍錄》說："近唯崇《古文》，馬、鄭、王《注》遂廢，今以孔氏爲正。"永嘉之亂中，《尚書》今古文都亡佚，所以才有東晉豫章内史梅賾獻孔傳《古文尚書》之事。

梅賾獻的《古文尚書》共五十八篇，每篇（《舜典》除外）有孔安國作的注，題"孔氏傳"。漢代傳下的百篇《書序》依年代順序分插在篇之首或篇之尾。全書開卷有一篇以孔安國名義寫的《尚書序》，後世人稱之曰《書大序》。這五十八篇除卻漢代伏生傳授的那二十九篇（後申衍爲三十三篇）外，多出二十五篇。篇目是：《大禹謨》一、《五子之歌》二、《胤征》三、《仲虺之誥》四、《湯誥》五、《伊訓》六、《太甲》三篇九、《咸有一德》十、《説命》三篇十三、《泰誓》三篇十六、《武成》十七、《旅獒》十八、《微子之命》十九、《蔡仲之命》二十、《周官》二十一、《君陳》二十二、《畢命》二十三、《君牙》二十四、《冏命》二十五。其中《大禹謨》《五子之歌》《胤征》《湯誥》《伊訓》《咸有一德》《武成》《旅獒》《冏命》等九個篇名在漢代的逸《書》十六篇中有，而没有逸十六篇中的《汩作》《九共》《典寶》《肆命》《原命》等五個篇名，多出《仲虺之誥》《太甲》《説命》《微子之命》《周官》《君陳》《畢命》《君牙》等八題十二篇。

梅賾獻的《尚書孔安國傳》於東晉開始立學官。同時立學官的還有《尚書鄭玄注》。此後的情況，《隋書·經籍志》說："梁、陳所講，有孔、鄭二家，齊代唯傳鄭義。至隋，孔、鄭並行，而鄭氏甚微。"

應該明確地指出，梅賾獻的東晉孔安國《古文尚書》與漢代流傳的孔安國《古文尚書》不是一物。

唐代初年太宗、高宗兩朝官修《五經正義》，國家明經科舉考試依此爲準。主編孔穎達於《尚書正義》捨鄭玄注的真古文，采用梅賾獻的孔安國作傳的《古文尚書》。孔穎達在《尚書正義序》中説："安國注之，實遭巫蠱，遂寢而不用。歷及魏晉方始稍興，故馬鄭諸儒莫睹其學，所注經傳時或異同……古文經雖早出，晚始得行。其辭富而備，其義弘而雅，故復而不厭，久而愈亮，江左學者，咸悉祖焉，近至隋初，始流河朔。"孔穎達把梅賾獻的孔安國作傳的《古文尚書》奉爲正宗，用它的經，依它的傳，兼采前朝劉焯、劉炫諸家的義疏，編成《尚書正義》。從此一息尚存的鄭注《古文尚書》便銷聲匿迹了。

《尚書正義》開始時是專書單行，不與經文傳文合。至南宋淳熙年間有人將經、傳、疏合刻爲《尚書注疏》。至明清兩代乃彙刻入《十三經注疏》。

後來查明，東晉梅賾獻，唐初孔穎達據以撰寫《尚書正義》的《尚書》是僞書，孔安國的傳是僞傳。其中包含的二十九題三十三篇經文，與西漢伏生傳的《今文尚書》的經文相同，是真的，餘皆僞託之作。《書大序》和各篇的傳完全不是西漢孔安國所作。上文我們曾提過，孔安國傳授過《古文尚書》，但未做過傳。

宋人吳棫、鄭樵、洪邁、晁公武、朱熹等人都對《古文尚書》本文及《書序》、孔傳提出過懷疑。朱熹講得很尖銳，他説："某嘗疑孔安國《書》是假書"，"孔《書》是東晉方出，前此諸儒皆不曾見，可疑之甚"。"某看得《書小序》不是孔子自作，祇是周秦間低手人作"。"《尚書》孔安國傳，此恐是魏晉間人所作，託安國爲名"。"今《大序》格致極輕，疑是晉宋間文章"（見閻若璩《尚書古文疏證》後附《朱子古文書疑》）。

宋人大膽懷疑，細緻的考證卻不曾做。論定《古文尚書》及孔傳爲僞書的任務是清人完成的。清人證《古文尚書》及孔傳之僞的關鍵性著作是閻若璩的《尚書古文疏證》。書中閻氏立一百二十八條證據（實有九十九條）論證《古文尚書》之僞。從此東晉傳下來一直立於學官的《古文尚書》被定爲"僞古文"，孔傳被定爲"僞孔傳"，這個本子被定爲"僞孔本"。

此外，有惠棟的《古文尚書考》二卷，將僞書二十五篇逐篇找出其出處，徹底掘出僞書的老根，使僞書之僞無容置辯。惠氏以爲

"偽古文"是梅賾偽造，與王肅也有關。後來程廷祚作《晚書訂疑》三卷，提出偽古文尚書不是出於東晉，東晉立學官的《尚書》是漢代原有之孔氏古文。謂晚《書》出現在宋元嘉以後，至蕭齊始立學官。程氏有力地論證了偽古文尚書之作偽者不是王肅。力主偽孔傳和偽古文出王肅之手的是丁晏的《尚書餘論》。支持程説，以爲非王肅造偽的有晚清陳澧《東塾讀書記》和近人吳承仕、陳夢家等。

　　論定偽古文、偽孔傳、偽書大序是偽的，二十九篇今文尚書是真的，已經足够，作偽者爲誰的問題，並不緊要，無須過多糾纏。重要的是深入研究今文二十九篇的内容的問題。清人在這方面作過一些努力。這工作其實極難，因爲偽古文和偽孔傳通行以後，漢人的傳注亡佚殆盡，如今欲作注疏，缺乏可憑據的現成材料。成就較大的有：江聲的《尚書集注音疏》、王鳴盛的《尚書後案》、孫星衍的《尚書今古文注疏》。其共同特點是墨守漢學，非漢儒之説不取。漢學中又以古文説爲主，今文家亦不取。三書相較，孫書爲略優。後來陳喬樅著《今文尚書經説考》和《歐陽夏侯遺説考》，搜集了最古老的今文家説，是有貢獻的。單篇研究中，胡渭的《禹貢錐指》十卷，頗有價值。近人曾運乾的《尚書正讀》是注釋今文二十九篇的著作中較好的一部，足資參考。

　　總之，孔子論次的《書經》（或曰《尚書》）流傳，兩千多年來走過一個大彎路，然而終於將伏生最早傳授的二十九篇今文真品保存下來了，這一點必須給予肯定。

三、《禮經》的流傳

　　該説《禮》與《樂》了。《樂》早已亡佚，現在説《禮》的流傳。劃入經部的禮書今有《周禮》《儀禮》《禮記》三部。《周禮》似與孔子無涉，《禮記》乃孔子身後七十子後學所記，孔子修起的《禮》是《儀禮》十七篇。《儀禮》的流傳較爲順利，不曾發生過什麽問題，祇是十七篇的排列次序古人有過不同意見。

《儀禮》成書於孔子，但傳授不明，漢初的情況，《史記・儒林列傳》說："諸學者多言《禮》，而魯高堂生最本。《禮》固自孔子時而其經不具，及至秦焚書，書散亡益多，於今獨有《士禮》，高堂生能言之。"漢初傳《士禮》(即《儀禮》)的是高堂生。高堂生以下，孔穎達《禮記正義序》引鄭玄《六藝論》云："案《漢書・藝文志》《儒林傳》云：'傳《禮》者十三家，唯高堂生及五傳弟子，戴德、戴聖名在也。'"又引《六藝論》云："五傳弟子者，熊氏云，'則高堂生、蕭奮、孟卿、后倉及戴德戴聖爲五也'。此所傳皆《儀禮》也。"這是西漢傳授《儀禮》的系統。戴德、戴聖叔侄二人既傳《儀禮》十七篇，也傳《記》八十五篇，即《大戴禮記》，傳《禮記》四十九篇，即《小戴禮記》。

戴德與戴聖《儀禮》和大小戴禮記都傳。至東漢末年，鄭玄注《周禮》《儀禮》《禮記》"三禮"，先前不在禮家傳授之內的《周禮》如今與禮歸於一途，先前二戴所傳《禮記》與《儀禮》十七篇相附而行，現在各爲一書。鄭玄注《儀禮》十七篇，意義重大。清末皮錫瑞著《經學通論》云："漢《禮經》通行，有師授而無注釋，馬融但注《喪服經傳》，鄭君始全注十七篇。鄭於禮學最精，而有功於《禮經》最大。向無鄭君之注，則高堂傳《禮》十七篇將若存若亡而索解不得矣。"對鄭注《儀禮》評價至爲切當平允。

鄭注之後，唐人賈公彥的《儀禮注疏》據齊黃慶隋李孟哲二疏而作，其書自明以來刻本舛訛殊甚，顧炎武《日知錄》謂萬曆北監本十三經中《儀禮》脫誤尤多。阮元《儀禮注疏校勘記序》說："《儀禮》最爲難讀。昔顧炎武以唐石刻九經校明監本，惟《儀禮》訛脫尤甚。經文且然，況注疏乎！賈疏文筆冗蔓，詞意鬱輵，不若孔氏《五經正義》之條暢。傳寫者不得其意，脫文誤句，往往有之。宋世注、疏各爲一書，疏自咸平校勘之後更無別本，誤謬相沿迄今，已無從一一釐正。"

《儀禮》難讀之嘆始於唐人韓愈。宋人朱熹以爲"《儀禮》難讀，以今觀之，衹是經不分章，記不隨經，而注疏各爲一書，故使讀者不能遽曉。今定此本，盡去此諸弊，恨不得令韓文公見之也"（《答應仁仲書》）。朱熹所謂"今定此本"之此本，係指其晚年所修之《儀禮經傳通解》而言。《通解》的特點是合經（《儀禮》）傳（《禮記》）爲一書。書中以《儀禮》爲經，而取《禮記》及讀經史雜書所載有及於禮者，皆以附於本經之下。這書的最大功勞是章句分明，節節截斷。每節最後題明："右某事"。比賈公彥分節更簡明。缺點也是明顯的。主要有兩點，一是阮元《儀禮注疏校勘記序》所云："朱子作《通解》於《疏》之文義未安者，多爲刪潤，在朱子自成一家之書未爲不可，而明之刻《注疏》者一切唯《通解》之從，遂盡失賈氏之舊。"二是皮錫瑞《經學通論》所説："其失在釐析《儀禮》諸篇，多非舊次，如《士冠禮》，三屨本在辭後，乃移入前。《陳器服》章戒宿加冠等辭，本總記在後，乃分入前各章之下之類，未免宋儒割裂經文之習。"

古人公認《儀禮》難讀。欲其不難，蓋有三法，一曰分節，二曰釋例，三曰繪圖。清人解決了這三個問題。分節，有張爾岐的《儀禮鄭注句讀》；釋例，有凌廷堪的《禮經釋例》；繪圖，有張惠言的《儀禮圖》。新疏則有胡培翬的《儀禮正義》。

四、《易經》的流傳

前文已言及，《易經》與孔子關係至爲密切，孔子在《易經》上下的功夫最大，作了《易傳》。孔子學説的精華部分蘊含在《易經》之中。不瞭解這一點或不承認這一點，無異於抹掉孔子學説的一大半。

《易經》或者説《周易》，其經與傳兩部分是完整地流傳下來了。古今研究《易經》的著作數以千計。六經之中，人們對《易經》下的功夫最大。然而問題也最嚴重。問題的焦點在於後世有不少的人離開孔子研究《易經》的觀點、方法，把《易經》視做單純的卜筮之書,抱着卜筮的目的研究《易經》,從而使《易經》研究出現義理和象數兩大派。象數派使《易》學研究走上歧途,使孔子《易》學思想險遭湮没。皮錫瑞《經學通論》説:"孔子删定六經,傳授之人唯《易》最詳,而所傳之義,唯《易》亡最早。"此言最爲得實。

《易經》的早期傳授,見於《史記·仲尼弟子列傳》和《漢書·儒林傳》。《仲尼弟子列傳》説:"孔子傳《易》於(商)瞿。瞿傳楚人馯臂子弘。弘傳江東人矯子庸疵。疵傳燕人周子家豎。豎傳淳于人光子乘羽。羽傳齊人田子莊何。何傳東武人王子中同。同傳菑川人楊何。何元朔中以治《易》爲漢太中大夫。"《漢書·儒林傳》説:"自魯商瞿子木受《易》孔子,以授魯橋庇子庸。子庸授江東馯臂子弓。子弓授燕周醜子家。子家授東武孫虞子乘。子乘授齊田何子裝。及秦禁學,《易》爲筮卜之書,獨不禁,故傳受者不絶也。漢興,田何以齊田徙杜陵,號杜田生,授東武王同子中、雒陽周王孫、丁寬、齊服生,皆著《易傳》數篇。同授淄川楊何,字叔元,元光中徵爲太中大夫……要言《易》者本之田何。"

《史記》與《漢書》記述之傳授系統大同而小異。《索隱》説:"《儒林傳》《荀卿子》及《漢書》皆云馯臂字子弓,今此獨作弘,蓋誤耳。應劭云:'子弓是子夏門人'。"是子弘應作子弓,子弓即子夏之門人子弓。矯與橋,疵與庇,形近而訛,實即一人。《史記》《漢書》子弓與橋庇二人前後顛倒,應以《史記》爲是。子弓既是子夏門人,其直接受《易》於商瞿,在時序上是合理的。商瞿受《易》於孔子,子夏也可能受《易》於孔子。孔子將《易》授給商瞿、子夏二人。商瞿受《易》於孔子,《史記》《漢書》已明言,子夏受《易》於孔子,史無明言。但是《大戴禮·易本命》與《孔子家語·執轡》都講到《易》的問題,後者冠以"子夏問於孔子曰",前者冠以"子曰"。疑《易本命》乃子夏所著,大戴取以爲記。説子夏受《易》於孔子,是有根據的。這樣,子弓受《易》,很可能兼師於商瞿、子夏二人。

據《史記》與《漢書》,漢初傳《易》的第一人是田何,是毫無疑義的。《易》於漢初之傳授，《史記》不及丁寬，《漢書·儒林傳》則以爲丁寬授田王孫，王孫授施讎、孟喜、梁丘賀。又説"至成帝時，劉向校書，考《易》説，以爲諸《易》家説皆祖田何、楊元、丁將軍，大誼略同。唯京氏爲異黨，焦延壽獨得隱士之説，記之孟氏，不相與同"。由此看出漢初傳《易》者有兩股流，一是田何、丁寬、楊何（傳之施、孟、梁丘），這一股流是孔子《易》學的正傳。一是焦延壽、京房之學，走上陰陽術數之歧路，這一股流不是孔子《易》學的正傳。遺憾的是，楊何、王同、丁寬、服生以及施、孟、梁丘三家之《易傳》，《漢書·藝文志》曾著録，隨後很快就亡佚了。楊何、施、孟、梁丘都立博士，授生徒，而書竟無一字存。雖然書無存，漢初諸家傳《易》之説，在當時別的著作中可依稀尋到一些痕迹。《淮南子》、賈誼《新書》、董仲舒《春秋繁露》、劉向《説苑》等書説《易》皆主義理，切人事，不言陰陽術數。其説《易》之觀點與田何、丁寬、楊何諸人是一致的。

在此應特別提及孟喜。據《漢書·孟喜傳》，孟喜曾從田王孫受《易》，得《易》家候陰陽災變書。詐稱是田王孫臨死時枕他的膝，授給他的。可知孟喜不是孔子《易》學的正傳。又據《漢書·京房傳》，孟喜傳《易》與焦延壽，焦延壽傳與京房。京房是漢代傳《易》的重要人物。《漢書·藝文志》著録《孟氏京房》十一篇、《災異孟氏京房》六十六篇、《京氏段嘉》十二篇。顧實《漢志講疏》説："漢有兩京房，此乃《漢書》另有《傳》之京房，字君明，頓丘人，曾爲魏郡太守，亦見《儒林傳》。而非《儒林傳》楊何弟子之京房也。京房之學出於孟喜；段嘉之學出於京房，故曰《孟氏京房》、《京氏段嘉》。"《漢書·京房傳》説，"京房字君明，東郡頓丘人也。治《易》事梁人焦延壽。延壽字贛"。"其説長於災變，分六十四卦，更直日用事，以風雨寒温爲候，各有占驗。房用之尤精"。《四庫全書》著録《京氏易傳》三卷，入子部術數類，《提要》云："漢京房撰"。"房著有《易傳》三卷、《周易章句》十卷、《周易錯卦》十卷、《周易妖占》十二卷、《周易占事》十二卷、《周易守林》十二卷、《周易飛候》九卷又六卷、《周易飛候六日七分》八卷、《周易四時候》四卷、《周易混沌》四卷、《周易委化》四卷、《周易逆刺占災異》十二卷、《易傳積算法雜占條例》一卷。今唯《易傳》存。""其書雖以《易傳》爲名,而絶不詮釋經文,亦絶不附合《易》義。上卷中卷以八卦分八宫,每宫一純卦統七變卦,而注其世應、飛伏、游魂、歸魂諸例。下卷首論聖人作《易》揲蓍布卦,次論納甲法,次論二十四氣候配卦與夫天地人鬼四易,父母兄弟妻子官鬼等爻,龍德虎形天官地官與五行生死所寓之類。蓋後來錢卜之法實出於此。故項安世謂:'以京易考之,世所傳《火珠林》即其遺法'。"吴檢齋《經典釋文序録疏證》説:"自京氏長於占候,《易》家世應、飛伏、六位、十甲、五星、四氣、六親、九族、福德、刑殺之法皆以京氏爲本,後世治京《易》者頗能言之。"

　　孟喜、焦贛、京房是漢代以卜筮爲宗旨的象數派《易》學的創始者,影響極大也極壞,後人稱之爲漢易的,所指就是他們的東西。《四庫提要》的作者將《京氏易傳》列入子部術數類而不入經部易類,是正確的。

　　上述田何、丁寬、楊何以及施、孟、梁丘、京氏,都是今文《易》。田、丁、楊之《易》早已不傳。施、梁丘之《易》亡於西晉永嘉之亂。孟、京之《易》,《經典釋文序録》説"人無傳者",《隋書·經籍志》説"有書無師",不久就衰微了。據《漢書·儒林傳》,西漢還有個名高相的人傳《易》,稱高氏學。高氏《易》無章句,專説陰陽災異。未立學官,傳授兩代,至新莽時被誅滅。高氏所傳也是今文《易》。

　　在《易經》的傳授上有重要意義的是費直傳的費氏《易》。費氏《易》是古文,對後世的影響極大。根據《漢書·藝文志》、兩《漢書》之《儒林傳》以及《後漢書》陳元等人本傳,知道費氏《易》至東漢爲陳元、馬融、鄭衆、鄭玄所傳。其特點是,第一,費氏的先師是誰,不知道。第二,諸家皆今文,費氏《易》以古文,號古文《易》。第三,費氏《易》無章句,以孔子之傳文解經文。第四,劉向曾以中《古文易經》校諸家《易》，發現施、孟、梁丘三家之《易》没有"无咎"、"悔亡"，唯費氏《易》與《古文易經》相同。第五，《漢書·儒林傳》説"費氏長於卦筮"，而《漢書·藝文志》所著録獨無費氏卦筮之書，説明費氏《易》與孟、焦、京之《易》不是一路。

費氏《易》的這些特點中最爲根本的一點是它把孔子傳授的《易》之經文和傳文完整地保存下來。東漢治《易》的學者如陳元、馬融、鄭衆、鄭玄以及荀爽，所用都是費氏的本子。魏王弼注《易》的底本也是費直的。至於這些人治《易》的各自觀點、方法究竟如何，那是另一回事。

關於費氏《易》，皮錫瑞《經學通論》以爲"鄭君用費氏《易》，其注《易》有爻辰之説，蓋本費氏《分野》一書"。《分野》見《晉書·天文志上》："十二次。班固取《三統曆》十二次配十二野，其言最詳。又有費直説《周易》、蔡邕《月令章句》，所言頗有先後。"所云"費直説《周易》"即指《周易分野》而言。羅泌《路史》亦稱"費直《易》十二篇，以《易》卦配地域"。唐人《開元占經》亦引費直《周易分野》。又，《隋書·經籍志》、兩《唐書》之《藝文志》《經籍志》著録有《易林》，《新唐書·藝文志》有《費氏周易逆刺占災異》十二卷。這些著作恐怕是後人僞託，非真出費氏。否則，何以《漢書·藝文志》全不見著録，而《儒林傳》又明言費氏"亡章句，徒以《彖》《象》《繫辭》十篇文言解説上下經"！

鄭玄有《周易注》，《後漢書》本傳明文記載，餘如《七録》《舊唐書·經籍志》《經典釋文序録》《新唐書·藝文志》《隋書·經籍志》均有著録。《周易注》是鄭玄被袁譚逼來元城後所作，是其衆多著作之最後一部。晉以後，鄭玄《周易注》一直立學官，南北朝鄭玄注與王弼注互有消長。大體上説，南朝用王弼《周易注》，北朝用鄭玄《周易注》。隋朝南北統一，王弼注盛行，鄭玄注浸微。唐初修《五經正義》，《周易正義》用王弼和韓康伯注，鄭玄注遭遇決定性的失敗。《隋書·經籍志》鄭注著録尚存九卷，至宋《崇文總目》則僅存

《文言》《説卦》《序卦》《雜卦》四篇合一卷。以後這一卷也亡佚不見。宋末王應麟爲輯佚古書之學，裒輯鄭玄《周易注》一卷，清人惠棟補正爲三卷。

王弼、韓康伯《周易注》取得官方承認，而鄭玄《周易注》爲歷史所淘汰，不是偶然的。根本的原因在它們自身的短長。鄭玄注雖然勝於孟喜、京房之《易》，但畢竟是漢易象數派的一套，偏離了《周易》孔學的原義。王弼注雖然有老、莊的影響，卻是孔子《易》學的正傳。把孔子《易》學從漢易的扭曲中解脱出來，使之恢復原貌的，正是王弼注。

鄭玄注經，最精者"三禮"。其注《易》則頗不高明。鄭玄先注"三禮"而後注《易》，據禮證《易》對於卦爻辭的解釋有一定的貢獻。問題是鄭玄早年學京氏《易》，受陰陽術數的影響不小，其注《易》總的説來脱離孔子《易》學的正路很遠。他創立了爻體説，是《周易》原來没有的。爻體，就是六畫卦中的每爻各代表一個三畫卦。《禮記·檀弓》孔疏引鄭玄注賁卦六四爻辭説："六四，巽爻也。"《周禮·旅人》賈疏引鄭玄注損卦辭説："四，巽爻也，巽爲木。五，離爻也，離爲日。日體圓，木器而圓，簋象也。"損卦四爲陰爻，五也爲陰爻。李鼎祚《周易集解》萃卦辭引鄭玄注説："四本震爻，震爲長子。五本坎爻，坎爲隱伏。居尊而隱伏，鬼神之象。長子入闕升堂，祭祖禰之禮也，故曰：'王假有廟'。二本離爻也，離爲目，居正應五，故利見大人矣。"萃卦四、五都是陽爻，二是陰爻。李鼎祚《周易集解》頤卦辭引鄭玄注説："二、五，離爻。"頤卦二、五都是陰爻。《昭明文選·左太冲〈吳都賦〉》李善注引鄭玄注井九二爻辭説："九二，坎爻也。坎爲水，上直魚，生一，艮爻也。艮爲山，山下有井，必因谷水所生魚。"惠棟《周易鄭注》輯本"生一"作"九三"。《詩·無羊》孔疏引中孚卦辭鄭玄注説："二五皆坎爻。"中孚二、五都是陽爻。

據上所引，知鄭玄的爻體説大致是這樣的：卦中六爻，陰爻體現三畫陰卦，陽爻體現三畫陽卦。二、五之陽爻體現三畫陽卦坎，

二、五之陰爻體現三畫陰卦離。四之陽爻體現三畫陽卦震,四之陰爻體現三畫陰卦巽。三之陽爻體現三畫陽卦艮。三之陰爻體現哪一卦,初與上之陰爻陽爻各體現哪卦,鄭注殘缺不見,但可以推知,三之陰爻應體現三畫陰卦兑,上之陰爻亦當如此。初爻則當與四一致。概括起來,鄭玄解卦用的爻體説,蓋爲初與四之陰爻體現三畫陰卦巽,陽爻體現三畫陽卦震;二與五之陰爻體現三畫陰卦離,陽爻體現三畫陽卦坎;三與上之陰爻體現三畫陰卦兑,陽爻體現三畫陽卦艮。

鄭玄爻體説的用意是,將六爻轉化爲八卦中乾坤之外的六卦,然後用六卦之卦象解釋卦辭或爻辭。其實質是爲卦爻辭的一字一詞都找出象的根據來。結果無不輾轉牽附,强爲之解。損卦辭有云:“二簋可用享。”鄭玄就説,六四是巽,巽爲木。六五是離,離爲日,日是圓的。是木器而且是圓的,於是生出簋象。這不可能是作《易》者的本意,是鄭玄構想出來的。

鄭玄還有爻辰説。爻辰説始於京房,鄭玄加以改動、發揮。鄭玄采用爻辰説,也是爲了解釋卦爻辭。爻辰説,顧名思義,就是將卦之爻與十二辰搭配起來。京房將乾六爻自初至上配以子、寅、辰、午、申、戌;將坤六爻自初至上配以未、巳、卯、丑、亥、酉。鄭玄略加改變,乾六爻從京房説不變,坤六爻自初至上改配未、酉、亥、丑、卯、巳。又將乾、坤之爻辰引申到其餘六十二卦。凡陽爻所配之辰比照乾卦,陰爻所配之辰比照坤卦。更以乾坤十二爻配十二辰之物象和十二次之星象,又以十二辰之方位配二十八宿之次。

鄭玄用爻辰説釋卦爻辭,如:中孚卦辭豚魚吉,《詩·無羊》孔疏引鄭玄注説:“三,辰在亥,亥爲豕。”又説:“爻失正,故變而從小名,言豚耳。四,辰在丑,丑爲鱉蟹。鱉蟹,魚之微者。爻得正,故變而從大名,言魚耳。”坎卦上六爻辭曰:“繫用徽纆。”《公羊傳》宣公元年徐疏引鄭玄注説:“繫,拘也。爻辰在巳,巳爲蛇,蛇之蟠屈似徽纆也。”比卦初六爻辭曰:“有孚盈缶。”《詩·宛丘》孔疏引鄭玄注云：“爻辰在未，上值東井，井之水，人所汲用缶。缶，汲器。”

　　清人王引之《經義述聞》卷一“爻辰”條對鄭玄的爻辰説作了尖鋭的批評。他説：“《易》之取象見於《説卦》者較然可據矣。漢儒推求卦象，皆與《説卦》相表裏，而康成則又以爻辰説之。陽爻之初二三四五上，值辰之子寅辰午申戌；陰爻之初二三四五上，值辰之未酉亥丑卯巳，而以十二辰之物象、十二次之星象配之。舍卦而論爻，已與《説卦》之言‘乾爲’、‘坤爲’者異矣，而其取義又多迂曲。”“如坎上六‘繫用徽纆’，注云‘爻辰在巳，巳爲蛇，蛇蟠屈似徽纆也。’”“爻辰既巳而爲蛇，何不遂取蛇象而取蛇所似之徽纆乎！初九辰在子，子爲鼠；九二辰在寅，寅爲虎；九三辰在辰，辰爲龍；九四辰在午，午爲馬；九五辰在申，申爲猴；上九辰在戌，戌爲犬。初六辰在未，未爲羊；六二辰在酉，酉爲鷄；六三辰在亥，亥爲豕；六四辰在丑，丑爲牛；六五辰在卯，卯爲兔。豈亦將象其禽之所似以爲爻乎！輾轉牽合，徒見糾紛耳。”爻辰説同漢儒其他諸説一樣，要害的問題是脱離《周易》之本義而另搞一套。

　　東漢搞漢易的另一重要人物是荀爽。荀爽是荀子的十二世孫，作《漢紀》的荀悦和荀彧的叔父，生當東漢末年。據《後漢書・荀淑傳》，荀爽著《易傳》。《隋書・經籍志》著録《周易》荀爽注十一卷、《周易荀爽九家注》十卷。後書不知誰人所集，題荀爽，是因爲所集九家《易》説以荀爽爲主。九家是：荀爽、京房、馬融、鄭玄、宋衷、虞翻、陸績、姚信、翟子玄。據《經典釋文序録》，荀爽傳費氏易。荀悦《漢紀》説：“孝桓帝時故南郡太守馬融著《易》解，頗生異説。及臣悦叔父故司空爽著《易傳》，據爻象承應陰陽變化之義，以十篇之文解説經意，由是兗豫之言《易》者咸傳荀氏學。”從“以十篇之文解説經意”看，荀氏似傳費氏易，然而實際上荀氏治《易》祇是采用費氏的本子而已，其《易》學思想自有其特殊的一套。

　　荀爽《易》學的中心是升降説。升降説是由他創始的。升降是陽升陰降。這是最基本的原則，但並非一律陽升陰降，爲了按照他的想法解釋卦爻辭,有時陽也可降,陰也可升。總之是通過陽爻陰爻上下倒換位置的辦法來解說經文乃至傳文。例如,《乾·文言傳》說:"水流濕。"李氏《周易集解》引荀爽說:"陽動之坤而爲坎,坤者純陰,故曰濕也。"所謂"陽動之坤",謂乾二升坤五也。又"火就燥",荀爽說:"陰動之乾而成離,乾者純陽,故曰燥也。"所謂"陰動之乾",謂坤五降乾二也。乾二升坤五,則坤上體成坎。坤五降乾二,則乾下體成離。臨卦九二小象說:"咸臨吉無不利,未順命也。"李氏《周易集解》引荀爽說:"陽感至二,當升居五,群陰相承,故無不利也。陽當居五,陰當順從,今尚在二,故曰未順命也。"這是用升降說解釋傳文。

用升降說解釋經文,如需卦上六爻辭:"入於穴,有不速之客三人來,敬之終吉。"李氏《周易集解》引荀爽說:"三人謂下三陽也。須時當升,非有召者,故曰不速之客焉。乾升在上,君位以定。坎降在下,當循臣職,故敬之終吉也。"又說:"需道已終,雲當下入穴也。雲上升極則降而爲雨。"這不是陰爻陽爻的升降,而是内外卦的升降。由内外卦的升降釋爻辭。泰九二爻辭:"包荒,用馮河,不遐遺,朋亡,得尚於中行。"李氏《周易集解》引荀爽說:"河出於乾,行於地中。陽性欲升,陰性欲承,馮河而上,不用舟航。自地升天,道雖已遠,三體俱上,不能止之,故曰不遐遺。"又說:"中謂五,坤爲朋。朋亡而下,則二上居五而行中和矣。"荀氏解這一爻用的升降更爲複雜。既講下體俱上,上體俱下,又說九二上升居五。上下體的升降夾雜着爻的升降,完全是隨意而定。這樣隨便決定升降,泰豈不變成了否? 依荀氏升降法釋泰九二爻辭,把原有的含義全給弄走了樣,令人沒辦法理解這句爻辭究竟是什麼意義。

隨後出現一位更重要、影響更大的象數派《易》學家,他就是三國吳國的虞翻。虞翻會稽餘姚人,生當孫權在位時。虞翻性情疏直,數有酒失,晚年被孫權流放到交州。《三國志·吳書》本傳說虞翻曾著《易注》。《經典釋文序録》著録虞翻《易注》十卷。《吳書》注引《翻別傳》説，自高祖至他本人，虞家五世治《易》。"前人通講，多玩章句，雖有秘説，於經疏闊"，虞翻則"蒙先師之説，依經立注"。他對當時的幾位治《易》的大家皆有所批評，説荀爽"有愈俗儒"，比俗儒好一點而已。馬融釋《易》，更不及荀爽。鄭玄略强於宋衷，而"皆未得其門，難以示世"。

然而虞氏治《易》的思想方法與荀、鄭諸人實屬一路。如果説他有什麼獨特之處的話，那就是他在象數的路上走得更遠。虞翻是傳西漢孟氏《易》的，同時也采取京房的東西，對荀爽《易》説也有所吸取。因此他的《易》學具有集漢易大成的性質。他治《易》講究納甲、互體、半象、旁通、消息、卦變等等，且發揮得圓通、充分。

納甲。納甲始於西漢京房。辦法是以甲乙丙丁戊己庚辛壬癸十干配八卦，同時比附五行，以之占説災異。至魏伯陽著《參同契》則用以比附月魄盈虧，以進行鼎爐修煉。真正用納甲解説《周易》，是從虞翻開始的。如李氏《周易集解》引虞氏釋《繫辭傳上》之"縣象著明，莫大乎日月"句説："謂日月縣天成八卦象。三日莫，震象出庚，八日兑象見丁，十五日乾象盈甲，十七日旦巽象退辛，二十三日艮象消丙，三十日坤象滅乙。晦夕朔旦，坎象流戊，日中則離，離象就己。戊己土位，象見於中，日月相推而明生焉。故縣象著明，莫大乎日月者也。"這樣的説法純係穿鑿附會，是硬加在《周易》身上的。

互體。互體之説亦始於京房，其説爲將六畫卦的二三四和三四五各看成一個三畫卦。鄭玄以後至虞翻，互體説愈益複雜。虞翻將初至五，二至上，各互六畫卦一。如蒙䷃，坎下艮上，虞氏將初至三和三至五，坎下坤上，看成另一個六畫卦師䷆。又蒙卦二至四爲震，四至上爲艮，成另一六畫卦頤䷚。這是在一個六畫卦中包含另兩個六畫卦。後來發展到一個六畫卦中包含三個六畫卦，解卦時可隨意選擇一個。初至四二至五三至上，可各互成一個六畫卦。如小畜《象傳》李氏《周易集解》引虞翻説："初至四體夬。"是從小畜中看出夬象來。師《象傳》李氏《周易集解》引虞翻説："五變執言時有頤養象，故以容民畜衆矣。"師䷆二至四爲震，五陰爻變爲陽爻，則三至五爲艮，震下艮上，是六畫卦頤，是從師中看出頤象來。泰九三爻辭李氏《周易集解》引虞翻説："從三至上，體復。終日乾乾反復道，故無平不陂，無往不復。"泰䷊之三至上，三至五爲震，四至上爲坤，震下坤上，是六畫卦復䷗，是從泰中看出復象來。一卦中包括無數另外的卦，可以根據自己的想象，任意解釋卦爻辭。此純屬虞翻的臆造，作卦爻辭的人當初不可能想得如此複雜。

半象。此説乃虞翻所創。顧名思義，半象者，象未全，三畫卦僅見二畫也。如需九二爻辭曰："需於沙，小有言，終吉。"李氏《周易集解》引虞翻説："大壯，震爲言，兌爲口。四之五，震象半見，故小有言。"依虞氏卦變理論，需䷄自大壯䷡來，大壯四與五相易，即爲需。大壯之四與五，爲震之一半。本來可以取大壯上體震之全象，而取半象，完全爲了落實"小有言"的"小"字。如此隱晦曲折，作爻辭者寫定"小有言"一語時，怎能想得出，除非他是神仙。

旁通。這是虞氏始創的。旁通謂兩卦相對之爻，此陽彼陰，此陰彼陽，兩兩相通。但六十四卦不是全部取旁通之義，虞翻注取旁通義者計二十例。小畜䷈與豫䷏、謙䷎與履䷉、比䷇與大有䷍、豫䷏與小畜䷈、履䷉與謙䷎、蠱䷑與隨䷐、同人䷌與師䷆、臨䷒與遯䷠、大有䷍與比䷇、離䷝與坎䷜、剝䷖與夬䷪、恒䷟與益䷩、復䷗與姤䷫、夬䷪與剝䷖、大畜䷙與萃䷬、姤䷫與復䷗、頤䷚與大過䷛、革䷰與蒙䷃、坎䷜與離䷝、鼎䷱與屯䷂，這二十例取旁通之義。旁通，解一卦而涉及第二卦，甚乃第三卦。如小畜初九爻辭曰："復自道，何其咎，吉。"李氏《周易集解》引虞翻説："謂從豫四之初成復卦，故復自道。出入無疾，朋來无咎。何其咎，吉，乾稱道也。"小畜䷈與豫䷏旁通，豫四之初而成復䷗，故曰"復自道"。復《象傳》説："出入無疾，朋來无咎"，故曰"何其咎，吉"。解一卦而輾轉株連另兩卦，絶非作卦爻辭者本意。雖《文言傳》有"六爻發揮，旁通情也"一語，但"旁通"者實乃普遍通達的意思。虞氏借《文言傳》"旁通"之名而曲解其義，失《周易》之本真，不足信據。

消息。六十四卦中有十二卦陰爻陽爻不相混雜。將它們排列起來，能看出陰爻與陽爻相互消長的規律。漢人謂之十二消息或十二月消息。虞翻亦有十二消息之説。息訓長。十二消息卦中，陽長陰消之卦六，即復☷、臨☷、泰☷、大壯☷、夬☷、乾☰；陰長陽消之卦六，即姤☰、遯☰、否☰、觀☷、剝☷、坤☷。前六卦曰息卦，後六卦曰消卦。這十二消息卦恰巧與一年十二月相配，復一陽生於下，與十一月冬至陽氣初生相當，故復爲十一月卦。自餘臨十二月，泰正月，大壯二月，夬三月，乾四月，姤五月，遯六月，否七月，觀八月，剝九月，坤十月。泰、大壯、夬配春，乾、姤、遯配夏，否、觀、剝配秋，坤、復、臨配冬。與此十二消息卦相對而言，餘五十二卦曰雜卦。十二消息之説在《易傳》中可以找到根據，如《繫辭傳下》"寒往則暑來"，虞氏注云："謂陰息陽消，從姤至否。""暑往則寒來"，虞氏注云："陰屈陽伸，從復至泰。"虞氏之解説可能是對的。十二消息是漢儒和虞翻諸《易》説中惟一在孔子《易傳》中能找到根據的一説。

卦變。"卦變"之名始於王弼，漢人曰"之卦"。"之卦"，顧名思義，是説卦中此一爻變爲彼一爻，彼一爻易爲此一爻，而使卦發生變化。這在《彖傳》裏有根據。如賁《彖傳》："柔來而文剛，……分剛上而文柔。"蠱《彖傳》："剛上而柔下。"噬嗑《彖傳》："剛柔分，……柔得中而上行。"隨《彖傳》："剛來而下柔。"問題在於對《彖傳》的話怎樣理解。《彖傳》所指剛柔上下云云，實限於賁☲、蠱☶、噬嗑☲、隨☱；歸妹☳、豐☳、益☴、損☶等十八個由陰卦和陽卦所組成的卦。《説卦傳》三畫卦乾爲父，坤爲母，其餘六個三畫卦皆由乾坤相求索而生。所云不是八卦產生也不是六十四卦產生問題，祇反映六畫卦既成之後上下二體是一陰卦一陽卦時，它們之間的關係。由這關係看這個六畫卦的卦象卦義。而虞翻則以爲卦變問題普遍存在於六十四卦之中，且視之爲六十四卦各個生成之根由，完全歪曲了《周易》的原義，與孔子《易傳》的思想相去甚遠。

虞翻卦變説有以下諸要點：（一）六畫卦乾坤二五互之而成六畫卦坎離。乾二、五之坤成坎，坎二至四互體震，三至五互體艮，故乾二、五之坤成震、坎、艮。坤二、五之乾成離，離二至四互體巽，三至五互體兑，故坤二、五之乾成巽、離、兑也。（二）"之正"説。六十四卦中惟既濟䷾一卦六爻皆當位居正，即陰爻居陰位，陽爻居陽位。《易傳》有當位不當位之説，並無"之正"之義。虞氏創"之正"説，以爲六畫卦中不正之爻皆應變而"之正"而成既濟，以此釋卦爻辭。如損六五爻辭曰："或益之……"虞翻注説："謂二、五已變成益，故'或益之'。"又説："三上易位成既濟。"損䷨兑下艮上，二三五上四爻皆不正。二五變，三上易位，則成既濟。這是四爻不正而"之正"的例。其餘一爻、二爻、三爻、四爻、五爻、六爻不正的卦，皆可以變而"之正"，用"之正"説釋卦爻辭。（三）由消息卦推知雜卦之由來。虞氏以爲復、臨、泰、大壯、夬等陽息之卦皆自六畫卦乾來，姤、遯、否、觀、剥等陰消之卦皆自六畫卦坤來。而其餘五十四雜卦主要由消息卦來。自臨來者四卦：明夷、升、解、震。自觀來者五卦：晉、萃、坎、艮、蹇。自否來者八卦：隨、噬嗑、咸、益、困、渙、漸、未濟。自泰來者八卦：蠱、井、賁、歸妹、恒、節、損、既濟。自遯來者六卦：訟、无妄、離、家人、革、巽。自大壯來者六卦：需、大畜、大過、睽、鼎、兑。剥、復、夬、姤四個消息卦不生卦，故師、同人、大有、謙四卦直接自乾坤來。小畜自需（上變）來。履自訟（初變）來。豫自復（兩象易）來。頤、小過自晉（四之初、上之二）來。大過、中孚自訟（上之三、四之初）來。比自師（二升五）來，豐自噬嗑（上之三）來。旅自賁（初之四）來。屯、蒙自坎、艮來。睽、蹇二卦重出，睽既自大壯來，又自无妄（二之五）來，蹇既自觀來，又自升（二之五）來。虞氏此説之要害是六畫卦又產生六畫卦，與孔子《易傳》之義顯然違背。《易傳》認爲六十四卦由八卦"因而重之"而生。八卦則依"易有太極,是生兩儀,兩儀生四象,四象生八卦"的邏輯順序產生。《説卦傳》説乾爲父,坤爲母,乾坤父母生六子,是就三畫卦而言。三畫卦乾和三畫卦坤產生六子,重而爲六十四個六畫卦。虞氏説六畫卦乾坤生坎離及震艮巽兑諸六畫卦,又生五陽息卦和五陰消卦。消息卦又生諸雜卦,且雜卦更生雜卦。完全脱離《周易》原義,馳騁臆説。(四)震巽特變。於一個六畫卦中,巽體三爻逐一變而成震,震體三爻逐一變而成巽,在變化中出現的一系列新的卦象,便成爲解釋卦爻辭的根據。此與其他卦變之例不同,故稱特變。蠱☶《彖傳》:"先甲三日,後甲三日。"虞注説:"謂初變成乾(大畜☰),乾爲甲。至二成離(賁☲),離爲日。謂乾,三爻在前,故'先甲三日',賁時也。變三至四(噬嗑☲),體離。至五成乾(无妄☲),乾三爻在後,故'後甲三日',无妄時也。"這一卦特變的過程極複雜,要點是自初至五五爻皆變,下體自初至三依次變爲乾,變爲離,變爲震。上體自四至五依次變爲離,變爲乾。如此特變的目的是爲"先甲三日,後甲三日"尋找象的依據。震巽特變更爲隱曲牽強,與《周易》原義根本不合。

　　虞翻自稱傳孟氏易,但他不講災異,也不專主孟氏。他繼承並發展了漢儒象數派《易》學的主要東西,成爲象數派《易》學的集大成者。虞氏《易》使象數派《易》學的煩瑣主義達於頂峰,使孔子的《易》學幾乎湮滅。

　　三國時代的另一個《易》學人物,魏國的王弼撰寫《周易注》和《周易略例》,給漢儒象數派的煩瑣《易》學以猛烈的掃盪,承繼了孔子義理《易》學的傳統,使之發揚光大,其救弊起廢之功,實不容低估。

　　王弼字輔嗣,三國魏山陽人,生於公元 226 年(魏黄初七年),卒於公元 249 年(正始十年)。據《三國志·鍾會傳》,王弼"好論儒道,辭才逸辯,注《易》及《老子》,爲尚書郎,年二十餘卒"。王氏《周易注》及《老子注》今傳世。又據《鍾會傳》注引《博物志》,王弼是劉表的外曾孫，王粲的嗣孫。王弼的父親王業曾承獲蔡邕所藏萬卷書。《鍾會傳》注引何劭《王弼傳》說：“何晏以爲聖人無喜怒哀樂，其論甚精，鍾會等述之。弼與不同，以爲聖人茂於人者神明也，同於人者五情也。神明茂故能體沖和以通無，五情同故不能無哀樂以應物。然則聖人之情，應物而無累於物者也。今以其無累，便謂不復應物，失之多矣。”是知王弼並不是一個超然物外的人物。何劭《王弼傳》又說王弼有言曰：“聖人體無，無又不可以訓，故不說也。老子是有者也，故恒言無所不足。”王弼《老子》第四十章注說：“天下之物，皆以有爲生。有之所始，以無爲本。將欲全有，必反於無也。”是知王弼的本體論主“以無爲本”，與《老子》“道生一，一生二，二生三，三生萬物”及“天下萬物生於有，有生於無”的客觀唯心論相似亦相通。這大概就是王弼既注《老子》又注《周易》，援《老》入《易》的思想基礎。王弼的哲學思想在根本之點上與孔子《易傳》是不同的。

　　王弼著《周易注》和《周易略例》，對《易》學的偉大貢獻在於盡掃象數而伸義理，實際上宏揚了孔子《易》學的正確方法。他的《易》學集中地反映在《周易略例》裏。《周易略例·明象》說：“是故觸類可爲其象，合義可爲其徵。義苟在健，何必馬乎！類苟在順，何必牛乎！爻苟合順，何必坤乃爲牛！義苟應健，何必乾乃爲馬！而或者定馬於乾，案文責卦，有馬無乾，則僞說滋漫，難可紀矣。互體不足，遂及卦變，變又不足，推及五行。一失其原，巧愈彌甚。從復或值，而義無所取。蓋存象忘意之由也。”邢璹注：“大壯九三有乾，亦云‘羝羊’。坤卦無乾，象亦云‘牝馬’。”又：“遯無坤，六二亦稱牛。明夷無乾，六二亦稱馬。”王氏揭示漢易忘意求象，捨本逐末，巧說滋漫，不得要領之大蔽，抨擊象數易可謂切中要害，備而有當。象數家釋《易》一心求象，遇牛雖無坤亦必窮思殫慮求出坤來，見乾縱使無馬亦必輾轉找出馬來方罷休，弄得卦爻辭支離破碎而意不能全。

　　王弼自己的主張交代相當明確。他説："言生於象,故可尋言以觀象。象生於意,故可尋象以觀意。""得意在忘象,得象在忘言。故立象以盡意,而象可忘也。重畫以盡情,而畫可忘也。"王弼承認《易》象的重要意義,肯定《易》意須由象盡,無象則《易》意無所寄寓,《易》亦不復爲《易》。王弼之尤爲高明處在於確切地指出了《易》中象與意和言的關係。言就是卦爻辭。王弼以爲象在卦爻辭中,卦爻辭是象的文字表達。卦爻辭表達的是卦之象、爻之象。卦爻之外無別象,意就是思想,就是性情。《易》的根本目的是表意表情。象在它表意表情時才有自身的價值。研《易》學《易》的實質不是別的,是通過觀象玩辭以求其意,求其情,即把握《易》中思想。"得意在忘象,得象在忘言"兩句話極得《易》之真諦,孔學之本義,存留千古而不朽可能也。

　　王弼對《易》學的另一貢獻是他説出了漢儒誰也沒説出也不可能説出的話:"卦者時也,爻者適時之變者也。"(《周易略例・明卦適變通爻》)這句話抓準了卦與爻的實質,可以説是一語破的。《易》是摹寫客觀世界的,而客觀世界又是永恒變動不居的。《易》摹寫世界必然落實在世界之變上。因此《易》才有六十四卦三百八十四爻。變就是時。《繫辭傳下》説:"變通者趣時者也","爻也者傚天下之動者也"。王弼的上述這句話與孔子《繫辭傳》完全相合,而且有所深入。王弼不僅指示出卦爻是反映時、動的,而且第一次確切無誤地指明了卦與爻的關係。卦代表一個時代,在這個時代的範圍内,卦相對不變。這一點極爲重要,没這一點便陷入相對主義的不可知論。爻代表一個時代中的一個階段,它是動的。六爻之動構成一卦自始至終的發展過程。卦也是動的,所以才説"卦者時也"。但卦是相對於他卦而言才是動的。若相對於構成它的六爻而言它又是静的。六爻在一卦之内變動不居,周流變化,所以才説,"爻者適時之變者也"。

　　王弼《周易注》包括六十四卦的卦辭爻辭和《文言傳》《象傳》上

下、《象傳》上下。《繫辭傳》上下、《說卦傳》《序卦傳》《雜卦傳》是晉
韓康伯注的。因爲二人思想基本一致，後世人遂合爲一書。王弼
《周易注》一出即受到重視，南北朝期間與鄭玄《周易注》相抗衡，至
隋取鄭注而代之，遂居獨尊地位。唐初孔穎達奉敕修《五經正義》，
於《周易》取的就是王弼和韓康伯的《周易注》。王、韓《周易注》進
入官修《五經正義》，得到官方的承認，在《周易》流傳的歷史上是一
件大事。它使孔子奠定基礎的義理派《易》學取得了決定性的進
展。

　　後世人對王弼《周易注》褒貶不一，迷戀象數派《易》學的人貶
斥王注是自然的，而真正理解《周易》的學者總是給王弼注以極高
也極公允的評價。主撰"五經正義"的孔穎達說它"獨冠古今，所以
江左諸儒並傳其學，河北學者罕能及之"。王應麟《困學紀聞》說：
"以義理解《易》，自王弼始"，"自輔嗣之學行，而象數之說隱。""程
子謂學《易》先看王弼。余謂輔嗣之注，學者不可忽也。"《四庫提
要》說："平心而論，闡明義理，使《易》不雜於術數者，弼與康伯深爲
有功。""祖尚虛無，使《易》竟入於《老》《莊》者，弼與康伯亦不能無
過。瑕瑜不掩，是其定評。諸儒偏好偏惡，皆門户之見，不足據
也。"

　　在《周易》流傳的歷史上另一里程碑式著作是北宋程頤的《易
傳》。是書《宋史·藝文志》作九卷，《二程全書》與《四庫全書》均作
四卷。據楊時跋語謂程氏未及成書而卒。其書用王弼注本，但解
六十四卦、《彖傳》《象傳》《文言傳》，將《序卦傳》分置各卦之首。
《繫辭傳》《說卦傳》《雜卦傳》無注。《四庫提要》謂："程子不信邵子
之數，故邵子以數言《易》，而程子此傳則言理，一闡天道，一切人
事。"程氏《易傳》序自述說："予所傳者辭也，由辭以得其意，則在乎
人焉。"又說："得於辭不達其意者有矣，未有不得於辭而能通其意
者也。"程氏注《易》，推辭考卦，不重象，不言占。以爲吉凶消長之
理，進退存亡之道，備於辭；得其辭，象在其中，占則無須言了。

　　程頤對《周易》的性質認識很準很透，極符合孔子對《周易》的看法。他是把《周易》作爲一部哲學著作來對待的，不把它看成單純卜筮之書。眼力敏銳的學者對他評價都很高。呂祖謙説："理到語精，平易的當。"魏了翁説："明白正大，切於持身用世。"丁晏説："愚初讀《本義》（朱熹著），專於卜筮，於《易》義未盡詳也。後讀程《傳》，旁通曲暢，昭若發蒙。"

　　孔子奠基的義理派《易》學經王弼、孔穎達、程頤的發揚光大而得流傳不息。然而象數派《易》學經南北朝的低落階段，未曾絶滅，至唐代中期又死灰復燃。其最大的表現是李鼎祚撰《周易集解》，把早已亡佚之漢魏象數派諸家《易》説搜集彙合成書，從文獻學的角度看，固然有相當的價值，而站在《易》學的立場説，它使已經清淨的《易》學領域又見渾濁，影響是不好的。李鼎祚其人，《唐書》無傳，據袁桷《清容居士集》載資州有鼎祚讀書臺，知爲資州人。生活時代亦不可確考，《舊唐書·經籍志》稱録開元盛世四部諸書而未載李氏此書，是知李氏爲天寶以後人。

　　李氏《周易集解》集前人《易》説凡三十餘家：子夏、孟喜、焦延壽、京房、馬融、鄭玄、苟爽、劉表、宋衷、王肅、王弼、何晏、虞翻、陸績、姚信、翟玄、韓康伯、向秀、王廙、張璠、干寶、蜀才、劉瓛、沈士、伏曼容、姚規、崔覲、盧氏、何妥、王凱冲、侯果、孔穎達、崔憬等。書中雖將王弼、韓康伯、孔穎達諸人之説輯入，然而宗旨卻如李氏自序所言，"刊輔嗣之野文，補康成之逸象"，宗鄭康成之象數學，排王弼之義理學，是明確的。陳振孫《直齋書録解題》説："隋唐以前，《易》諸家書，逸不傳者，賴此書猶見其一二，而所取於苟虞者尤多。"李氏此書於《易》學是一種倒退。

　　至宋代，《易》學分爲明顯的義理與象數兩派。程頤，還有他的前輩胡瑗，以及後來的李光、楊萬里，是義理派的代表人物。宋代的象數派表現爲圖書之學，其最早的創始者是北宋初的方士陳摶。據《宋史·朱震傳》引其所著《漢上易傳》説："陳摶以先天圖傳种放,放傳穆修,修傳李之才,之才傳邵雍。"陳搏得修煉之圖,因之創爲太極、無極、河圖、洛書、先天、後天諸說。周敦頤因陳說而稍爲之變動,著《太極圖說》。邵雍精於數,又稍加改移,著《皇極經世書》。於是宋代論《易》者多祖述其說。義理派《易》學家則反其道而行之,對圖書之學大不以爲然。其主要代表人物程頤於《答張閎中書》中說:"《易》因象以知數,得其義則象數在其中矣。必欲窮象之隱微,盡數之毫忽,乃尋流逐末,術家所尚,非儒者之務也。"

圖書之學通過朱熹而擴大影響於後世。自元迄清,朱熹的學術地位達於極頂,朱熹對經典的解釋與經典本身具有同樣的權威性。朱熹的話與孔子的話一樣不容懷疑。因此,朱熹之言語倘有毫忽之偏差,影響下去,其誤謬便不止千里了。

朱熹的學問承傳程頤,故後世人合稱之曰程朱學派,可是在《易》學上,朱熹卻承繼程頤所反對的圖書之學而與程頤相徑庭。朱熹崇尚圖書之學,雖未公開標榜反程,而實際上是象數派。朱熹明言《周易》是卜筮之書,從占筮的角度看待《易》辭。故其所著《易》書取名《周易本義》,意謂他所闡發的正是《周易》之本義——卜筮。他認爲程頤忽略象數,是個重大缺欠,須予以補充,所以於其書卷之首加入九個圖。晚年又作《易學啓蒙》,進一步發明圖書之學。

朱熹論《易》,喜言太極、無極、先天、後天之說。如他說:"自伏犧以上,皆無文字,祇有圖書,最宜深玩";"至於河圖之出,然後五十有五之數,奇偶生成,粲然可見。此其所以深發聖人之獨智,又非汎然氣象之所可得而擬也。""某於世傳河圖、洛書之舊,所以不敢不信者,正以其義理不悖,而證驗不差爾。"(《答袁機仲書》)"天地祇是不會說,請他聖人出來說。若天地自會說話,想更說得好自在。如河圖、洛書,便是天地畫出的。""先天圖直是精微,不起於康節、希夷,以前元有,祇是秘而不傳,次第是方士輩所相傳的。"(《朱子全書》卷二十六)

　　朱熹一生著作不少，留下的零碎言語尤多，其聲名和思想影響
中國意識形態領域六百年之久，被譽爲思想大家，直是未被稱做
"聖人"的聖人。然而實際上够得上真知灼見的東西不過寥寥。他
對孔子的"六經"幾乎都作過研究，寫過數種專書，見解卻往往淺
薄。《詩集傳》廢詩序而逞臆説，謂風詩多出於里巷歌謠之作，已屬
武斷，置詩人作詩之義與孔子編詩之義有别於不顧，尤有欠審愼。
朱熹於"六經"更大的失誤不在《詩》而在《易》。他生當王弼、孔穎
達、程頤之後，本當對孔子《易傳》的思想有所理解，對《周易》一書
的性質有所認識，而他竟後退到漢代去，認準《周易》是卜筮之書，
占卜是學《易》的目的，象數是《易》的根本。他對道家方士假託《周
易》名義搞出的東西甚感興趣，不但對陳摶等人搞的河圖、洛書、先
天、後天等等深信不疑，努力鼓吹，還撰寫過《周易參同契考異》、
《陰符經考異》一些附合道家方術的書，用與《周易》根本無關的東
西闡發《周易》的義理。朱熹學問固然博大，而對《周易》所知甚淺。
他對後世《易》學的影響不小，而貢獻是反面的。

　　清代學者對《周易》的研究可分爲兩派三類。一派倒退回去搞
漢易，代表人物有惠棟、張惠言、焦循。一派是站在義理派的立場
治《易》，其中一些人直接批判宋人陳、邵的圖書學，先鋒人物有黄
宗羲、黄宗炎兄弟和胡渭；另一些人正面宣揚宋明人以程頤爲代表
的義理派《易》學觀點，最重要的著作是李光地主纂的《周易折中》。

　　惠棟著有《周易述》二十一卷、《易例》二卷、《易漢學》八卷，今
收在《清經解》和《清經解續編》中。這三部書都是全面肯定漢代象
數《易》的。材料取自李鼎祚的《周易集解》，經過爬梳整理，加以系
統化而成。《周易述》經傳分開，先經後傳，采摘、融合荀爽、虞翻、
鄭玄諸人遺説，約之成注成疏。惠氏治《易》盲目信古，不問其所以
然，凡漢人之説都對都好，並且不知漢人各家的差别，一概拿來混
用。卦氣、納甲、升降、互體、旁通、爻辰、飛伏、半象、兩象、卦變這
些漢人臆造的東西，是他解經解傳的依據。《易漢學》不解卦，屬於

通論性質的書，它依次介紹孟喜、虞翻、京房、鄭玄、荀爽等人的
《易》説。最後分析河圖、洛書、先天、後天、太極圖等。惠氏的原則
是愈古愈可信，他既論證這些東西皆出於宋人道家之手，理所當然
地對它們持否定態度。《易例》祇有兩卷，主要用漢魏諸家的觀點
解釋《易》學概念和命題如太極生次、太易、易、伏犧作《易》大義、伏
犧作八卦之法、大衍、太極、元亨利貞大義、虞氏"之卦"大義、飛伏、
爻等、貞悔、消息、乾升坤降、甲子卦氣起中孚、兩象易、反復不衰
卦、旁通卦變、震巽特變、君子小人、五行相次等。惠棟在《易》學史
上所起的作用很不好。漢人孟喜、京房、荀爽、鄭玄以及三國虞翻
諸人，離開孔子《易傳》的正確觀點、方法，創爲與《易》根本無涉的
所謂象數，在卦爻之外妄自生出諸多原不屬於《易》的象來。魏人
王弼起，盡掃象數，摧陷廓清，再經孔穎達的《周易正義》和程頤《易
傳》的繼續開拓，籠罩在孔子《易》學大路上的霧瘴被驅散，這本是
《易》學上的大好事，然而惠棟信古不知古，錯將漢人自爲的物什當
成《周易》固有的本色，費了好大的力氣從李鼎祚《周易集解》的箱
篋中掏出來他認爲至好無比的東西，精心制作，力求系統。他傾注
了心血，以爲將大有功於《易》，不知道他的功是反面的。

　　張惠言主要的《易》著有《周易虞氏義》九卷、《周易虞氏消息》
二卷、《虞氏易禮》二卷、《周易鄭氏義》二卷、《周易荀氏九家義》一
卷、《易義別録》五卷，收在《清經解》裏。還有《易圖條辨》一卷、《虞
氏易事》二卷、《虞氏易言》二卷、《虞氏易候》一卷，收在《清經解續
編》裏。張氏對漢易的鼓吹比較惠棟更加發揮盡致，惠棟於漢易各
家混同地説，不見側重，張氏則重點分明在虞氏《易》，認爲虞氏
《易》最爲完善可取，介紹、弘揚虞氏《易》不遺餘力，把背離孔子
《易》學更遠的贗品當做真物推薦給世人，影響更爲不好。張氏對
宋人陳、邵諸家的圖書之學耐心爬梳條辨，批評祇在小處，大處還
是肯定的。這一點似乎更在惠棟之下。

　　焦循《易》著有《易章句》十二卷、《易通釋》二十卷、《易圖略》八

卷三種，統稱《雕菰樓易學三書》，今收在《清經解》中。焦循對漢易的推究闡釋，其系統化、理論化的水平超過惠棟、張惠言。焦氏在《易通釋敍目》中說："其商瞿所受，杜田生所傳，散見於孟喜、京房、鄭康成、荀爽、虞翻之說，不絕如縷。惜乎漢魏諸儒不能推其所聞以詳發聖之蘊，各持其見，苗莠雜糅，坐令老莊異端之流出而爭之矣。"視漢代搞陰陽災異五行，以納甲、爻辰、卦氣、旁通等等解《易》的孟喜、京房、鄭玄、荀爽、虞翻之流爲孔子《易》學的正傳，有意混淆漢代象數《易》學與孔子義理《易》學的界限，影響之壞，可想而知。焦氏與惠棟、張惠言不同之處是他對漢易並不囫圇接受，他批判了漢易的許多東西，如卦變、半象、兩象易、納甲、納音、卦氣、爻辰諸說皆在他抨擊之列。但是焦氏傳的依然是漢易的東西，而且更糟的是他把明明是漢易的東西說成是他從經文傳文中實測出來的，即得之於《周易》本身。他在《易圖略敍目》中說，"余學《易》所悟得者有三，一曰旁通，二曰相錯，三曰時行。此三者皆孔子之言也。""比例之義出於相錯，不知相錯則比例之義不明。""升降之妙出於旁通，不知旁通則升降之妙不著。""變化之道出於時行，不知時行則變化之道不神。"升降、旁通，與漢人講的没什麼兩樣。至於時行、相錯、比例，表面上好像與漢易不同，就其本質看，實與漢易無異。祇是借用孔子《易傳》中的幾個詞語爲名，自做了些新花樣以解《易》，自以爲得孔子之義，其實是他的杜撰。所謂"相錯"，不過也是用彼一卦解此一卦，例如他說家人䷤、解䷧即豐䷶、渙䷺之相錯（豐䷶、渙䷺之上下體相互交錯而成家人䷤、解䷧），所以豐卦稱"蔀其家"。鼎䷱、屯䷂相錯爲噬嗑䷔，噬嗑食也，故鼎卦稱"雉膏不食"。所謂"比例"亦同此，例如他說睽䷥二之五爲無安䷘，井䷯之噬嗑䷔五亦爲無安䷘，故睽之"噬膚"即噬嗑之"噬膚"。坎䷜三之離䷝上成豐䷶，噬嗑䷔上之三亦成豐䷶，故豐之"日昃"即離之"日昃"，豐之"日中"即噬嗑之"日中"。焦氏之相錯、比例以及旁通、時行，與漢人之卦變、互體、旁通、半象、升降等等相比，其曼衍不經的程度有過之而無不及。焦氏這麽搞，比漢人要自覺得多，危害也大得多。正如他在《易圖略》中説的："説《易》者執於一卦一爻，是知五雀之俱重，六燕之俱輕，而不知一燕一雀交而適平，又不知兩行交易遍乘而取之，宜乎左支右屈，莫能通其義者也。"解此卦不在此卦求索，而於他卦苦苦搜尋，當然不是孔子治《易》的方法。阮芸臺説他"石破天驚"，王伯申説他"鑿破混沌，掃除雲霧"，實在不當得很，都因爲祇見他的表面，未見他的内裏。梁啓超著《中國近三百年學術史》説"里堂之學不能叫做漢學，因爲他並不依附漢人；不唯不依附，而且對於漢人所糾纏不休的什麽飛伏、卦氣、爻辰、納甲之類一一辨斥"。評價甚高，殊不知焦里堂一面批評了漢易，一面又繼承了漢易，看上去頗見創新，實則不曾離開漢易窠臼一步。

在上述惠、張、焦三家回頭搞漢易之前，清初曾有幾位有識見的學者著書批判宋人圖書之説，其功勞不容泯滅。他們是黃宗羲、黃宗炎和胡渭。

黃宗羲，字太沖，號梨洲，浙江餘姚人，著有《易學象數論》六卷，《四庫全書》收入。前三卷論河圖、洛書、先天、方位、納甲、納音、月建、卦氣、卦變、互卦、筮法、占法，附加原象，爲内篇，全部論象。後三卷論太玄、乾鑿度、元包、潛虚、洞極、洪範數、皇極數以及六壬、太乙、遁甲，爲外篇，全部論數。基本觀點是説作《易》的聖人用象揭示思想給人看，《易》象止有八卦、六爻、象形、爻位、反對、互體、方位七種，後人搞的納甲、動爻、卦變、先天四者是僞象。這個觀點大體上是對的。黃氏此書的弱點是對河圖、洛書未作徹底的批評，反而據宋人薛季宣之説，以爲河圖即後世之圖經，洛書即後世之地志。《顧命》所謂之河圖即後世之黃册。結果非但未能擊敗陳邵圖書之學，倒使對方得據經典以反脣回擊。

黃宗羲的弟弟黃宗炎著有《周易象辭》二十一卷，附《尋門餘論》二卷、《圖書辨惑》一卷，《四庫全書》收入。《周易象辭》解釋卦辭爻辭全以義理爲主，力排宋人圖書之學。《尋門餘論》力斥圖書源於伏犧、藏匿數千年、至陳摶始出之説爲不可信。《圖書辨惑》説陳摶之圖書乃道家養生之術；周敦頤的《太極圖説》圖摻雜神仙，説假冒《易》道；朱熹從"而"字分析更流於佛家。

　　胡渭所著《易圖明辨》，是掃盡宋人圖書之學最有力，最有功，最具水平的一部書。可惜二百多年來如同湮没，未得到應有的重視。書共十卷，《四庫全書》收入，《清經解續編》亦收入。書中對河圖、洛書、五行、九宮、《周易參同契》、先天太極圖、龍圖、易數鈎隱圖、啓蒙圖書、先天古易、後天之學、卦變等等做條分縷析、溯本尋源的批評。最後一卷列"象數流弊"一目，總結性地批判陳摶、邵雍之學，從理論上深刻指明義理與象數的關係。

　　胡氏論《易》，旁徵博引而要領顯著，觀點明確而理據俱足，對《易》學中的荒唐謬悠之説鋒鋒利利地批判開來，如同剝筍，步步緊逼，層層深入，使之明明晃晃無處容身；它們究竟是些什麼物什，令人看得一清二白，無須置疑。所云道理，最爲根本的有以下各點：（一）圖書非《易》原有，應一概廢棄不用。他説："《詩》《書》《禮》《樂》《春秋》，皆不可以無圖，唯《易》則無所用圖。六十四卦二體六爻之畫，即其圖矣。白黑之點，九、十之數，方圓之體，復姤之變，何爲哉！其卦之次序方位，則乾坤三索、出震齊巽二章盡之矣。圖可也，安得有先天後天之别。河圖之象，自古無傳，從何擬議？洛書之文，見於《洪範》，奚關卦爻？五行、九宮初不爲《易》而設，《參同契》先天太極，特借《易》以明丹道，而後人或指爲河圖，或指爲洛書，妄矣。妄之中又有妄焉，則劉牧所宗之龍圖，蔡元定所宗之關子明《易》是也。此皆僞書。九、十之是非，又何足校乎！故凡爲《易》圖以附益經之所無者，皆可廢也。"（卷首《題辭》）（二）區分《易》之象數與後世人附益之象數的不同。胡氏説："《易》之所謂象數，蓍卦焉而已。卦主象，蓍主數。二體六爻，剛柔雜居者，象也。大衍五十，四營成易者，數也。經文粲然，不待圖而明。若朱子所列九圖，乃希夷、康節、劉牧之象數，非《易》之所謂象數也。"(《象數流弊》篇)(三)强調《易》之象不同於物象。胡氏説："八卦以象告，爻象以情言，象者二體六爻之畫是也。""潛龍牝馬等語，若《詩》之比興，總謂之辭，非夫子之所謂象。"又引項安世語曰"凡卦辭皆曰象，凡卦畫皆曰象"，"故指畫爲象，非謂物象也。大象總論六畫之義，小象各論一畫之義，故皆謂之象。其曰天曰龍者，自因有象之後推引物類以明之耳。本稱之象，非此之謂也"(同上)。(四)指認《易》非單純卜筮之書，聖人非專爲卜筮而作《易》。胡氏説："《易》爲卜筮之書，與醫藥種樹並稱，秦人之見也。""聖人豈專爲卜筮而著一書，使天下後世之人日日端策拂龜聽命於鬼神而不務民義也哉!"且謂伏犧、文王、周公、孔子之作《易》經傳，其意一致，皆在立人之道曰仁與義。《易》之於人倫日用不可斯須去，上可以窮理盡性，下可以反身寡過，非徒卜筮之書(同上)。(五)視孔子、王弼、程頤爲《易》學之正宗而陳、邵圖書之學爲別傳。胡氏引顧炎武《日知錄》説："夫子未嘗專以象數教人爲學也。是故出入以度，無有師保，如臨父母，文王、周公、孔子之《易》也。希夷之圖，康節之書，道家之《易》也。自二子之學興而空疏之人，迂怪之士，舉竄迹於其中，以爲《易》，而其《易》爲方術之書，於聖人寡過反身之學，去之遠矣。"又引黄宗羲《易學象數論》説："《漢·儒林傳》孔子六傳至菑川田何，《易》道大興。吾不知田何之説何如也。降而焦、京，世應、飛伏、動爻、互體、五行、納甲之變無不具者。吾讀李鼎祚《易解》，一時諸儒之説蕪穢康莊，使觀象玩占之理盡入於淫瞽方技之流，可不悲夫!""王輔嗣出而注《易》"，"庶幾潦水盡而寒潭清矣"，"試讀其《注》，簡當而無浮義，何曾籠落玄旨，故能遠歷於唐發爲《正義》，其廓清之功不可泯也。""逮伊川作《易傳》，收其崑崙旁薄者，散之於六十四卦中，理到語精，《易》道於是而而大定矣。""世儒過視象數，以爲絶學，故爲所欺，余一一疏通之，知其於《易》本了無干涉。"

　　清代主義理斥象數圖書之《易》著不止黄氏兄弟和胡氏三家，

惟以三家之說最爲鋒利明通,故扼要評述如上。清代另外亦有采宋元明義理派《易》學諸家說解《周易》經傳之著作多種,而以李光地主纂的《周易折中》尤爲有功於孔子之《易》學。此書卷首冠以《綱領》,概述作《易》傳《易》源流,通論《易》道精蘊、經傳義例,指示讀《易》之方法,評說諸家說《易》之短長。大體肯定王弼、程頤義理之學,而對漢宋象數之學未做堅決的批評,故大多采取朱熹之說,於義理、象數兩派各打五十板。編後附有蔡元定以朱熹名義寫的《易學啓蒙》,更能說明編者於朱熹之謬說仍不能斷然抛棄。但是假若揭開表面文章看其解卦的實質,則知編者委實心在義理,而於象數、圖書之學不感興趣。每觀象解卦釋爻皆首舉朱子《本義》而次以程頤《易傳》,然後在"集說"欄目之下列舉自漢迄明諸家《易》說。重點在宋元明以義理說《易》諸家。雖首朱熹,名義而已,其指歸則在程頤。象數、圖書諸家如京房、荀爽、鄭玄、虞翻、陸績、干寶、蜀才、關朗、劉牧、周敦頤、邵雍、朱震、來知德等,偶爾亦有所采取,但必有助於訓釋卦辭爻辭,發明經義。讖緯、互體、卦變、納甲、爻辰等等全在它摒棄之列,一切支離幻渺之說,咸斥不錄。一部官修之書,在以朱熹爲聖人,以朱子壓孔子的時代,敢於恢復、彰明孔子《易》學的傳統,對漢易不予理睬,對朱熹抬舉的陳、邵圖書之學予以事實上的批評,實爲《易》學史上的壯舉。

清人在弘揚義理派《易》學,恢復孔子《易》學傳統方面作過許多貢獻,然而問題並未解決。《周易折中》《易學象數論》《易圖明辨》問世已二百多年,學界死死咬定《周易》是卜筮之書,專心於象數、圖書的,仍不乏其人,以至於書肆上冒《周易》之名販算卦之實的末流濫書充斥不絕。

五、《春秋》的流傳

《春秋》表面上看是一部史書,它分年紀事,上起魯隱公元年即周平王四十九年，公元前 722 年，下止魯哀公十四年即周敬王三十九年，公元前 481 年，中經魯國隱、桓、莊、閔、僖、文、宣、成、襄、昭、定、哀十二公，計二百四十二年。文字約 1.6 萬，是"六經"中字數最少的一部。據《漢書·藝文志》記載，《春秋》在漢代有兩種本子。一種是《春秋古經》十二篇，十二公一公一篇，皆古字古言。錢大昕《漢書考異》說："謂左氏經也。劉歆《傳》：'歆校秘書，見古文《春秋左氏傳》。'又云：'《左氏傳》多古字古言。'許慎《五經異義》言：'今《春秋》，公羊說；古《春秋》，左氏說。'"一種是《經》十一卷，班氏自注曰："公羊、穀梁二家。"知是公、穀所傳之今文《春秋》經。因閔公不過兩年，附於莊公爲一卷，故十二公爲十一卷。在漢代這兩種本子《春秋》經都單行，與公、穀、左三傳並不配合。經與傳什麼時候配合到一起的呢？杜預《春秋經傳集解》序說："分經之年與傳之年相附，比其義類，各隨而解之。"陸德明《經典釋文》卷十五說："舊夫子之經與丘明之傳各卷，杜氏合而釋之，故曰《經傳集解》。"是知左氏經傳之合始於杜預。公、穀所傳之今文《春秋》經傳合一始於何時何人，史無明文。據《四庫全書總目提要》，《公羊傳》與經之配合，始於唐人徐彥爲《公羊傳解詁》作疏之時。《穀梁傳》與經之配合，始於晉人范寧作《春秋穀梁傳集解》。然而皆屬推測之辭，不宜視爲定論。

自漢迄清，《春秋》經的流傳，問題發生在人們對"三傳"的態度上。對"三傳"各持怎樣的看法，又取決於人們對《春秋》這部書的性質怎樣看。看法不外乎兩種，一種視《春秋》爲明義之書，一種以爲《春秋》乃史書，惟記事而已。

《孟子·離婁下》說："晉之《乘》，楚之《檮杌》，魯之《春秋》，一也。其事則齊桓晉文，其文則史。孔子曰：'其義則丘竊取之矣。'"《莊子·天下篇》說："《易》以道陰陽，《春秋》以道名分。"《荀子·儒效》說："《春秋》言是其微也。"董仲舒《春秋繁露·玉杯》說："《易》本天地，故長於數；《春秋》正是非，故長於治。"《史記·滑稽列傳》

說:"《易》以神化,《春秋》以義。"《自序》說:"《易》以道化,《春秋》以道義。"又,《太史公自序》引董仲舒述孔子語:"我欲載之空言,不如見之於行事之深切著明也。"可見戰國和漢代諸大家皆視《春秋》爲借事明義之書。近人皮錫瑞《經學通論》說:"孔子並非不見國史,其所以特筆褒之者,止是借當時之事,做一樣子,其事之合與不合,備與不備,本所不計。孔子是爲萬世作經,而立法以垂教,非爲一代作史而紀實以徵信也。"皮氏此說極是。《春秋》不是紀事的史書,是借事明義的經書,是講政治的書。

《春秋》經文之義要靠傳來說解,否則不能明白。《春秋》有公、穀、左三傳。《公羊傳》《穀梁傳》直接釋《春秋》微言大義。《左傳》記事詳瞻,雖不傳義,卻可以證《春秋》之義。所以正確的態度應當是"三傳"並舉,承認"三傳"都是《春秋》的傳。《四庫全書總目提要》於《春秋左傳古義》六十卷說:"周左丘明撰,晉杜預注,唐孔穎達疏。左氏褒貶或不確,而所述事迹則皆徵國史。不明事迹之始末,而臆斷是非,雖聖人不能也。故說《春秋》者,必以是書爲根柢。"肯定《左傳》是《春秋》的傳。皮氏《經學通論》引張杓曰:"傳有二義,有訓詁之傳,有載記之傳。訓詁之傳主於釋經,載記之傳主於紀事。""《公》、《穀》依經立傳,經所不書,更不發義,故康成謂《穀梁》善於經,王接亦曰《公羊》於文爲儉,通經爲長,此而例之訓詁之傳,猶或可也。""漢晉諸儒言《左氏》者,莫不以爲紀事之書,所謂載記之傳是也。"張氏傳有二義之說是正確的。《公》、《穀》二傳釋《春秋》之義,《左氏》以事解《春秋》。否認《左傳》是《春秋》之傳,是不對的。

然而曾經有一種錯誤的認識對《春秋》的流傳影響極爲不好,即爲了抬高《左傳》的地位,否認《春秋》是明義之書,把《春秋》與史書等同起來。第一個這樣做的人是西漢末年的劉歆。劉歆整理中秘圖書,貢獻極大,其功不可泯滅,惟其於《春秋》之言論甚爲謬悠不經。《漢書・藝文志》乃抄自劉歆之《七略》,其說出自劉歆,當無疑問。其《序文》曰："昔仲尼没而微言絶，七十子喪而大義乖。"此純係謬説，等於否認了《公羊傳》《穀梁傳》是傳《春秋》微言大義的，同時也等於把《春秋》是道義之書，貶爲紀事之書了。《漢書·藝文志》之《六藝略》春秋類結語説："左史記言，右史記事。事爲《春秋》，言爲《尚書》。帝王靡不同之。"此話亦本於劉歆《七略》，思想屬於劉歆無疑。中國古代根本没有左史記言右史記事之事，且古人於"六經"總是《詩》《書》對舉，《禮》《樂》對舉，《易》《春秋》對舉。劉歆爲了擡高《左傳》，爭立《左傳》於學官，乃故意硬將《春秋》與《尚書》對舉，誣《春秋》爲記事之書。《漢書·楚元王傳》説："歆以爲左丘明好惡與聖人同，親見夫子，而公羊、穀梁在七十子後。傳聞之與親見之，其詳略不同。"劉歆衡量"三傳"短長的標準是詳略。左丘明見過孔子，故《左傳》詳；公、穀在七十子後，未見過孔子，故《公羊傳》《穀梁傳》略。既云詳略，所指必是史事。若言明義，則詳略無從説起。劉歆心中所想，《春秋》是記事之書，《左傳》記事較詳，故視公、穀二傳爲優。

　　第二個貶抑《春秋》的人是西晉人杜預。杜預是司馬懿的女婿，他作《春秋經傳集解》，出於政治上的用心，用《左傳》壓《春秋》，以周公抑孔子。其《春秋序》説，"仲尼因魯史策書成文，考其真僞，而志其典禮，上以遵周公之遺制，下以明將來之法。""其發凡以言例，皆經國之常制，周公之垂法，史書的舊章。仲尼從而修之，以成一經之通體。"顯然是在論説《春秋》之作雖經孔子之手，但孔子因的是魯史策書成文，遵的是周公的遺制，明的是將來之法，没有多少是他自己的東西。這實際上就是否掉了孔子作《春秋》。杜氏取《左傳》昭公二年"韓宣子適魯，見《易·象》與魯《春秋》，曰周禮盡在魯矣"一句爲據，以爲以此即可證明所謂孔子作《春秋》，不過翻檢周公舊制，鈔録魯史舊聞而稍加刊正而已。杜氏在其《春秋左傳集解》後序中更加無視孔子爲《春秋》有其竊取之義，將《春秋》與《竹書紀年》相比照，以爲《竹書紀年》"其著書文意大似《春秋》經"，

"推此,足見古者國史策書之常也。"將《春秋》與一般國史策書等同起來。又説:"(《竹書紀年》)諸所記多與《左傳》符同,異於《公羊》《穀梁》,知此二書近世穿鑿,非《春秋》本意,審矣。"可見杜氏品評《春秋》及"三傳",心中有一個標準,即看紀事如何,不管明義怎樣。《竹書紀年》紀事與《左傳》符合,"皆承告據實",好。《公羊傳》《穀梁傳》則近世穿鑿,不好。杜氏將"三傳"短長完全弄反。

在貶《春秋》抬《三傳》的路上走得更遠的是作《史通》的唐朝人劉知幾。劉氏相信劉歆"左史記言,右史記事,事爲《春秋》,言爲《尚書》"的説法,而拘泥尤甚。《史通·載言》説:"古者言爲《尚書》,事爲《春秋》,左右二史,分尸其職。蓋桓文作霸,糾合同盟,春秋之時,事之大者也,而《尚書》缺紀。秦師敗績,穆公誠誓,《尚書》之中,言之大者也,而《春秋》靡録。此則言、事有別,斷可知矣。"以爲紀事是《春秋》的特點,因而於《六家》篇將《春秋》作爲史書與《史記》《漢書》《左傳》《國語》等同列,視《春秋》與《竹書紀年》《汲冢瑣語》《晏子春秋》《虞氏春秋》《吕氏春秋》《楚漢春秋》等爲同類。更於《惑經》篇指斥《春秋》有十二"未諭",以史家標準衡量《春秋》。前人論《春秋》之語,如夫子"作《春秋》,筆則筆,削則削,子夏之徒不能贊一辭","善人勸焉,淫人懼焉","孔子成《春秋》,亂臣賊子懼","孔子曰,知我者其唯《春秋》乎!罪我者其唯《春秋》乎"等等,劉氏一概斥之爲虚美之辭,從根本上否定了《春秋》的價值。於《申左》篇抨擊《春秋》尤不遺餘力。説《春秋》"於内則爲國隱惡,於外則承赴而書。求其本事,大半失實"。"尋斯義之作也,蓋是周禮之故事,魯國之遺文,夫子因而修之,亦存舊制而已"。"至於實録,付之丘明,用使善惡畢彰,真僞盡露。向使孔經獨用,《左傳》不作,則當代行事,安得而詳者哉"?以實録與否論《春秋》與《左傳》,《左傳》當然强於《春秋》。問題在於劉氏不知《左傳》作爲《春秋》傳,以事解《春秋》,紀事詳於《春秋》,是理所當然的;《春秋》借事明義,不以紀事爲主,所以才需要《左傳》來解它。

劉氏以史家的標準要求《春秋》，更以史家標準説"三傳"短長。其謂《左傳》有三長，一曰"筆削及發凡例，皆得周典"，二曰"其《傳》廣包它國，每事皆詳"，三曰"凡所采摭，實廣聞見"。雖云"三長"，其實不過一長，紀事詳贍而已。其謂《公羊傳》《穀梁傳》有五短，一曰"語地則與魯産相違，論時則與宣尼不接"，二曰"其録人言也，語乃齟齬，文皆瑣碎"，三曰"自我作古，無所準繩，故理甚迂僻，言多鄙野"，四曰"述經文，無所發明，依違而已"，五曰"違夫子之教，失聖人之旨，獎進惡徒，疑誤後學"。雖曰五短，其實不過一短，即二傳不如《左傳》遠甚。意謂今有《左傳》在，《公》、《穀》二傳可廢矣。所以劉氏説："若無左氏立傳，其事無由獲知。然設使世人習《春秋》而唯取兩傳也，則當其時二百四十二年行事茫然缺如，俾後來學者幾成聾瞽者矣。"劉氏不適當地過分夸大了《左傳》的意義，根本不承認《公羊傳》《穀梁傳》的價值。就史書的角度説，《左傳》是無與倫比的；倘無《左傳》，古史將大半不明。就《春秋》傳的角度説，《公》、《穀》是不可或缺的，倘無《公》、《穀》，《春秋》之義將不能明。

《左傳》這書在漢代出現較晚，第一個與之打交道且給後世人留下深刻印象的，是西漢晚期的劉歆。據《漢書·楚元王傳》載，劉歆"校秘書，見古文《春秋左氏傳》，歆大好之。時丞相史尹咸以能治《左氏》，與歆共校經傳。歆略從咸及丞相翟方進受，質問大義。初，《左氏傳》多古字古言，學者傳訓故而已。及歆治《左氏》，引傳文以解經，轉相發明，由是章句義理備焉。""歆以爲左丘明好惡與聖人同，親見夫子，而公羊、穀梁在七十子後，傳聞之與親見之，其詳略不同。""及歆親近，欲建立《左氏春秋》及《毛詩》《逸禮》《古文尚書》皆立於學官。"又劉歆《移讓太常博士書》呼吁"謂左氏爲不傳《春秋》，豈不哀哉"！《後漢書·范升傳》記范升與韓歆討論立不立《左氏春秋》於學官説："《左氏》不祖孔子，而出於丘明。師徒相傳又無其人，且非先帝所存，無因得立。"

　　這些記載給人以這樣的印象,《左傳》在西漢傳授不明;劉歆本
人與《左傳》有密切的關係,《左傳》本不解經,至劉歆"引傳文以解
經",才成爲《春秋》傳;《左傳》與孔子無涉,是後世人把它與《春秋》
連繫起來的。因此,後世有人懷疑《左傳》中之五十凡例、"君子曰"
及其他解經語是劉歆故意竄入的,甚至於説《左傳》全書都是劉歆
僞造。至少認爲《左傳》不解《春秋》,不是《春秋》的傳。

　　説劉歆僞作《左傳》,於事理不合。劉歆能够託古自作《左傳》
這麽一部大書而不露馬脚,且敢於面對反對派的激烈反對,在皇帝
面前公然推銷自己的私貨,料他不會有這麽大的能力和膽量。況
且在當時書由手寫的條件下,劉歆即使能僞作一部書,卻不能使人
不識破。反對《左傳》立學官的博士們祇説《左傳》不傳《春秋》,卻
不説《左傳》是劉氏僞作。還有,在劉歆同時代治《左傳》的還有尹
咸和翟方進,並非劉歆獨自一家。《左傳》這書在漢代是有傳授脈
絡的。劉歆之前早有《左傳》流傳,無須也不容劉氏去作僞。《史
記·十二諸侯年表》序説:"孔子明王道,干七十餘君,莫能用,故西
觀周室,論史記舊聞,興於魯而次《春秋》。""魯君子左丘明懼弟子
人人異端,各安其意,失其真,故因孔子史記具論其語,成《左氏春
秋》。"清代今文經學家劉逢禄《左氏春秋考證》説:"曰'魯君子',則
非弟子也。曰《左氏春秋》,與鐸氏、虞氏、吕氏並列,則非傳《春秋》
也。故曰《左氏春秋》,舊名也。曰《春秋左氏傳》則劉歆所致也。"
又説:"太史公時名《左氏春秋》,蓋與晏子、鐸氏、虞氏、吕氏之書同
名,非傳之體也。《左氏傳》之名蓋始於劉歆《七略》。"劉氏祇是説
《左氏傳》之名始於劉歆,司馬遷作《史記》時名曰《左氏春秋》,《左
氏春秋》不是《春秋》的傳,没有説《左氏傳》是劉歆僞作。《春秋左
傳集解·春秋序》孔疏引劉向《别録》云:"左丘明授曾申,申授吴
起,起授其子期,期授楚人鐸椒,鐸椒作《抄撮》八卷授虞卿,虞卿作
《抄撮》九卷授荀卿,荀卿授張蒼。"張蒼以下之傳授系統,《漢書·
儒林傳》和《經典釋文序録》皆有説。其實《别録》的一段記載足以

證明《左傳》乃先秦舊籍，非劉歆僞記之作。劉向的話可信否？可信。劉向沒有必要也沒有可能爲他的兒子後來作僞説下假話。據《漢書·楚元王傳》，劉向是個"簡易無威儀，廉靖樂道，不交接世俗"，敢於堅持與外戚惡勢力作鬥爭的正派人，劉歆卻做了王莽新朝的國師嘉信公。在學術上，向歆父子亦有分歧。劉向習《穀梁春秋》，而劉歆見《春秋左氏傳》，大好之，以爲《左傳》詳於《公》、《穀》二傳。"歆數以難向，向不能非間也，然猶自持其《穀梁》義"。父子政治品格迥異，學術觀點兩歧，於情理上説，劉向不可能與兒子劉歆合謀欺世騙人。孔疏所引劉向《別錄》關於《左傳》傳統系統的記載，細節或不免有誤，但大體應是事實。而況在劉歆校中秘書，發現《春秋左氏傳》"大好之"之前，早有人見過《左傳》。《左傳》在民間被發現，獻上朝廷，藏入中秘，然後劉歆才得以見之。儘管《左傳》之出，諸説不一，王充《論衡·案書篇》以爲出於孔壁，許慎《説文解字序》以爲張蒼所獻，《漢書·楚元王傳》以爲自來藏於秘府，但有一點是共同的，即在劉歆之前就存在《左傳》這部書，祇是書的名稱前後有異罷了。

　　關於《左傳》這部書，我們應承認它是先秦舊物。它出於孔子同時代人魯君子左丘明之手，當爲事實。説劉歆僞作《左傳》，迄今仍找不出立得住的文獻證據。《公羊傳》《穀梁傳》是《春秋》的傳，《左傳》也是《春秋》的傳。《春秋》借事明義，《公》、《穀》二傳直解《春秋》的義，《左傳》則將《春秋》的事補全加詳，令人易於理解《春秋》的義。《左傳》的"君子曰"有一定的意義，其"五十凡例"則大多不足取。西漢的博士們咬定《左傳》不傳《春秋》，不是《春秋》傳，是出於今古文門户之見和爭奪立學官不立學官的政治用心。

　　但是《春秋》畢竟是"道名分"，"道義"的書，裏面蘊含着孔子的政治思想。《公羊傳》以及《穀梁傳》是七十子後學直接講解、傳授《春秋》之微言大義的。傳播孔學，《公》、《穀》二傳遠勝於《左傳》。故《公》、《穀》二傳顯則《左傳》微，《左傳》顯則《公》、《穀》二傳微。

《左傳》顯則《春秋》之義微,《公》、《穀》二傳顯則《春秋》之義顯。

　　漢代治《公羊傳》的學者不少,卓有影響的二人而已,一西漢的董仲舒,二東漢的何休。董仲舒留下一部《春秋繁露》,何休留下一部《春秋公羊經傳解詁》即《公羊注》。關於董仲舒,《漢書・儒林傳》説,漢興,"言《春秋》",於齊則胡毋生,於趙則董仲舒"。《史記・儒林列傳》説:"漢興至於五世之間,唯董仲舒名爲明於《春秋》,其傳公羊氏也。"《史記・十二諸侯年表序》説:"上大夫董仲舒推《春秋》義,頗著文焉。"《索隱》曰:"《春秋繁露》是。"是知董仲舒治春秋公羊學,是漢初五世間最懂《春秋》的人。他研究《春秋》之義,不研究《春秋》之史,他寫過許多關於《春秋》的文章,編成書就是今存的《春秋繁露》。

　　《春秋繁露》對《春秋》及公羊學的貢獻主要有三:第一,解決了《春秋》微言大義的問題。微言大義應保存在七十子後學傳授的《公》、《穀》二傳中,但什麼是微言大義,二傳未明確點出,後人見仁見智,莫衷一是。清人皮錫瑞《經學通論》説大義是誅討亂臣賊子,微言是改制立科。這是不對的。誅討亂賊是孔子作《春秋》的目的,孔子對此並不諱言,《孟子》書也已講得清清楚楚,如果這便是微言大義,本不是問題,《漢書・楚元王傳》何以記劉歆的話説"夫子没而微言絶,七十子喪而大義乖"! 第一個觸及《春秋》微言大義問題的人是董仲舒。《公羊傳》成公十五年説:"曷爲殊會吴? 外吴也。曷爲外也?《春秋》内其國而外諸夏,内諸夏而外夷狄。王者欲一乎天下,曷爲以外内之辭言之? 言自近者始也。"《公羊傳》於隱公元年、桓公二年、哀公十四年三次述及"所見異辭,所聞異辭,所傳聞異辭"。這兩段話體現着《春秋》"自近者始"的原則。"自近者始",是《春秋》大義之一。董仲舒對《春秋》這一觀點理解極爲深透。《春秋繁露・王道》説:"親近以來遠,故未有不先近而致遠者也。故内其國而外諸夏,内諸夏而外夷狄,言自近者始也。"《春秋繁露・觀德》甚至把《春秋》"隕石於宋五"和"六鷁退飛"都説成是

"自近者始"的原則的體現。説那是"耳聞而記,目見而書,或徐或察,皆以其先接於我者序之"。推及國事更是如此。董氏説,"諸侯朝魯者衆矣,而滕薛獨稱侯","諸侯與盟者衆矣,而儀父獨漸進","吴楚國先聘我者見賢",都藴含着《春秋》"自近者始"的原則。《春秋繁露·楚莊王》把《春秋》十二公劃爲所見、所聞、所傳聞三個時間段落,以爲《春秋》於三個不同時期記事用辭有差別,"於所見微其辭,於所聞痛其禍,於所傳聞殺其恩"。爲什麼要這樣呢? 董氏説:"義不訕上,智不危身,故遠者以義諱,近者以智畏。畏與義兼,則世逾近而言逾謹矣。"遠的事情有所避諱,近的事情有所畏忌。時間越近説話越小心謹慎。這是"自近者始"。《春秋》還有一項大義,董仲舒也注意到了。《孟子》説"《春秋》,天子之事也",《公羊傳》僖公四年説"桓公救中國而攘夷狄,卒怙荆,以此爲王者之事也"。"天子之事","王者之事",不外是説《春秋》站在王者的高度評説二百四十二年歷史,其辦法主要是筆削。司馬遷從董仲舒學過《春秋》,他對《春秋》的認識必來自董仲舒。《史記·自序》説,"余聞董生曰:'周道衰微,孔子爲魯司寇,諸侯害之,大夫壅之。孔子知言之不用,道之不行也,是非二百四十二年之中,以爲天下儀表,貶天子,退諸侯,討大夫,以達王事而已矣。'""夫《春秋》上明三王之道,下辨人事之紀,別嫌疑,明是非,定猶豫,善善惡惡,賢賢賤不肖,存亡國,繼絶世,補敝起廢,王道之大者也。"《孔子世家》説,"至於爲《春秋》,筆則筆,削則削,子夏之徒不能贊一辭。弟子受《春秋》,孔子曰,'後世知丘者以《春秋》,而罪丘者亦以《春秋》'。"通過筆削的辦法"以達王事",這一重要原則實際上也是董氏指出的。

　　董仲舒對《春秋》公羊學的第二個貢獻,是他指出了《春秋》用辭有常有變的特點。《竹林》説:"《春秋》無通辭,從變而移。"又説:"《春秋》之道,固有常有變,變用於變,常用於常,各止其科,非相妨也。"《精華》説:"《春秋》固有常義,又有應變。"《玉英》説:"《春秋》

有經禮有變禮。"《楚莊王》説:"《春秋》之用辭,已明者去之,未明者著之。"《春秋》這一爲世人公認的用辭多變的特點是董仲舒首先説明白的。董氏對《春秋》用辭多變的特點把握圓熟而準確。《孟子》説"《春秋》無義戰",《春秋》實際上於戰攻侵伐之事必一一二書,且有偏戰之説。董氏以《春秋》用辭多變解釋這一矛盾。董氏説《春秋》之於偏戰,是善其偏不善其戰。偏戰,《竹林》説:"比之詐戰,則謂之義;比之不戰,則謂之不義。故盟不如不盟,然而有所謂善盟;戰不如不戰,然而有所謂善戰。不義之中有義,義之中有不義。辭不能及,皆在於指。非精心達思者,其孰能知之!"這話比"《春秋》無義戰"靈活、辯證,更符合《春秋》的實際情況。又,《春秋》宣公十五年:"宋人與楚人平。"依《春秋》常例,外平不書,書則必有深義。董氏指出《春秋》書此,意在表彰楚大夫司馬子反。《春秋》的原則是"卿不憂諸侯,政不在大夫"。司馬子反未向國君請示,擅自與交戰的敵方講和,體恤宋民人相食之苦。這兩條都犯了,《春秋》還大書之,是因爲司馬子反做到了當仁不讓。爲了不失仁,在特殊情況下,禮可不顧。董氏強調説:"故説《春秋》者無以平定之常義,疑變故之大。"這極得孔子作《春秋》之要領。

第三,《史記・孔子世家》講《春秋》"據魯,親周,故殷"的原則,很可能司馬遷得自董仲舒。"據魯",《春秋》本魯史,以紀魯事爲主。"親周",周乃天子之國,周事《春秋》理當優先記載。"故宋",宋是王者後,宋事《春秋》亦不得忽略。《公羊傳》宣公十六年説:"成周宣榭災。成周者何? 東周也。宣榭者何,宣宫之榭也。何言乎成周宣榭災? 樂器藏焉爾。成周宣榭災何以書? 記災也。外災不書,此何以書? 新周也。"新、親二字古通用。《公羊傳》之"新周"即《史記》之"親周"。《公羊傳》襄公九年説:"宋火何以書? 記災也。外災不書,此何以書? 爲王者後記災也。"《穀梁傳》説:"宋災。外災不志,此其志何也? 故宋也。"知《春秋》確有親(新)周、故宋之義。《春秋繁露》之《三代改制質文》、《王道》諸篇既云"新周"又云

"王周"，似自相矛盾，然而若遍檢全書，仔細尋繹，董氏以爲《春秋》"親周"而非"絀周"、"王魯"的觀點，清晰可見。

董仲舒在《春秋》研究上的糟粕也不容忽視。他的天人感應説對當代和後世產生了極壞的影響。《春秋》記災異但不講感應，董氏則將自然災異歸諸天意感應且加諸《春秋》。《王道》篇説："日爲之食，星隕如雨，雨螽，沙鹿崩，夏大雨水。""地震，梁山崩，雍河三日不流，彗星見於東方，孛於大辰，鸛鵒來巢"。是周衰，諸侯背叛，并兼無已，臣下僭上造成的。這些臆説硬加諸《春秋》，既給《春秋》的流傳投下陰影，也開了漢代符瑞、讖緯風的先河。

在《春秋》流傳歷史上另一位重要人物是公羊家何休。何休生於公元2世紀，著有《春秋公羊傳解詁》，今傳世。還有《春秋駁漢事六十條》《公羊墨守》《左氏膏肓》《穀梁廢疾》《公羊文謚例》等，已大部分亡佚。何休是位堅定的公羊家，在反對左氏家的理論鬥爭中不遺餘力。他用十七年的功夫寫成的《春秋公羊傳解詁》至今仍是《春秋》學的基本著作。他提出的"三科九旨"事實上成爲後世《春秋》公羊學的理論核心。清人劉逢禄《公羊春秋何氏釋例》説："無'三科九旨'則無公羊，無公羊則無《春秋》。"可見何休於《春秋》公羊學貢獻很大。但是何休的問題也不小。他提出的"三科九旨"在主要之點上歪曲了《春秋》和《公羊傳》的本義。

何休提出的"三科九旨"蘊含在他的巨著《春秋公羊傳解詁》中，後世公羊學者往往有具體的引述。徐彥《春秋公羊傳注疏》書題下引《公羊文謚例》説："'三科九旨'者，新周故宋，以《春秋》當新王，此一科三旨也。所見異辭，所聞異辭，所傳聞異辭，二科六旨也。內其國而外諸夏，內諸夏而外夷狄，是三科九旨也。"

何休這"三科九旨"後二科語出《公羊傳》原文，前一科是他自己提煉出來的。《春秋》與《公羊傳》都無黜周王魯之義，"三科九旨"第一科"新周故宋，以《春秋》當新王"的黜周王魯之説是何休強加給《春秋》和《公羊傳》的。

何休的黜周王魯説得自對《公羊傳》的曲解。《春秋》宣公十六年書:"成周宣榭火。"《公羊傳》解釋説:"成周宣榭災,何以書?記災也。外災不書,此何以書?新周也。""新周"即"親周",何休卻説:"新周,故分別有災不與宋同也。孔子以《春秋》當新王,上黜杞,下新周而故宋,因天災中興之樂器,示周不復興,故繫宣榭於成周,使若國文,黜而新之,從爲王者後記災也。"何休把天人感應的觀點加諸孔子,把黜周的帽子扣到《春秋》頭上。周既被黜爲王者後,便須有新王。新王本無有,何休乃"以《春秋》當新王"。《春秋》畢竟是書不是國,於是又提出"王魯"之説,以爲《春秋》以魯當新王,用魯統取代周統。《春秋》隱公元年書:"三月,公及邾婁儀父盟於眛。"稱邾婁君之字以褒之,《公羊傳》釋曰:"漸進也。"何休卻説:"《春秋》王魯,託隱公以爲始受命王,因儀父先與隱公盟,可假見褒嘗之法,故云爾。"把魯隱公想象爲始受命王。

何休既杜撰了《春秋》"黜周王魯"之説,《解詁》中凡遇稍可牽強之事,都扯到"王魯"上來。如《春秋》隱公七年書:"六月辛亥宿男卒。"何休説:"《春秋》王魯,以隱公爲始受命王,宿男先與隱公交接,故卒褒之也。"實則《春秋》於大夫尚且書卒書日,宿國之君卒日乃當然之事,與"王魯"與否無涉。何休是給《公羊傳》作注,《公羊傳》沒有"黜周王魯"之義,所以注文往往自相矛盾。《春秋》定公二年書:"雉門及兩觀災。"又書:"新作雉門及兩觀。"何休注説:"立雉門兩觀不書者,僭天子不可言。"又説:"天災之,當減損如諸侯之制,而復修大,僭天子之禮。"譴責了魯定公的僭越行爲,而與他的《春秋》"黜周王魯"之説形成對立。

何休的"黜周王魯"説不是孔子作《春秋》本有之義,純係他自己的臆造。所以後世許多人批評他的觀點。《晉書・王接傳》記王接説:"任城何休訓釋甚詳,而黜周王魯,大體乖硋,且志通《公羊》而往往還爲《公羊》疾病。"杜預在《春秋序》中説:"所用之曆即周正也,所稱之公即魯隱也。安在其黜周而王魯乎?子曰:'如有用我

者,吾其爲東周乎!'此其義也。"《左傳》隱公元年孔疏引劉炫説:
"新王受命,正朔必改,是魯得稱無,亦應改其正朔;仍用周正,何
也? 既王於魯,則是不事文王;仍奉王正,何也? 諸侯改元自是常
法,而云記王改元,是妄説也。"孔穎達在《春秋序》疏中説:"《春秋》
之文安在'黜周王魯'乎? 若'黜周王魯',則魯宜稱王,周宜稱公。"
又説:"孔子之作《春秋》,本欲興周,非黜周也。"《春秋集傳纂例·
春秋宗指議》引啖助説:"夫子傷主威不行,下同列國,首王正以大
一統,先王人以黜諸侯,不書戰以示莫敵,稱天王以表無二尊,唯王
爲大,邈矣崇高,反云'黜周王魯',以爲《春秋》宗指。"啖氏指斥這
是説《公羊》者"反經毁傳"的大罪過。以上諸家的批評是正確的。
孔子作《春秋》,意在正名分,道禮義。"黜周王魯"説不屬於《春
秋》,也不屬於《公羊傳》,而屬於何休。

　　"黜周王魯"説外,何休還創立了《春秋》"張三世"説。他把不
能用"黜周王魯"説解釋的《春秋》所有書法原則完全納入"張三世"
的框架之内。"張三世"説是何休從他提煉的"三科九旨"的第二部
分即"所見異辭,所聞異辭,所傳聞異辭"中發揮出來的。説見《春
秋公羊經傳解詁》隱公元年,其文云:

　　　於所見之世,恩已與父之臣尤深,大夫卒有罪無罪皆
日録之,"丙申季孫隱如卒"是也。於所聞之世,王父之臣
恩少殺,大夫卒,無罪者日録,有罪者不日略之,"叔孫得
臣卒"是也。於所傳聞之世,高祖曾祖之臣恩淺,大夫卒
有罪無罪皆不日,略之也,公子益師、無駭卒是也。

　　　於傳聞之世,見治起於衰亂之中,用心尚粗觕,故内
其國而外諸夏;先詳内而後治外;録大略小;内小惡書,外
小惡不書;大國有大夫,小國略稱人;内離會書,外離會不
書是也。於所聞之世,見治升平,内諸夏而外夷狄,書外
離會,小國有大夫,宣十一年秋晉侯會狄於攢函,襄二十
三年邾婁劓我來奔是也。至所見之世,著治太平,夷狄進

至於爵,天下遠近大小若一,用心尤深而詳,故崇仁義,譏
二名,晉魏曼多、仲孫何忌是也。

　　所以三世者,禮爲父母三年,爲祖父母期,爲曾祖父
母齊衰三月。立愛自親始,故《春秋》據自哀錄隱,上治祖
禰,所以二百四十二年者,取法十二公,天數備足,著治法
式。

此《春秋》有據亂、升平、太平的説法係何休所創,不同於董仲
舒,與《公羊傳》相去尤遠,更不反映《春秋》的真面目。從春秋的實
況看,正是孔子所深惡痛絶的衰亂時代,不是由據亂而升平而太
平,倒是自禮樂征伐自諸侯出發展到自大夫出,乃至陪臣執國命,
世道是每況愈下,孔子怎會違背己意,倒轉過去看歷史。

何休將"異外内"等《春秋》書法原則統統納入三世之説中,抹
殺了《春秋》用辭有常有變之義。例如稱"人"的問題,依《春秋》常
義,小國大夫稱人,大國大夫不稱人,國君更不稱人。然而有時候
小國大夫不稱人,大國大夫卻稱人,甚至齊桓晉文亦稱人。該稱人
者不稱人,不該稱人者卻稱人,《春秋》借此表達它對人物的進退褒
貶。倘依何休的説法,稱人不稱人全憑所處時代而定,則否掉了
《春秋》常變之義,《春秋》便不成其爲《春秋》了。

何休用三世説解釋《春秋》大夫卒日與否,亦與《公羊傳》之義
不符。《公羊傳》隱公元年固然説:"何以不日?遠也。所見異辭,
所聞異辭,所傳聞異辭。"但這祇是一般性原則,實不排除例外的情
況。何休説所傳聞世大夫卒有罪無罪一概不日,實則《春秋》於所
傳聞世書大夫卒七次,竟四次書日。何休説所聞世大夫卒有罪不
書日,無罪書日,而《春秋》於所聞世實書大夫卒十三次,唯宣五年
叔孫得臣卒不書日,餘皆書日,而叔孫得臣據《公羊傳》也是無罪大
夫。《公羊傳》講究日月例,但大夫卒日與否乃另有用意,與三世説
無干。

何休概括的"三科九旨"三方面問題都是《春秋》書法原則中最

重要的,但其中包含的思想是屬於他自己的。他從"三科九旨"第一科中推衍出的"黜周王魯"説,歪曲了孔子作《春秋》的目的。從第二科和第三科中創造的"張三世"説,以爲志通《公羊傳》,反而曲解了《公羊傳》。

　　真正反映孔子《春秋》思想的是《公羊傳》和《穀梁傳》,《左傳》僅僅以事解《春秋》。然而自漢以後至唐數百年間,二傳浸微,左氏孤行,劉歆爲《左傳》爭一席地的願望當時没實現,後來實現了。東漢之後,杜預作《春秋左傳集解》之前,王肅之經學與鄭玄之經學對攻。王肅著有《春秋左傳注》。鄭玄之於《春秋》,據《世説新語》文學篇,"鄭玄欲注《春秋傳》,尚未成,時行與服子慎遇,宿客舍,先未相識。服在外車上與人説己注傳意,玄聽之良久,多與己同。玄就車與語曰:'吾久欲注,尚未了,聽君向言,多與吾同,今當盡以所注與君。'遂爲《服氏注》。"服子慎即服虔。鄭玄未成《左傳》注,服虔受而成之。是知服氏、鄭氏於《春秋》乃一家之學。《後漢書·儒林傳》稱服氏作《春秋左氏傳解》,又以《左傳》駁何休之所駁漢事六十條。鄭玄雖未成《左傳》注,但著有駁難公羊家何休的《發墨守》《鍼膏肓》《起廢疾》,其揚《左氏》抑《公羊》的態度是清楚的。鄭學於魏晉南北朝時極受重視。這也是自此以後《左氏》大興的一個原因。三國時代,據《三國志》之《王肅傳》和《杜畿傳》裴注引魚豢《魏略》説,當時有董遇、賈洪、邯鄲淳、薛夏、隗禧、蘇林、樂詳等七人爲儒宗,其中董遇、賈洪特精於《春秋左氏傳》。樂詳從謝該問學《左氏傳》,著有《左氏樂民間七十二事》。惟隗禧於《左傳》甚不爲意,其答魚豢問曰:"欲知幽微莫若《易》,人倫之紀莫若《禮》,多識山川草木之名莫若《詩》。《左氏》直相斫書耳,不足精意耳。"七人之外,另有周生烈作《春秋左傳注》,杜寬作《春秋左傳解》。糜信作《春秋穀梁傳注》《左氏傳説要》《理何氏漢議》,兼治三傳,而以《穀梁傳》之注最爲得意。吳、蜀治《左傳》者亦大有人在,諸如吳之士燮、張昭、諸葛瑾、張紘、徵崇,蜀之來敏、尹默等人皆雅善《左傳》。

　　西晉治《左傳》的重要人物是杜預。杜預是杜畿之孫、杜恕之子、司馬懿之婿,專攻《左氏傳》,著作除《春秋左氏經傳集解》外,還有《春秋釋例》《春秋長曆》《盟會圖》。杜氏《集解》揚左氏抑公穀,否定孔子作《春秋》之意,上文已論及,此不贅言;此欲點明者,杜氏《集解》與前人解經不同之處有三。一、分經附傳,聚集經傳爲之作解;二、盡棄《公》、《穀》二傳不取,專以己意解傳解經;三、引前人劉、賈、許、穎諸家説,不著其名,而服虔之説不用。

　　西晉《春秋》學《左傳》居優勢,專治《公羊傳》的人極少,知名的祇有王接和他的兒子王愆期。《晉書・王接傳》説,王接常謂“《左氏》辭義贍富,自是一家書,不主爲經發。《公羊》附經立傳,經所不書,傳不妄起,於文爲儉,通經爲長”。乃更作《公羊春秋注》,多有新義。王愆期發揮其父王接的思想,再作《公羊傳注》。

　　西晉出現了治《春秋》三傳兼采的新趨勢。《晉書・劉寔傳》記劉寔“尤精三傳”,撰《春秋條例》三十卷。《晉書・儒林傳》記劉兆“思三家之異,合而通之”,作《春秋調人》,又作《全綜》,解《左氏》而納入《公》、《穀》二傳。氾毓作《春秋釋疑》,合三傳爲之解注。《華陽國志》載王長文據經摭傳,著《春秋三傳》十二篇。

　　至東晉,范寧沉思積年,作《春秋穀梁傳集解》,其義精審,爲世所重。多存舊説,不主一家。雖注《穀梁傳》卻不拘守《穀梁傳》,於三傳短長皆有所議論。其《集解》序説,《春秋》乃孔子因魯史而修,内含一字之褒,片言之貶,有罪者無所逃,有德者無所隱,抑揚無分貴賤,一從德義。《公羊》《左氏》《穀梁》都是《春秋》的傳,然而説經殊異,臧否不同,治《春秋》者必當棄其所滯,擇善而從。其於三傳短長曾括而言之曰:“《左氏》豔而富,其失也巫。《穀梁》清而婉,其失也短。《公羊》辯而裁,其失也俗。若能富而不巫,清而不短,裁而不俗,則深於其道者也。”范氏所以以爲治《春秋》當以没身爲限,非積年所能精究。

　　東晉一百年間,《左傳》固然居於優勢,但《公》、《穀》二傳亦尚未絕。東晉初年元帝時立《春秋左氏傳》杜預、服虔兩家。當時太常荀崧曾上疏請增置《公羊傳》《穀梁傳》，詔以爲《穀梁傳》膚淺，不足置博士，《公羊傳》可立，因遇王敦之亂而未立。據《宋書·百官志》載，元帝末年增立《春秋公羊傳》博士一人。以後改五經博士爲太學博士，《春秋》三傳各爲一經，由國子助教分掌。又據《南齊書·陸澄傳》稱，東晉末孝武帝泰元年間，《左傳》取服虔而兼取賈逵經，《穀梁傳》用麋信注。是知東晉官學《春秋》三傳皆立，而《左傳》杜注服注並取。

南北朝時期，南朝據《南齊書·陸澄傳》說，宋、齊於《左傳》皆專立服氏注，及齊用陸澄建議，始立杜預《春秋左傳集解》，然而至梁代傳《左氏傳》者猶皆以賈逵、服虔之說駁杜氏義。《穀梁傳》東晉末立麋信注，此時又立范寧注。是知南朝實三傳並立，不止立《左傳》。《公羊傳》立何休注，《穀梁傳》麋注范注並行。

北朝，《北史·儒林傳》序說，"其《公羊》《穀梁》二傳，儒者多不厝懷"。其所載研習《春秋公羊傳》的止有梁祚一人，而且有劉蘭一人排毀《公羊傳》。於《左傳》，據《北史》記載，北朝儒者通習服氏注。最著名的儒者徐遵明，於《春秋》則傳服氏所注《左傳》。但服氏注北朝並未專行，傳杜氏注者往往有人在，且來往駁難不已。衛翼隆爲服氏之學，上書難杜氏《春秋》六十二事，賈思同則駁衛翼隆乖錯十一條，姚文安又難服虔《左傳解》七十七條，名曰《駁妄》。李崇祖又申明服氏義，名曰《釋謬》。互相是非，終於未能裁正。

南北朝時期，南北諸儒傳《春秋》者（他經亦然）雖歧見紛紜，但方法卻大體相同。漢人治經以經爲主，所作傳注皆以解經爲目的。自魏晉以及南北朝，則以明注爲主，忘本而逐末，本經厝置不顧，惟在漢魏晉諸家注上討是非，或者堅守一家之說而加以申釋，或者旁引諸家之義而進行證明。經學變成了注學，孔子的本義已置諸腦後，甚至連三傳亦不措意，大家反復彼此駁難的衹是注。故《隋書·經籍志》說魏晉以來，"《穀梁》范寧注，《公羊》何休注，《左氏》

服虔、杜預注,俱立國學。然《公羊》《穀梁》,但試讀文,而不能通其義。後學三傳通講,而《左氏》惟傳服義。至隋,杜氏盛行,服義及《公羊》《穀梁》浸微,今殆無師説"。

唐初孔穎達奉敕修"五經正義",於《春秋》取《左傳》,於《左傳》取杜氏注,於杜注取劉炫和沈文阿疏。之後又有楊士勛作《穀梁傳疏》,取范寧注,徐彦作《公羊傳疏》,取何休注。開元年間,從李元璀議,全國各州縣學生於五經之外還要研習《公羊傳》《穀梁傳》《周禮》《儀禮》四經。《公》、《穀》二傳用的可能是范、徐二疏。是知唐朝國家對《春秋》三傳都很重視,着重《左傳》但不排斥《公》、《穀》二傳。南北朝時期開始出現的義疏形式,至此被正式肯定下來。南北朝人作義疏,疏注卻往往攻注,唐代則立下了疏不破注的規矩。孔穎達《春秋左傳正義》一概宗杜,惟杜注是從。時或有不同注意之辭,亦於考證中默默梳理,絕不公然攻注。這樣的義疏把着眼點放在某家注上,尊注過於尊傳,尊傳又過於尊經。傳已不暇顧及,經更無論了。注錯,疏則往往跟着錯。疏的文字也相當蕪雜破碎,論證既廣博而少折中,讀來則難得要領。

物極必反。唐代《春秋》三傳皆有義疏出,且全爲洋洋大作。此過於尊注的做法勢必引出反其道而行之的意見。據新、舊《唐書》之《儒學傳》載,武后長安年間,王元感上所作《春秋振滯》,與《正義》唱反調,朝臣學士有人譏之,也有人褒之。至代宗大曆年間,啖助、趙匡、陸淳師弟三人治《春秋》,自名其學,舊説一概打破。趙、陸同師啖助。啖助撰《春秋集傳總例》六卷,卒後,陸淳袞錄遺文,請趙匡加以損益,趙匡隨而疏之,陸淳又纂而彙之,成十卷四十篇,名曰《春秋啖趙集傳纂例》。陸淳另著有《春秋辨疑》《春秋微旨》二書。他們對三傳不全信亦不全否,以爲左、公、穀各有得失。啖助説《左傳》"敍事雖多,釋意殊少,是非交錯,混然難證"。然而它"敍事尤備,能令百代之下,頗見本末,因以求意,經文可知"。後世作傳之人"妄有附益,故多迁談。又《左氏》本末,釋者抑爲之説,遂令邪正紛揉,學者迷宗也"。至於《公羊傳》《穀梁傳》,"初亦口授,後人據其大義,散配經文,故多乖謬,失其綱統。然其大指亦是子夏所傳。故二傳傳經密於《左氏》。《穀梁》意深,《公羊》辭辨,隨文解識,往往鈎深。但以守文堅滯,泥難不通,比附日月,曲生條例,義有不合,亦復強通,踳駁不倫,或至矛盾,不近聖人夷曠之體也"。啖氏批評當時治《春秋》經之現狀説,三傳"已互失經指,注又不盡傳意,《春秋》之義幾乎泯滅"。人們"因注迷經,因疏迷注,黨於所習"。"今《公》、《穀》二傳殆絶,習《左氏》者皆遺經存傳,談其事迹,玩其文采,如覽史籍,不復知有《春秋》微旨"。啖氏自己所作書則直接釋經,取三傳之長以説《春秋》,義有未盡,則申己意。對前人舊注,或依而書之,或隨文改之,或演而進之,或删而不用,一視與經義相通與否。啖、趙、陸三人的説法和做法,對劉知幾《史通》擡《左傳》貶《春秋》的觀點是個打擊,對衹重注不顧經傳的唐人三傳義疏也是個否定。其書一出,即引起波瀾,好異者騖之不迭。柳宗元覺以得執弟子禮於陸淳爲榮。同時盧仝作《春秋摘微》,解經亦不用三傳。以至於韓愈贈盧仝詩有"春秋三傳束高閣,獨抱遺經究終始"之句。

啖、趙、陸三人的書,其觀點固然不無偏激之處,對前人傳注否定過多,釋經勢必難於通暢條貫,但是在當時《左傳》孤行、二傳殆絶的情況下,等於給《左傳》熱澆了冷水,給《公》、《穀》二傳多少正了名。

一個世紀之後,唐宣宗大中年間工部尚書陳商立《春秋左傳學議》,據孫光憲《北夢瑣言》和令狐澄《大中遺事》載,他以爲"孔聖修經,褒貶善惡,類例分明,法家流也。左丘明爲魯史,載述時政,惜忠賢之泯滅,恐善惡之失墜,以日繫月,修其職官,本非扶助聖言,緣飾經旨,蓋太史氏之流也。舉其《春秋》,則明白而有實,合之《左氏》,則叢雜而無徵。杜元凱曾不思夫子所以爲經,當與《詩》《書》《周易》等列。丘明所以爲史,當與司馬遷、班固等列。取二義乖刺不倖之語，參而貫之，故微旨有所未周，琬章有所未一"。

　　陳商劃清《春秋》與《左傳》界限，批評杜預混淆二者區別的觀點，基本上是正確的。它很可能是受啖、趙、陸的啓發而來，在當時響應的人不少，幾乎形成一股潮流，促使人們由一個極端走嚮另一個極端，由難疏而難注，由難注而難傳，由難傳而棄傳言經。捨《春秋》不顧，一味在注疏中追求，當然要不得；現在三傳皆不取，單憑自己之意説《春秋》，必然離題更遠。指斥三傳作傳的人非直接受於孔子，故不可信，後世距孔子更遠的人，離傳而説經，豈非更不可信！離開三傳説《春秋》，《春秋》便真的成爲不可解也不須解的"斷爛朝報"了。

　　啖、趙、陸的《春秋》説對宋人的影響極大。説他們的思想奠定了宋人《春秋》學的基礎，實不爲過。宋人學術不信注疏，專爲標新立異之風氣一開始就很盛。司馬光《論風俗劄子》(《傳家集》卷四二)説："近歲公卿大夫，好爲高奇之論，流及科場，亦相習尚。新進後生，口傳耳剽，……讀《易》未識卦爻，已謂'十翼'非孔子之言；讀《禮》未知篇數，已謂《周官》爲戰國之書；讀《詩》未盡周南、召南，已謂毛鄭爲章句之學；讀《春秋》未知十二公，已謂三傳可束之高閣。"司馬光所説恰是當時時尚所趨，他自己也不能逃脱疑古風的影響。他著有《疑孟》一卷十一篇(載《傳家集》卷七三)。陸游説："自慶曆後，諸儒發明經旨，非前人所及；然排《繫辭》，毀《周禮》，疑《孟子》，譏《書》之《胤征》《顧命》，黜《詩》之序。不難於議經，況傳注乎！"(《困學紀聞》卷八引)"疑《孟子》"所指即司馬光。由於啖助、趙匡廢棄三傳的影響，而注疏不取，祇談《春秋》的著作日盛。宋代這樣的書較多。孫復的《春秋尊王發微》、王晳的《春秋皇綱論》、孫覺的《春秋經解》、蘇軾的《春秋集解》等，都是或者發揮啖助思想方法或者直接引用啖助觀點的書。餘如劉敞的《春秋權衡》《春秋傳》《春秋意林》、崔子方的《春秋經解》、葉夢得的《春秋傳》、胡安國的《春秋傳》、陳傅良的《春秋後傳》、呂祖謙的《春秋左氏傳説》、程公説的

《春秋分紀》、黃仲炎的《春秋通說》、趙鵬飛的《春秋經筌》,等等,或折中舊說,或抒發己意,或議論比附,或借古諷今,無不是擯棄注疏,參貫三傳,斷以己意的著作,究其實質,與啖、趙之書蓋爲同一類。這些書以劉敞的爲最優,胡安國的爲最顯貴。胡書書事按《左傳》,取義依《公》、《穀》,並采《孟子》《莊子》《春秋繁露》以及王通、邵雍、二程、張載之說以潤色之,是一部寫得不錯的書,但是它畢竟起不到《春秋》之"傳"的作用,元、明兩代捧它到最高處,用它取士,《四庫全書總目提要》說:"明初定科舉之制,大略承元舊式,宗法程朱","以安國之學出程氏","遂獨用安國,漸乃棄經不讀,唯以安國之《傳》爲主。當時所謂經義者,實安國之《傳》義而已"。至清,胡傳被廢棄不用了。原因主要在於沒有什麽著作能够長久地取代"三傳"而成爲研究《春秋》的根據。有人說清人重漢學,抑宋學;胡傳是宋學,自然在擯棄之列。實則不然,清人並非凡漢學都抬舉,宋學都貶抑,不宜用漢宋的界限來界定清人的學問。

元明兩代之《春秋》學尤不足道。元代人株守宋人之書,自己所得新義甚少。俞皋的《春秋集傳釋義大成》,將胡安國《春秋傳》與"三傳"並列;程端學的《春秋三傳辨疑》,棄"三傳"而又駁"三傳";趙汸的《春秋屬辭》《春秋左氏傳補注》,既宗杜注,又采取《公》、《穀》,是元人最有價值的《春秋》學著作。明人株守元人之書而不及宋,幾乎沒有略可稱道的《春秋》學著作,大多是鈔襲前人的東西。顧炎武《日知錄》卷十八《竊書》條說:"有明弘治以後經解之書皆隱没古人名字,將爲己說者也"。"有明一代之人,其所著書,無非竊盜而已"。"故得明人書百卷,不若得宋人書一卷也"。顧氏語當近事實。

清代之《春秋》學一反唐宋人棄傳說經之弊,全在"三傳"上專門下功夫,其成果纍纍可觀。突出的是《左傳》《公羊傳》兩部新疏。劉文淇的《春秋左氏傳舊注疏證》是《左傳》新疏。新疏新在它廣搜賈、鄭、服三家舊注,比照杜注,加以疏證,近人說《左傳》之書有可取者亦予采納。陳立的《公羊義疏》是《公羊傳》的新疏。新疏亦新在博采古義上，凡唐以前公羊古説，以及清代諸家説《公羊》者，皆精擇之，貫通之。另有一些專門之作，雖不是義疏體，然而徵引廣博，見解精到，水平實高過疏，且可爲新疏所取資的，如顧炎武的《左傳杜解補正》、惠棟的《左傳補注》、劉逢禄的《公羊何氏釋例》、《公羊何氏解詁箋》、凌曙的《公羊禮疏》、包慎言的《公羊曆譜》等等皆是。其餘如孔廣森的《春秋公羊通義》、李貽德的《左傳賈服注輯述》，前者旁通諸家，兼采左穀，擇善而從；後者於賈服古注搜羅甚博，義有未安者亦略爲駁難。於二書時人給以很高的評價。獨《穀梁傳》清人未著新疏，但是也出了幾部好書。鍾文烝的《穀梁補注》、許桂林的《穀梁釋例》、柳興恩的《穀梁大義述》、侯康的《穀梁禮證》，雖算不上新疏，卻也都有相當的價值。柳書尤佳，陳澧見之，嘆爲精博，阮元許爲扶翼孤經。許書亦頗得贊譽，孫星衍稱爲條理精密，論辨明允。

　　《春秋》是借事以明義的書，有孔子的政治思想包含其中。它文字簡單得很，不過一萬六千字，記敍春秋二百四十二年諸國史事。作史書看，簡直就是"斷爛朝報"，若要知曉它的含義，非藉助"三傳"不可。所以如何理解"三傳"就成爲理解《春秋》的關鍵所在了。西漢主要是《公羊傳》爲重，東漢則"三傳"並行。至魏晉，"三傳"都有了專門的注，接着在南北朝至隋唐期間人們又紛紛爲"三傳"之注作疏。由經到疏，層層擴展發揮，一萬多字的東西竟用數以百萬計的字加以解釋，而且"三傳"注疏互相牴牾，各成系統，各系統內的注疏亦紛歧不一，五花八門，學者難所適從。注疏煩瑣到了極點，便走嚮反面。唐人索性"三傳"注疏皆不取，奮起以己意作傳，直接研經。宋、元、明三代學子真的不知公、穀、左三傳爲何物了。清代漢學興起，學者追求實事求是，不尚浮游談，於是治《春秋》者回過頭去搞"三傳"，搜羅古注，創作新疏，成果累出，尤以《公羊傳》爲最。清人回頭搞漢易，是個倒退，而回頭搞"三傳"，探討古注,卻是個進步。因爲漢人治《易》,脱離孔子原義遠甚,漢人治《春秋》研"三傳"則大體醇正。《春秋》學自漢迄清經歷了否定之否定的過程,恰似走了一條之字形的路。

第十二章　孔學流傳述評(下)

孔子學説的流傳大體有兩條綫索，一是孔子學説的載體，一是孔子學説自身。孔子學説的載體問題實際上是孔子研究的史料問題。這個問題學術界一向分歧很大。很多人把孔子局限在一部《論語》裏，《論語》之外與孔子無涉。"六經"是絶對被與孔子劃清了界限的。後世人搞的那些唯心的、封建的東西，本不屬於孔子，卻硬是扣到孔子頭上。公平地説，"六經"，尤其《周易》、《春秋》二經，其思想屬於孔子。《論語》自不必説，《論語》之外的七十子後學的其他記載，也當視爲研究孔子的寶貴資料。孔子學説必須從這些材料中尋找，同時把漢代及漢代以後人們在儒學或新儒學的名義下，對孔子學説的誤解、曲解，同孔子學説區別開來。儒家與孔學有關，但不是孔學。後世人的思想或者借取孔子名義，或者摻合一點孔子東西，然而大多不是孔子的學問。孔子是個偉大的哲學家。孔子的世界觀是唯物的、辯證的。孔子的人生論是現實的，可取的。孔子的學説有時代性，更有真理性。孔子思想中有些東西歷史跨度很大，至今仍不失爲真理，可以説具有超時代性。孔子學説之載體問題已如上述，以下粗略地評述一下孔子學説本身的流傳問題。

一、孟子、荀子對孔學的繼承

孔子的學問在先秦儒家那裏得到完滿的承傳，大體不曾走樣。這傳承的人就是孟子和荀子。孟、荀二人在傳承孔學問題上有區别,孟子好一些,荀子則稍差。韓愈《讀荀子》謂"孟子醇乎醇者也,荀與楊大醇而小疵",評價至爲公允。然而韓愈在其《原道》一文中提出儒家道統説時又提出了與之不盡相合的説法。韓氏謂:"堯以是傳之舜,舜以是傳之禹,禹以是傳之湯,湯以是傳之文、武、周公,文、武、周公傳之孔子,孔子傳之孟軻。軻之死,不得其傳焉。荀與楊也,擇焉而不精,語焉而不詳。"韓愈的這一説法,也是"大醇而小疵",在主要之點上正確,在次要問題上不足。説孔學由孟子傳承,對。説孔學至孟子而後很快就斷了,未能一貫傳下來,也是對的。説孟子死後不得其傳,把荀子抛開,則不對。

先説孟子。

孟子其人,《史記·孟子荀卿列傳》説:"騶人也,受業子思之門人。……是以所如者不合。退而與萬章之徒序《詩》、《書》,述仲尼之意,作《孟子》七篇。"又其書《離婁下》載孟子自謂:"予未得爲孔子徒也,予私淑諸人者。"《公孫丑上》載孟子自謂:"乃所願則學孔子也。"是知孟子是孔子之孫子思之門人的弟子,他是從别人那裏間接傳承孔子的學問的。

孟子其書,今存七篇。《漢書·藝文志》著録《孟子》十一篇,蓋兼外書四篇而言。趙岐《孟子題辭》説:"著書七篇,二百六十一章,三萬四千六百八十五字,又有外書四篇:《性善辯》、《文説》、《孝經》、《爲政》。其文不能弘深,不與内篇相似,似非孟子本真,後世依放而託之者也。"又説:"孟子名軻,字則未聞。"《孟子》七篇今存,其屬於孟子,向無疑義,是研究孟子思想的可信的也是惟一的史料。《孟子》有東漢末年趙岐所作注。趙注是惟一尚存的《孟子》注,也是漢人所作注中較好的一部。《十三經注疏》本《孟子》注采用的即是趙注。疏署名孫奭。孫奭,宋人。此疏是《十三經注疏》中最不好的一種,很可能是什麼人托孫氏之名僞撰,書中繁蕪踳駁之處極多。清人焦循晚年爲《孟子》作新疏,題曰《孟子正義》。焦疏以疏解趙注爲主,搜集當代人六十多家之説,擇善而從,於趙注亦多有規正。在名物制度上用力頗大,訓釋極詳贍。對書中義理的説解不能説很深刻,但説它説得過去總是可以的。

孟子是自古迄今最了解孔子的人,他對孔子學説把握得最準確,最透徹,後世沒有一個趕得上他。

孔子的宇宙觀是唯物論的。《論語・陽貨》説:"子曰,天何言哉? 四時行焉,百物生焉,天何言哉!"孔子心目中的天不是有意識的主宰,而是以太陽運行爲主的自然界。沒有什麼主宰,天在那裏自然地運動,即《繫辭傳》所説:"寒往則暑來,暑往則寒來,寒暑相推,而歲成焉。"孔子當然不知道地球繞太陽運轉和自身運轉造成年歲、四時的科學道理,但他憑直觀經驗認定天地是自然而然地運動着,沒有鬼神操縱。《論語》裏不見孔子關於宇宙本原問題的言論。這樣的言論在《易傳》有記載,而且十分明確。《繫辭傳》説:"易有太極,是生兩儀,兩儀生四象,四象生八卦。"此四語所言二義,一指卦的產生途徑,一指宇宙之本原何在。無論何指,太極都是一種存在,天地萬物或者説乾坤六十四卦由它生成。它之前還有什麼,孔子不回答更不提出這個問題。不説宇宙是由無到有,是被什麼東西創造出來的,當然是唯物論的觀點。宋人張載《正蒙》説:"大《易》不言有無,言有無諸子之陋也。"已經看出了這一點。許慎《説文解字》第一個字"一",解説:"惟初太極,道立於一,造分天地,化成萬物。"把太極解釋爲天地未分的一,一分爲二而成天地,天地而生萬物,與孔子《繫辭傳》的説法一致。如果再看看《序卦傳》説的"有天地然後萬物生焉,盈天地之間者唯萬物"兩句話,孔子的宇宙觀是唯物論的這一判斷便是毋庸置疑的了。

孟子對孔子的這些言論不曾徵引也不曾評論。《孟子》書中引《詩》引《書》,議論《春秋》,未引《周易》,我們不知道他對《周易》究竟是怎樣看的。可是我們看得出孟子的宇宙觀和孔子一樣,也是唯物論的。《孟子・萬章上》説:"莫之爲而爲者天也,莫之致而至者命也。"是孟子關於天命的最著名的兩句話。依孟子的意思,什麽事情莫之爲而爲，自然而然地出現，主體意志没起作用也起不了作用，就是天。《梁惠王上》説：“七八月之間旱，則苗槁矣。天油然作雲，沛然下雨，則苗浡然興之矣。”這便是自然之天。《公孫丑下》：孟子説：“天時不如地利，地利不如人和。”這個天當然也指自然。同篇記孟子説浩然之氣“塞於天地之間”，意與《序卦傳》“盈天地之間者唯萬物”略同。《盡心上》：“上下與天地同流。”又：“仰不愧於天，俯不怍於人。”《離婁下》：“天之高也，星辰之遠也，苟求其故，千歲之日至可坐而致也。”這些“天”的概念除自然之天而外，無法找出另外的解釋。《離婁下》的一段話尤其明確地將天講成自然，竟認爲可根據天體的運行計算出千年之後的冬至、夏至來。《滕文公上》孟子引孔子曰：“大哉堯之爲君，唯天爲大，唯堯則之。”原文出自今《論語·泰伯》。孔子把天同堯聯繫起來，天顯然指稱自然之天。《尚書·堯典》有堯“乃命羲和，欽若昊天，曆象日月星辰，敬授人時”的話，堯的時候，對日月星有了認識，且能觀察它們的運行，得知一年四時三百六十五天的概念。堯以前做不到這一點，堯做到了。堯是偉大的，天也是偉大的。祇有堯能够認識天，遵循天道安排人事。孟子同意孔子的觀點，所以才加以徵引。

　　孟子“萬物皆備於我”一語常被人們同宋人陸象山“吾心即宇宙”相比擬，據此斷定孟子的宇宙觀是主觀唯心論。這是一個誤會。孟子“萬物皆備於我”與“吾心即宇宙”所云實非一義。“萬物皆備於我”出自《盡心上》，原文云：“萬物皆備於我矣，反身而誠，樂莫大焉，强恕而行，求仁莫近焉。”統觀上下文意，孟子要表達的是君子求仁的方法，並非以爲“我”就是“萬物”，没了主觀的“我”，就没了客觀的世界。

　　孟子强調求仁的方法在一個恕字，人能强恕而行，仁便不遠了。恕的含義是推己及人，由自己的愛惡想到别人的愛惡。所謂“己欲立而立人，己欲達而達人”，“己所不欲，勿施於人”是也。人能否做到這一步呢？孟子以爲能，因爲“萬物皆備於我”，别人的飢寒温飽,喜怒憂樂,和"我"一樣。"我"愛惡什麼,會推及別人也愛惡什麼。問題在於,"我"能否做到"反身而誠",即對待別人像對待自己一樣。

在《孟子》書中找不到能够阻礙我們認爲孟子與孔子一樣具有唯物主義宇宙觀的東西。

孔子是辯證法大師,在古代祇有老子可與他倫比,然而水平在他之下。孟子對孔子的辯證法把握得最準。古希臘與孔子同時代的赫拉克里特説:"一個人不能兩次踏進同一條河流。"列寧曾給予高度的評價,説他奠定了辯證法的基礎。孔子站在河邊説:"逝者如斯夫,不舍晝夜。"(《論語・子罕》)一切都在晝夜不停地逝去,像這條河一樣。在對世界變化不居這一點的認識上,孔子與赫拉克里特同樣偉大、深刻。世界是變化的這一思想在《易傳》中有更充分的反映。《繫辭傳》説:"天地之大德曰生。"天地即自然界的最大特點是生,生即發展變化。又説:"生生之謂易。"天地萬物生生不已,永遠處在發展變化之中,這就是世界,就是《易》。這樣的思想老子也是有的。孔子的《易傳》還指出事物發展變化的原因在事物自身内在的對立面統一和轉化。《繫辭傳》説:"一陰一陽之謂道。"又説:"剛柔相推而生變化。"其實這是對立統一的古老説法。《老子》書中"反者道之動"那個命題義與此同。

世界由於它自身的原因處在永恒的發展變化中,所以人類便有一個如何認識和適應變化中的世界的問題。於是才有了《易》,有了反映變化的六十四卦和三百八十四爻。孔子在《易傳》中把客觀世界的變化,卦爻對客觀世界變化的反映,以及人類對這兩方面情況的主觀上的適應,叫做"時"。引申開來,有"時成"、"及時"、"時中"、"時舍"、"時行"、"時義"、"隨時"、"時用"、"有時"、"失時"、"趣時"等等,用語雖多有不同,而意義則無二,都是指示人們把握住時,使主觀符合客觀世界的變化。"與時偕行"(乾《文言傳》、損《象傳》、益《象傳》)、"與時消息"(豐《象傳》)這兩句話是比較有代

表性的,而最能集中反映孔子時概念的是艮《彖傳》,其文云:"時止
則止,時行則行,動静不失其時。"意謂人的行止不能一定,時當止
則止,時當行則行。孔子這一寶貴的思想在《論語》中也可見到。
《微子》篇記孔子在品評古代賢人伯夷、叔齊、虞仲、夷逸、朱張、柳
下惠、少連的各自優點之後説,"我則異於是,無可無不可"。孔子
和他們都不同,孔子做事一切依時而定,什麽事没有一定可或一定
不可。此時可的,彼時不可。《中庸》記孔子説:"君子之中庸也,君
子而時中。小人之中庸也,小人而無忌憚也。"事情由不可到可,由
可到不可,其界限微小不易覺察,來去之間相去其實並不遠,往往
祇有一小步之差。不易掌握,但又必須掌握。所以孔子説,"爵禄
可辭也,白刃可蹈也,中庸不可能也。"老子在這一點上就大爲遜色
了。老子看見强者、剛者、先者、生者必變爲弱者、柔者、後者、死
者,便提出"弱者道之用"、"柔弱勝剛强"、"不敢爲天下先"的命題,
號召人們守柔、守雌、守黑,爲天下谷。孔子《易傳》也説人應當"遯
世無悶",但那是在乾初九"潛龍勿用"的時候,不是在任何時候都
如此。也説人應該守"地道"、"妻道"、"臣道",應該"括囊无咎無
譽",應該"或從王事,無成有終",應該"元亨利牝馬之貞",但必須
處在坤的時候才可如此。

　　孟子對孔子看問題做事情依時而定、不拘一偏的思想體會深
刻。他説:"有生民以來未有孔子也",孔子是"出乎其類,拔乎其
萃"的人。伯夷"非其君不事,非其民不使,治則進,亂則退",伊尹
"何事非君,何使非民,治亦進,亂亦進",孔子則不同,"可以仕則
仕,可以止則止,可以久則久,可以速則速。"孟子説他誰也不學,
"乃所願,則學孔子也"(見《公孫丑上》)。孟子最欣賞孔子的辯證
法。孔子的辯證法祇有孟子真正理解了。

　　孔子思考的重點似乎在天道,實則在人事。孔子思想的核心,
就其哲學基礎説,是時;就其所占比重説,是仁義。孔子學説最具
有特色,最惹人注意的内容就是仁義。但是傳統的説法都以爲孔

子言仁知而孟子言仁義。實則孟子講仁義，孔子也講仁義。仁與義是分不開的一個對子。講仁必講義，講義必講仁。孔子仁強調得多而義少些，孟子仁義並重，這與各自處的時代有關。祇講仁不講義，在理論上和實踐上都説不通。孔子説過，"唯仁者能好人，能惡人"（《論語・里仁》）。孔子講的仁固然是人類之愛，但不同於墨子的兼愛和基督教的博愛以及佛家的普渡衆生。孔子的仁愛是有等差區別的，不是什麼人都愛，也不是對不同的人施予相同的愛。對有的人還要憎惡。能愛也能恨的人才是仁者。仁之中固有義在。《禮記・喪服四制》説："門内之治恩揜義，門外之治義斷恩。"家族内血親之愛第一，家族外政治之愛第一。家族内仁而有義，家族外義而含仁。仁義之不可分，古人已經認識到了。《漢書・藝文志》説："仁之與義，敬之與和，相反而皆相成也。"正確地指出仁義都以對方的存在爲前提。

孔子之前解釋仁字没與人相聯繫，如《逸周書・本典》説："與民利者仁也。"以爲給人好處就是仁，這樣理解的仁，淺薄無深義。孔子提出"仁者人也"的命題，用人釋仁，仁就有了哲學的蘊含，標誌人類對自身的認識有了突破性的進展。與孔子同時或後於孔子的人並非都能達到這樣的認識水平。《墨子・經説下》説："仁，愛也。"強調仁是愛的一面，忽略了愛的主體是人的一面。《莊子・天運》説："虎狼仁也。"理由是虎狼亦有父子之親。説禽獸是仁，等於否定"仁者人也"這一命題。《吕氏春秋・愛類》説："仁於他物，不仁於人，不得爲仁。不仁於他物，獨仁於人，猶若爲人。仁也者，仁乎其類者也。"把仁歸結到人類之愛上，離開人則無從言仁，與孔子的説法相符。

孔子"仁者人也"這話不見《論語》，出於《禮記・中庸》，原文云："爲政在人，取人以身，修身以道，修道以仁，仁者人也，親親爲大，義者宜也，尊賢爲大。"這段話的思想可分析爲三點，一説人之所以爲人因爲人處在血親關係和政治關係之中；二説人處理好這兩種關係的辦法不外乎仁義二途；三說仁義有等差，仁以親親爲首，義以尊賢爲首。

　　從統治者的角度看仁義，必與政治結合，仁義就成爲仁政了。孔子的仁政主張在《易傳》裏有。《繫辭傳》說："天地之大德曰生，聖人之大寶曰位，何以守位曰仁，何以聚人曰財，理財正辭禁民爲非曰義。"統治者爲實現其統治，守住其君位，必須行仁政。行仁政不是空話，須落到實處。於是要有義的內容，即解決人民的物質生活問題，處理好發號施令的問題，合理安排用禮與法控制社會秩序的問題。

　　孔子的仁義學說，孟子準確地繼承并且有所發展。孟子對孔子"仁者人也"的命題抓得極準，體會極深。《盡心下》說："仁也者人也。"《離婁下》說："仁者愛人。"仁離不開人和人類之愛。孔子講"親親之殺，尊賢之等，禮所生也"（《中庸》），主張愛有差等。孟子與孔子同，說"仁之實，事親是也；義之實，從兄是也"（《離婁上》）。說"君子之於物也，愛之而弗仁；於民也，仁之而弗親。親親而仁民，仁民而愛物"（《盡心上》）。關於行仁的方法，孔子提出"己所不欲，勿施於人"，"己欲立而立人，己欲達而達人"的恕道（《顏淵》、《雍也》），孟子則認爲恕之於人不僅是必要的，而且是必然的、可能的。他說"老吾老以及人之老，幼吾幼以及人之幼"（《梁惠王上》），"萬物皆備於我矣。反身而誠，樂莫大焉。強恕而行，求仁莫近焉"（《盡心上》）。將他人比自己，推己及人，是求仁、實現人生價值的途徑。

　　孟子力倡仁政，超過孔子。《梁惠王》上下全部是講仁政問題。孟子仁政的根本內容是省刑薄稅，鼓勵生產，令民得溫飽，此與孔子同。孟子說，統治者實行仁政的條件主要是他應當有"與民同樂"的思想，知道"樂民之樂者，民亦樂其樂；憂民之憂者，民亦憂其憂"的道理，做到"樂以天下，憂以天下"，即讓統治者把"強恕而行"的個人行仁的方法擴展應用到對待國家天下之人民百姓上。此同於孔子又高過孔子。

　　孟子在人性問題上發生理論的錯誤,離開了孔子,這是應該清楚的。孟子主張人性善,其理論上的錯誤在於將人的自然屬性與社會屬性混同起來。人的自然屬性無所謂善惡,人的社會屬性各人不同,隨時而變,不能統論善惡。董仲舒《春秋繁露·實性》講自然屬性與社會屬性的區別,比孟子清楚。他説:"性者天質之樸也。善者王教之化也。無其質則王教不能化,無其王教則質樸不能善。"質樸之性即自然屬性,王教之化即社會屬性。而孟子將社會屬性明確地混入自然屬性之中。孟子把人之後天獲得的仁義禮智四德轉譯爲仁義禮智四端。四端先天已有,即所謂惻忍之心、羞惡之心、恭敬之心、是非之心。所以得出結論説,"仁義禮智非由外鑠我也,我固有之也"(《告子上》)。"仁義禮智根於心"(《盡心上》)。孔子關於人性問題十分謹慎,《論語》中祇有一句話,曰"性相近也,習相遠也"。性是自然屬性,是天賦的,不須學問而與生俱有。這個性人人大致一樣,故曰"相近"。習是社會屬性,是後天獲得的,不經學問教化不能有。這個習人與人不必相同,亦必不相同,故曰"相遠"。孔子的認識是唯物的、正確的。孟子講性善,荀子講性惡,以及後世人講的善惡混、性三品等等,通通錯誤。他們不知道人之所以爲人、所以與禽獸有別,在於人有社會屬性,在於人生存於社會關係中,而禽獸祇有自然屬性,無社會屬性。他們不知道人是社會的,個體不能單獨存在,而禽獸是自然的,個體是它必然的生存方式。他們不知道人性存在於人之社會性之中,故而人不可能有統一的或永恒不變的善性或惡性。孔子對這一點未見得認識十分清楚,但他"性相近也,習相遠也"這句話表明他在人的社會屬性與自然屬性有區別這個關鍵環節上是正確的。從孟子開始搞亂了這個問題。

　　再説荀子。

　　荀子對孔子的學問也是繼承了的,但有不同。韓愈説他"大醇而小疵",是説得對的。他由於主人性惡,强調過法的作用,有兩位出大名的弟子成爲法家的重要人物,因而自漢迄清,一直受冷落,聲名和地位都從未趕上孟子。至清代,汪中作《荀卿子通論》,《四庫全書總目提要》列《荀子》於子部儒家類之首,荀子的地位才略見提高。《四庫全書總目提要》説:"平心而論,卿之學源出孔門,在諸子之中最爲近正,是其所長。主持太甚,詞義或至於過當,是其所短。韓愈'大醇小疵'之説,要爲定論,餘皆好惡之詞也"。這是公允的評價。汪中《荀卿子通論》以爲"荀卿之學出於孔氏,而尤有功於諸經","自七十子之徒既没,漢諸儒未興,中更戰國暴秦之亂,六藝之傳賴以不絶者,荀卿也。周公作之,孔子述之,荀卿之傳之,其揆一也。"肯定荀子傳孔子之六藝,貢獻之大不可低估。汪氏據《經典釋文序録》、《鹽鐵論》、劉向《别録》、《漢書·楚元王傳》、《漢書·儒林傳》,指出毛詩、魯詩、《左氏傳》《穀梁傳》之傳授皆與荀卿有關。與荀卿有關的還有韓詩及大小戴禮。汪氏還認爲從《荀子》書的内容看,荀子所論往往與孔子之六藝合。例如,"其説霜降逆女,與毛同義";"《禮論》《大略》二篇,《穀梁》義具在";"《解蔽》篇説《卷耳》,《儒效》篇説《風》、《雅》、《頌》,《大略》篇説魚麗國風之好色,並先師之逸典";"《大略》篇《春秋》賢穆公善胥命,則爲《公羊春秋》之學";"劉向又稱荀卿善爲《易》,其義已見《非相》《大略》二篇,蓋荀卿於諸經無不通,而古籍缺亡,其授受不可盡知矣"。汪氏又據《非相》《非十二子》《儒效》三篇每以仲尼、子弓並稱,"子弓之爲仲弓,猶子路之爲季路,知荀卿之學,實出於子夏、仲弓也"。又據《宥坐》《子道》《法行》《哀公》《堯問》五篇,雜記孔子及諸弟子言行,知其"蓋據其平日之聞於師友者,亦由淵源有漸,傳習有素而然也"。

　　從哲學的角度看,《荀子》書三十二篇貫穿着崇尚仁義的觀點,與孔子根本一致。《荀子》仁義的思想集中反映在《議兵》篇。《議兵》記陳囂説荀卿"議兵常以仁義爲本"。荀卿説:"彼仁者愛人。愛人故惡人之害之也。義者循理,循理故惡人之亂之也。彼兵者

所以禁暴除害也,非争奪也。故仁人之兵所存者神,所過者化,若
時雨之降,莫不説喜。"把人僅僅同人相聯繫,説"仁者愛人",是正
確的。强調仁人能愛人也能惡不仁之人即害人亂人之人,也是正
確的。以爲戰爭起於以仁伐不仁,不承認有爲了争奪的戰爭,是不
正確的。無論正確不正確,都與孔、孟的觀點如出一轍。荀子過分
相信仁義的作用,竟説在戰爭中"堅甲利兵不足以爲勝,高城深池
不足以爲固,嚴令繁刑不足以爲威",與孔、孟的思想也無二致。
《議兵》篇還記李斯問荀子:"秦四世有勝,兵强海内,威行諸侯,非
以仁義爲之也,以便從事而已。"荀子駁斥他,説:"非汝所知也。汝
所謂便者,不便之便也。吾所謂仁義者,大便之便也。彼仁義者所
以修政者也。改修則民親其上,樂其君,而輕爲之死。"荀子與李斯
顯然在仁義這一根本問題上意見相反。仁義是"大便之便",仁義
是修政的,這一觀點在孔子那裏可找到根據。《中庸》記孔子説:
"爲政在人,取人以身,修身以道,修道以仁。仁者人也,親親爲大,
義者宜也,尊賢爲大。"孔子的意思是,搞好政治關鍵在人,人的修
養根本在仁義。荀子之"仁義者所以修政者也"的論斷豈不恰恰淵
源於孔子!

　　荀子特重禮義。《荀子》書三十二篇禮字出現約三百次,其中
許多次是禮義並舉。孔子言仁多,荀子言禮多。如果孔子的思想
核心是仁義的話,那末荀子的思想核心就是禮。仁義禮三者在理
論上和實踐上都是不可分的。孔子貴仁義,但也重禮;荀子貴禮,
也絶不排斥仁義。荀子對仁義禮三者的關係擺得極明白。《大略》
篇説:"王者先仁而後禮"。"親親故故庸庸勞勞,仁之殺也。貴貴
尊尊賢賢老老長長,義之倫也。行之得其節,禮之序也。仁愛也故
親,義理也故行,禮節也故成。仁有里,義有門。仁非其里而虚之,
非禮也。義非其門而由之,非義也。""君子處仁以義然後仁也,行
義以禮然後義也,制禮反本成末然後禮也,三者皆通,然後道也。"
行仁行義要有里有門,即有一定的節制、一定的條件。這節制、條

件就是禮。這和《中庸》所載孔子説的"親親之殺，尊賢之等，禮所生也"以及《論語·顏淵》"克己復禮爲仁。一日克己復禮，天下歸仁焉"，"非禮勿視，非禮勿聽，非禮勿言，非禮勿動"的言論一樣，强調禮由仁義生，然而仁義離不開禮。

荀子特別强調禮，是由於時代的原因。企望人們自覺地行仁義，自覺地"克己復禮"，"强恕而行"，已經不可能；用禮約束、控制人們的行爲，才是現實的、可行的。荀子言禮並未忽略仁義，他言禮始終以仁義爲前提，也以仁義爲歸宿。但是他把禮的意義看得很重。《非相》篇特別指出人之所以爲人，所以不同於禽獸，祇是因爲"人道莫不有辨，辨莫大於分，分莫大於禮"。人與猩猩皆二足而無毛，人之特別之處是有辨有分，父子有親，男女有別，即人有社會關係的約束，又有處理好這種關係的辦法。這種認識，孔、孟也有，荀子强調的程度則超過孔、孟。《禮論》篇説："繩者直之至，衡者平之至，規矩者方圓之至，禮者人道之極也。"無繩衡不得直平，無規矩不成方圓，無禮則不成人。禮與繩衡規矩一樣具有控制、約束、修正的作用。《大略》篇説，"禮者政之輓也，爲政不以禮，政不行矣。""人無禮不生，事無禮不成，國家無禮不寧。"視禮爲治國之大要，修身之根本。禮義由誰實行？由君子，即統治者。正如《王制》篇所説："天地者生之始也，禮義者治之始也，君子者禮義之始也。""無君子則天地不理，禮義無統，上無君師，下無父子，夫是之謂至亂。"禮義由統治者推行，帶有一定的强制性。從國家的政治角度説，這就是禮治。禮治本質上也是仁政。孔子是主仁政的，也説"道之以德，齊之以禮，有恥且格"。荀子的政治主張有自己的發揮，然而大體不離孔子的格。孔子説"道之以德，齊之以禮"，禮是第二位的，荀子則將禮抬到壓倒一切的地位，既齊之以禮又道之以禮。

荀子的禮與法家崇尚的權勢、勇力、權謀相對立而不可調和，絕對是屬於孔子範圍的東西。《非十二子》篇説："今之所謂士仕

者,漫者也,賊亂者也,恣睢者也,貪利者也,觸抵者也,無禮義而唯
權勢之嗜者也。"《樂論》篇説:"賤禮義而貴勇力。貧則爲盜,富則
爲賊,治世反是也。"《王霸》篇説:"絜國以呼功利,不務張其義,齊
其信,唯利之求,内則不憚詐其民而求小利焉,外則不憚詐其與而
求大利焉。"如是"而身死國亡,爲天下大戮","是無它故焉,唯其不
由禮義而由權謀也"。是知荀子講的禮義是社會認同的道義原則,
庶民遵守,統治者也要遵守。嗜權勢,貴勇力,由權謀,法家主張的
一套,與荀子講的禮義不能同在並行。

荀子有《性惡》一篇,與孟子唱反調,詰孟子之性善説而反諸
是。其説云:"人之性惡,其善者僞也。"又説:"故聖人化性而起僞,
僞起而生禮義。"僞字與爲字古書通用。荀子意謂人之性本是惡
的,善是後天教化習染而成。上文已言及性善性惡在理論上都不
對。孔子説"性相近,習相遠"是對的。人的共同本性大體相同,相
差無幾,這是自然屬性,如衣食飽暖的需求,歡樂愉悦的欲望,無所
謂善惡;善惡是社會屬性,是後天形成的,是善是惡不能一定,誰善
誰惡亦必不盡同。孟子説人性善,生來就有仁義禮智四端,意欲人
盡性而樂於善,着眼在發揮人的主體意識。荀子説人性惡,生來就
是惡的,自私自利的,意欲人化性而勉於善,着眼在提倡外力對人
的約束、控制和教化。荀子主性惡,所以他特別強調禮義的重要
性。人性是惡的,禮義就成爲社會、國家、個人第一要緊的東西。

荀子傳承了孔子唯物論的宇宙觀。這很可能與他熟悉《周易》
有關。現有已知的文獻材料記載的《周易》傳授源流中未見荀子。
在《荀子》書中卻看得出荀子對《周易》所知甚深。《大略》篇有"善
爲《易》者不占"一語,説明他不把《周易》看做單純的卜筮之書。不
看做卜筮之書,當然是看做講思想的書了。這就與孔子的觀點一
致。在戰國時代就能肯定《周易》的性質不是卜筮,是不簡單的。
荀子以後至清代,明確説《周易》不單純是卜筮之書的思想家,實在
寥寥無幾。《荀子》書中有三處引《周易》原文用以説明現實的問

題。《非相》篇引坤六四"括囊无咎無譽",《大略》篇引小畜初九"復
自道,何其咎"和糅合咸《象傳》、《序卦傳》之意曰"《易》之咸見夫
婦,夫婦之道不可不正也,君臣父子之本也。咸感也,以高下下,以
男下女,柔上而剛下",都不從迷信的角度看《周易》。不把《周易》
看成單純的卜筮之書,不必是唯物論者;唯物論者卻必不把《周易》
看成單純的卜筮之書。

　　看《荀子》關於天的論述,知道他承繼了孔子的觀點。《不苟》
篇説:"天不言而人推高焉,地不言而人推厚焉,四時不言而百姓期
焉。"顯然與孔子"天何言哉? 四時行焉,百物生焉,天何言哉"意
同。《禮論》篇曰:"天地者生之本也。"《王制》篇曰:"天地者生之始
也。"《富國》篇曰:"天地生之。"《大略》篇曰:"天施然也。"又曰:"天
地生之。"《富國》篇曰:"夫天地之生萬物也。"《君道》篇曰:"其於天
地萬物也。"《天論》篇曰:"則天地官而萬物役矣。"這些用語很可能
來自孔子《易傳》。荀子接受了《序卦傳》"有天地然後萬物生焉"、
乾《象傳》"大哉乾元,萬物資始"、坤《象傳》"至哉坤元,萬物資生"、
益《象傳》"天施地生"的思想。

　　荀子的天道觀源自孔子,比孔子表現出的唯物論精神更坦率
更徹底。《天論》篇論述"天人之分",其對宗教迷信的批判意識是
無與倫比的。"天行有常,不爲堯存,不爲桀亡。應之以治則吉,應
之以亂則凶。"天是自然無爲的,人間的治亂吉凶在人不在天。"天
有常道矣,地有常數矣","天不爲人之惡寒也輟冬,地不爲人之惡
遼遠也輟廣。"又進一步指明天地是自然,是不聽人意的客觀存在。
"星之墜,木之鳴"也是自然現象,不過是少見的特殊的"物之罕至
者也"的自然現象。人們對於它們"怪之可也,而畏之非也"。荀子
在此基礎上甚至提出"物畜而制之"、"制天命而用之"的大膽設想。
這就超過孔子更向前邁一步。

　　無神論者不必是唯物論者,唯物論者必是無神論者。孔子是
唯物論者,也是無神論者。孔子由於時代的原因,出於政治上"神

道設教"的需要,不能公開明朗地否定祭祀,否定鬼神;心裏明明不相信鬼神,卻絕不點破。他或者"不語怪力亂神"(《論語・述而》),或者模棱地説:"祭神如神在"(《八佾》),"敬鬼神而遠之,可謂知矣"(《雍也》),"未能事人,焉能事鬼","未知生,焉知死"(《先進》),使後世人疑惑不解,以至於見仁見智,莫衷一是。荀子是看透了孔子的,把孔子的無神論拿過來,并且把遮在上頭的一層"神道設教"的紙揭破。《天論》篇説:"雩而雨,何也? 曰無何也,猶不雩而雨也。日月食而救之,天旱而雩,卜筮,然後決大事,非以爲得求也,以文之也。故君子以爲文而百姓以爲神。以爲文則吉,以爲神則兇也。"祭祀、卜筮,君子心中清楚,是文飾的東西,普通百姓才真相信有鬼神。

荀子從孔子那裏承受了辯證法的觀念,也是無疑問的。荀子用變化的觀點看待天地萬物。《不苟》篇的"變化代興謂之天德"與《周易》之《繫辭傳》的"天地之大德曰生",《禮論》篇的"陰陽接而變化起"與《繫辭傳》的"剛柔相推而生變化",思想完全一致,用詞略有不同。人怎樣適應客觀世界的變化的問題,荀子説的也與孔子吻合。《不苟》篇的"與時屈伸,柔從若蒲葦,非懾怯也。剛强猛毅,靡所不伸,非驕暴也。以義變應,知當曲直故也",《仲尼》篇的"君子時屈則屈,時伸則伸也",《解蔽》篇的"當時則動,物至而應,事起而辨,治亂可否,昭然明矣",一似孔子的"我則異於是,無可無不可"(《論語・微子》),"可以速而速,可以久而久,可以處而處,可以仕而仕"(《孟子・萬章下》),《周易》之《繫辭傳》的"尺蠖之屈,以求伸也。龍蛇之蟄,以存身也",艮《象傳》"時止則止,時行則行"。

孔子的學説幸得孟子、荀子的傳承和弘揚,否則將更加晦暗不顯。韓愈《讀荀子》説《荀子》書"考其辭,時若不粹;要其歸,與孔子異者鮮矣",以爲"大醇而小疵"。這個評價是公平的。韓愈又説"孟氏醇乎醇者也",則偏袒孟子過矣。荀子主性惡,於孔子的性論有所不合,是小疵;孟子言性善,於孔子的性論何嘗有所合,何嘗不是小疵。韓愈《原道》更論定孔子所傳之道傳到孟子爲止,以下不得其傳。竟將荀子一口否掉,何其武斷之甚耶!

二、孔學在漢代幾被埋没

韓愈《原道》論定孔子所傳的道至孟子而中斷,雖不免偏激武斷,但不是完全没有道理。如果改謂孔子所傳之道到荀子爲止,并且説荀子之後,孔子之道不絶若綫,而不説"不得其傳"的話,那就接近事實了。韓愈所説的孔子傳的道,《原道》文中其實已經交代得十分清楚,那就是仁義,其文是《詩》《書》《易》《春秋》,其法是禮樂刑政,是由堯舜禹湯文武周公傳下來的,不是老與佛的道。對照《中庸》"仲尼祖述堯舜,憲章文武"和《漢書·藝文志》儒家者流"游文於六經之中,留意於仁義之際,祖述堯舜,憲章文武,宗師仲尼"的説法,知道韓氏之説大致不差,孔子傳的道淵源有自,其要在仁義。宋人朱熹以爲僞古文尚書《大禹謨》所謂"人心惟危,道心惟微,惟精惟一,允執厥中"的四句十六字乃堯舜禹湯文武周公傳至孔子的秘訣,即所謂道統,把心學、道學的東西加諸孔子,實在不如韓愈講得真切妥貼。

孔子的學説在先秦流傳較好,至少可以説没有太大的問題。秦火之後問題就大了。總括而言,可以兩面看,"六經"和《論語》等文獻材料,儘管注疏五花八門,不無問題,但原文總算保存流傳下來,人們可以隨時查閲。這一方面的情形我們在上一章已經説過。另一方面,孔子的思想,亦即理論方面,問題可就太大了。在漢代,孔子治學重義理的方法幾被抛棄,學者們埋頭於文字訓詁裏去。至宋代,新儒家學派起,學者不再拘泥於訓詁,紛紛恢復把握義理的方法,在經典的研究中加入自己主觀的東西,甚至假借孔子的名義建立屬於自己的體系。儒學興盛起來,孔學埋没下去。到了清代,在治學的方法上形成了考據的路子,而在治學的内容上,一些人打出漢學的旗幟，一些人墨守宋學，還有一些人漢宋兼容並蓄。三種人的學問固然不同，思想沒有貼近孔子則是一樣的。

孔學與儒學不是一回事，宜分別視之。自漢迄清，表面上看儒家宗師仲尼，鼓吹仁義，孔學與儒學異名而實一，然而實則不然，儒學的發展總是伴隨着孔學的衰落。漢學之舊儒學，宋學之新儒學以及當今的現代新儒學統稱之爲儒學，而與孔學區分開來才是明智的。因爲在兩千多年的歷史發展中讓歷代思想家們拘守孔子的東西不變，是絕對不可能的。漢學、宋學、清學自有它們產生的理由和價值。把儒學與孔學分開研究，極爲合適。清人胡渭多少有了這樣的意識，他在《易圖明辨》題辭中寫道："吾謂先天之圖與聖人之《易》離之則雙美，合之則兩傷。"他僅僅在《易》學方面看出了這個問題。梁啓超作《清代學術概論》，在評價胡渭《易圖明辨》時說："須知所謂無極太極，所謂河圖洛書，實組織宋學之主要根據。宋儒言理，言氣，言數，言命，言心，言性，無不從此衍出。周敦頤自謂‘得不傳之學於遺經’，程朱輩祖述之。謂爲道統所寄，於是占領思想界五六百年，其權威幾與經典相埒。渭之此書，以《易》還諸羲文周孔，以圖還諸陳邵，並不爲過情之抨擊，而宋學已受致命傷。自此，學者乃知宋學自宋學，孔學自孔學，離之雙美，合之兩傷。自此，學者乃知欲求孔子所謂真理，舍宋人所用方法外，尚別有其途。不寧唯是，我國人好以陰陽五行說經說理，不自宋始，蓋漢以來已然。一切惑世，誣民，汩靈，窒智之邪說邪術皆緣附而起。胡氏此書，乃將此等異說之來歷和盤托出，使其不復能依附經訓以自重，此實思想之一大革命也。"梁氏將對比面擴展了。胡渭講宋人先天圖與孔子之《易》的離合，梁氏將離合問題指向全部宋學與孔學。自今日看來，勿寧說"離之雙美，合之兩傷"的是整個兩千多年的儒學與孔學更合適。

孔學遇到的第一次劫難是秦火和秦挾書律。這次劫難同孔學以後遭到的不幸相比祇是皮毛而已。秦火其實沒把"六經"怎麼樣，《周易》被視爲卜筮之書没有燒。《詩》三百篇人們口頭吟誦，燒不掉。《春秋》公、穀二傳本來是口傳未著於竹帛。許多藏於山崖屋壁的書，漢初經過幾代人的努力也陸續搜集齊全。西漢晚期經劉向、劉歆父子校理，後來著録於《漢書·藝文志》的"六經"及七十子後學所記的書是相當可觀的。秦火和挾書律對孔學的打擊不過是皮肉之苦，真正致命的是漢人在許多方面對孔學精髓的忽視、歪曲，乃至肢解、閹割。

　　漢初的一些人如伏生、高堂生、張蒼、浮丘伯、申公等，以及熱心搜集天下書籍的景帝之子河間獻王劉德，在恢復孔子傳授的典籍方面所作的貢獻不能泯滅。他們對孔子的思想言論没有留下任何解釋，我們不去説他們。還有東漢作《論衡》的王充居然問孔，公開抨擊孔子，對孔學有益無害，我們也不去説他。我們祇説那些試圖正確理解孔學的人和書，及那些對孔學表面看是鼓吹實則起了埋没作用的人和書。

　　孔子的思想學問主要藏在《春秋》和《周易》裏面。這兩部書在漢代都受到重視，對它們有相當多的解釋。《春秋》，漢代《公羊傳》著於竹帛，極爲行時，董仲舒爲解釋《春秋》及《公羊傳》的思想，作《春秋繁露》，流傳至今，東漢何休爲《公羊傳》作《解詁》，使《公羊傳》的思想更加理論化、系統化。但是二人都加入了自己的東西，何休加入的尤其嚴重。二人兩相比較，董仲舒的言論中保留孔學本色多。《周易》在漢代遭遇最不幸，孔子的《易》學方法和思想幾被埋没。《周易》是用象數表達哲學思想的書，象指八卦的取象和六十四卦每卦上下體和六爻的象。卦爻之外無別象。漢人的神秘主義思想特別嚴重，專門在《周易》的神秘方面下功夫，給《周易》象數之外硬加上幾無窮盡的新象數，如納甲、爻辰、卦變、互體、半象、飛伏、世應等等，使一部本來就難於理解的《周易》更加神秘莫測，令人感到卦爻辭似乎非神不能作，凡人不能解。

　　董仲舒在《春秋》公羊學上的貢獻前面已有評述，這裏談談他在天道觀、人性論、仁義諸問題上對孔子思想的闡發。

董仲舒的天道觀大體遵循孔子，天被他描述爲人類看得見説得出的自然界，這自然界以陰陽對立轉化爲動力和形式永遠不停地變化着。關於天，董氏的言論很複雜，既謂天是可見的、客觀的，又説天有神秘性。董氏説"天者萬物之祖，萬物非天不生"（《春秋繁露・順命》），與《易・序卦傳》"有天地然後萬物生焉"的説法一致。又説"天之道，春暖以生，夏暑以養，秋清以殺，冬寒以藏"（《四時之副》），"天德施，地德化"，"春生夏長，百物以興，秋殺冬收，百物以藏"（《人副天數》），與孔子《論語・陽貨》説的"天何言哉？四時行焉，百物生焉，天何言哉"意義相同，以爲天生萬物通過春夏秋冬四時的運行得以實現。在言及禮的時候，説禮"以德多爲象萬物，以廣博衆多，歷年久者，爲象其在天。而象天者莫大日月，繼天地之光明，莫不照也。星莫大於大辰，北斗常星，部星三百，衛星三個，大火二十六星，伐十三星"（《奉本》）。這是説天的實質性含義是日月星。生成萬物，有四時變化，以日月星爲内容，這樣的天當然是自然之天。《論語》和《易傳》中孔子講的天正是這樣的。

董氏眼中的天是不停地有規律地變化着的。他説："天之道有序而時，有度而節，變而有常，反而有相。"（《天容》）天道之變化有時序，有節度，有常變，有相反。天道變化的原因和形式，董氏認爲在於陰陽之對立轉化，很符合《易傳》的觀點。董氏説："天地之常，一陰一陽。陽者天之德也，陰者天之刑也。"（《陰陽義》）又説："天道大數，相反之物也，不得俱出，陰陽是也。"（《陰陽出入》）又説："天之常道，相反之物也，不得兩起，故謂之一。一而不二者，天之行也。陰與陽，相反之物也。"（《天道無二》）天道之變化總是一會兒陰一會兒陽，一邊陰一邊陽，陰陽兩面不能同時出現。猶如春天過去夏天才能來，月亮下去太陽才能升。下邊一段話具有更大的普遍意義。他説："凡物必有合。合必有上必有下，必有左必有右，必有前必有後，必有表必有裏。有美必有惡，有順必有逆，有喜必有怒,有寒必有暑,有晝必有夜。此皆其合也。陰者陽之合,妻者夫之合,子者父之合,臣者君之合。物莫無合,而合各有陰陽。"《基義》)前面説的"故謂之一"的"一"係指一分爲二而言,陰陽不能同時出現,如同走路不能兩隻腳一齊邁出去,必須先邁一隻,後邁一隻。後面説的"物必有合"的"合"係指合二而一言,凡物必有陰陽兩面,不能有陰無陽或有陽無陰,猶如無臣則無所謂君,無子則無所謂父,無妻則無所謂夫。董氏這些話統而觀之,他説的是這樣的道理:天地萬物皆有陰陽兩面,没了這一面也就没了另一面。然而陰陽兩面卻又不能同時出現,必須是陰陽交替而行。《繫辭傳》講的"剛柔相推而生變化"和"一陰一陽之謂道"也是這個意思。與現代人説的對立統一很相似。

　　孔子的哲學充滿理性精神,孟子、荀子也莫不如此。孔子在鬼神問題上態度似模棱不定,實則否定鬼神,祇是爲了以祭祀、卜筮等神道設教,才未將内心的話挑明。董仲舒當然更不可能不提倡祭祀,鼓吹神道設教,比起孔子來有過之無不及。現存《春秋繁露》八十二篇有十二篇專門講祭祀。孔子講天人合一,《易傳》中貫穿着天人合一的思想。《易傳》的天人合一主要是説人的主觀應與客觀世界取得一致。亦即《論語·爲政》中孔子説的:"四十而不惑,五十而知天命,六十而耳順,七十而從心所欲,不逾矩。"一個人一生逐漸修養到從心所欲而又不逾矩的地步,算是實現了天人合一。同樣的思想在乾《文言傳》裏説成"夫大人者,與天地合其德,與日月合其明,與四時合其序,與鬼神合其吉凶。先天而天弗違,後天而奉天時。天且弗違,而況於人乎! 況於鬼神乎"! 因爲是主觀與客觀的統一,所以能否實現這種統一,取決於個人的修養和智能如何,一般人的水平做不到。董仲舒的天人合一則是另一種意義。孔子僅僅説人的主觀精神有與客觀世界合一的可能性與必然性,董仲舒則把天與人的合一看成爲普遍存在的客觀事實,是已然的。自然界與人類的生理與心理特點具有天生的一致性,每個人祇要認識這一點而言行不違背就可以了。孟子講"萬物皆備於我"，强調"我"與我的同類的關係。既是同類，他人的喜怒哀樂好惡，"我"完全能够體驗、理解。董仲舒講的天人合一，强調人與天相同相通，有一定的神秘主義色彩。

董仲舒説："天亦有喜怒之氣、哀樂之心，與人相副。以類合之，天人一也。春，喜氣也，故生。秋，怒氣也，故殺。夏，樂氣也，故養。冬，哀氣也，故藏。四者天人同有之，有其理而一用之。與天同者大治，與天異者大亂。故爲人主之道，莫明於在身之與天同者而用之，使喜怒必當義乃出，如寒暑之必當其時乃發也。"（《陰陽義》）又説："寒暑移易其處，謂之敗歲。喜怒移易其處，謂之亂世。明王正喜以當春，正怒以當秋，正樂以當夏，正哀以當冬，上下法此，以取天之道。"（《陽尊陰卑》）這是説，人的喜怒哀樂四氣與天之春夏秋冬一樣有規律而又不可避免；人對自己的喜怒哀樂四氣可節制而不可止；人當自我把握，當喜則喜，當怒則怒，當哀則哀，當樂則樂，猶如春夏秋冬一樣不可移易顛倒。董氏還以爲人比物高明，人與天地爲偶而物不能，人之生理構造與天地相通。他説，"人有三百六十節，偶天之數也，形體骨肉偶地之厚也。上有耳目聰明，日月之象也。體有空竅理脈，川谷之象也。心有哀樂喜怒，神氣之類也。""人之身首妾而圓，象天容也。髮，象星辰也。耳目戾戾，象日月也。鼻口呼吸，象風氣也。胸中達知，象神明也。腹胞實虛，象百物也。百物者最近地，故腰以下，地也。天地之象以腰爲帶。頸以上者，精神尊嚴，明天類之狀也。頸而下者，豐厚卑辱，土壤之比也。足布而方，地形之象也。"（《人副天數》）人之長成人這種樣子，處處都能在自然界裏找到相應的根據，依董氏的見解，人體乃是天地自然的摹本。不過，他没有説人是超自然的主宰按照自己的意志創造出來的。董仲舒的天人合一説超過了孔子《易傳》之天人合一觀點，已經離開了理性思考的範圍，進入了神秘主義的境地。但是在這一點上還不能説他已最後陷進了宗教唯心主義的泥潭。

　　董仲舒在學問上的最大不幸是他提出了天人感應説。他的動機可能是好的。漢王朝日益强大的中央集權的專制主義君主政治客觀上需要産生一種理論,藉以控制君主權力的使用,調解君主的統治與人民百姓的關係。《春秋繁露》全書貫穿着這樣一個思想:君主對人民的統治必須有所顧忌,不能肆無忌憚。什麽力量會使君主有所戒懼呢? 在當時的歷史條件下,理性的説教不起作用,給天塗上一層神秘色彩最有威力。孔子没有這種思想,《論語》説孔子不語怪力亂神,《易傳》也絶不涉及這一問題。《春秋》,據清人高士奇《左傳紀事本末》卷五十三統計,凡紀災異一百二十二次,其中日食三十六,星孛三,星隕、隕石各一,不雨七,無冰三,大雨震電一,雨雪三,大雨雹三,地震五,山崩二,大水九,等等,都衹記災異而已,而且所記皆與民生日用密切相關的,並不言其事應。孟子引書曰"天作孽猶可違,自作孽不可活",重人事而不言天意,荀子更將災異的實質點破,説:"星墜木鳴,國人皆恐。曰,是何也? 曰,無何也。是天地之變,陰陽之化,物之罕至者也。怪之可也,而畏之非也。夫日月之有蝕,風雨之不時,怪星之黨見,是無世而不常有之。上明而政平,則是雖並世起,無傷也。上暗而政險,則是雖無一至者,無益也。"(《天論》)災異是自然現象,可怪不可畏,人間的政治明暗險平與它無關。董仲舒則出於時政的需要,歪曲孔子作《春秋》記災異的本意,以爲《春秋》記災異中有天意在,孔子作《春秋》記災異是爲了表達天譴天威,告誡人君内自省懼,振過救失。他説:"天地之物,有不常之變者謂之異,小者謂之災,災常先至而異隨之。災者天之譴也,異者天之威也。譴之而不知,乃畏之以威。"災小異大,災譴告於先,異威脅於後,都是天意。 又説:"凡災異之本,盡生於國家之失。國家之失,乃始萌芽,而天出災害以譴告之。譴告之而不知變,乃見怪異以驚駭之。驚駭之尚不知畏,恐其殃咎乃至。以此見天意之仁而不欲陷人也。"災異出現的原因是統治者政治上的失誤，目的是促使統治者糾正失誤。又説："災異以見天意。天意有欲也有不欲也。所欲所不欲者，人内以自省，宜有懲於心，外以觀其事，宜有驗於國。故見天意者之於災異也，畏之而不惡也。以爲天欲振吾過，救吾失，故以此報我也。"（均見《必仁且知》）統治者宜知災異的出現乃天意欲拯救他，要懼怕不要厭惡。這種天人感應説，是孔子學説中根本没有的，是董仲舒出於政治上的需要建立起來的，不是孔學的東西，後世比較正統的儒家人物也不相信這一套。但是在漢代卻很有影響力。由此我們看出董仲舒的宇宙觀極複雜。上文我們曾言及他心目中的天是有規律地變化着的客觀存在，這裏又説到他以爲天有意志，是個超自然的主宰。兩者是對立的，卻又纏繞在一起，反映董仲舒作爲一個思想家理論上的不成熟性。

孔子作的《春秋》没有五行説，董仲舒給加了進來。他説："天有五行，一曰木，二曰火，三曰土，四曰金，五曰水。木，五行之始也；水，五行之終也；土，五行之中也。此其天次之序也。木生火，火生土，土生金，金生水，水生木。此其父子也。"又説，"木居東方而主春氣，火居南方而主夏氣，金居西方而主秋氣，水居北方而主冬氣。是故木主生而金主殺，火主暑而水主寒。""土居中央爲之天潤。土者天之股肱也，其德茂美，不可名以一時之事，故五行而四時者，土兼之也。""甘者，五味之本也。土者，五行之主也。五行之主土氣也，猶五味之有甘肥也，不得不成。是故聖人之行，莫貴於忠，土德之謂也。"（《五行之義》）這是説五行所主方位和四時以及它們之間相次相生的關係。以下董氏又論及五行相勝，五行順逆，五行變救，五行五事，治亂五行等等，用五行説解釋災異，指導政治。例如他説，"木有變，春凋秋榮"，是徭役衆、賦斂重的表現。挽救的辦法是省徭役、薄賦斂。"火有變，冬温夏寒"，是不肖在位、賢者伏匿的表現。挽救的辦法是舉賢良，賞有功。"土有變，大風至，五穀傷"，是不信仁賢、淫佚無度的表現。挽救的辦法是省宫室，舉孝悌。五行説非始自董仲舒。最早的五行説可能有一定的道理，董仲舒的五行説看不出有什麽理性在，把自然界的變異同人事政治聯繫起來，全是牽強附會，是孔學中絶對没有的東西。

　　董仲舒對仁義的理解堪可稱道，是他治《春秋》的重要創獲之一，顯示出作爲一位以公羊學名世的大思想家卓出特立的識見。仁義是孔子學説的核心，《論語》和《周易》都有孔子關於仁義的論説，惟《春秋》未明言仁義的問題。董仲舒在《春秋》中發掘出仁義之法，從《春秋》所記事實的角度闡述他對孔子仁義的理解。他講的，孔子似未曾講過，然而仔細尋繹，卻又不出孔子的大義。董氏以爲《春秋》爲仁義立法，其要點在於仁與義反映我與人的關係及處理好這一關係的道德原則。董氏説："仁之法在愛人不在愛我；義之法在正我不在正人。我不自正，雖能正人，弗予爲義。人不被其愛，雖厚自愛，不予爲仁。""愛在人謂之仁，義在我謂之義。仁主人，義主我也。故曰，仁者人也，義者我也。"（《仁義法》）這樣從人我關係上理解仁義，與孔子是有差別的。孔子説"仁者人也，親親爲大；義者宜也，尊賢爲大"，在仁上是強調愛人有程度差異，先親親即愛父母兄弟妻子，然後推及他人。在義上是強調處理各種人事關係時要適宜恰當，合乎禮節。董仲舒對仁義的理解，仁強調愛别人，不在愛自己；義強調宜正自己，不在正别人。發揮了孔子"躬自厚而薄責於人"（《論語·衛靈公》）的精神。這樣理解仁義，雖與孔子有所不同，但未離開仁者人也、義者宜也的根本，説是對孔子仁義説的補充亦無不可。況且董氏對仁義的理解得自孔子的《春秋》，鑿鑿有據。董氏説"昔者晉靈公殺膳宰以淑飲食，彈大夫以娱其意"，雖厚自愛卻不愛人，《春秋》不予爲仁。"昔者楚靈王討陳蔡之賊，齊桓公執袁濤涂之罪，非不能正人也，然而《春秋》弗予，不得爲義者，我不正也。""潞子之於諸侯，無所能正，《春秋》予之有義，其身正也。"（《仁義法》）董仲舒還強調仁者必明道正義而不謀功利。詐以成功，苟爲而已，不得謂仁。膠西王稱勾踐、文種、范蠡爲

越之三仁,以比擬殷之三仁比干、微子、箕子。董氏對之以越無一
仁,更無三仁。理由是越人爲詐以伐吳,顯然不仁。這正是孔子的
觀點。泓之戰,宋襄公不鼓不成列,不禽二毛,不重傷,孔子贊許
之,於僖公二十二年記曰:"冬十有一月己巳朔,宋公及楚人戰於
泓,宋師敗績。"《公羊傳》說孔子"以爲雖文王之戰亦不過此也",故
既稱日又言朔。孔子對宋襄公的表揚和董仲舒對越人詐以伐吳的
批評,用意同。董仲舒的名言:"仁人者,正其道不謀其利,修其理
不急其功。"("對膠西王越大夫不得爲仁",《漢書・董仲舒傳》作
"正其誼不謀其利,明其道不計其功")這是就《春秋》而發的,符合
孔子的仁義説。孔子的仁義概念中包含着反對用非正當手段獲取
利益的思想。孔子一向主張君子應正確處理義與利的關係,不是
不要利,是不要非義之利。孔子說"不義而富且貴,於我如浮雲"
(《論語・述而》),未有絕對不要利的意思。合義而得的利,當然
要;不合義的利,當然不要。寧肯過飯疏食飲水、曲肱而枕之的清
貧生活,不享受不義而來的富貴,孔子的義利觀不錯,董仲舒那兩
句有關義利之辨的名言也正確。至於宋人將義利搞到絕對對立的
程度,那是宋人的事情,與董仲舒無關。

　　談到漢代人對孔子學說的傳承,我們還要提及司馬遷。司馬
遷是史家,不是哲學家,似乎不可能對孔子思想有所傳承,其實大
大不然。司馬遷是位有思想深度的史家,對孔學的了解要遠遠高
過他同時或其後的諸多五經博士。那些博士其實很不博,皓首通
一經,祇是擺弄章句,訓釋文字,"碎義逃難",往往釋一語而用數萬
言,且終不得要領。文字訓詁的工作對理解孔子傳授的"六經"和
孔子的學說固然是必要的,漢人在這方面所作的貢獻抹殺不了,例
如鄭玄留下的《詩箋》《周禮注》《禮記注》《儀禮注》等至今仍是學者
不可少的研究依據;但是文字訓詁不過是研究"六經"和孔子的初
步,更重要的工作是進行義理的分析。猶如建築,磚瓦木料必須
有,通過設計、施工把它們建構起來才是樓。對前人思想文化的理

解,文字訓詁屬於初步層次,義理上的把握屬於後期層次。司馬遷對孔學的研究雖不多,但他是從義理上理解孔子的。論全面論專門,他不如董仲舒,論影響,由於《史記》的關係,或者視董仲舒為大。

司馬遷作為史家,到魯國做過實地考察,熟諳孔子生前身後的史聞,其父是受《易》於楊何的司馬談,又從董仲舒習過《春秋》公羊學,對孔子和孔子的學問有相當深的理解,實屬自然。《史記》給孔子的地位極高。設《孔子世家》,將布衣與王侯同列。又設《仲尼弟子列傳》,因重老師而重弟子。其《自序》《十二諸侯年表》《儒林列傳》諸篇亦每言及孔子。《孔子世家》和《仲尼弟子列傳》之外,《史記》稱引孔子言行九十次,居全書所有人物之首。

司馬遷是七十子後學及孟子之後給孔子作出公允而適當評價的第一人。《孔子世家》太史公贊語說:"天下君主至於賢人眾矣,當時則榮,沒則已焉。孔子布衣,傳十餘世,學者宗之。自天子王侯,中國言'六經'者折中於夫子,可謂至聖矣。"司馬遷這段話告訴我們"六藝"和孔子有密切的關係,理解"六藝"應以孔子的認識為準。孔子布衣,無位無勢,十餘世不斷受到人們的尊敬、景仰,完全出自心願,無絲毫的強迫。強迫人們景仰,"沒則已焉"。孔子的受人尊敬,用孟子的話說就是"中心悅而誠服也"的"以德服人者"(《孟子·公孫丑上》)。

司馬遷《史記》對《周易》和《春秋》及孔子和它們的關係論述不多,然而非常老練妥當。一言一語,往往切中肯綮。"孔子以《詩》《書》《禮》《樂》教,弟子蓋三千焉,身通'六藝'者七十有二人"(《孔子世家》)。三千弟子中通《周易》和《春秋》的祇有七十二高徒,言外之意,這是兩部一般人理解不了的書,它們可能是講理論的。"《易》以道化,《春秋》以道義"(《自序》),係引董仲舒語,《史記》既引用,視做司馬遷的認識亦無不可。用一個"化"字概括《周易》的性質,用一個"義"字概括《春秋》的性質,再準確不過。"化"字表明

《周易》是講變化的哲學書，"義"字表明《春秋》是講理論的政治書。

《春秋》和《周易》都是講思想的書，而且有着共同的特點，即思想都不用概念直接表達，而采用中介的手段。《春秋》通過史事，《易》通過筮卦。這是它們的不同。司馬遷説："《春秋》推見至隱，《易》本隱之以顯。"（《司馬相如列傳》贊語）非常簡練準確地講出了兩書表達手段恰巧相反。"之以"《漢書》作"以之"。顏注曰："之，往也。"《索隱》引虞喜《志林》曰："《春秋》以人事通天道，是'推見以至隱'也，《易》以天道接人事，是'本隱以之明顯'也。"其實差別不在人事與天道孰先孰後，差別在表達手段之隱顯不一。《春秋》通過歷史事實講政治觀點，歷史事實是顯明的，政治觀點藏在裏面，是隱晦的，故曰："推見至隱。"《易》通過筮卦即象數講哲學觀點，筮卦是隱晦的，哲學觀點藏在裏面，目標是把它發掘出來，故曰："《易》本隱之以顯。"司馬遷既然能準確抓住《春秋》和《易》的特點，對二書的理解必是深刻的。

董仲舒和司馬遷是漢代承傳孔學貢獻最大的兩位。此外，大家不少，但都是爲"六經"作傳注、搞訓詁的人。其中有些人涉及義理，也都不得孔學的真諦，且每每背離孔子的精神，非但未能弘揚孔學，反而客觀上起了埋没的作用。

這些人中最有代表性的人物是東漢末年的山東大儒鄭玄。鄭玄字康成（127—200），是兩漢以訓詁爲主的經學的集大成者，也是最優秀最傑出的文獻注釋家。他的貢獻主要有二，一是打破經今古文學兩派的成見，使專門之學變爲通學；二是爲各類文獻作了多達百萬字的注釋，其中"三禮"注尤爲突出。他的長處在訓詁，他的學問在名物禮儀制度。義理是他的短項。他不是思想家。如果一定說是，那也是蹩腳的一個。他對孔學極不得要領。"三禮"是講制度的，他注釋得很好；《周易》是講思想的，他注釋得很糟。糟在他背離《周易》的本義，自己另搞一套，釋卦爻創爲爻辰説、爻體説，采取互體説，卦爻之外另造象，極盡穿鑿之能事，後來王弼作《周易略例》批評漢《易》"定馬於乾,案文責卦",針對的主要是他。鄭康成如何卦爻之外另造象,藉以任意曲解卦爻辭,前面已有論及,此不贅言。這裏僅談談他釋《易》馳騁臆想,强不知以爲知的冬烘情形。

《繫辭傳》有"大衍之數五十,其用四十有九"。"大衍之數五十"句實際應是"大衍之數五十有五",傳鈔誤脱"有五"二字,本與"天地之數五十有五"一致。"其用四十有九",是説筮時用四十九,不用五十五。爲什麽用四十九而不用五十五?這道理極簡單,没有什麽深意,不過因爲用四十九才能求出七、八、九、六來,用五十五不能。鄭康成注卻説:"天地之數五十有五,以五行氣通,凡五行減五,大衍又減一,故四十九也。"竟胡亂解釋,硬説五十由五十五減去五得來,減五的五又與五行扯上,説來説去,説不出減五又減一究竟有何意義。

其實《周易》中没有五十這個數。有的祇是五十有五,五十五是十個自然數的和,所以叫大衍之數。因爲十個自然數中天數地數各半,所以十個自然數之和又叫天地之數。筮法就從這五十五的大衍之數中取出四十九以行筮求卦。爲什麽取四十九而不是五十五全用,没有太深太多的道理,祇是因爲四十九能筮出七、八、九、六來。

爲什麽不直接用四十九,非搞出一個五十五的大衍之數不可呢?大概有兩個原因,一是爲了增加筮的神秘性,使人們有神秘感,以求對筮深信不疑。一是十這個數在古人心目中是盈數,是小成之數。故用十個自然數之和最有意義。用九個自然數之和是四十五,不足四十九,不行。用十一個自然數之和是六十六,遠遠大過四十九,也不行。關於十是盈數的問題,文獻有徵。《左傳》莊公十六年説:"不可使共叔無後於鄭,使以十月入,曰良月也,就盈數焉。"杜預注"盈數"説:"數滿於十。"《左傳》僖公四年説:"十年尚猶有臭。"孔穎達疏説:"十是數之小成。"《左傳》閔公元年説:"萬,盈數也。"孔穎達疏説:"數至十則小盈,至萬則大盈。"不惟古代中國人如此,幾乎全世界的古代民族都經歷過計數到十爲止的階段。至於《繫辭傳》説"天一地二,天三地四,天五地六,天七地八,天九地十",是把十個自然數劃分爲兩部分,奇數爲陽,偶數爲陰。天數地數就是奇數偶數,無更多的意義,與"在天成象,在地成形"的自然界的天地不是一回事,鄭康成完全不懂這些,乃把五行五方牽扯進去,説:"天一生水於北,地二生火於南,天三生木於東,地四生金於西,天五生土於中。陽無偶,陰無配,未得相成。地六成水於北,與天一并。天七成火於南,與地二并。地八成木於東,與天三并。天九成金於西,與地四并。地十成土於中,與天五并。"孔子《繫辭傳》介紹的筮法祇有天數地數,十個自然數,合成大衍之數,其用四十九,根本沒有水火木金土五行和北南東西中五方位的影子。鄭康成把它們引用進來,七拼八湊,就爲後來宋人畫河圖、洛書張了本。

三、宋學興起而孔學益衰

漢學重文字訓詁,在義理方面神秘主義濃重,孔學幾被埋没。宋學興起,一個個享盛名的號稱新儒家的思想家紛紛挺立。有人説這標誌着孔學經過兩漢以來數百年冷落之後再獲復興。表面看去,孔學重義理,宋學也重義理;孔學重仁義,宋學也重仁義。宋學的興起就是孔學的復興,是没問題了,實則根本不是那麽回事。宋學自宋學,孔學自孔學。宋學對孔子祇是借用名義,發揮的全是宋人自己的思想和理論,和孔子的學説大不一樣。如果説漢學把孔學忽略、冷落了的話,那末就可以説宋學扭曲、修改了孔學。宋學的興起造成孔學更加衰落,以振興儒學爲己任的宋學人物中没有誰真正繼承孔子的學説。不要聽他們口中呼着孔夫子的大名就以爲他們傳授的必是孔子的學説。明代中葉的李贄在《藏書》中説宋明理學家"咸以孔子之是非爲是非",是一個歷史的誤會。宋明理學家有自己的是非標準,何嘗以孔子之是非爲是非! 姑且以"餓死事極小,失節事極大"(《程氏遺書》卷二十二下)爲例,程頤説此話,是要女人喪夫餓死不得改嫁。孔子以及先秦儒家没有這樣的主張。孔子説君子"欲而不貪"(《堯曰》),承認人之欲而不許貪,更不説禁止寡婦改嫁。經過孔子整理的《儀禮·喪服》明言子可隨母適人。《禮記·禮運》説"飲食男女,人之大欲存焉",没講人不許有欲。《禮記·樂記》説"滅天理而窮人欲"是大亂之道,祇説人欲不可窮極,不言人欲務須滅盡;朱熹則改爲"革盡人欲,復盡天理"(《語類》卷十三),把人欲與天理絶對對立起來,鼓吹禁錮人欲。這偏執拘泥的思想方法與孔子實無共同之處。在哲學的其他許多重要問題上更遠遠地偏離了孔學。孔學進入宋代被弄得面目全非。後世學子知有"四書"而不知有"六經",知《四書集注》而不知"四書"本文,甚至知朱子而不知孔子。或者説朱子在孔子後,發展了孔子,重朱子有何不好。問題就在這裏,從歷史的角度客觀地分析,朱學與孔學誰個高誰個低,誰更具有真理性,誰禁得起歲月的考驗而更多地爲現代中國人所接受,是孔子不是很清楚嗎! 所以我説,宋學就是宋學,説宋學使儒學振起,未爲不可,説宋學興孔學亦興,則大不可也。實際情形是:宋學興而孔學益衰。明清時代的中國,孔子坐在廟堂,越來越成爲人們頂禮膜拜的遙遠而抽象、可望不可即的神,朱熹卻在現實生活中成爲最高的權威。最權威的價值觀念是朱熹的學説而不是孔子的學説。這種思想文化的格局在本世紀初興起、迄今仍然興旺的現代新儒家學派那裏,始終是嚴重關注的焦點。

　　經過長期的思考,我們逐漸地感覺到,當人們注意考慮傳統文化與現代生活融貫結合的時候,視綫應超越以朱熹爲代表的宋人理學而追尋原色的孔子和孔子學説。朱學、理學、儒學作爲中國人的寶貴文化哲學遺產當然不能不研究,但務須與孔學劃開界限。

孔學自孔學，儒學自儒學。孔學才是中國傳統思想文化的真正主
幹。

　　朱熹的確是一個集大成者，他的哲學體系淵源不遠，北宋諸大
家的主要哲學論點都作爲源頭活水被綜合在他的龐大體系中。他
對北宋周敦頤、張載、程顥、程頤四子非常尊重，於邵雍、司馬光的
學問亦有借鑒。“六先生”全是他崇拜的前輩，而他最推重的則是
程頤。故後世人每每將他們合稱之爲“程朱”，把屬於他們師弟同
一個傳授譜系的學者群稱作程朱學派。

　　朱熹字元晦，亦字仲晦，別號晦庵、晦翁、遯翁等，今江西婺源
人。他生於南宋高宗建炎四年（1130），卒於寧宗慶元六年（1200）。
他的老師主要有延平李侗和籍溪胡憲。與之過從較多的著名學者
有呂祖謙、張栻、陸九淵等。他爲官正派，故遭遇很不幸，蒙受所謂
“慶元黨禍”的打擊，死後賜諡曰文，世人尊稱爲朱文公。後又追封
信國公、徽國公，配享學宮。

　　朱熹是以孔子道統的傳人自居的。據《宋史》本傳載，他的高
弟兼賢婿黃榦曾說：“道之正統，待人而後傳。自周以來，任傳道之
責者不過數人，而其能使斯道章章較著者，一二而止耳。由孔子而
後，曾子、子思繼其微，至孟子而始著。由孟子而後，周、程、張子繼
其絕，至熹而始著。”顯然視朱熹爲與孟子地位相等的孔子道統的
傳人。但是自今日看來，說他是孔子道統的傳人，衹是他們師弟的
自我感覺。客觀地分析，他不但不是孔子道統的傳人，說他違背了
孔學的要旨倒合乎實際。雖然他一生研究的全是與孔子有關的儒
家經典，著作相當多，《易》《詩》《禮》《論語》《孟子》《中庸》《大學》等
都有專著存世，但是他的宇宙論、認識論、仁義說、心性說以及哲學
方法得自北宋周、程、張四子而不是孔子。他在這四位前輩身上下
了很大功夫。周敦頤有《太極圖說》和《通書》，他就作《太極圖說
解》和《通書解》；張載有《西銘》和《正蒙》，他就作《西銘解》和《正蒙
解》。在程氏兄弟身上花的力氣尤大。所著《伊洛淵源錄》、《近思

録》以及整理編輯的《程氏遺書》、《程氏外書》等都與程氏兄弟有
關。後世學者爲他編纂的書有《朱子全書》六十六卷、《朱子語類》
一百四十卷、《朱子大全集》一百二十一卷、《朱子遺書》一百六卷、
《朱子語錄類要》十八卷、《朱子語錄四纂》等近三十種。從這些書
中特別是語類、語錄中清楚地看出他是宋學的集大成者，而不是孔
學的傳人。

　　朱熹的宇宙論與孔子不同。孔子的宇宙論我們已經説過，是
唯物論的。《論語》中没有明確的言論指明這一點，不過從"天何言
哉？四時行焉，百物生焉，天何言哉"一段話看得出孔子以爲世界
是個客觀的存在，它自身没有意志，也不被有意志者所創造。參以
《易傳》所説"易有太極，是生兩儀"，"有天地然後萬物生焉，盈天地
者唯萬物"，孔子宇宙觀的唯物論性質就是確定無疑的了。孔子思
想中的宇宙本體是太極。太極是天地未判、混沌一體的宇宙初始
狀態，它非爲創生，亦無開始。《老子》與之對立，説："道生一，一生
二，二生三，三生萬物。"又説："天下萬物生於有，有生於無。"一與
有相當於太極，與孔子之説同。在一與有的前頭又加上一個道一
個無，就根本不同了。説太極或者説一、有這個物質性實體，是被
無或道創造出來的，那末無或道當然就是非物質性實體了。所以
《老子》的宇宙觀是客觀唯心論的。《莊子》與《老子》同。

　　朱熹的宇宙論是綜合周敦頤、張載、二程的觀點而形成的。張
載作《西銘》，《宋史·道學傳》説："張載作《西銘》，程頤嘗言，《西
銘》理一而分殊，擴前聖而未發。"知程頤以爲張載《西銘》主旨是
"理一分殊"。朱熹作《西銘解》説："天地之間，理一而已。然乾道
成男，坤道成女，二氣交感，萬物化生，則其大小之分，親疏之等，至
於十百千萬而不能齊也。非聖賢者出，孰能合其異反其同乎？《西
銘》之作，意蓋如此。程子以爲'理一而分殊'，可謂一言以蔽之
矣。"知朱熹也是用"理一分殊"來解釋《西銘》的。

　　照朱熹的理解，"理一分殊"，理一是形而上的，分殊是形而下

的。萬物千差萬別,絕不一致,這就是分殊。萬物雖千差萬別,裏面藏着的理卻祇有共同的一個,這就是理一。朱熹的理是什麽呢?朱熹自己做過許多解釋,綜合起來不外乎這樣的意思,第一,理是形而上的道。《朱子文集》卷五十八説:"天地之間,有理有氣。理也者,形而上之道也,生物之本也。"卷三十六又説:"凡有形有象者,即器也。所以爲是器之理者,則道也。"理與道是同一概念。其特點是無形無象,是形而上的。第二,在朱子那裏,理即道。道實際上有兩種,一種是抽象的道,一種是具體的道。前者是宇宙萬物的本體,亦即創造者,後者則與萬事萬物結合在一起,不可分離。道有兩種,一種是世界的本原,一種是決定具體事物規定性的特殊規律,這種觀點與老、莊完全相同。《老子》説:"道可道,非常道。"有可以言狀的非常道,有不可言狀的常道。非常道有德有舍,寓於具體事物中。常道則是"視之不見","搏之不得","聽之不聞","其上不曒,其下不昧,繩繩不可名,復歸於無物","無狀之狀,無物之象","迎之不見其首,隨之不見其後"(《老子》第十四章),"有情有信,無爲無形,可傳而不可授,可得而不可見;自本自根,未有天地,自古以固存;神鬼神帝,生天生地;在太極之先而不爲高,在六極之下而不爲深,先天地生而不爲久,長於上古而不爲老。"(《莊子·大宗師》)這個常道與朱熹的理相當,它與具體事物相脱離,先有了它然後才有天地萬物,是它創造了世界。《朱子語類》卷一説:"未有天地之先,畢竟是先有是理。"又説:"未有天地之先,畢竟也祇是理。有此理便有此天地。若無此理,便亦無天地,無人無物,都無該載了。"朱熹和老莊一樣,把道或理看成是先於天地萬物又創生天地萬物的東西。

老莊講的常道,即朱熹講的"理一分殊"之"理一"的理。"分殊"的"分"則是老莊講的非常道。非常道是可以名狀的道,具體的道。朱熹講的"分殊"恰與此同。朱熹説:"既有此氣,然後此理有安頓處。大而天地,細而螻蟻,其生皆是如此。"(《朱子文集·答楊志仁書》）看這話的口氣，極似得自莊子語意。《莊子·知北游》莊子答東郭子問道"惡乎在"，説道"在螻蟻"，"在稊稗"，"在瓦甓"，"在屎溺"，"無所不在"，而且"每下愈况"，越是下賤之物越能説明道普遍存在於萬物之中。朱熹的"理一分殊"直接得自張載、程頤，究其思想淵源則可尋到老莊那裏，而與孔子及《易傳》的觀點迥然不同。"理一分殊"的要害在"理一"，"理一"決定了程朱哲學的客觀唯心論的性質。

朱熹"理一分殊"論又與周敦頤的《太極圖説》有關。

周敦頤，字茂叔，號濂溪，道州營道（今湖南道縣）人。生於宋真宗天禧元年（1017），卒於神宗熙寧六年（1073）。程顥、程頤兄弟是他的學生。重要的著作有《太極圖説》和《通書》。這兩部書最能反映他的哲學思想。《太極圖説》是他對太極圖所作的解釋。他的太極圖相傳是自河上公、魏伯陽、鍾離權、陳摶傳下來的。陳摶是宋初華山道士，曾刻無極圖於華山石壁。周氏的太極圖是否就是陳摶華山石壁之無極圖，現已無法證實。但是《宋史·朱震傳》説："陳摶以先天圖傳种放，放傳穆修，修傳李之才，之才傳邵雍"，"穆修以太極圖傳周敦頤"，周敦頤的《太極圖説》第一句又是"無極而太極"，周氏的太極圖很可能就是陳摶的無極圖。太極圖本是道家修煉的東西，周敦頤給予新的解説，賦予它宇宙論的意義。《太極圖説》全文如下：

> 無極而太極。太極動而生陽，動極而静。静而生陰，静極復動。一動一静，互爲其根，分陰分陽，兩儀立焉。陽變陰合而生水火木金土，五氣順佈，四時行焉。五行一陰陽也，陰陽一太極也。太極本無極也。五行之生也，各一其性。無極之真，二五之精，妙合而凝，乾道成男，坤道成女，二氣交感，化生萬物，萬物生生，而變化無窮焉。
>
> 唯人也，得其秀而最靈。形既生矣，神發知矣，五性感動，而善惡分，萬事出矣。聖人定之以中正仁義，而主

静,立人極焉。故聖人與天地合其德,日月合其明,四時合其序,鬼神合其吉凶。君子修之吉,小人悖之凶。故曰立天之道曰陰與陽,立地之道曰柔與剛,立人之道曰仁與義。又曰原始反終,故知死生之說。大哉《易》也,斯其至矣。

據說周敦頤將《太極圖說》親自授予程氏兄弟,然而甚可怪者,二程與門人講論問答之語,在其書中記載頗詳,其於張載《西銘》每每言及,於周氏之太極圖和《太極圖說》竟未嘗及一字一語。而朱熹爲之撰《解》,脫稿後二十多年始出以授人。臨終前五日猶爲學生講太極圖至深夜。可以說,朱熹的哲學思考一生都用在太極圖及《太極圖說》上。《太極圖說》是怎樣的一種哲學,朱熹追求的便是怎樣的一種哲學。《太極圖說》開篇就說"無極而太極",牀上疊牀,在"太極"的頭上另加一個"無極"。"太極"是《易傳》的範疇,是太一的同義語,意指天地未分時的渾沌世界,是物質性的實體。"無極"不是《易傳》用語,是《老子》第二十八章用的概念。"無極而太極"這一思想肯定源自道家。《老子》說"道生一,一生二,二生三,三生萬物","天下萬物生於有,有生於無","無極而太極"的"無極"恰似那個道,那個無。"無極而太極",等於說世界本不存在,是道、無創造了它。這不是孔子及其《易傳》的思想。至於水火木金土五行更非《易傳》所有的東西。五行最早見於《尚書・洪範》,《周易》祇講陰陽不講五行。

　　朱熹對《太極圖說》除作《解》之外,一生有過許多議論,與友人書或答門人弟子問,往往涉及,而論之最多的是太極與無極的關係。簡而賅地說,朱熹在此問題上的觀點有三。第一,太極與無極是一不是二,其《答陸子美書》說:"無極即是無形,太極即是有理","周先生之意,恐學者錯認太極別爲一物,故著無極二字以明之"(《周子全書》卷三引)。第二,"無極"、"太極"是一個東西,那末它是什麽?朱熹說:"極是道理之極至。總天地萬物之理,便是太極,太極祇是一個實理，一以貫之"。它"實爲萬物之根柢"、"無極而太極，正所謂無此形狀而有此道理耳"，"非謂太極之上別有無極也，但言太極非有物耳"（《周子全書》卷一引）。朱熹的意思是説太極是天地萬物的總道理，是天地萬物之根。從有形無形的角度説，它無形，故云無極；從有實理無實理的角度説，它有實理，故云太極。朱熹於《太極圖説》下了幾十年功夫，一字一句全都沉潛反復，力求融合貫通，故他的説解全有意義，絶非信口謅來。一則他歪曲了周氏的原意。周氏"無極而太極"之太極與《周易》"《易》有太極"之太極並無二致，祇是在前面又加上一個無極，就與老、莊的"道生一"、"有生於無"滚到一起去了。與老莊道家滚到一起可能恰是周氏的原意，朱熹卻硬要加以掩蓋，故意將無極與太極説成一回事，力圖幫周氏同老子分清界限，竟明確地説："《老子》之言有無，以有無爲二，周子之言有無，以有無爲一。"（《周子全書》卷一引）朱熹忘了，"大《易》不言有無，言有無諸子之陋也"（張載《正蒙》）。二則他也歪曲了孔子及其《易傳》的本意，將太極説成道、理，道、理生成天地萬物，還是跑到道家老莊那裏去了。

　　朱熹關於"無極而太極"的第三個觀點，是將這個命題與"理一而分殊"統一起來。在他看來，周氏的無極就是太極，太極就是理。理須自兩方面看，一方面，理高高在上，是天地萬物之根，天地萬物由它創生；一方面，理又寓於天地萬物之中，無處不在。他説："人人有一太極，物物有一太極。"（《朱子全書》卷四十九）又説："統體是一太極，然又一物各具一太極。"（上書卷九十四）太極高高在上而創生萬物，即"理一而分殊"之"理一"，太極又散在萬事萬物之中，即"理一而分殊"的"分殊"。這不是孔子及其《易傳》的觀點，與老莊常道、非常道的觀點如出一轍。孔子及《易傳》祇承認天之道、地之道、人之道、君道、臣道、子道、妻道等等具體的道，這道的實質是一陰一陽之更迭變化，即規律。不承認在具體事物之外另有一個什麼獨立的道。一陰一陽的更迭變化是千殊萬別的具體事物的道的共性,意謂凡道,無論寓於何事何物,都是一陰一陽。但不存在一個超然物外而爲天地萬物之根的道。朱熹,不論他的初衷如何,他肯定有一個統攝萬物而爲萬物根的道(他將道也稱爲太極),他事實上就站到孔子及《易傳》的對立面一邊去了。朱熹將"理一"與"分殊"的關係比擬爲天上的月,"祇一而已,及散在江湖,則隨處可見,不可謂月已分也。"道(朱熹又稱理,稱太極)在一切事物之中,"不是割成片去,祇如月印萬川相似"(《朱子語類》卷九四)。講得再形象不過,有個超然萬物之外的道,萬物之道皆自它來。

朱熹直接繼承周敦頤、張載、二程的人性說並加以體會綜合而創立了自己的人性論。我們說過,孔子言性極少,祇講過"性相近也,習相遠也"兩句,然而接近實際,自今日看來仍有很大的真理性。與生俱有的天賦之性即自然屬性,大家是極接近的,幾無差異;有差異,往往差異很遠,那是習即後天的習染造成的。孟子主人性善,將屬於後天的修養而形成的東西加入到人的自然屬性裏去,提出仁義禮智四端之說。朱熹的人性論是遵循孟子四端說建立的,且給四端說尋到根據。但是,朱熹的人性論直接得自周敦頤的《太極圖說》。他曾作《太極圖說解》,同時圍繞《太極圖說》與友人弟子書信往還答問無數。他遵循孟子,發揮周敦頤,而悖離了孔子。

朱熹把理與氣的關係應用到人性上,以爲人有本然的天地之性和反映氣質的氣質之性兩種性。兩種性共存於每個人身上而不可分。天地之性得自太極即理。氣質之性來自陰陽五行即氣。天地之性是理想的性,它必須通過氣質之性表現出來。天地之性人皆相同,落實到陰陽五行處便産生氣質之性,氣質之性則有昏明厚薄之別。其實這是"理一分殊"說在人性問題上的體現。人爲什麼昏明厚薄不同,朱熹認爲是由於人的稟賦不同。他說"聖人稟氣至清","賦質至粹",故能"生知安行"(《周子全書》卷二引)。"賢人得清氣多,濁氣少,清中微有些渣滓在,未便能昏蔽得他,所以聰明亦易開發"。"自大賢而下,或清濁相半,或清的少,濁的多,昏蔽得厚了","須十分加澄治之功","轉昏爲明"。"看來人生氣稟是有多少般樣","不可以一律齊,畢竟清明純粹恰好的,極爲難得,所以聖賢少而愚不肖者多"(同上)。由於人稟賦的氣質不同,人才有昏明厚薄智愚賢不肖的差異。這就把孔子的"習相遠"的"習"即後天的習染作用,亦即人的社會性,全部否掉了。朱熹用他氣質之性的理論,把孟子的性善論發揮得更加精微奧妙。孟子説人人心中有惻隱、羞惡、辭讓、是非四心,朱熹則爲四心找出氣質上的依據。朱熹説:"人性雖同,稟氣不能無偏重。有得木氣重者,則惻隱之心常多。""有得金氣重者,則羞惡之心常多。""水火亦然。唯陰陽合德,五性全備,然後中正而爲聖人也。"(同上)朱熹把四心與所謂五行直接搭攏一起,比孟子細緻,也比孟子荒誕不經。

　　關於人的修養問題,宋人諸説雖不無差異,然而背離孔子學説是一致的。周敦頤的《太極圖説》主張"聖人定之以中正仁義而主靜"。《周易》之《説卦傳》説"立人之道曰仁與義",衹言仁義是人之本而不及中正。至於陰陽剛柔動靜,孔子以及《易傳》一向不主一偏,一切依時而定。周氏所謂"主靜",其實已是道家氣味。程明道作《定性書》,説:"天地之常,以其心普萬物而無心;聖人之常,以其情順萬物而無情。故君子之學,莫若廓然而大公,物來而順應。"其道家的味道達到不嗅可知的程度。普萬物順萬事,謂大公,無心無情謂至順。凡事不着一毫私意,衹是順理而行,不絕物亦不累於物。《莊子·應帝王》説:"至人之用心若鏡,不將不迎,應而不藏,故能勝物而不傷。"如同鏡子一般,物未來不動而迎,物已去不隨而將。這不將不迎,應而不藏,與無心無情,至公至順,簡直看不出有什麼不同。周敦頤主靜,程顥教人靜坐,李侗亦教人靜坐。程頤不説主靜而言主敬。敬字工夫,通貫動靜,而必以靜爲本。朱熹知道主靜、靜坐有入佛入禪之嫌,乃猶疑不定,時而主張居敬,時而又怕敬之所施不見先後。但總的説來,朱熹要程頤的敬,也不忘周敦

頤、程顥之静。宋代這些思想大家給人的表面印象似乎他們恢復
了漢魏以來被埋没了數百年的孔子之學，實則恰好相反，他們重視
義理，當然好，但卻肆意以臆斷代替冷静的研究，他們的興旺促使
孔學事實上的進一步衰落。

　　朱熹的仁説也違背了孔子。孔子對仁的理解，強調一個人字。
孔子曾説："仁者人也。"(《中庸》)樊遲問仁，孔子答以"愛人"(《論
語・顏淵》)。在孔子這裏，仁的含義首先是人。仁祇關人類自身，
人類之外不在内。其次是愛，愛的範圍以人類爲限，人類之外不在
内。人對花鳥蟲魚山川林木也有愛，但那是喜愛、憐愛等等一般的
愛，而不是仁愛。仁愛不是無差别的愛，無緣無故的愛。孔子説，
"仁者人也，親親爲大，義者宜也，尊賢爲大"(《中庸》)，愛别人要首
先愛自己的父母兄弟。愛自己的親人才能推及愛别人的親人。愛
别人的親人是由於愛自己親人的緣故。《孟子・盡心上》説："君子
之於物也，愛之而弗仁。於民也，仁之而弗親。親親而仁民，仁民
而愛物。"親、民、物三類對象都要愛，但是性質有區别。對於物，僅
僅是愛，而不是仁。對於親人是愛，也是仁，但更重要的是親。對
於親人之外的人即民當然是愛，也是仁，但不是親。《吕氏春秋・
愛類》説："仁也者，仁乎其類者也。"極得孔子説的真諦。總而言
之，孔子的仁説其要點有二，一講仁是人類的事，不關人類以外，二
講仁有差等，由親親開始，推己及人。朱熹不理睬孔子的仁説，實
際上提出了另外兩點。一講仁就是愛，不管愛什麽、愛誰。朱熹
説："仁乃性之德而愛之本，因其性之有仁，是以其情能愛。"(《朱子
文集》答張欽夫)仁被説成人的性，人有仁性，故能愛。又説："仁
者，愛之理，心之德也。"(《論語・學而》集注)"仁者，心之德，愛之
理也。"(《孟子・梁惠王》集注)進一步説仁是"愛之理"。理即朱熹
性論中的天地之性，本然之性，是每個人身上都有的，它是愛的根
源。至於仁的社會原因及愛的差等，他一概不講。和韓愈《原道》
講的"博愛之謂仁"是一樣的觀點，都是把仁視做抽象人性的體現。

　　朱熹的仁説之第二個要點是它強調仁是天地之心在人身上的
表現，仁不是人類所專有。朱熹説："天地以生物爲心者也，而人物
之生，又各得夫天地之心以爲心也。故語'心之德'，雖其總攝貫
通，無所不備，然一言以蔽之，則曰仁而已矣。"又説："蓋仁之爲道，
乃天地生物之心，即物而在，情之未發而此體已具，情之已發而其
用不窮。"又説："此心何心也，在天地則块然生物之心，在人則温然
愛人利物之心，包四德而貫四端者也。"（《仁説》，載《朱子文集》卷
六十七）朱熹完全離開孔子"仁者人也，親親爲大"和仁者"愛人"的
正確觀點，把仁概念從人類擴及到天地萬物，以爲人之仁心來自天
地生物之心，天地生物之心"即物而在"，天地有仁，物有仁，人有
仁，仁在宇宙間普遍存在。《論語》没有這樣的説法，《易傳》也没有
這樣的説法。《繫辭傳》説到生的問題，但説"天地之大德曰生"，
"生生之謂易"，未説生就是仁。《易傳》言仁無出人之外者。《文言
傳》説："君子體仁足以長人。"又説："仁以行之。"《繫辭傳上》説：
"安土敦乎仁。"《繫辭傳下》説："何以守位曰仁。"又説："小人不耻
不仁。"《説卦傳》説："立人之道曰仁與義。"言仁都祇限於人，没有
涉及天地萬物的。

　　朱熹的仁説來自程顥。程顥作《識仁篇》，開篇就説："學者須
先識仁。仁者渾然與萬物同體。"其《語録》中有曰："仁者以天地萬
物爲一體。"突出强調人與天地萬物爲一體，人仁，天地萬物亦仁。
《識仁篇》又説："天地之用皆我之用，孟子言'萬物皆備於我'，須反
身而誠，乃爲大樂。"下文又以"蓋良知良能無不喪失"釋之，把孟子
之"萬物皆備於我"誤解爲人人皆具佛性。其實孟子没有我與萬物
爲一體的意思。他講的是求仁的方法。"萬物皆備於我矣。反身
而誠，樂莫大焉。强恕而行，求仁莫近焉。"這段話，"萬物"應理解
爲人。別人的喜怒哀樂愛惡欲和我一樣。他們有的我也有，我有
的他們也有。求仁的切近方法就是堅定地行恕，即"己欲立而立
人，己欲達而達人"，"己所不欲，勿施於人"。我不想要的，知道別

人也不想要。我想得到的,知道別人也想得到。像對待自己一樣地對待別人,這是人生最大的快樂。孟子這裏並没有離開人而言及人以外的天地萬物。程顥單把"萬物皆備於我"一句提出,用"良知良能,無不喪失"作解,純係斷章取義,割裂原文,影響極不好。不但朱熹吸取了他的觀點,時至今日依然有人不顧下文爲何,單把"萬物皆備於我"一句拿出,根據臆想隨意作解。

以上講了宋學。宋學豐富得很,祇講了朱熹作爲代表。朱熹有個博大的體系,祇講了他背離孔學的主要幾點。宋學講究義理,方法很像孔子,而在實質性内容上卻完全發揮他們自己的東西。他們對於孔子,祇借其名而不取其實。朱熹學問博則博矣,然而不精,掇拾前人的多,屬於自己的真知灼見少。他在中國思想界獨領風騷六百年,地位事實上高過孔子。我們應當將朱熹與孔子剥離開來。説朱熹代表的宋學是儒學、道學、新儒學可,説是孔學則大不可也。宋學的興旺意味着孔學的日益衰微。

四、孔學至清代不絶若綫

孔子其人自漢武帝獨尊儒術之後一直受着中國歷代中央政府的尊崇,亂世則差些,或有説他壞話的時候,治世是絶對抬舉他的。民間大致也如此。在學術界則是另一種情形;像王充、李贄那樣公開抨擊孔子學説的是極少數,大多數學者和學派都打着孔子和"六經"的旗幟。但是孔學,孔子的思想學説,一直未受到應有的重視。漢學重訓詁,宋學重義理,嚴格地説,都不是孔學,而是儒學。儒學的特點是宗師孔子,研究"六經",根據需要,發揮自己的思想或專長。自漢唐以來人們給"六經"(實際是五經)寫下傳注疏解等大量的解釋學著作,使孔子所整理著述的"六經"這份珍貴的文化遺產得以保存下來。《論語》保存得相當完好。古人留下的《爾雅》、《説文解字》迄今仍是研治"六經"不可或缺的工具書。這些是我們的先人對孔學的偉大貢獻。然而在另一方面,在對孔子學説本身的研究方面問題卻非常之大。漢人的訓詁學、《易》象數學以及讖緯之學,幾將孔學埋没。宋人的義理之學走上空言理心性命的極端,給孔學造成的危害大於漢學。清代近三百年學術發展的形勢對孔學略爲有利,孔學受到一定程度的重視,情況好於宋元明;然而也是不絶若綫,免於漸滅而已。

清代學術的進步始終在復古的形式下進行。明末清初即 17 世紀一百年左右,人們否定明中期以來興盛已極的王陽明學派,復宋代程朱理學的古,同時發揚漢唐訓詁注疏的傳統,奠定了後來得到發展的考據學的基礎。乾隆、嘉慶年間(1731—1820),形成了界限嚴格的漢學派。這一派主張通過考據闡明經書的精義,以求得孔子學説的真諦。他們否定宋學而推重東漢賈馬許鄭以訓詁爲特色的古文經學。後來發展到爲考據而考據,爲學問而學問的地步,其研究終於不免支離破碎,訓詁就是目的,不再注意通過訓詁研究孔學了。於是在道光、咸豐年間即 19 世紀中期又有公羊學派的興起。這一派人否定以考據爲方法的東漢古文經學,欲復西漢今文經學的古。他們借公羊學的名義大談政治,諷喻時事,由一個極端走嚮另一個極端。

17 世紀即明末清初的一百年間,興起了以孫奇逢、黄宗羲、顧炎武、李顒及王夫之爲代表的黜明崇宋的宋學派。其中最主要的人物是顧炎武和王夫之。他們否定明中葉以來崛起的,影響最大也最壞的王陽明心學,努力恢復他們崇拜的宋代程朱理學的地位。程朱理學,我們已經分析過,也是悖離孔學的。但是王陽明的心學悖離孔學更遠。顧炎武等人猛力掃盪王學浮華空疏的弊病,建立經世致用、溯本務實的學風,雖然尊崇程朱理學,在義理方面也無重要的建樹,但是他們批判王學實際上即等於爲孔學的前進開闢道路。至於他們尊崇程朱與否,並不重要。

南宋朱熹完成的理學體系,當時就遇到了心學學派創始人陸象山的挑戰。陸氏提出"心即理"的命題，認爲一切外界現象都是心的現象。人之心是惟一的存在，沒有了心，其他一切都成虛妄，所以他説："宇宙便是吾心，吾心便是宇宙。"（《年譜》，《全集》卷三六）學者解決自己心的問題就可以了，根本無須外求。"六經皆我注腳"，何須我去治六經。陸氏這種主張是程顥《定性書》"廓然而大公，物來而順應"説的繼承和發展，多少也是禪學影響的結果。

王陽明名守仁，字伯安，陽明是號。浙江餘姚人。明成化八年（1472）生，嘉靖七年（1528）卒。青年時曾研究過朱熹的全部著作。依照朱熹"格物致知"的學説在庭院裏格了七天竹，沒格出道理，倒格出病來，就是他早年著名的故事。三十幾歲時由於觸忤權臣劉瑾被貶至貴州龍場當驛丞。在龍場的一天夜半，忽然悟出格物致知須向自我心裏求，"聖人之道，吾性自足，向之求理於事物者誤也"。以此爲起點，至五十歲以後形成心即理、知行合一、致良知的體系。王陽明的學説在明代中葉出現，很有一些新鮮感，給被程朱理學的狹隘、固陋和空疏氣氛幾乎窒息了的學術界注入不少活力。朱熹一派受官方的重視和保護，本來就是呆滯的，加上它的求知的面到後來僅限於朱熹的《四書集注》、《近思録》一類的朱學著作，王陽明的學説卻將人的心打開，憑它任意馳騁。朱熹認爲理與心，知與行是並立的。王陽明説心就是理，知就是行，四者一體。朱説重窮理，主知；王説重實踐，主意。王學以反對朱學爲己任，曾一度受到人們的認可，後來卻出了很大的問題。王派人物士行不好，其末流已近於猖狂放縱，純任流行，而無所約束，甚至達到沉迷酒色、挾妓夜飲、僥幸苟利、矯詐嗜殺的程度。王派的學問最終陷入空談的境地。其最顯著的特點，也是弱點，是知有語録不知有"六經"，學問從語録中出。語録是自程氏兄弟開始的。程朱陸王兩大學派的人物莫不如此。老師生時與門人弟子高談闊論，身後由門人弟子追記成書。這些語録比"六經"更有權威。黃宗羲曾經説："明人講學，襲語録糟粕，不以'六經'爲根柢，束書而從事於游談。"（《清史稿·黄宗羲傳》)顧炎武曾經説："今之言學者,必求諸語録","今之語録,幾於充棟矣,而淫於禪學者實多"(《亭林詩文集》卷六《下學指南序》),"今之所謂理學,禪學也,不取之五經,而但資之語録,較諸帖括之文而尤易也"(上書卷三《與施愚山書》),"今之爲禄利者,其無借於經術也審矣,窮年所習不過應試之文,而問以本經猶茫然不知爲何語","百人之中尚有一二讀書,而又皆躁競之徒,欲速成以名於世,語之以五經,則不願學,語之以白沙(陳憲章)、陽明之語録,則欣然矣","其中小有才華者頗好爲詩,而今日之詩,亦可以不學而作。吾行天下,見詩與語録之刻,堆几積案,殆於瓦釜雷鳴,而叩以二南、雅頌之義,不能説也。"(上書卷三《與友人論門人書》)是知王學之淺薄遠超過朱學,朱熹是主張讀書的,朱熹本人義理講得多,"六經"研究得也多,有分量的著作留下不少,王陽明卻不見有可稱道的書存世。

　　明朝的最後一百多年在王學的影響下空談心性不務實際形成風氣,對學風、民風影響都極壞。王漁洋發策謂"今之學者偶有所窺,則欲盡廢先儒之説而出其上;不學則借一貫之言以文其陋;無行則逃之性命之鄉,以使人不可詰"(《日知録》卷十八《朱子晚年定論》條引)。顧炎武引畢王氏語後説："此之言者盡當日之情事矣。"王氏概括的三條,顧氏認爲是當時學界實情的寫照。三條究其實是一條,那就是空談心性。不讀書不切實事地談,歷來爲人所不取。《宋史·林之奇傳》説："晉人以王、何清談之罪深於桀、紂。本朝靖康禍亂,考其端倪,王氏實負王、何之責。"宋人視王安石與王弼何晏的清談同屬一類。顧炎武説："以一人而易天下其流風至於百有餘年之久者,古有之矣。王夷甫之清談,王介甫之新説,其在於今則王伯安之良知是也。"(《日知録》卷十八《朱子晚年定論》)明末之人視王陽明與王安石、王衍爲同一類。對王安石的新説應作怎樣的評價,這裹姑且不論,顧炎武指斥王陽明學説開了明代後期一百多年的清談流風,誤國誤民,這一點是重要的。既熱衷於清談,佛老的貨色必行時。"當萬曆之末,士子好新説,以莊、列百家之言竄入經義,甚者合佛、老與吾儒爲一,自謂千載絶學"(《亭林詩文集》卷五《富平李君墓誌銘》)。這樣的學問"譬猶築數仞之墻而浮埃聚沫以爲基"(宋人游酢語,《日知録》卷十九引)。顧炎武對王學造成的清談風氣深惡痛絶,在他看來,"得明人書百卷,不若得宋人書一卷"(《亭林詩文集》卷二《鈔書自序》)。

　　顧炎武對王陽明心學的要害給以尖鋭的抨擊。顧炎武本名絳,字寧人,號亭林,江蘇崑山人,生於明萬曆四十一年(1613),卒於清康熙二十一年(1682)。明時屢試不第。清初不與清人合作,乃周遊天下。考察山川風俗,古今治亂之迹。金石碑碣以及地理、經濟等實學無所不通。著作甚多,有《日知録》三十二卷、《天下郡國利病書》百二十卷、《音學五書》三十八卷、《下學指南》六卷、《左傳杜解補正》三卷等十五種。顧氏批判王陽明心學,尊崇宋代的程朱理學。然而實際上他批王是真的,推重程朱不過虛晃而已。考他的著作,罕見有言理言性命言天道的,大多是用訓詁考據的方法研究經學的,或者是經世致用的。正如他自己所宣言的:"凡文之不關於六經之指,當世之務者,一切不爲。"(《亭林詩文集》卷四《與人書三》)他一生的著述和言論實不外乎兩方面,一面是研究六經之旨和當世之務,一面是批評不關六經之旨和當世之務的高談闊論。這後一方面所指就是王氏心學。王氏心學的特點是空談心性而遠離實事。學問的方法和學問的内涵都與孔子絶對不同。顧氏抓住王學的這個要害給以抨擊,相當尖鋭嚴厲。他説:"竊嘆夫百餘年以來之爲學者,往往言心言性,而茫乎不得其解也。命與仁,夫子之所罕言也,性與天道,子貢之所未得聞也。"孔門"自曾子而下,篤實無若子夏,而其言仁也,則曰博學而篤志,切問而近思。今之君子則不然,聚賓客門人之學者數十百人,譬諸草木,區以别矣,而一皆與之言心言性。舍多學而識,以求一貫之方。置四海之困窮不言,而終日講危微精一之説。""性也,命也,天也,夫子之所罕言,而今之君子之所恒言也。出處去就辭受取與之辨,孔子孟子之所恒言,而今之君子所罕言也。""嗚乎!士而不先言恥,則爲無本之人。非好古而多聞,則爲空虛之學。以無本之人而講空虛之學,吾見其日從事於聖人,而去之彌遠也。"(《亭林詩文集》卷三《與友人論學書》)顧氏對王學的批判一針見血,卓有見地,指出王氏心學乃無本無實,一片空虛,口頭上標榜孔子,其實去孔學遠甚。顧炎武不愧是一位思想大家,善於獨立思考,敢發前人之未敢發。原因是他具有學者應有的氣魄,他對問題總是依據自己的觀察作出判斷,絕不依草附木,隨波而逐。他曾規勸友人説:"君詩之病在於有杜,君文之病在於有韓、歐。有此蹊徑於胸中,便終身不脱依傍二字,斷不能登峰造極。"(《亭林詩文集》卷四《與人書十七》)顧氏一生恰是不見依傍二字,不走前人舊路,總是自己獨開蹊徑,勇敢攀登。顧氏對孔學未做過正面的積極性研究,但他無情地批判王陽明心學,撥開了孔學周圍彌漫的雲霧,爲後人研究孔學開闢了道路。

在明末清初的宋學派大家中,王夫之是另一位重要人物。王夫之字而農,號薑齋,湖南衡陽人,生於明萬曆四十七年(1619),卒於清康熙三十一年(1692)。年輕時曾從瞿式耜抗清,事敗後輾轉於湘西,與苗、瑶等少數民族雜居。晚年居衡陽石船山,專事著述,人稱船山先生。王氏著述甚豐,今存之《船山遺書》二百八十八卷,祇是他的著述的一部分。王夫之爲學宗張載,推重程朱,深惡陸王。他和顧炎武一樣,給陸王學派以激烈的抨擊。他説:"至姚江之學出,更橫拈聖言之近似者,摘一句一字以爲要妙,竄入其禪宗,尤爲無忌憚之至。"(《俟解》)將王學以禪學冒充孔學的無忌憚行爲無情地揭破。他在天理與人欲的關係上極力駁斥宋明理學家們的荒誕,反其道而言之。宋明理學家主存天理滅人欲,視人欲爲萬惡之源。王夫之則説"天理即在人欲之中,無人欲則天理亦無從發現"(《正蒙注》),"隨處見人欲,即隨處見天理"(《讀四書大全説》卷八），"私欲之中，天理所寓"（《四書訓義》卷二六），"天理充周，原不與人欲相對壘"（《讀四書大全說》卷八），"孟子所言之王政，天理也，無非人情也"（《四書訓義》卷二六）。以爲理欲皆出自然，本爲一體，肯定了人欲的合理性。王氏的這一思想固然具有近代意義，然而尋其淵源，無疑是得自孔子。與孔學至近而與程朱陸王殊，是它的顯然的特點。

　　王夫之的思想比他同時代的幾位大家更具有思辨色彩，說他是一位大哲學家亦絕不爲過。他在宇宙論、認識論、人性論、歷史觀等方面都有研究，造詣極深。他的幾乎所有的哲學結論都是反宋明理學而與孔學相一致的。其他方面在此無須細說，這裏祇略說一下《易》學就够了。王夫之著有《周易稗疏》《周易內傳》《周易外傳》，在別的著作中於《易》亦每有論及。孔子之《易》學一陷於漢人象數派的埋沒，再陷於宋人圖書學的衝擊，若無王弼、程頤的廓清掃盪，孔子《易》學幾有不存之虞。王夫之在維護孔子《易》學方面亦有大功。他說："《易》之爲道，聖人以天性之神，盡天地之妙，而立爲大經，達爲百順，非其他象數之學所可與也。焦贛、京房、虞翻之流，惡足以知此，況如《火珠林》之鄙俗乎！"漢人搞的象數《易》他是不信的。在理論上，他說《周易》"因數而知象，數爲象立，不泥於數；因象而窮理，象爲理設，不執於象也"，說明《易》必有象數，而不可泥於象數，象數的意義在於窮理。他還指斥邵雍關於《易》卦產生的加一倍法，說："邵子乃畫奇耦各一之象爲兩儀。增爲二畫之卦爲四象，又增三畫之卦爲四畫之卦凡十六，又增爲五畫之卦凡三十有二，苟合其加一倍之法，立無名無象無義之卦，則使因倍而加，極之萬億而不可象，非所謂致遠恐泥者歟！"王夫之認定《易》不是單純卜筮之書，如果"《易》但爲占用，幾與《壬遁》、《火珠林》等，則健順毀而幾無以見《易》"（皆見《正蒙注》卷七）。王氏對《周易》的看法基本上同於孔子。《周易》是表達孔子哲學思想的寶藏。王氏對《周易》的正確態度，無異於在一個重要方面維護了孔學。

　　明末清初另有一位稍後於顧王二位的思想家顏元，既反對明學，也排斥宋學和漢學。他有兩個弟子，一位叫李塨，一位叫王源。他們形成極特殊的一派，注重實踐和鄙視一切空談，是這一派的特點。他們最爲可貴的貢獻是善於劃分漢學、宋學、王陽明心學等和孔學的界限。這個界限他們劃得比任何人都清楚。他們最有功於孔學，可惜未引起人們的注意，對後世的影響有限。

　　顏元，字渾然，號習齋，直隸博野人。生於崇禎八年（1635），卒於清康熙四十三年（1704）。著有《存學》《存性》《存治》《存人》四編，收入《顏氏遺書》及《顏李遺書》。還有其弟子編的《顏習齋先生年譜》，收入他的日記及遺稿。顏氏爲學幾經變化，初宗陸王，繼信程朱，終歸孔學。他晚年特別强調程朱陸王與孔學不同，宋學近於禪，重讀書，空談心性，與孔學殊異。他用孔學的標準嚴格檢討宋學。指出程朱動輒談性命，"參雜於釋老，徒令異端輕視吾道"。"非佛之近理，乃程子之理近佛"（《存學》）。他説"程朱與孔孟體用皆殊"（《習齋記餘》），他南游"見人人禪子，家家虛文，直與孔門敵對，必破一分程朱，始入一分孔孟，乃定以爲孔孟、程朱截然兩途"。因此他不想"作道統中鄉願"《顏習齋先生年譜》卷下），決意弄個是非分明。他特別痛恨宋學之空談心性，不切實用，抨擊他們"習婦女態，甚可羞，無事袖手談心性，臨危一死報君王"即爲上品，其下品更不知何如（《存學》）。宋儒功夫全在口上紙上，全在静坐、語録中。他們"如得一路程本，觀一處又觀一處，自喜爲通天下路程，人亦以曉路稱之，其實一步未行，一處未到"（《顏習齋先生年譜》）。顏氏這樣認識宋學，實在透闢極了，大膽極了，顧炎武、王夫之等人皆不如他。

　　遺憾的是顏氏的思想走嚮了極端。抨擊宋學徒知空談心性、不切實用，是對的，無論在理論上抑或在實踐上都有深刻意義。但是特重實行，達到否定一切書本知識的地步，則不足取。他教育弟子，一切不用，祇用《周禮・大司徒》所説"鄉三物"，即六德、六行、六藝。六德是知仁聖義忠和,六行是孝友睦姻任恤,六藝是禮樂射御書數。他注重禮樂射御書數的實際習練而輕蔑讀書,走入盲目復古的歧途,必然得不到理解和響應。因爲以讀書爲無用,所以他由抨擊宋學而發展到否定漢學的訓詁注疏,以爲"書之病天下久矣,使生民被讀書之禍,讀書者自受其禍,而世之名大儒者方且讀盡天下書,方且每篇三萬遍,以爲天下倡。歷代君相方且以爵祿誘天下於章句浮文之中,此局非大聖大賢不能破。"(《言行録》)視書與讀書爲一大騙局,把讀書與實行絕對對立起來,號召人們"用實功,惜精力,勿爲文字耗損"(《顏習齋先生年譜》卷下)。顏氏反對程朱陸王空談心性,推重孔學,本來極有意義,可惜他又極力反對讀書,不要一切文字,則實際上等於把孔學也否掉了。

　　至乾、嘉時代,漢學興起,學風日趨樸實,宋學高談義理之風至此被"爲學問而治學問"的考證精神所取代。清初的顧炎武、王夫之、閻若璩、胡渭、毛奇齡、萬斯大等人是乾嘉學派的先聲。惠棟是乾嘉學派的開創者。清初諸儒治學尚不免有程朱陸王之餘緒殘存,至惠棟及其弟子江聲、余蕭客,則嚴格劃清漢學與宋學的界限,壁壘森嚴,絕不混淆。而真正確立清代漢學家之治學精神和方法的是戴震以及他的弟子段玉裁、王念孫。乾嘉時期的學術成就輝煌無比,大有功於孔學。不過惠棟缺點嚴重,他的治學方法太偏執,凡是漢人的東西都好都對。他治《易》,漢人的爻辰、納甲、升降、世應、飛伏、六日七分等等《易》外別傳的貨色都當做千餘年不傳的寶貝拿來加以疏通證明。陳摶之河圖、洛書也不是《易》的正宗,與爻辰、納甲是同樣的不可取,衹因爲是宋人搞的,就在他排斥之列。在惠氏那裏,漢不漢成爲檢驗是非的標準,梁啓超爲他的方法概括爲八個字,曰"凡古必真,凡漢皆好",是得當的。

　　總的説來,乾嘉學派采取漢人訓詁考證的方法,扎扎實實地研究了經學與小學,補救了宋明人治學疏闊空洞的弊病,於孔學功勞不小。對孔學貢獻最大的是皖派領袖戴震。他從義理的角度對孔

學作了正面的闡發,也是正確的闡發。清代孔學雖若綫卻終未絶,
端賴顧炎武諸人和戴震。顧氏諸人逆流而動,力排陽明心學,使孔
學得以喘息。戴氏平心静氣地精研孔學,使孔學略得弘揚光大。
戴震對孔學研究之精審、深刻可謂前無古人。

　　戴震,字東原,安徽休寧人,生於雍正元年(1723),卒於乾隆四
十二年(1777)。比他的老師江永少四十二歲,比惠棟少二十六歲。
戴氏自幼聰穎好學,讀書多求甚解,不懂的問題一直追究到底。他
由《説文解字》入手理解十三經。平生著作很多,涉獵極廣。音韻、
曆算、水利等等無不精通,且有獨到見解。屬於義理方面的著作有
《原善》三篇和《孟子字義疏證》三卷。他自己以爲"平生著述之大,
以《孟子字義疏證》爲第一"(段玉裁《戴東原集序》引)。我們認爲
的確如此。就是説,戴氏學問的寶貴處不似梁啓超所説在方法,而
在思想,在對宋學與孔學的識別。《孟子字義疏證》全書貫穿着對
宋學的批判。對宋學的批判同時就是對孔學的肯定。

　　戴氏在《孟子字義疏證》中一再揭示宋儒的思想出入於老釋這
個老底,指出宋學之所以異於孔學,原因在此。戴氏之前沒有人具
有如此勇敢的批判精神。程顥是宋學大家,戴氏引程叔子《明道先
生行狀》的話揭他:"自十五六時,聞周茂叔論道,遂厭科舉之業,慨
然有求道之志,泛濫於諸家,出入於老釋者幾十年,返求諸'六經'
然後得之。"張載是宋學的大家。戴氏引吕與叔《横渠先生行狀》
説:"范文正公勸讀《中庸》,先生讀其書,雖愛之,猶以爲未足,又訪
諸釋老之書,累年盡究其説,知無所得,返而求之'六經'。"對朱熹
也不客氣,引廖德明《録癸巳所聞》説:"先生言:二三年前見得此事
尚鶻突,爲他佛説得相似,近年來方看得分曉。"(《朱子語録》卷一
百一十三載)戴氏還特別地强調"朱子慕禪學在十五六歲時,年二
十四見李愿中,教以看聖賢言語,而其後復入於釋氏。至癸巳,年
四十四矣"。戴氏給宋儒下斷語説:"宋儒出入於老釋,故雜乎老釋
之言以爲言。"并且每將宋儒言論與老釋對照,來證實他的結論。

例如朱熹《論語集注》之首章、《大學章句》"在明明德"章,皆言"復
其初",戴氏找出它源於《莊子·繕性》"繕性於俗學以求復其初,滑
欲於俗知以求致其明,謂之蔽蒙之民"。"文滅質,博溺心,然後民
始禍亂,無以返其性情而復其初"。程朱"其所謂理,別爲湊泊附著
之一物",戴氏説此"猶老、莊、釋氏所謂'真宰'、'真空'之湊泊附著
於形體也"。戴氏説:"程子朱子之學,借階於老、莊、釋氏。故僅以
理之一字易其所謂'真宰'、'真空'者,而餘無所易。"又説宋儒"所
謂理,即如釋氏所謂'本來面目'。而其所謂'存理',亦即如釋氏所
謂'常惺惺'"。王陽明在解《大學》"格物致知"時自己就説:"本來
面目,即吾聖門所謂良知。"説"本來面目"即"良知",是對的,但"良
知"説是他王氏的,不是孔子的。"本來面目"確是佛家語,出自禪
宗六世祖慧能。原文云:"不思善,不思惡,正與麼時,那固是明上
座本來面目。"(《壇經·自序品》)程門高弟謝良佐説:"敬是常惺惺
法。"(《上蔡語錄》)"敬"是宋人特別强調的修養方法,"常惺惺"則
是佛家的修養方法。謝氏語證明程朱的一套往往得自佛家。宋學
的這個老底曾有人揭過,誰也不曾像戴氏揭得這樣徹底,無所顧
忌。經他這麼一揭,宋學不是孔學,便確然無疑了。

　　戴氏批判宋明理學更集中地表現在對幾個哲學概念的解釋
上。

　　關於理。什麼是理?宋儒以爲理如有物焉,得之於天而具於
心,理無心則無着處。戴氏力駁宋人之理説。戴氏説:"察之而幾
微必區以別之名也。是故謂之分理。在物之質曰肌理,曰腠理,曰
文理,得其分則有條而不紊,謂之條理。""理義在事情之餘分縷析,
接於我之心知,能辨之而悦之。"戴氏引孔子説:"爲此《詩》者,其知
道乎!"(此《詩》指《詩·大雅·烝民》:"天生烝民,有物有則,民之
秉彝,好是懿德。")又引孟子説:"故有物必有則,民之秉彝也,故好
是懿德。"(孔、孟語見《孟子·告子上》)戴氏自己説:"以秉持爲經
常曰則,以各如其區分曰理,以實之於言行曰懿德,物者事也。語

其事,不出乎日用飲食而已矣。舍是而言理,非古聖賢之所謂理也。"戴震對理的理解與宋人有根本的不同。宋人以爲在事物之外有一個獨立的理。對於人來説,它得自於天而存於自己心中。這不是孔子的觀點。戴震的意思,理就在日用飲食之中,它不是别的,它就是事物自身各自固有的條理性,亦即今語所謂之規律性。它可以被人心所感知。戴氏之説同於孔子。

戴氏對宋人以爲理如有物焉,得之天而具之於心,因以心之意見當之,大不以爲然。戴氏認爲理客觀存在於具體事物之中。人有一個如何認識理的問題,故心與理發生關係。心與理的關係其實是主觀與客觀的關係。戴氏引孟子説:"心之所同然者,謂理也,義也。聖人先得我心之所同然耳。"(《告子上》)戴氏説,什麽是"心之所同然"? "心之所同然",是"凡一人以爲然,天下萬世皆曰,'是不可易也'"。祇是自己一人意見,未得天下人認同,便不是理。這是説,理與非理有客觀標準,一人主觀裁斷不是理。

宋人將理與欲對立,以爲人的表現"不出於理則出於欲,不出於欲則出理",鼓吹"存天理,滅人欲"。戴氏説此與老、莊同。周敦頤《通書》説"無欲則静虚動直",朱熹屢言"人欲所蔽",以爲無欲則無蔽。戴氏説這顯然出自老、莊。《老子》第三章:"常使民無知無欲。"《莊子·天道》:"夫虚静恬淡,寂漠無爲者,天地之平,而道德之至。"無疑是宋人無欲、滅欲主張的源頭。孔、孟絶對不是這樣。孟子説:"養心莫善於寡欲。"戴氏據此説,"欲不可無也,寡之而已"。又引《詩·小雅·天保》"民之質矣,日用飲食"和《禮記·禮運》"飲食男女,人之大欲存焉",説明"聖人之治天下,體民之情,遂民之欲,而王道備"。老、莊、釋的説法與孔子不同,誰都知道,他們的話無人相信,但是程朱陸王這些人大家都以爲是代表孔子立言的,大家都信而不疑,所以理欲之分,人人能言。没有人重視體民之情,遂民之欲。"尊者以理責卑,長者以理責幼,貴者以理責賤,雖失,謂之順。卑者幼者賤者以理争之,雖得,謂之逆。"結果造成"人死於法,猶有憐之者,死於理,其誰憐之!"戴氏一再指出一切以理責人而無視人的自然欲望,乃至以理殺人的說教,都是老、釋思想使然,而與孔子背道而馳。

　　關於天道。宋儒講理氣之辨,說理就是道,理在氣先,理在氣上,理可離開氣而獨自存在。《周易》的"太極"就是理。朱熹説:"太極生陰陽,理生氣也。陰陽既生,則太極在其中,理復在氣之內也。"(《太極圖説解》)戴氏説宋人講的理氣之辨,是他們在老、釋的影響下發明出來的,"六經"、孔、孟之書不講這個。戴氏批判宋儒的觀點,説:"道,猶行也。"把道比喻爲人之走路。人在走路,就是道。走離不開人,無人,何言走?道離不開物。無物,何言道?戴氏説:"陰陽五行,道之實體也。"陰陽五行這實體的運動、變化就是道。所以戴氏説:"氣化流行,生生不息,是故謂之道。"用"氣化流行,生生不息"定義道概念。意謂道與物統一不可分,兩者本一物,從形質已成的靜態角度看,就是器,即所謂形而下;從形質未成的動態角度看,就是道,即所謂形而上。戴氏的理解對宋儒的觀點是批判,對孔子《易傳》"一陰一陽之謂道","立天之道曰陰與陽","形而上者謂之道"的理論是繼承。

　　關於性。孔子説:"性相近也,習相遠也。"是古人關於人性問題的最爲正確的説法。人的自然屬性,大家相去不多。實際上人們差異很大,善惡智愚往往不同,那是後天習染的結果。這是人的社會屬性。孟子論人性善,荀子論人性惡,都與孔子不同。把後天習染而成的善惡説成人的自然禀賦,是錯誤的。宋儒把性斷爲兩截,一截爲氣質之性,一截爲理義之性。後者是理,是天給予的,大家都一樣的善。前者反映人之差別,人有善有惡是由它造成的。那理義之性往往"爲氣質所污壞"。因此宋人在修養問題上提倡主敬、存理,以防止理義之性"爲氣質所污壞"。

　　戴氏批判宋儒的觀點,説那是老、莊、釋主於無欲、主於靜寂的翻版。"因改變其説爲主敬,爲存理,依然釋氏教人認本來面目,教人常惺惺之法。"宋儒自以爲是"六經"、孔、孟的觀點,其實根本不是。戴氏對宋儒的批判是正確而深刻的,不過他自己則接受了孟子性善論的觀點,而且不知道孔、孟人性論之不同,竟把它們混淆起來。

關於仁義。仁義是孔子學説的核心之一。孔子之仁義概念含義前文多次言及。孔子之仁義概念,唐宋人均有所曲解。戴震主觀上很想正確解釋孔子仁義的概念,實則未得孔子仁義之真諦。孔子之仁義皆謂人而言。人以外之生物或無生物都不得言仁義問題。戴氏《原善》卷上説:"生則有息,息則有生,天地所以成化也。生生者,仁乎! 生生而條理者,禮與義乎!"又説:"得乎生生者謂之仁,得乎條理者謂之智。"同書卷下説:"仁者,德行之本,體萬物而與天下共親,是故忠其屬也。義者,人道之宜,裁萬物而與天下共睹,是故信其屬也。"説生生謂仁,無異於説天地萬物都有仁德。這就與孔子大不同了。孔子《易傳》説"天地之大德曰生","生生之謂易",生是天地自然界的特點。易就是生生的意思。孔子言仁祇限於人。他説:"仁者人也。"(《中庸》)謂仁關乎人。他説:"立人之道曰仁與義。"(《説卦傳》)又説:"聖人之大寶曰位,何以守位曰仁。"(《繫辭傳下》)亦謂仁關乎人。把仁扯到"體萬物","裁萬物","天下共親","天下共睹"上去,顯然偏離了孔子本旨。戴氏又説:"人之有欲也,通天下之欲,仁也。""遂己之欲,亦思遂人之欲,而仁不可勝用矣。"(《原善》卷下)此祇道出了行仁之途徑,即孔子説的"己所不欲,勿施於人","己欲立而立人,己欲達而達人",卻未指明仁的對象是有差別的。總之,戴氏將仁的含義擴大到天地自然,以爲萬物皆生生,生生就是仁,是在根本之點上悖離了孔子。

綜上所述,我們可以概括出以下諸點。戴震是第一個從哲學的高度徹底批判程朱陸王的勇士。他的批判比顧炎武、王夫之等人理論上更成熟,更系統,揭開了宋儒口稱傳承孔學,實則宣揚道家佛家思想的虛僞面孔。顧炎武、王夫之也注意及此,但遠不若戴氏這般透闢。戴氏還從積極方面闡發了"六經"與孔、孟的某些哲學概念的內涵，使孔學在清代流傳細而若綫，然而畢竟不絕。

　　清代乾嘉考據學派興盛至極，隨後便產生了與之對立的公羊學派。這一派排斥東漢以章句訓詁名物考證爲主的古文經學而推崇西漢之尋求義理於語言文字之表的今文經學。這一派興盛於道、咸年間而發軔於乾隆時之莊存與。這一派治學的方向不止於《春秋》公羊學，但主要在《春秋》公羊學。

　　這一派的創始人江蘇常州的莊存與，字方耕，生於康熙五十八年(1719)，卒於乾隆五十三年(1788)。主要著作有《春秋正辭》，收入《皇清經解》。屬於這一學派的學者主要有孔廣森、劉逢禄、宋翔鳳、魏源、龔自珍。莊存與爲學"於'六經'皆能闡抉奧旨，不專爲漢宋箋注之學，而獨得先聖微言大義於語言文字之外"(阮元《莊方耕經說序》，載《味經齋遺書》)。孔廣森，山東曲阜人，作《公羊通義》，不遵南宋以來謂《春秋》直書其事而無褒貶之義，亦不守何休三科九旨之義。劉逢禄，江蘇武進人，莊存與之侄外孫，著有《公羊何氏釋例》《公羊何氏解詁箋》《左氏春秋考證》等。其說主《春秋》有書法，書法有例，例宜依何休。何休所述三科九旨乃孔子微言大義之所在。其於《左傳》，謂本名《左氏春秋》，與《呂氏春秋》《晏子春秋》爲同類，不傳《春秋》，不是《春秋》的傳。劉氏推重何休公羊學而力排《左傳》，在傳承孔子《春秋》思想上是有功的，然而既尊何休，便不會是孔子《春秋》微言大義的真傳，因爲何休的《春秋》公羊學是不純的。魏源，字默深，湖南邵陽人，生於乾隆五十九年(1794)，卒於咸豐六年(1856)。著有《詩古微》《書古微》《董子春秋發微》等。爲學求微言大義於經文而輕傳注，於乾嘉學風頗致不滿，詆毀戴震尤不遺餘力，說戴氏詆程朱無非出於爭名，學術道德皆不足取。龔自珍，字璱人，別號定庵，浙江仁和人。生於乾隆五十七年(1792)，卒於道光二十一年(1841)，是段玉裁之外孫，然而終生未拘拘於小學，於乾嘉正統之考據學亦無興趣，曾從學於劉逢禄，習《春秋》公

羊學,更深服劉宋翔鳳,因爲劉宋之學恰合其高談闊論之志嚮。不喜
歡其外祖父段玉裁之學,因爲他認爲學者當務精者巨者,小學家言
不足治,治則爲細儒。然而最後還是深入到高郵王氏小學訓詁中
去。魏源才氣橫溢,爲學變動無定,無所底止。性格放宕輕狂,熱
衷傲物。由莊存與開創的公羊學派,在孔學的傳承上,主要的貢獻
是鼓吹公羊學,弘揚了孔子《春秋》大義,使孔學雖然不絕若綫,但
畢竟得以流傳下來。

　　至清代晚期,公羊學派的學術活動與政治上的變法潮流會合,
乃產生康有爲、譚嗣同、梁啓超的學問。康有爲,字廣廈,號長素,
廣東南海人,生於咸豐八年(1858),卒於民國十六年(1927)。是變
法運動的領袖人物。著作有《新學僞經考》《孔子改制考》《大同書》
《春秋筆削大義微言考》《禮運注》《論語注》等多種,康氏對孔學的
研究直接從呼吁變法的政治需要出發。首先他十分努力地改造孔
子,承繼漢人的觀點,說孔子是個無冕的素王,是託古改制的人。
孔子當然不是這樣的人。在康氏看來,"六經"全是孔子作的。尤
其《春秋》一書更是孔子改革的實行方案。康氏把自己的改革變法
意圖強加諸孔子頭上。爲了使《春秋》一書對他鼓吹的當代變法發
揮理論的作用,康氏對何休《公羊解詁》胡謅出的"通三統"、"張三
世"說加以發揮。夏商周三個時代是隨時變革的。這是"通三統"。
"張三世"即據亂世、升平世、太平世,三世不斷地變化,越變越好。
這種思想固然不壞,但我們早已說過,《春秋》原本沒有據亂、升平、
太平三世的思想,那思想是何休構想而成的,與孔子無涉。他的
《大同書》,據梁啓超說:"全書凡數十萬言,有爲雖著此書,然秘不
示人,其弟子最初得讀此書者惟陳千秋、梁啓超。啓超屢請印佈,
久不許,卒乃印諸《不忍雜誌》中,僅三之一,雜誌停版,竟不繼印。"
梁氏又說康氏重要三著,一曰《新學僞經考》,二曰《孔子改制考》,
三曰《大同書》。"若以《新學僞經考》比颶風,則後二書其火山大噴
火也,其大地震也"。前二書是整理舊學之作,"其自身創作則《大

同書》也"(《清代學術概論》)。《大同書》的理論前提是孔子的仁義主張,與孟子的仁政學說也有關聯。他爲人類設計了走嚮極樂世界的十個步驟,其終極目標是無國家無家族無貧困,一切都有保障的大同社會,純粹是空想主義,比孟子的仁政設想更不切實際。他的這種思想,淵源於何處,誰也難説清楚,但主要不是出自孔子則可以肯定。他抬舉孔子,標榜孔子,祇是要孔子的名義作爲號召,實際宣揚的往往反其道而言之。

　　值得一提的還有譚嗣同的《仁學》一書。譚嗣同,字復生,號壯飛,湖南瀏陽人。生於同治四年(1865),光緒二十四年(1898)變法失敗,留下"我自橫刀向天笑,去留肝膽兩崑崙"的詩句後壯烈犧牲,爲國家、民族的事業獻出了年輕的生命,用實際行爲實現了孔子"殺身成仁"的主張。有《譚嗣同全集》存世。著名的《仁學》一書是他的主要哲學著作。書名"仁學",像似講孔子的東西,實則是他吸取古今中外各類思想學説,摘其所需,雜糅而成。他説:"凡爲仁學者,於佛書當通《華嚴》及正宗、相宗之書。於西書當通《新約》及算學、格致、社會學之書。於中國書當通《易》《春秋公羊傳》《論語》《禮記》《孟子》《莊子》《墨子》《史記》及陶淵明、周茂叔、張橫渠、陸子静、王陽明、王船山、黄梨洲之書。"[1]看他開列的這個書單子,就知道他的仁學絶不是孔子的東西。他采用孔子的概念卻不取孔子的思想,合情合理。孔子的仁概念有號召力,所以吸取這個仁字。孔子的思想重點在强調秩序,强調穩定,强調和諧,適用於社會需要安定、需要建設的時期,而譚氏處在社會變革的前夜,他呼唤的是社會震動和破壞,孔學當然不是他需要的。

　　從明末到辛亥前夜這三百年當中,孔學的流傳大體可劃爲上述四個階段。四個階段的情況用"不絶若綫"四字概括是適宜的。不絶若綫是指孔學説的。有人會説,孔子在清代極受重視,從京城

①　《譚嗣同全集》,中華書局,1981年新版,第293頁。

到各縣城都有孔廟,各類學堂都設孔子牌位供師生膜拜,《論語》是學子們必讀的書,"五經"也頗受人們的尊重,談不上"不絕",更談不上若綫。孔子受到官方和學界乃至民間的尊重是事實,究竟是怎樣的一種尊重則須分析。孔子的大名是國家維護,誰也碰不得的。祇有太平天國堅決打倒孔子,因爲孔子不利於他們變革天下的要求。但是孔子的學問受到的對待卻不同。孔子的思想學説真正研究的人極少,顧炎武、王夫之、顏元等人劃清了宋學和孔學的界限,戴震對孔學作了正面的、積極的研究,而且相當深刻,可是影響不大。影響廣泛的是朱熹的《四書集注》和王陽明的心學。在科舉考試和人們的哲學思維活動中朱熹和王陽明擁有事實上的權威性。孔子學説的威力則望塵莫及。孔子是個徒具虛名的偉大偶像,渾身光燦燦,内裹是什麽人們不大知道,也不想知道。舊道德、舊禮教倒是威力蠻大,但那功勞或者説罪過要歸諸宋明理學。"餓死事小,失節事大","存天理,滅人欲",這些致人於死地的殺手鐧是宋人造的。孔子生前根本没有節烈觀,忠孝仁義禮義廉恥這幾個道德范疇他都提倡過,但那僅僅是作爲人的道德自覺意識提出的,做得到是君子,做不到也不算犯罪,更不算犯死罪。況且孔子的頭腦極辯證,從不説死一件事,總是依時轉移。孔子主張"臣事君以忠",忠就是忠誠。其實孔子主張一個人對誰都應忠誠。孔子從未説臣應爲君死節。相反,他倒是主張君如果有問題,臣可以走掉,所謂"邦有道則仕,邦無道則可卷而懷之"(《論語・衛靈公》)是也。對於女人,孔子祇説"難養",並未設置什麽限制。孔子本人曾單獨會見過衛靈公夫人南子,可見他不知道後世規定的那些男女間的大防。孔子經手編定的《儀禮》一書中明白無誤地寫着女人可以改嫁。孔子對待各色學生的態度頗具民主作風,任何問題都是可以討論的,因此博得衆多弟子的心悦誠服。在清代極受重視的舊禮教、舊道德,主要屬於宋明理學,不屬於孔子。屬於孔子而又受重視的,祇有他的名字所代表的偶像。説孔學不絕若綫,豈不恰如其分！兩千多年來孔學被《易》象數學、圖書學、讖緯學、道家學說、佛學、宋明理學搞得黑白難辨，面目全非。我們有必要將孔學從那些東西的纏繞中解脫出來，讓其中具有真理性和超時代性的部分爲我們的時代服務。

五、孔學在 20 世紀處境轉好

自有孔子以來，20 世紀是孔學最受重視的時候。清王朝結束至今剛好八十年，以 1949 年中華人民共和國成立爲基準，前四十年爲一段，後四十年爲一段。前四十年有兩件事，一是"五四"時代的批孔，一是北洋政府和南京政府的尊孔。批孔的意義是推進民主革命，呼喚德先生和賽先生，當然是進步的。尊孔的意義是挽救反動統治，保住封建的禮教，當然是落後的。尊孔實質是保護封建禮教。批孔實質是批判封建禮教。兩方面都以孔子爲旗號。尊孔對孔學沒起過好作用。批孔不但在喚起民衆上起了積極的作用，而且激發人們對孔學的興趣，孔學被逐步納入學術研究的軌道。出現一批認真研究孔學或涉及孔學的學術著作，提出不少真知灼見。1929 年出版的鍾泰著《中國哲學史》認爲《論語》、"六經"、《孝經》都是研究孔子的重要史料。1933 年出版的呂思勉著《先秦學術概論》認爲《易》與《春秋》是"孔門精義所在"。1936 年出版的梁啓超著《孔子》說《易》與《春秋》是孔子哲學思想和政治思想的總匯，指出孔子的天是"自然現象的代名詞，並非古人所說有意識的天"。1934 年出版的周予同著《孔子》認爲道德哲學是"孔子思想核心的核心"。1932 年出版的嵇文甫著《先秦諸子政治社會思想述要》認爲孔子是"人文主義者"，他的"禮本乎仁，是仁的表現，仁的象徵"。1934 年呂振羽發表的《孔丘派哲學思想的發展》一文認爲"孔子思想出發點的仁，是他的理論體系中的核心"。同年出版的吳博民著《中國人文思想概要》認爲"孔子的根本觀念是仁"。周予同還認爲"孔子的真相,到現在還在學者間研究而沒有完全解決"。"真的孔子死了",歷代統治者"爲政治的原則而捧出一位假孔子,歷經變遷,大家所知道的孔子,未必是真孔子"。這些學者儘管認識不同,認識的水平都有待於提高,力圖研究真孔子、真孔學的願望卻是一樣的。這是"五四"新文化運動"打倒孔家店"的功勞,也是從那時起馬克思主義傳入中國並逐步與中國革命實踐相結合的結果。

"五四"新文化運動的幾位著名人物如陳獨秀、李大釗、魯迅、胡適、吳虞等進行過嚴厲的批孔鬥爭,胡適把這一鬥爭形象地概括爲"打倒孔家店"。有兩點應該說清楚。一是這些人"打倒孔家店",是要打倒用孔子大名包庇着的封建道德、封建禮教,不是要打倒孔子本人和孔子學說。縱然有些過分激烈的話也是出於"療毒必刮骨"的用意。陳獨秀在《偶象破壞論》中說:"孔教本失靈之偶象,過去之化石","此等虛僞的偶象倘不破壞,宇宙間實在真理和吾人心坎兒裏徹底信仰永遠不能合一"。李大釗說:"歷代君主,莫不尊之祀之,奉爲先師,崇爲至聖。而孔子云者,遂非復個人之名稱,而爲保護君主政治之偶象矣。""故余之掊擊孔子,非掊擊孔子之本身,乃掊擊孔子爲歷代君主所雕塑之偶象的權威也。非掊擊孔子,乃掊擊專制政治之靈魂也。"①又說:"孔子於其生存時代之社會,確足爲其社會之中樞,確足爲其時代之聖哲,其說亦確足以代表其時代其社會之道德。"②"自從實在的孔子死去的那一天,便已活現於吾人的想象中,潛藏於吾人記憶中,今尚生存於人類歷史中,將經歷萬劫而不滅。"③魯迅在他發表於《新青年》上的《狂人日記》中說:"我翻開歷史一查,這歷史沒有年代,歪歪斜斜的每葉上

① 《李大釗文集》上册,第264頁。
② 同上,第263頁。
③ 同上,下册,第718頁。

都寫着‘仁義道德’幾個字。我橫竪睡不着，仔細看了半夜，才從字縫裏看出字來，滿本都寫着兩個字是‘吃人’！”矛頭明確指向舊道德和舊禮教。吳虞批孔頗激烈，曾在《新青年》發表響應《狂人日記》的文章《吃人與禮教》，舉了歷史上一些人吃人的實例，最後説：“孔二先生的禮教講到極點，就非殺人吃人不成功，真是慘酷極了！一部歷史裏面，講道德説仁義的人，時機一到，他就直接間接的都會吃起人肉來了。”他把吃人的舊禮教挂在孔子的名下，實在不過借用孔子爲偶像便於掊擊而已，他要反的是兩千多年來積澱下來的封建禮教。二是“五四”新文化運動中的批孔，反映了革命的需要。當時的革命任務是反帝反封建。反封建包括反舊道德、舊禮教、舊文化的内容。這些舊東西一向貼着孔子的標籤，反這些舊東西理當反及孔子。再者，孔子的仁義學説適用於和平建設時期，不適用於革命震盪時期。用孔子的仁義不能鬧革命。“五四”時代的批孔是合情合理的事情。至於局限性的問題，如新舊文化的繼承、舊文化中精華與糟粕的區分等等，當時没能解決，是極其自然的，因爲解決這些問題不是當時的任務。這些問題要以後解決。

　　“五四”時代的激烈批孔，既批判了舊道德、舊禮教，推動了新民主主義革命的進展，同時也事實上激發了人們研究孔子的興趣和熱情。四十年代初，毛澤東在延安發表《新民主主義論》、《改造我們的學習》、《反對黨八股》等重要文章，對“五四”新文化運動進行了馬克思主義的反思。適時地指出“五四”新文化運動中一些領導人的形式主義缺點。“所謂壞的就是絶對的壞，一切皆壞；所謂好的就是絶對的好，一切皆好”，是毛澤東對新文化運動中形式主義毛病的基本概括。毛澤東説：“我們不應割斷歷史。從孔夫子到孫中山，我們應當給以總結，承繼這一份珍貴的遺產。”“五四”時代没有解決的問題，現在解決了。

　　1949 年中華人民共和國成立以後至今這四十年在孔子問題上走了彎路。建國初期到黨的十一届三中全會召開前，“不斷革命"論和"以階級鬥争爲綱",影響人們對孔子和孔學主要采取否定的態度,十年動亂期間發展到極點,孔子被認爲是一切現代罪惡的總根源。十一届三中全會以後,由於撥亂反正,安定團結,國家進入和平穩定發展時期,傳統思想文化的繼承問題提上日程,孔子和孔子思想學説的研究,理所當然地受到重視。這期間孔子研究的深入程度和成果之多是歷史上前所未有的,以至於一個不曾受到人們注意的問題開始體現出來,那就是:孔學與儒學是一還是二?這個問題的解決已經成爲孔子研究繼續深入的關鍵。

　　我們認爲,孔學自是孔學,儒學自是儒學。孔學,研究孔子本人的思想。"六經",尤其《春秋》和《周易》,是孔學的基礎資料。儒學,特別漢和漢以後的儒學,固然宗師孔子,游文"六經",但那更多的是標榜,其實質性的内容涵蓋雜駁。漢學是儒學,宋學也是儒學,包含着老莊的東西,也包含着佛家的東西,還有各個時代自己的東西。儒學當然可以作爲一門學問研究,但不要説那是孔學。儒學中對現代生活影響深的是宋明理學,即所謂新儒學。新儒學三百年前早已受到顧炎武、王夫之等人的批判。本世紀初以來又有人創立現代新儒學。現代新儒學不過是宋明理學的現代化,或者説把宋明理學加入現代意識,并且指望用它解決實際生活的現代化問題。現代新儒學宗師朱熹,孔子祇是在實在不能避開時才被偶爾提到。朱熹的體系無論給予怎樣理想的現代解釋,或者用多麽美好的現代精神去融會貫通它,它都絕不可能成爲推動中國人走嚮現代化的精神動力。真正會充實現代中國人精神生活,伴隨現代中國人挺進 21 世紀世界民族之林的,必是孔學。